中国破产制度的现代化变革与发展

王辉◎等著

人民法院出版社

图书在版编目（CIP）数据

中国破产制度的现代化变革与发展 / 王辉等著. --
北京：人民法院出版社，2023.10
ISBN 978-7-5109-3914-3

Ⅰ．①中… Ⅱ．①王… Ⅲ．①破产法－研究－中国
Ⅳ．①D922.291.924

中国国家版本馆CIP数据核字(2023)第184828号

中国破产制度的现代化变革与发展

王辉 等著

策划编辑	赵 刚 张 奎
责任编辑	唐 佳
封面设计	尹苗苗
出版发行	人民法院出版社
地 址	北京市东城区东交民巷27号（100745）
电 话	（010）67550530（责任编辑） 67550558（发行部查询）
	65223677（读者服务部）
客 服 QQ	2092078039
网 址	http://www.courtbook.com.cn
E－mail	courtpress@sohu.com
印 刷	三河市国英印务有限公司
经 销	新华书店
开 本	787毫米×1092毫米 1/16
字 数	464千字
印 张	27.5
版 次	2023年10月第1版 2023年10月第1次印刷
书 号	ISBN 978-7-5109-3914-3
定 价	98.00元

序　言

如果从 1986 年《企业破产法（试行）》的颁布算起，破产制度在我国已经有近 40 年的历史了。近年来，随着我国营商环境的持续优化，破产法理论和实践都达到了空前繁荣的盛况。为适应当前破产实践的新形势，《企业破产法》的修改也已提到重要议事日程。对我国过去几十年破产法实施的经验作出系统总结，无疑会有利于提升修法的质量。

破产实践探索与破产理论创新作为破产制度更迭的双驱动力，二者互为依托、相互促进。王辉院长和平顶山法院破产审判团队将破产案件办理的实际需求转化为前沿问题研究的典型素材，审理了一大批典型性、代表性的破产案件，在取得良好效果的同时，更拓展了破产制度发展的新思路。本书正是王辉院长和平顶山法院近年来破产审判经验的总结、升华和对破产制度改革方向的一些深入思考。

本书通过十五个章节对我国破产制度的改革进路进行了全方位回应，以下几个特点尤其鲜明。

一是对我国既有破产实践数据的全面收集和分析。本书除了运用规范解释的研究方法外，还在几乎每个章节中都搜集了大量的审判数据，并用于引出所论述的问题或佐证所提出的观点。不少数据系作者团队检索了大量的破产裁判文书后，进行人工比对和统计得出的结果，这种用数据说话的研究态度应当能够使研究成果更加严谨和准确。

二是对破产法与相关部门法之间衔接适用的系统研究。即便在同一破产案件中，也可能出现合同、担保、税收、雇员、环保等诸多错综复杂的法律问题。《民法典》作为一部统领整个民事、商事活动的法律，其生效实施后诸多制度规则的变化对《企业破产法》的影响，以及二者之间的衔接等是首当其冲的研究课题，比如破产申请受理后的利息计算问题、不动产处置中的居住权问题、担保物权制度的变化、新增合同类型的处理等等，都需要在破产法实施中作出积极的回应。于此，本书一定程度上也呈现出破产法研究的新视角。

三是对诸多前沿热点问题作出了研究和回应。本书一方面安排笔墨对我国破产制度的已有实践和未来发展等问题进行了框架性阐述，另一方面又对关联企业实质合并破产、小微企业破产、上市公司重整、金融机构破产、个人破产、"执转破"制度、跨境破产等十二个前沿热点问题进行了回应。这种体例安排增加了本书的可读性。

四是破产法官的学术观点为破产法研究提供了新的对话视角。对于破产法研究而言，不同的研究身份和职业背景可能会产生不同的学术观点，本书作为破产审判一线法官的理论著作，更能让读者从中读懂法官的办案思维和深层逻辑。对于破产法学者来说，法官视角的观点阐释可能有助于洞察破产案件办理背后的审判因素考量，以及"审判友好型"破产法的制度逻辑；对于破产执业者而言，读懂破产法官对破产制度的理解，或许更有利于提升破产管理和纠纷化解的效率。毕竟，破产案件要比其他案件更需要法官、学者、破产执业者的共同推动，破产法研究也需要多种声音的对话和交流。

近年来，或许是受到世界银行营商环境评价报告的影响，各地破产管理人协会、破产法学会相继成立，举办的学术论坛和研讨会也遍地开花。本人作为一名破产法学界的"老兵"，能够看到破产法共同体特别是破产法官的研究热情不断增加，感到十分欣喜。本书作者团队在繁重的破产审判之余牺牲休息时间著此大作，这种推动破产制度不断进步的精神，值得钦佩和赞赏。

古人云："操千曲而后晓声，观千剑而后识器"，相信本书的出版能够进一步丰富我国破产法学术成果，帮助读者多角度、全方位理解我国破产法改革的逻辑进路。

是为序。

韩长印

上海交通大学凯原法学院教授、博士生导师

上海市法学会破产法研究会会长

2023 年 9 月于上海

感知破产制度变革的时代脉搏

（代序）

自古罗马法时期破产制度萌芽至今，破产法经历了从个人破产到企业破产，从公平偿债到破产免责，从破产清算到破产和解以及重整，从公平偿债到困境拯救，每一次的突破都是一种变革，着力诠释了破产制度迭代更新的旺盛生命力，生动体现了破产法与时俱进的鲜明时代特征。

新中国经历了破产制度的从无到有，历经了《企业破产法（试行）》（1986 年）和《企业破产法》（2006 年）两个立法阶段，体现了新中国破产法的生长和变革。现阶段的破产法治建设，既有着全球化和经济（金融）危机带来的烙印，更有着中国式现代化新征程赋予的时代使命。换言之，透过中国破产法治建设，可以感知破产制度变革的时代脉搏。

中国当下的破产法治建设必然要立足两个鲜明的时代背景：一是《全国人民代表大会常务委员会执法检查组关于检查〈中华人民共和国企业破产法〉实施情况的报告》（2021 年 8 月 18 日）对破产法的市场化法治化实施过程做了全面的调查总结，并启动《企业破产法》修改的立法进程，成为中国式现代化建设中的一项重要立法任务。二是《民法典》的颁布和实施，具有"固根本、稳预期、利长远"之价值功能，同时也对包括《企业破产法》在内的民商事立法产生积极而深远的影响。《民法典》最新理念、原则和规则，需要在相关的民商事法律中得到体现，也对《企业破产法》修改的立法工作提出新的任务和要求。王辉院长和河南省平顶山市中级人民法院破产审判团队编写的这本《中国破产制度的现代化变革与发展》，呈现了这个时代背景下破产制度的鲜明特色。

就破产制度的变革而言，破产实务界始终保持着自己的敏感性，给予了足够的关注与支持，通过实践与探索，不断完善破产审判的制度机制建设，推动开展破产法的市场化法治化实施，积极鼓励和支持从事破产审判的法官进行破产法理论与实践紧密结合的研究，产生大量破产审判典型案例和破产法研究成果，是我国破产制度发展的重要推动力。身为其中一员，王辉院长和平顶山法院准确把握破产审判助力营商环境优化建设这一关键要素，落实破产审判改革，融合相关理论研究，为我国破产制度发展贡献了自己的一份力量。

《中国破产制度的现代化变革与发展》是王辉院长和平顶山法院系统的研究成果，以司法实践中大量真实数据、鲜活案例、前沿探索模式和成熟经验梳理等实务研究为基础，从司法端全景展现了我国破产制度发展概貌，是广袤中华大地上"行动中的"破产法。本书在充分肯定我国破产制度所取得的丰硕成果的基础上，客观指出了制度发展面临的阻碍与困境，回应了中国式现代化的时代呼声，努力勾勒出破产制度变革的基本方向和整体框架，融合学术前沿理论，探索设计重整制度、和解制度等综合性改革方案。同时，针对关联企业实质合并破产、小微企业破产、上市公司破产重整、金融机构破产、个人破产、"执转破"、跨境破产、破产管理人、破产法与相关法律制度的衔接、破产程序中的检察监督等热点难点问题进行专题研究，提出了改革与发展的具体对策和建议。

读者阅读本书，不仅可以从中感受到作者团队对破产事业发展的炙热情感、勇气担当和对破产法治进步的美好期望，更是可以感知中国破产制度跳动的时代脉搏和破产法治建设的发展方向。我相信，本书的出版可以为国家层面的破产法治建设和营商环境优化建设提供重要的参考。衷心期待有更多的专家学者在中国式现代化建设的新征程中，立足中国实际，在祖国大地上开展理论与实践研究，为《企业破产法》的修改完善贡献思想和智慧，为高质量发展作出新的贡献。

是为序！

徐阳光

中国人民大学法学院教授、博士生导师

中国人民大学破产法研究中心副主任兼秘书长

北京市破产法学会会长

2023 年 9 月 18 日

缩略语 / 统一用语表

全称	缩略语/统一用语
《中华人民共和国民法典》	《民法典》
《中华人民共和国企业破产法》	《企业破产法》
《中华人民共和国企业破产法(试行)》	《企业破产法(试行)》
《中华人民共和国刑法》	《刑法》
《中华人民共和国民法通则》	《民法通则》
《中华人民共和国合同法》	《合同法》
《中华人民共和国公司法》	《公司法》
《中华人民共和国保险法》	《保险法》
《中华人民共和国信托法》	《信托法》
《中华人民共和国民事诉讼法》	《民事诉讼法》
《中华人民共和国侵权责任法》	《侵权责任法》
《中华人民共和国环境保护法》	《环境保护法》
《中华人民共和国海商法》	《海商法》
《中华人民共和国民用航空法》	《民用航空法》
《中华人民共和国商业银行法》	《商业银行法》
《中华人民共和国证券法》	《证券法》
《中华人民共和国外资企业法》	《外资企业法》
《中华人民共和国个人独资企业法》	《个人独资企业法》
《中华人民共和国税收征收管理法》	《税收征管法》
《最高人民法院关于适用〈中华人民共和国民事诉讼法〉的解释》	《民诉法司法解释》
《最高人民法院关于适用〈中华人民共和国民法典〉有关担保制度的解释》	《民法典担保制度解释》
《最高人民法院关于适用〈中华人民共和国企业破产法〉若干问题的规定(一)》	《破产法司法解释(一)》
《最高人民法院关于适用〈中华人民共和国企业破产法〉若干问题的规定(二)》	《破产法司法解释(二)》

全称	缩略语/统一用语
《最高人民法院关于适用〈中华人民共和国企业破产法〉若干问题的规定(三)》	《破产法司法解释(三)》
最高人民法院《人民法院第五个五年改革纲要(2019—2023)》	《五五改革纲要》
《最高人民法院关于审理企业破产案件若干问题的规定》	《审理企业破产案件的规定》
《最高人民法院关于审理企业破产案件指定管理人的规定》	《指定管理人规定》
《最高人民法院关于审理企业破产案件确定管理人报酬的规定》	《管理人报酬规定》
《关于审理上市公司破产重整案件工作座谈会纪要》	《上市公司破产重整纪要》
《全国法院民商事审判工作会议纪要》	《九民会议纪要》
最高人民法院《全国法院破产审判工作会议纪要》	《破产审判会议纪要》
《最高人民法院关于开展认可和协助香港特别行政区破产程序试点工作的意见》	《认可和协助香港破产程序试点意见》
《最高人民法院关于执行案件移送破产审查若干问题的指导意见》	《执转破指导意见》
《最高人民法院关于人民法院办理执行异议和复议案件若干问题的规定》	《办理执行异议和复议规定》
最高人民检察院《人民检察院民事诉讼监督规则》	《民事诉讼监督规则》
《深圳证券交易所上市公司自律监管指引第14号——破产重整等事项》/《上海证券交易所上市公司自律监管指引第13号——破产重整等事项》	《上市公司自律监管指引——破产重整等事项》
国家发展和改革委员会、最高人民法院、工业和信息化部、民政部、司法部、财政部、人力资源和社会保障部、中国人民银行、国务院国有资产监督管理委员会、国家税务总局、国家市场监督管理总局、中国银行保险监督管理委员会、中国证券监督管理委员会等13部门《加快完善市场主体退出制度改革方案》	13部门《加快完善市场主体退出制度改革方案》
《深圳经济特区个人破产条例》	《深圳个人破产条例》
《联合国国际贸易法委员会跨境破产示范法》	《联合国跨境破产示范法》
《联合国国际贸易法委员会破产法立法指南》	《联合国破产立法指南》
《联合国国际贸易法委员会小微企业破产法立法指南 》	《联合国小微企业破产法立法指南》
《欧盟理事会破产程序条例》	《欧盟破产程序条例》
《日本民事再生法》/《日本民事更生法》	《日本民事再生法》
《日本公司再生法》/《日本公司更生法》	《日本公司更生法》

全称	缩略语/统一用语
英国破产管理署/英国破产服务局	英国破产服务局
英国官方接管人/官方托管人	英国官方接管人
英国私人破产管理人/私人执业者	英国破产执业者
英国公司自愿整理/公司自愿安排	英国公司自愿整理
英国个人自愿整理/个人自愿安排	英国个人自愿整理
《美国破产法》/《美国破产法典》	《美国破产法典》
美国私人管理人/私人托管人	美国私人托管人

目　录

绪　论

法因时而立，因时而动。债权人与债务人的关系，是人类社会最基本的法律关系之一，人类历史就是一部债务人与债权人的关系史。[①]当债权债务关系无法正常实现，人类尝试在法律框架内解决无力清偿到期债务的处置问题时，破产制度应运而生，并根植于经济社会发展的历史与现实进行着制度变迁。当前，我国经济社会领域正在发生着一场广泛而深刻的变革，中国式现代化、法典化、高质量发展、后疫情时代等成为新的发展解码。在这样的时代背景下，作为构建现代化经济体系的重要基石和社会主义市场经济的基本法律制度，破产制度如何通过变革实现自身现代化，充分满足我国发展战略目标调整的需求，势必成为值得思考和研究的法律命题。

自1986年《企业破产法（试行）》颁布以来，舶来于西方的破产制度，在我国经济和社会土壤中已经生长了三十七个春秋。最初，与破产制度相伴而生的是质疑、冷落和束之高阁，破产制度并未发挥其应有的作用、实现其真正的价值。各种制度性替代措施和政策性替代因素借助于经济危困的传统化解手段的普遍采用，以及"维稳措施"对破产功能的消解，使当初为获取市场经济地位而出台破产法的初衷几度被人怀疑。[②]但随着经济的进步和社会的变迁，在不断的实践和探索中，破产制度已逐渐成为经济制度、法律制度的重要组成部分，也越来越得到理解和认可。[③]

[①] 陈夏红：《个人破产制度是否会沦为逃债工具？》，载陈夏红：《破产法札记》，法律出版社2021年版，第17页。

[②] 韩长印主编：《破产疑难案例研习报告（2021年卷）》，法律出版社2022年版，第1页。

[③] 虽然不少观念认为，即使在目前，对破产制度依然存在这样那样的误读、误解，正如杜万华谈到的，横亘在破产审判的最大问题不是债权申报、实质合并破产、预重整、管理人等技术层面的问题，而是认识问题、理念问题，但是相对于破产制度产生之初，确实有了很明显的改观。在很长一个时期内，破产对中国人而言都是一个禁忌，认为破产等于赖账，是失败和不光彩的，这与中国传统文化中的欠债还钱、父债子偿、面子等观念紧密相关。破产文化的普及对破产制度的变革和发展来说，确实是非常重要的。

　　市场经济以自由竞争为基本规律。破产制度与市场经济相伴相生，破产是市场经济发展到一定程度必然产生的社会现象和法律现象。不管是社会主义模式的市场经济还是资本主义模式的市场经济，都是其内在规律使然。[①] 破产法市场经济调节的应然功能在其与商品经济长期动态交互作用中逐渐养成，受法的价值指引，体现国家意志及社会主体的根本需求，是破产法相对于社会现实规范价值的本身。[②] 正是这种天然关系，决定着破产制度必须跟随市场经济的发展而同步调整优化。无论是从周秦以来形成的以自然经济为主、商品经济为辅的封建经济社会形态，还是新中国成立至改革开放前的高度集中计划经济体制，均不能为破产制度提供良好的生存空间。严格来说，我国真正意义上的破产制度始于十一届三中全会吹响的改革开放号角。[③] 回顾我国破产制度的复杂发展历程，大致可以划分为五个阶段。早期的萌芽酝酿阶段（1978—1986 年），在我国强大的计划经济体制下开始探索市场经济，企业生产经营行政化色彩的逐步脱离与市场理念的逐步生成，使得破产被视为社会主义同样存在的正常经济现象而不再被绝对排斥。1986 年 8 月 3 日，沈阳市政府宣布沈阳市防爆器械厂破产倒闭，成为中国破产第一案，[④] 点燃我国破产制度发展的火种。这是一段勇于探索的历史，更是一个满怀希望的开端。

[①] 王欣新：《破产法理论与实务疑难问题研究》，中国法制出版社 2011 年版，代序。

[②] 梁伟：《中国语境下破产法经济调节功能的变迁》，载《广西大学学报（哲学社会科学版）》2018 年第 2 期。

[③] 在我国能够查考的法典文献之中，最早规定债务人清偿债务制度的是 1300 多年以前的《唐律疏议·杂律》，其中有"负债违契不偿"的规定："一匹以上，违二十日笞二十，二十日加一等、罪止杖六十；三十匹，加二等；百匹，又加三等。各令备偿。""百日不偿，合徒一年；更若延日，及经恩不偿者，皆依判断及恩后之日科罪如初。"由此可见，除相关刑罚，当时针对债务人不能偿债，并不存在所谓的破产。参见谢国儿：《中国古代"破解执行难"之法制探析》，载《人民法院报》2018 年 4 月 20 日。

[④] 沈阳市防爆器械厂，原是沈阳变压器厂为解决职工生活困难安排家属就业组建起来的一个职工家属生产组，后欠大笔外债。1984 年前后，全国很多像沈阳市防爆器械厂的城市集体工业企业面临亏损严重、难以为继的困境，沈阳率先拉开"破产实验"序幕，在 1985 年 2 月印发《沈阳市关于城市集体工业企业破产倒闭处理试行规定》，并根据该规定，于 8 月 3 日向沈阳市防爆器械厂、沈阳市五金铸造厂和沈阳市农机三厂发出"破产警戒通告"，给予其为期一年的整顿和挽救时间，因未能扭转困境，沈阳市防爆器械厂于 1986 年 8 月 3 日被正式宣告破产。这对当时的社会主义中国来说，是一场惊世骇俗的变化。沈阳市的大胆探索，不仅是实践的成功，更是理念、理论的进步，对企业破产法的制定具有重要推动作用。参见周保华：《破产倒闭优胜劣汰——沈阳市试行企业〈破产规定〉的调查》，载《中国经济体制改革》1986 年第 3 期。

　　紧随其后,《企业破产法(试行)》颁行,将我国破产制度带入试行观望阶段(1986—1994年)。在该阶段,虽然1991年《民事诉讼法》修改增设企业法人破产还债程序,在《企业破产法(试行)》的基础上,将破产制度适用范围扩大到非全民所有制企业,但是实践对适用破产制度更多是持一种观望态度。1994年,国务院选择18个城市开展企业优化资本结构试点,[①]开启我国由地方政府控制破产进程的"政策性破产"道路,意味着破产制度进入改革推动阶段(1994—2006年)。该阶段处于社会主义经济制度的颠覆性改革时期,[②]基于以建立现代企业制度为目标的国有企业改革及国有经济布局调整的需要,通过破产、兼并探索建立国有企业优胜劣汰机制备受重视,积累了大量破产处置经验,为《企业破产法》出台奠定了基础。《企业破产法》于2007年正式实施,在制度上终结了"政策性破产"的时代,进入了"市场化破产"的体系,[③]推动破产制度进入稳步发展阶段(2006—2019年)。在该阶段,为更好地服务和保障供给侧结构性改革,法院积极探索和推进四项制度建设和三大配套机制建设,[④]大幅度清理国有"僵尸企业",[⑤]推动破产制度由政策性破产平稳过渡到市场化破产。

---

　　① 国务院下发《关于在若干城市试行国有企业破产有关问题的通知》,选择在上海、天津、齐齐哈尔、哈尔滨、长春、沈阳、唐山、太原、青岛、淄博、常州、蚌埠、武汉、株洲、柳州、成都、重庆、宝鸡开展试点。该通知对破产企业职工安置、土地使用权处置、担保的处理、银行贷款损失的处理、企业整体接收、濒临破产企业的重组等问题作出规定。

　　② 二十世纪八十年代末到九十年代初,由于当时商品经济和市场经济"师出无名",已经发展起来的个体和私营经济、外贸经济等受到阻碍,理论界和社会各界围绕计划和市场展开激烈讨论。1992年邓小平南方谈话指出计划和市场的关系,明确社会主义的本质是解放生产力,发展生产力,消灭剥削和两极分化,最终实现共同富裕。至此,社会主义制度下公有制与私有制关系、计划经济与市场经济关系被重新界定。

　　③ 陆晓燕:《"市场化破产"的法治内蕴》,法律出版社2020年版,第23页。

　　④ 四项制度建设是指:第一,完善破产管理人制度;第二,解决关联企业破产问题;第三,完善破产重整制度;第四,探索建立破产案件快速审理机制。三大配套机制建设是指:第一,推动建立破产费用保障机制;第二,推动建立破产税收优惠机制;第三,推动破产重整企业信用修复制度建设。

　　⑤ 当时,经济结构转型导致经济下滑,出现大量的过剩产能和"僵尸企业"。2016年7月,中国人民大学国家发展与战略研究院发布了国内第一份全面研究"僵尸企业"的报告《中国僵尸企业研究报告——现状、原因和对策》,根据1998—2013年中国工业企业数据库(包含大约80万家企业和360万个观测值)和1998—2015年上市公司数据库,测算了中国工业部门的"僵尸企业"比例。结果显示,2005—2013年的工业部门"僵尸企业"比例大约为7.51%。

近年来，我国破产制度快速发展的最主要动因是优化营商环境经济发展方略的提出。[①] 2019 年，国务院出台《优化营商环境条例》，将我国优化营商环境的成熟经验和有益探索折射到立法当中，标志着我国优化营商环境规则体系实现由实践探索到立法规范的跃迁式升级。正是伴随着优化营商环境进程，在"办理破产"指标的牵引下，我国破产制度的发展进入优化提升阶段（2019 年至今），破产预重整等制度得到长足发展，个人破产试点顺利推动，破产制度改革成为热议话题，《企业破产法》修改被纳入全国人大常委会 2023 年度预备审议项目。

经济社会的发展，不但能够为破产制度的具体适用提供良好的舞台，而且能够为破产制度的整体发展提供充足的动力。相对应的，经济宏观调控、社会稳定发展、资源优化配置等，亦离不开破产制度的保障和支撑。当我国破产制度历史的画卷徐徐展开，不难发现，其始终与我国经济社会发展的脉络如影随形，深深地镌刻着中国特色社会主义烙印。破产制度的变革和发展不仅仅是具体的破产法律规则和法律制度的进化，更应当置身于整个时代背景之中，充分反映我国社会制度的优化、社会观念的嬗变和社会传统的承继和改良，以回应我国的现实需求。[②] 中国破产法律制度的现代化，是中国破产法律制度建设的根本目标，也是中国治理体系和治理能力现代化的一项重要制度建设内容。[③] 在中国式现代化背景下，顺应我国经济社会发展新的阶段性特征，以现代化为指向审思破产制度，探寻其变革与发展的逻辑及进路，具有重要意义和现实价值。

党的二十大报告提出"中国式现代化"的新论断。中国式现代化是具有中国特色的人口规模巨大、共同富裕、物质文明和精神文明相协调、人与

---

① "营商环境"一词源于世界银行集团国际金融公司（IFC）2002 年的一个项目调查，通过一套可量化和可比较的指标体系，对某一经济体的商业监管环境、公共服务、企业办事便利性等进行评估。优化营商环境的关键是，正确处理公共部门与市场主体的关系，以降低制度性交易成本。营商环境指标的高低通常代表着某一经济体的市场是否具有足够吸引力。因此，在全球化经济格局中，不只中国，世界各经济体在进行经济体制、商事制度、破产制度等改革时，几乎都以营商环境评价指标为重要参照。2013 年，党的十八届三中全会在《中共中央关于全面深化改革若干重大问题的决定》中首次提出"建立法治化营商环境"目标。

② 参见孙海龙：《企业破产法修改中的中国元素》，在第十一届中国破产法论坛上的主题演讲。

③ 程淑娟、杨春平：《中国破产法律制度的现代化及其路径》，载微信公众号"中国破产法论坛"，2021 年 9 月 6 日。

自然和谐共生、走和平发展道路的现代化。准确把握破产制度变革与中国式现代化的关系，可以从两个方面考量，一个是法治现代化，一个是高质量发展。作为现代化治理的基本范式，推进中国式现代化是法治现代化的重要使命，其中离不开破产法治现代化。在法治轨道上全面建设社会主义现代化国家，既是中国式现代化进程中法治建设的基本遵循，也为破产制度的完善指明方向。有别于早期发达国家的社会演进型法治现代化，我国破产立法萌发自外因，生成于移植和改造，实施的是国家建构型法治现代化，受国家法治的有限理性与社会法治的发展水平所限，我国破产法治遭遇实践困境。[①] 为适应新时代中国特色社会主义市场经济，破产制度的现代化变革必须立足中国实际，尊重市场法则，夯实社会和文化根基，弥合顶层设计与客观现实的裂隙，以破除基础性障碍，走出一条中国特色的破产法治现代化道路。

文化引导法律创制，确定法律的调控边界，维系法律的持久效力。[②] 对破产制度而言，破产中立、破产宽容、破产信用、破产挽救等倡导理性对待"失败"的破产文化，恰恰是我国当前缺乏，却影响其现代化变革的基础和关键。我国自古以来就存在"欠债还钱""父债子偿"等理念，曾经的破产污名化不但造成破产者被歧视而不能"东山再起"，而且使得不少企业家排斥通过正常、健康的破产制度退出市场。文化现代化是中国式现代化的应有之义。文化立场的实质是价值选择，不仅体现为明确主体性观念、意识和态度，也深层次地关涉文化发展的场域延展与坐标指向。[③] 在中国式现代化进程中，文化和思想必将得到进一步的解放。特别是在民法典时代，基于民法典深厚的社会主义文化底蕴和强大的价值辐射功能，通过践行和弘扬社会主义核心价值观，能够促进平等、诚信等观念的深化，使得人们对破产制度的理解更加深刻，进而营造良好的破产文化，以此涵养破产法治现代化。

无论将破产制度置于多么宏大的时代背景下，研究其现代化变革，最终的落脚点依然应当是法律视阈下具体规则的完善，只是这种规则的完善应当契合时代的需求。在法典化时代，无法脱离民法典对破产制度影响这一问题的探讨。与民法典有效衔接，是破产法律制度现代化的一个重要表征。

---

① 参见陆晓燕：《市场化破产的路径研究——兼议国家建构型法治现代化进程中的法治社会建设》，载《现代经济探讨》2018 年第 9 期。

② 柳正权：《重视文化对于法律实施的作用》，载《人民日报》2012 年 6 月 27 日。

③ 蔡劲松：《以文化自信自强谱写中国式现代化文化长卷》，载《人民论坛》2022 年第 22 期。

"法典化"指一种大规模制定法典的趋势与过程，是持续较长时间、制定出多部法典及形成一定趋势的法典编纂的历史过程。[1]我国《民法典》的颁布和施行，不但标志着我国进入"民法典时代"，也代表着我国正式进入"法典化时代"。法典并非法律发展的终点，法典化是一个生生不息、不断成熟的动态过程。[2]法典化的最直接价值和意义在于，通过对相关法规范进行体系化重构，以锻造统一法律秩序，对特定部门法而言，存在着不可撼动的完备价值。[3]民法法典化的这种价值更为突出。正如谢怀栻先生曾言的那样，"民法典较之刑法、诉讼法等，更足以代表一个民族的文化高度，而且只有一个全中华民族的民法典才能表明中华民族已攀上了历史的高峰。"[4]

　　所谓"民法典时代"，是对民法典颁行的一种超越法典本身的宏观性、精神性、文化性、民族性的观照，表达的是以人民为中心、以权利为本位的民族精神和时代精神的传承和发展。在整个社会主义法律体系中，民法典是宪法之下的基础性法律。虽然民法典将分散的民法规范进行体系化、科学化的整合，民事立法取得实质性发展，但是破产法等相关单行法与之协调的问题并未同步解决。因此，民法典颁行以后的溢出效应，必然会对相关单行法的修订和完善产生影响。从这个角度看，民法典的颁布只是开始，而并非结束。民法典通过主体、权利、行为和责任等制度，设立市场准入、财产权属与利用、市场交易等规则体系，为市场经济健康运行确立基本准则，使其成为中国特色社会主义市场经济发展的基本法。破产制度只有承继民法典所蕴含的社会主义法治精神，做好与民法典的相关衔接，保障市场主体有序退出，才能形成社会主义市场经济法律制度的闭环。虽然立法的最终归宿是走建立完备的法律体系、法治体系的道路，[5]但民法典是民族精神和时代精神的立法表达，在以民法典颁行为契机推动我国法典化进程的过程中，其凝聚的平等、自愿、公平、诚信、绿色、关心关怀弱势群体等全社会的价值共识，会蔓延，会生长，浸润和影响其他领域的法律规范。这正是需要将破产

---

[1] 谢红星：《发现"法典化"传统的法理：价值、进路与限度》，载《东岳论丛》2021年第11期。

[2] 雷磊：《法典化究竟意味着什么？》，载《法制与社会发展》2023年第2期。

[3] 金锦萍：《论法典化背景下我国社会保障法的体系和基本原则》，载《法治研究》2023年第3期。

[4] 谢怀栻：《大陆法国家民法典研究（一）》，载《外国法译评》1994年第3期。

[5] 何勤华：《"法典化"并非立法的最终归宿》，载《上海法治报》2021年12月24日。

制度的现代化变革置于民法典时代进行考察的缘由。

高质量发展是全面建设社会主义现代化国家的首要任务，对中国式现代化具有全局性和战略性意义，实现高质量发展是中国式现代化的本质要求。作为市场主体退出和困境拯救的重要制度，破产制度起着关键作用。破产制度关系市场经济体制和供给侧结构性改革，关系营商环境优化，关系现代化产业体系建设，关系要素市场配置，关系创新创业，是高质量发展不可或缺的保障。高质量发展作为经济社会的综合发展，系由注重数量和速度转向注重质量和效益的发展。从经济层面来讲，最直接的特征就是经济增速放缓，即由高速增长阶段向中低速增长新常态转变。高质量发展必将经历结构调整、速度转换的阵痛期，在宏观经济收缩的背景之下，面对产能严重过剩、市场空间压缩、市场流动性减弱、信贷压力增加等困境，在整个市场的大的出清过程中，相当一部分市场竞争能力较差的企业会因为优胜劣汰而不得不退出市场。这种特定意义上的发展新动能的"创造性破坏"系正常且不可避免的，这就涉及破产问题。只有进一步完善管理人制度、重整制度、关联企业合并破产、小微企业破产、个人破产、金融机构破产等制度供给，才能有效畅通破产退出渠道，促进以高质量发展推进中国式现代化目标的实现。好的破产制度应当以回应我国社会主义市场经济实践中涌现的新问题为依归，对市场经济的高质量发展具有重大的现实意义和长远价值。

想要透过时代大背景，找到研究破产制度现代化变革这一课题的价值，既离不开"中国式现代化"所描绘的美好蓝图，亦离不开新冠疫情所带来的潜在影响。后疫情时代，有关新冠疫情的记忆在消退，其对经济社会发展的冲击却并未完全消失。例如，疫情造成的储备意识提高，消费意愿降低，加之对今后收入预期减弱等因素，造成一定程度的"消费担忧"和消费不确定性，这对以国内大循环为主体、国内国际双循环相互促进的新发展格局的构建并不有利。整体来看，虽然我国经济在疫情后率先复苏，但是企业尤其是中小微企业受疫情冲击较大，重振和复苏需要一定时间和政策支持。完善市场化的企业再生和资源重置机制，充分发挥破产制度的保护和挽救功能，在破产法律框架内保护和激发企业和投资者的再次创业自主性，是后疫情时代破产制度服务社会经济发展的客观需要，将加速破产市场化的进程。

法律的生命在于实施，法律的权威也在于实施。除破产立法、破产理论研究以外，破产法治实施亦对破产制度完善起着巨大的推动作用。从《企业破产法》施行以来的破产审判工作成效来看，突出表现在三个方面：首先，以实践修正和更新观念，引导社会各界全面、客观认知破产，促进正确的破产理念在市场经济中生根开花，逐年递增的破产案件数量即是例证；其次，大力推动府院联动等配套机制建设，有效解决企业破产涉及的职工安置、信用修复、金融服务等问题，化解单纯依靠破产程序性规则解决破产问题的"绠短汲深"窘境；最后，推动建立破产保障基金、支持设立破产管理人协会等，以探索创新弥补破产法律制度的不足，特别是广东深圳的个人破产试点，以及浙江、江苏、四川、山东等地法院开展的个人债务清理，为我国个人破产制度的建立积累了大量的鲜活经验。然而，新的时代催生新的发展需求。在中国式现代化的新征程中，如何通过破产审判实施好破产法治，真正推动破产规则之治，解决好新时代市场经济发展问题，应对好新的宜商环境评价，为我国破产制度变革和《企业破产法》修改注入实践智慧和力量，是破产实务界需要认真思考的问题。知之愈明，则行之愈笃；行之愈笃，则知之益明。立足实际，检视破产制度的司法实践，无疑是第一步。

第一章　我国破产制度的实践与发展

《企业破产法》自施行以来，历经国企改革、供给侧结构性改革、经济新常态等数个经济发展、调整阶段，既肩负着新时代我国经济高质量发展赋予的历史使命，又承载着中国式法治现代化进程带来的崭新期望。我国破产制度的酝酿、形成、发展与变革过程，有别于资本主义市场经济国家，呈现出明显的政策性导向和法律移植特征。我国破产制度发展与《企业破产法》实施几乎同步推进，法律制定先于社会基础、制度构建自上而下推行、法律实施伴随制度完善的客观现实，① 使得破产制度的发展过程和运行状态主要依赖于破产法的实施效果。循迹《企业破产法》的施行状态，可以更加清晰地认识我国破产制度。近年来，植根于中国特色社会主义土壤的破产制度蓬勃发展，破产文化、破产理念、规则体系、队伍建设、配套机制等方面均取得长足进步。然而，在汲取先进经验和进行本土化改造的过程中，我国破产制度受到不少的瓶颈制约，既有世界各国破产制度发展所面临的共性难题，也有我国独特经济结构和司法体制环境所带来的个性问题。

一、我国破产制度运行的基本情况

二十世纪八十年代初期，我国处于从计划经济向市场经济的过渡阶段，沈阳防爆器材厂破产事件引起了社会各界的热烈讨论，《企业破产法（试行）》在此背景下出台。但其适用范围仅限于全民所有制企业，② 这一点与现行《企业破产法》具有本质上的区别。《企业破产法》将适用范围扩展到所有企业法人，对其他法律规定企业法人以外的组织的清算也具有参照效

---

① 杜万华：《正确认识破产制度在市场经济中的作用》，2022 年 7 月在上海破产法庭和上海市破产管理人协会的专题讲座发言。
②《企业破产法（试行）》（已于 2007 年 6 月 1 日失效）第 2 条规定："本法适用于全民所有制企业。"

力，^① 可以说是我国破产制度真正意义上的起点。

（一）破产案件整体情况

从 2007 年到 2022 年的十六年间，全国法院累计受理破产案件 113411 件，审结 89993 件。^② 其中，2020 年，全国法院受理破产案件 15618 件，审结破产案件 11839 件，受理案件数与审结案件数首次双双破万。^③ 2021 年，新收破产案件首次突破两万件，达到 20506 件。^④ 2022 年，新收破产案件首次突破三万件，达 33304 件。^⑤

作为服务保障企业破产行为的特有法律制度，我国破产制度规范的市场主体数量巨大，且呈持续增长趋势。截至 2020 年 7 月，在我国 1.32 亿户登记注册市场主体中，企业主体 4110.9 万户，其中，99% 的企业主体为年产值不足 2000 万元的中小微企业，规模以上企业数量仅为 36.81 万户。^⑥ 到 2021 年年底，全国登记在册的市场主体达到 1.69 亿户，同比增长 9.4%。^⑦ 从我国企业破产数量与企业注销数量看，289.9 万户企业在 2020 年被注销，其中只有 3908 户企业注销系破产原因所致，占比仅约 1‰。^⑧ 以 2016 年为例，全国吊销企业数量 41.1 万户，^⑨ 当年破产申请审查案件数量仅为 4081 件，占比不足 1%。由此可见，实践中存在大量因未依法年检而被吊销或非经依法清算而径直注销的企业，其中不少企业本应通过破产清算退出市场。尤其是部分"僵尸企业"，既不经营，也不偿债，直接或间接地影响了所在

---

① 《企业破产法》第 135 条规定："其他法律规定企业法人以外的组织的清算，属于破产清算的，参照适用本法规定的程序。"

② 数据来自《全国人大常委会执法检查组关于检查企业破产法实施情况的报告》（全国人大常委会 2021 年 8 月发布），以及《2021 年全国法院司法统计公报》《2022 年全国法院司法统计公报》。

③ 数据来自《2020 年全国法院司法统计公报》。

④ 数据来自《2021 年全国法院司法统计公报》。

⑤ 数据来自《2022 年全国法院司法统计公报》。

⑥ 国新办政策例行吹风会，载 https：//baijiahao.baidu.com/s？id=1677000284473918881&wfr=spider&for=pc，2023 年 5 月 1 日访问。

⑦ 数据来自《全国人大常委会执法检查组关于检查企业破产法实施情况的报告》，全国人大常委会 2021 年 8 月发布。

⑧ 数据来自《全国人大常委会执法检查组关于检查企业破产法实施情况的报告》，全国人大常委会 2021 年 8 月发布。

⑨ 数据来自《去年市场主体保持旺盛增长势头 日均新登记企业超一万五千户》，载《人民日报》2017 年 1 月 19 日。

产业链的健康发展。受新冠疫情影响和经济下行压力，2021 年全国注销企业数量达 349.1 万户，[①] 企业经营压力剧增，部分企业无法继续生存，其中很多企业并未经破产程序终结法人资格，破产制度适用不足问题较为突出。

1. 受理破产案件数量情况

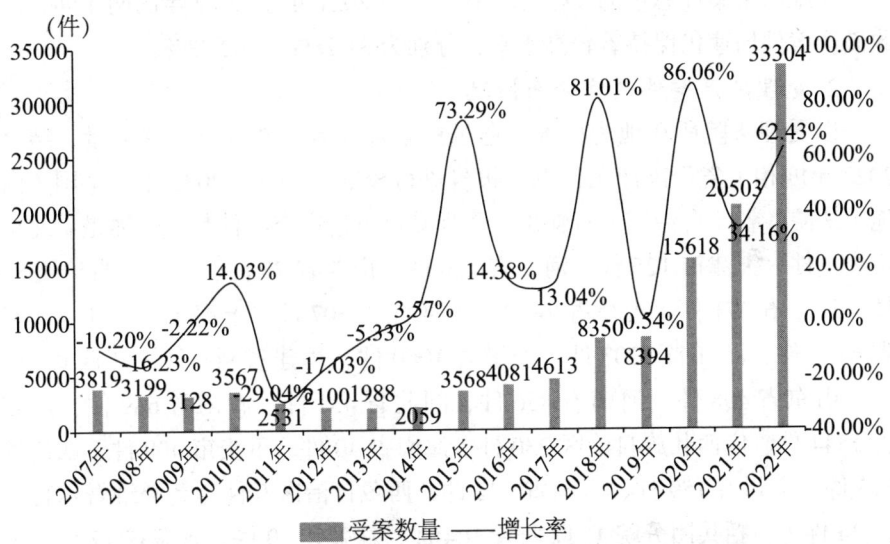

图 1-1　2007—2022 年全国法院受理破产案件数量[②]、增长率变化图

如图 1-1 所示，全国法院受理破产案件数量的变化存在显著周期性。2007 年至 2015 年期间受理案件总量在 3000 件上下浮动，该阶段案件受理主要受经济体制改革和国有企业政策性关闭破产的影响，集中于国有企业出清；2016 年至 2019 年，破产案件数量大幅增长，且民营企业破产案件占

① 数据来自 2022 年 1 月 27 日国新办举行的"激发市场活力，支持市场主体发展"新闻发布会，国家市场监督管理总局登记注册局局长杨红灿的发言内容。

② 2007—2010 年数据来自王欣新：《〈破产法司法解释（一）〉深度解读》，载《人民法院报》2011 年 9 月 26 日。2011—2014 年数据来自 2016 年 9 月 28 日中国政法大学研究生院院长、破产法与企业重组研究中心主任李曙光的专访发言，载 https：//www.yicai.com/news/5122878.html，2023 年 5 月 1 日访问。2015 年、2016 年数据来自国家发展和改革委员会财政金融司长陈洪宛 2018 年 8 月 16 日在新闻发布会答记者问发言，载 https：//baijiahao.baidu.com/s？id=1609000557436564626&wfr=spider&for=pc，2023 年 5 月 1 日访问。2017—2022 年数据来自《中国法律年鉴》中的《全国法院强制清算与破产案件情况统计表》。

比显著提高，破产制度市场化调整属性逐渐回归；2020 年至今，法院受理破产案件呈爆发式增长，规模稳定在每年 10000 件以上。受金融危机直接影响，2018 年企业经营危机凸显，破产案件数量同比增长 81.01%。2017 年至 2020 年的三年内，全国法院受理和审结破产案件数量分别占到《企业破产法》实施以来案件总量的 54% 和 41%。① 在 2021 年至 2022 年的两年间，新收破产案件增速仍保持着较高水平，分别为 31.28% 与 62.43%。

2. 受理破产案件区域分布情况

以受理法院所在地为标准，通过检索各区域受理破产案件数量，结合 2022 年度相关省份破产工作总结报告进行校准与调整，2022 年度全国（内地）法院各省（自治区、直辖市）受理破产申请审查案件数量具体是：北京市 319 件、天津市 125 件、河北省 220 件、山西省 75 件、内蒙古自治区 86 件、辽宁省 371 件、吉林省 24 件、黑龙江省 507 件、上海市 839 件、江苏省 6180 件、浙江省 3203 件、安徽省 1060 件、福建省 969 件、江西省 957 件、山东省 498 件、河南省 856 件、湖北省 431 件、湖南省 639 件、广东省 1544 件、广西壮族自治区 230 件、海南省 40 件、重庆市 409 件、四川省 513 件、贵州省 159 件、云南省 132 件、西藏自治区 0 件、新疆维吾尔自治区 34 件（包括兵团分院）、陕西省 164 件、甘肃省 50 件、青海省 12 件、宁夏回族自治区 17 件。②

从数据上看，江苏、浙江及广东三省份的破产案件数量约占全国破产案件总量的 52.88%，这与 "2020 年度东部地区破产案件数量占到全国的近 80%，浙江、江苏、广东三省约占 60%" 的执法检查情况有了一定程度的变化。③ 但仍不难发现，破产案件受理数量与区域经济发展层次密切相关，经济发展程度越高，破产案件数量越多，说明企业破产已经成为经济循环的重要一环，企业有序退出市场，释放生产要素再循环的市场经济循环模式正在形成。

---

① 数据来自《全国人大常委会执法检查组关于检查企业破产法实施情况的报告》，2021 年 8 月发布。

② 通过在 "全国企业破产重整案件信息网" 检索 2022 年度的破产案件（不包括强制清算案件），过滤无关、无效、重复案件，以案件公开时间为标准，共检索破产案件受理数量 20663 件。

③《全国人大常委会执法检查组关于检查企业破产法实施情况的报告》，全国人大常委会 2021 年 8 月发布。

3. 破产申请主体情况

《企业破产法》赋予债权人、债务人、清算责任人三类主体提出破产申请的权利，但该三类主体提出破产申请的内容和条件存在明显差别。[1] 通过考察提出破产申请主体的组成比例，能够发现主动适用破产制度，积极维护自身权益的主体分布，从侧面了解市场主体对破产制度适用的积极性和接受度。例如，2019 年至 2021 年，北京法院受理的破产案件中，63.6% 是在企业停止经营三年后提出申请，[2] 说明申请主体维护自身权利的能力和积极性均十分有限。

2022 年，全国法院受理的破产案件中，由债权人提出申请的破产审查案件数量为 22461 件，占 80.01%；由债务人提出申请的破产审查案件数量为 5216 件，占 18.58%；由清算责任人提出申请的破产审查案件数量为 395 件，占 1.41%（见图 1-2）。[3] 债务人与债权人提出破产审查案件的数量占比超过受理的所有破产审查案件数量的 98%，是破产审查案件立案的主要来源，但二者比例相差较大，债务人提出破产申请比例明显高于债权人提出破

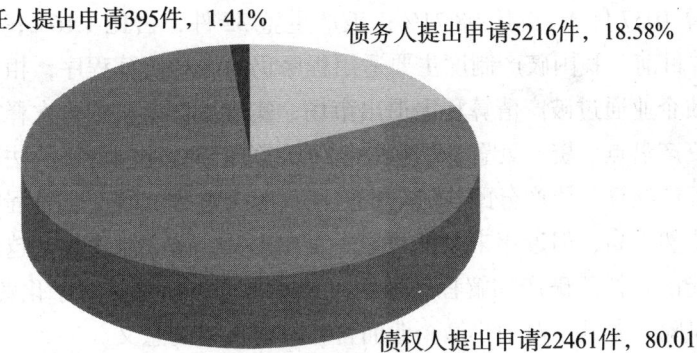

清算责任人提出申请395件，1.41%　　债务人提出申请5216件，18.58%

债权人提出申请22461件，80.01%

图 1-2　破产申请主体占比分布图

---

① 《企业破产法》规定，债务人提出破产申请的条件为"企业法人不能清偿到期债务，并且资产不足以清偿全部债务或者明显缺乏清偿能力的"，债权人提出重整或破产清算申请的条件为"债务人不能清偿到期债务"，清算责任人提出破产清算的条件为"企业法人已解散但未清算或者未清算完毕，资产不足以清偿债务的"。

② 徐阳光：《中国破产法年度总结（2021）》，载微信公众号"中国破产法论坛"，2022 年 1 月 7 日。

③ 通过在"全国企业破产重整案件信息网"检索 2022 年度的破产申请审查案件，共检索破产案件受理数量 28072 件。

产申请比例 61.43 个百分点。清算责任人提出破产申请比例相对较低，企业法人因解散清算产生的破产案件占比不高。

4. 破产案件管辖层级情况

我国现行破产案件管辖标准是按照破产法人所注册登记工商行政管理机关不同级别进行区分，由基层法院和中级法院两个级别法院管辖、办理，在县级工商行政管理机关核准登记的企业破产案件管辖权在基层法院，在地级市以上工商行政管理机关核准登记的企业破产案件管辖权在中级法院。[①] 2022 年，全国基层法院受理破产申请审查案件数量 22110 件，占比 78.76%；全国中级法院受理破产申请审查案件数量 5962 件，占比为 21.24%。

5. 适用破产程序情况

在破产三大程序适用方面，2007 年至 2020 年，全国法院审理的破产案件中，清算案件数量占比约九成，重整案件数量占比约一成，和解案件数量占比不足 1%。[②] 以破产案件数量最多的广东省为例，2020 年广州法院审理破产案件 2818 件，其中，清算案件 2783 件（包括破产清算 1726 件、强制清算 1057 件），占比 98.71%；破产重整 32 件，占比 1.16%；破产和解 3 件。[③] 目前，我国破产制度主要适用程序仍为破产清算程序，相当数量的资不抵债企业通过破产清算程序退出市场，实现生产要素的再次释放。债权确认、资产盘点、资产处置、债权受偿等清算内部程序，可以从法律层面完成企业资产核算、资产分配与法人资格消灭等全过程。破产重整程序虽然适用占比依然不高，但近年来案件数量一直在攀升，破产制度越来越重视企业挽救功能的发挥。破产和解程序适用占比非常低，但是其对于化解企业经营、债务风险，尤其是对中小微企业而言，具有重要的意义。

---

①《最高人民法院关于审理企业破产案件若干问题的规定》第 2 条规定："基层人民法院一般管辖县、县级市或者区的工商行政管理机关核准登记企业的破产案件；中级人民法院一般管辖地区、地级市（含本级）以上的工商行政管理机关核准登记企业的破产案件；纳入国家计划调整的企业破产案件，由中级人民法院管辖。"

② 数据来自《全国人大常委会执法检查组关于检查企业破产法实施情况的报告》，全国人大常委会 2021 年 8 月发布。

③ 数据来自广东省高级人民法院 2021 年 8 月 8 日发布的《广东省破产审判白皮书（2016—2020 年）》。

（二）破产案件办理情况

人民法院通过破产案件办理深入参与破产企业处置，破产审判质效能够直观体现破产制度运行态势，反映我国破产制度发展的层次与阶段。

1. 简易程序适用情况

《企业破产法》并未规定破产简易程序相关内容，《最高人民法院关于推进破产案件依法高效审理的意见》鼓励各地法院先行先试，探索破产案件简易快速程序。实践中，经营困境企业特别是中小微企业，对程序繁杂、期限冗长、成本高昂的破产程序存在明显的适用顾虑，在人民法院优化法治化营商环境、提升破产审判质效的背景下，各地法院纷纷探索破产简易程序。目前，在各地实践探索中，以清算简易程序为主，也有法院将破产重整和破产和解程序纳入简易程序范畴。如四川省梓潼县人民法院将简易程序案件限定在"应当适用简化审理程序的破产案件范围主要限于债务人股权结构简单、资产规模不大、风险隐患小的案件"，主要应对"执转破"移转破产清算案件。① 上海市浦东新区法院并没有区分清算与重整适用简易程序的条件。② 成都中院 2020 年 7 月出台的《关于破产案件简化审理的意见（试行）》，确定了全案适用简化审、部分程序及事项进行简化这两种简化审模式，十分具有代表性。

《破产审判会议纪要》明确要求建立破产案件审理繁简分流机制。③ 截至 2022 年，全国至少 54 家法院出台了破产案件简易审理业务文件，其中包括 8 家高级人民法院、13 家中级人民法院。如《深圳市中级人民法院破产

---

① 梓潼县人民法院：《执行转破产简易程序的构建》，载全国法院切实解决执行难信息网，https://jszx.court.gov.cn/3000/ExecuteResearch/302876.jhtml，2023 年 5 月 1 日访问。

②《浦东新区完善市场化法治化企业破产制度若干规定》第 7 条规定："破产案件事实清楚、债权债务关系明确、财产状况清晰且具备下列情形之一的，应当先行适用简易破产程序：（一）债务人账面资产为一千万元以下；（二）已知债权人为三十人以下；（三）已知债务总额为一百万元以下。"第 8 条第 1 款规定："破产重整案件符合本规定第七条情形的，应当适用简易破产重整程序，债务人可以在管理人的监督下自行管理财产和营业事务。"

③ 最高人民法院印发的《全国法院破产审判工作会议纪要》第 29 条规定："建立破产案件审理的繁简分流机制。人民法院审理破产案件应当提升审判效率，在确保利害关系人程序和实体权利不受损害的前提下，建立破产案件审理的繁简分流机制。对于债权债务关系明确、债务人财产状况清楚的破产案件，可以通过缩短程序时间、简化流程等方式加快案件审理进程，但不得突破法律规定的最低期限。"

案件审理规程》规定了"简易程序",《山东省高级人民法院关于破产案件简易快速审理的工作指引(试行)》规定了"简易快速审理",《浙江省高级人民法院关于企业破产案件简易审若干问题的纪要》规定了"破产案件简易审"。这些文件虽名称各异,但内容相对一致,主要规定了简易程序适用对象,对债权人人数和债务人企业资产较少、债权债务关系明晰、债务人财产状况清楚的破产清算案件,可着重通过缩短程序时间、简化流程等方式加快审理,并从审判组织、管理人形式、债权申报、信息化送达方式、破产财产处置和分配等方面构建简易化审理程序。

目前,全国各地简易破产程序推行进度差异明显,有些法院早在 2013年前后就开始适用破产简易程序,① 有些法院至今尚未建立破产简易程序规范。从数据上看,2020 年,南京法院适用简易程序审结案件 92 件,占审结案件数的 30.46%;② 2021 年,上海破产法庭审结各类案件 1927 件,其中适用快速审程序的占 31.9%;③ 2020 年,河南法院审理简易破产案件 187 件,占比 28.08%;④ 2018 年至 2020 年,成都法院适用简易程序审结案件 31 件,占比 11.86%。⑤ 2020 年前后,简易程序探索较为成熟的区域,破产案件简易程序适用率基本在 30% 上下浮动,其他法院简易程序适用率相对更低。虽然相较一般民事案件,破产案件中复杂案件比例相对较高,但对比民事案件简易程序适用率,目前破产简易程序适用情况并不理想。

2. 办理效率情况

一直以来,破产案件审理周期长、办案效率低是困扰破产申请人选择司法程序维护自身权益的重要原因。在 2020 年以前,破产案件审理效率低下是一个普遍性问题,"破产案件的审理周期普遍较长"问题被全国人大常委会执法检查组专门提出,并指出法院在审理破产案件时,对于通知期限、

---

① 温州法院 2013 年出台《关于试行简化破产案件审理程序的会议纪要》,设置简化破产清算程序。

② 数据来自《2020 年南京破产审判白皮书》。

③ 数据来自《上海破产法庭 2021 年度审理数据》,载微信公众号"上海破产法庭",2021 年 3 月 1 日。

④ 参见李红芬、王文科、秦权:《河南法院提升"办理破产"指标质效助推营商环境优化报告》,载《河南法治发展报告(2022)》,社会科学文献出版社 2021 年版,第 190~206 页。

⑤ 数据来自《成都法院破产审判工作白皮书(2017—2020)》,载微信公众号"成都市中级人民法院",2021 年 6 月 30 日。

申报期限、表决期限、裁决期限等法律明确规定的审判相关时限把控不严，导致破产案件的审理时间普遍较长，更有甚者部分法院办理破产案件平均时长超过 500 天，个别案件审理周期超 10 年。破产案件办理效率问题，不仅会将本就经营困难的企业拖入绝境，而且会严重损害债权人债务受偿的时效权益。

为有效破解破产案件审理效率低的难题，早在 2020 年最高人民法院就印发了《关于推进破产案件依法高效审理的意见》，各地法院亦相继出台适用简易程序、缩短审理期限和提升办案效率的相关文件，如深圳中院①、江西高院②、海南高院③ 分别出台相关文件，推进落实破产快审工作。在提升破产案件办理效率工作方向牵引下，2019 年、2020 年河南法院审结案件的平均审理用时分别同比缩短 43.5%、45.1%。全国法院办理破产案件的审理周期从 2017 年的平均 577 天大幅缩减至 157 天，减少 420 天，④ 缩减比例超过 72.79%，审判效率有了大幅的提升，但是仍存在办理破产案件效率整体不高、程序便捷度低、区域发展不均衡的现象。

3. 破产成本情况

破产案件办理中，依据相关法律规定产生的费用支出称之为企业破产成本，其主要包括管理人履职费用、管理人报酬、诉讼费用、破产财产管理和变现费用、共益债务、破产财产分配费用等。作为企业支付财务危机的成本，这些费用需要破产企业承担。因此，企业破产成本多少会直接影响可供分配的剩余资产。在破产企业资产确定的情况下，破产债权清偿率与破产成本直接关联，破产成本降低，债务清偿率提升。企业破产成本的控制与管理受多方面因素的影响，既取决于破产制度完善程度，也受管理人管理水平影响，更受限于企业自身债权债务状况和经营管理规范程度。

2020 年前后，我国企业破产总资产的 22% 用于支付破产成本。企业破

---

① 2021 年深圳市中级人民法院出台了《关于优化破产办理机制推进破产案件高效审理的意见》。

② 2022 年江西省高级人民法院出台了《关于破产案件适用快速审理方式的工作指引》。

③ 2022 年海南省高级人民法院出台了《关于企业破产清算案件快速审理的若干意见（试行）》。

④ 最高人民法院审判委员会专职委员刘贵祥在 3 月 10 日举行的 2022 年全国两会《最高人民法院工作报告》解读系列全媒体直播访谈讲话，载 https：//baijiahao.baidu.com/s？id=1726893223243490058&wfr=spider&for=pc，2023 年 5 月 1 日访问。

产成本中，律师费用5%~10%，破产委托费用5%~10%，审计、评估、鉴定等专业人员费用约7%，拍卖费用1%~5%，公告费用1%左右，企业税费5%左右。① 美国学者Betker在1997年的研究中提到，按照《美国破产法》第11章重组的75家传统企业的破产成本为3.93%，49家提前打包出售的企业为2.85%。② 相较而言，目前我国的破产成本依然较高，占企业总资产比例偏高。鉴于此，国内一些先进法院在规范和降低破产费用、有效控制破产成本方面进行了积极探索。2019年至2022年，郑州法院破产案均费用从85.83万元下降至60.97万元；③ 2021年北京破产法庭创新破产案件网络办理，破产成本下降至破产总资产的5.52%。④

（三）破产企业类型

企业破产制度服务于企业经营，考察企业类型，可以折射出不同类型企业破产制度适用情况，透视出不同企业对破产制度的差异化"选择"。

1.企业资本属性分类

2007年，国有企业"处僵治困"工作由国务院国资委牵头开始实施，多年来，占全部处置央企24.3%的804家国有企业通过破产程序有序退出市场，⑤ 这一阶段国有"僵尸企业"出清成为法院破产案件的主要组成部分。这个过程一直持续到2012年前后，国有企业集中处置高峰期逐渐过去。在经历2008年金融危机后，部分民营企业纷纷面临经营困难、资金缺乏困境，进而申请破产。2013年之后，我国繁荣的市场经济造就了规模庞大的民营经济主体，民营企业破产数量突飞猛涨，到2020年民营企业破产案件占

---

① 徐阳光、韩玥：《营商环境中办理破产指标的"回收率"研究》，载《上海政法学院学报（法治论丛）》2021年第4期。

② Betker, An Empirical Examination of Prepackaged Bankruptcy, Financial Management,（Spring）1995, p3–18. 转引自郑伟华、王玲芳：《关于"回收率"指标的法律分析及提升路径构建——基于我国当前破产审判的实证研究》，载《法律适用》2020年第19期。

③ 数据来自《郑州法院破产审判白皮书（2018年—2022年）》。

④ 数据来自2021年12月27日北京市高级人民法院、北京市知识产权局、北京市市场监督管理局联合召开的新闻发布会内容。

⑤ 数据来自《全国人大常委会执法检查组关于检查企业破产法实施情况的报告》，全国人大常委会2021年8月发布。

案件总量的近 90%，^① 成为破产企业的大多数。目前，如外资企业^②、合资企业^③、集体企业^④等多元资本企业都有相继进入破产程序的先例。

由于我国区域经济发展差异相对较大，各地破产企业在资本属性上与本地企业资本类型存在明显关联，更与经济发展周期密不可分。如经济发展情况较好的广东省，一直是国有"僵尸企业"出清的核心区域，广州法院在 2016 年至 2020 年的五年间，完成 2677 家国有"僵尸企业"破产处置任务，破产处置国有"僵尸企业"数量超同时期全国总数的三成。^⑤民营经济高度发达的浙江省，就表现出已经过渡到民营企业作为主要破产企业的形态，浙江省温州市 2013 年至 2016 年审结的 662 件破产案件中，债务人为中小民营企业的高达 590 件，非民营企业的 72 件，仅占总数的 10.88%；^⑥ 2018 年至 2020 年，温州法院审结中小民营企业破产案件 1258 件，占比 78.10%。^⑦河南省破产市场主体总体结构与全国破产案件整体情况相契合，河南省 2018 年至 2020 年受理的破产案件中，民营企业 951 家，国有企业 526 家，集体企业 49 家，其他性质企业 20 家，分别占比 61.5%、36%、3.2% 和 1.3%。^⑧其中，2018 年国有企业占比最高，为 56.33%，主要原因是一批国有"僵尸企业"进入破产程序进行处置，2019 年、2020 年该结构发生巨大变化，民营企业占比分别为 81.5% 和 79.8%。^⑨外企资本参与度较高的江苏省苏州市工业园区内，外资企业破产占比可以达到 42.36%。^⑩

---

① 宫宜希、彭东昱：《依法推进企业破产工作 助力高质量发展》，载《中国人大》2021 年第 16 期。

② 2013 年的无锡尚德太阳能电力有限公司重整案，该公司的全资控股股东为注册在维尔京群岛（BVI）的太阳能电力有限公司（PSS）。

③ 2003 年 4 月 18 日，茂名中院裁定宣告高飞公司破产，成为首例中外合资企业破产案。

④ 2021 年 3 月 1 日河南省高级人民法院召开新闻发布会，通报 2018 年至 2020 年河南法院破产审判工作情况，2018—2020 年受理的破产案件中集体企业 49 家。

⑤《广东省破产审判白皮书（2016—2020 年）》。

⑥ 徐亚农：《破产审判的温州探索》，法律出版社 2018 年版，第 5 页。

⑦《温州法院破产审判白皮书（2018 年—2020 年）》。

⑧《河南法院 2018—2020 年破产审判工作情况通报》，河南省高级人民法院召开新闻发布会，2021 年 3 月 1 日发布。

⑨《河南法院 2018—2020 年破产审判工作情况通报》，河南省高级人民法院召开新闻发布会，2021 年 3 月 1 日发布。

⑩《2011—2016 苏州工业园区法院破产审判白皮书》。2011 年至 2016 年，苏州工业园区法院审理的 17 件破产清算案件中，8 件为外资企业，占比 42.36%。

2. 企业规模大小分类

我国企业规模分布呈现明显"金字塔"结构，大中小微企业数量呈指数级分布态势。2012 年之前，全国破产工作主要围绕国有"僵尸企业"清理为内容开展，国有企业规模明显高于一般民营企业。因此，此时破产企业规模以大中企业为主。随着破产企业资本成分的变化，自 2017 年民营企业成为破产企业的大多数，破产企业规范受民营企业规模分布比例的影响很大，呈现出大中小微企业分布广泛，数量集中在中小微企业的特征。

上海破产法庭公布的数据显示，2021 年上海市破产债务人的企业规模注册资本 100 万元以下的占比 30.00%，注册资本 100 万元以上 1000 万元以下的占比 33.70%，注册资本 1000 万元以上 1 亿元以下的占比 28.20%，注册资本 1 亿元以上的占比 7.1%。[①] 重庆破产法庭公布的相关数据显示，2021 年重庆市破产债务人企业的注册资本不足 100 万元的占比 13.35%，注册资本 2000 万元至 1 亿元区间的占比 20.32%，注册资本 1 亿元以上的占比 4.58%。[②] 作为中国经济发展的标志性城市，上海市、重庆市破产企业规模代表了我国经济发达地区的破产企业规模。相对而言，在经济欠发达地区，破产企业规模会更小，但都呈现出中小微企业为主，大型企业较少的结构。

虽然大型企业破产比例不高，但大型企业破产所涉资产特别巨大，浙江省舟山市定海区人民法院审理的浙江正和造船有限公司等四公司合并破产重整转清算案，债权人申报债权总额达 24.19 亿元；[③] 广东省高级人民法院审理的广东国际信托投资公司破产清算案，债权人申报债权 201.1 亿元；[④] 2021 年海南省高级人民法院审理的上市公司海航集团破产重整案，集团旗下重整公司高达 385 家，债权人申报债权超 2 万亿元，是我国目前涉及资产规模最大的破产企业。大型企业多为综合性企业，融资渠道多样、经营业务种类多、债权债务关系复杂，企业破产难度较大。

3. 所属行业分类

按照《国民经济行业分类》（GB/T4754—2017）分类标准，我国企业所属行业分为 20 个门类。2021 年重庆破产法庭受理的破产及强制清算案件中，除公共管理、社会保障和社会组织及国际组织 2 个门类企业不涉及

---

① 数据来自《上海破产法庭 2021 年度审理数据》。
②《重庆破产法庭 2022 年度破产审判白皮书》。
③《2020 年浙江法院破产审判十大典型案例》。
④《广东破产审判十大典型案例（2016—2020）》。

外，其他 18 个门类企业均有所涉及。涉案企业所属行业数量位居前五的分别是制造业（99 家）、批发和零售业（91 家）、建筑业（59 家）、房地产业（56 家）、租赁和商务服务业（33 家），分别占比 19.72%、18.13%、11.75%、11.16%、6.57%。相较于 2020 年，房地产行业破产企业增加 40%。[①] 2017年至 2020 年，成都法院受理的破产案件主要集中在制造、建筑安装、化工等领域。[②] 对于制造业的优势区域，这种破产行业集中现象更为明显。温州市作为我国制造业典型性代表，以"电器、服装、鞋业、打火机"四大轻工产品为支柱产业，带动各大行业共同发展，行业集群效应明显，具有极强的区域经济特色和企业组织化程度。2013 年至 2016 年，温州两级法院审结662 件破产案件，涉及的破产企业主业类型集中在制造业的 549 家，占总数的 82.93%，服务业仅占总数的 1.03%，其余行业仅有 6.04%。[③]

2018 年至 2020 年，河南法院受理的破产案件中，破产企业涉及制造业企业的 787 家，占比 46.8%，批发和零售业 346 家，房地产业 109 家，租赁和商业服务业 153 家，建筑业 55 家，制造业、批发和零售业、租赁和商业服务业、建筑业、房地产业 5 个门类的破产企业数量占比 91.5%；其他行业134 家，包括农林牧渔业 42 家、采矿业 36 家、住宿和餐饮业 22 家、交通运输和仓储业 21 家、科教文卫行业 7 家及软件和信息传输服务业 6 家。三年来，建筑业和房地产业企业的破产数量依次为 44 家、57 家和 63 家，呈逐年增长态势。[④] 近年来，重整案件中的房地产行业占比更为明显，2017 年至 2020 年，河北法院审理的破产重整案件中，房地产行业重整案件占重整案件总数的 50.6%。[⑤]

一方面，虽然经济发展周期具有一定规律性，但是企业经营受企业经营者管理方式、经营策略、风险防范等能力的影响更为直接，破产企业在各种企业行业中广泛分布；另一方面，经济周期对于经济行业的影响程度差别非常大，企业主营业务与经济波动周期相互叠加，直接影响破产企业类型与数量，部分行业呈现出集体性经营困境，表现为破产企业行业相对集中现

[①]《重庆破产法庭破产审判白皮书（2021 年）》。
[②]《成都法院破产审判工作白皮书（2017—2020）》。
[③] 徐亚农：《破产审判的温州探索》，法律出版社 2018 年版，第 5 页。
[④]《河南法院 2018—2020 年破产审判工作情况通报》，河南省高级人民法院召开新闻发布会，2021 年 3 月 1 日发布。
[⑤]《河北法院破产审判白皮书（2017—2020）》。

象。在不同经济阶段，会出现特定企业类型破产集中现象，例如，在供给侧结构性改革时期，资源开发型企业破产数量多；受新冠疫情影响，生产型企业破产数量多；房地产经济宏观调控期，房地产企业破产数量多。相对而言，我国金融投资市场相对稳定，金融企业的破产数量较少。2020 年之前，在全球经济一体化浪潮推动下，我国制造业经济空前发展，带动贸易、零售、进出口、劳务等相关行业快速发展，在 2020 年之后，全球经济一体化逆流、新冠疫情、地区局部冲突等，给我国实体制造业带来了不小的冲击，相关企业破产数量也有所增加。长期以来，我国政府秉持"房住不炒"理念，以"稳地价、稳房价、稳预期"的宏观调控目标，划定房地产行业发展评价三道红线，旨在促进国内房地产市场健康稳定发展。2021 年前后，我国房地产行业头部企业相继曝出债务危机，涉及债务数额、在建楼盘规模、关联企业数量惊人，形成对房地产行业的巨大冲击，导致房地产企业破产数量激增。

（四）破产审判组织建设

审判组织建设是破产审判工作发展的根基，在一定程度上代表了破产制度发展的程度与方向，高效、便捷、优质的破产审判服务必须建立在体系完备、能力专业、运转流畅的审判组织基础之上。纵观域外破产审判组织的发展历程与组成结构，大致可以分为专门破产法院、专业破产法庭、专业破产审判团队三种类型。①

在破产审判组织建设上，我国有效整合和重组现有审判力量，以提升专业化、集中化为方向，充分考虑破产审判实际，通过先进区域探索、总结、推广，分阶段、分步骤、分区域进行破产审判组织改革。目前，我国的破产审判组织改革有两个主要内容：其一，推动在部分地市设立破产法庭；其二，逐步扩大清算与破产审判庭覆盖面。

---

① 1978 年，美国通过破产改革修正案（Bankruptcy Reform Acts）建立了专门的破产法院，其作为联邦法院的组成部分，享有破产案件的联邦破产管辖权（参见李曙光：《美国破产法院综述》，载《法制资讯》2013 年第 10 期）。1831 年，英国通过《破产法庭法》在英国高等法院大法官法庭内成立专门的破产法庭（the Court of Bankruptcy），管辖伦敦地区有关破产案件的上诉案件（参见崔海琳、张海征：《试述法国破产重整制度》，载《第三届中国破产法论坛论文集》，法律出版社 2010 年版，第 211 页）。将破产制度作为商事行为的法国采商事破产主义，所有破产案件由商事法院审理（参见种林：《法国困境企业保护制度研究及借鉴》，载《南京社会科学》2018 年第 6 期）。

1. 破产法庭设立的探索

为有效集中有限的破产审判资源，加强破产审判在产权保护、"僵尸企业"清理和营商环境优化中的地位和作用，提升破产审判专业化成为重要途径。破产审判专业化取决于破产审判组织专业化，作为破产审判专门法庭，破产法庭的成立是我国破产审判组织建设的关键一步。从 2019 年 1 月 14 日，全国第一个破产法庭——深圳破产法庭成立，到 2022 年 9 月 29 日，中部地区首个破产法庭——武汉破产法庭成立，在短短四年时间里，全国陆续成立了 17 个破产法庭（具体见附录 2）。其中，深圳、北京、上海 3 个破产法庭是最高人民法院首批批复设立的破产法庭。

从全国破产审判法庭设立顺序和所属区域可以明显看出，破产法庭优先设立于经济发达城市，依托专业化审判组织审理大量破产案件。从破产法庭设置趋势来看，破产审判法庭正从东部沿海省份向中西部地区扩散，四川省、湖北省等中西部省份陆续设立破产审判法庭；以每省份 1 个，向每省份多个发展，广东省、山东省、江苏省、浙江省都设立了 2 个破产法庭，破产法庭逐渐成为破产审判专业化的有效组织形式。

在全国各地分别设立破产法庭，并非对已经成熟的破产法庭设立模式的机械复刻，相反，目前我国破产法庭设置模式仍在探索之中，每个破产法庭几乎都肩负着不同的破产制度改革探索使命，在某一个或某一些重点领域积极进行破产审判改革。如深圳破产法庭，作为首个破产法庭，一直是破产审判改革的先行者，现在更是个人破产制度的"实验室"；北京破产法庭以优化营商环境为方向，探索全流程线上办理破产，实行破产财产网络拍卖制度，出台《关于降低办理破产成本的工作办法（试行）》，为优化法治化营商环境提供了良好范例；重庆破产法庭先后制定实施《预重整工作指引（试行）》《破产案件快速审理指引》《债务人参与破产事务指引》《债权人参与破产事务指引》《关于在审理企业破产案件中防范和打击逃废债务行为的工作指引（试行）》《关于执行案件移送破产审查工作的实施办法》，与重庆市破产管理人协会签订合作备忘录，联合发布《关于管理人选聘其他社会中介机构的工作指引（试行）》，精心于破产制度的系统性构建；上海破产法庭利用数字化优势，打造破产审判信息化建设集群，实现对破产法官和破产管理人的量化考核，依托国际化城市基础，与域外国家紧密协作，探索跨境破产业务；苏州破产法庭深耕预防和处置逃废债行为沃土，探索破产案件刑民交叉处理。

各地破产法庭在不同领域各具特色的创新与探索，共同组成了破产司法实践发展的有机整体。协调统一推进破产制度整体发展是我国破产制度演进的显著特征，也是"改革特区"制度在破产制度变革中的现代化应用。

2. 专业化审判团队的架构

相较于传统审判类型审判团队建设，我国破产审判专业化团队起步较晚，破产案件的集中、专业化审理始于深圳中院于 1993 年 12 月 1 日设立的我国首个破产审判庭。2016 年 6 月 21 日，最高人民法院明确提出建设破产审判庭的要求。① 2018 年，全国超过 100 家法院设立了破产审判庭集中办理破产案件，② 这个数字在 2017 年时仅为 73 家。

通过设置专业审判组织，从事破产审判的专业法官数量大幅增加，到 2020 年，全国法院从事破产审判工作的员额法官已达到 417 名。③ 同时，破产法官素质亦明显提升。例如，2019 年，北京破产法庭研究生以上学历法官占比 83%，平均年龄 40 岁，平均审判年限 12 年，④ 在学历、年龄和审判年限方面均具有显著优势，为破产审判工作注入了强大活力。

（五）破产管理人情况

破产管理人担负破产企业资产管理、处置、分配，债权确认，债务清理等破产程序推进核心职责，在破产制度中扮演着极为重要的角色。⑤ 在一定程度上，破产管理人的组织能力、工作水平、成本控制等特质，直接决定着破产企业的命运。相较于发达国家，我国破产管理人制度起步较晚，直到《企业破产法》实施才被真正确立。在制度建立初期，破产管理人制度推进缓慢，2011 年之前国内破产审判的关注焦点仍然集中在国有企业出清和应

---

① 《最高人民法院关于在中级人民法院设立清算与破产审判庭的工作方案》（法〔2016〕209 号）明确要求："直辖市应当至少明确一个中级人民法院设立清算与破产审判庭，省会城市、副省级城市所在地中级人民法院应当设立清算与破产审判庭。其他中级人民法院是否设立清算与破产审判庭，由各省（区、市）高级人民法院会同省级机构编制部门，综合考虑经济社会发展水平、清算与破产案件数量、审判专业力量、破产管理人数量等因素，统筹安排。"

② 最高人民法院：《中国法院的司法改革（2013—2022）》，人民法院出版社 2022 年版，第 50 页。

③ 数据来自《全国人大常委会执法检查组关于检查企业破产法实施情况的报告》，全国人大常委会 2021 年 8 月发布。

④ 《北京市破产法庭揭牌成立》，载《北京日报》2019 年 2 月 2 日。

⑤ 徐亚农：《破产审判的温州探索》，法律出版社 2018 年版，第 235 页。

对国际金融危机，2011 年之后我国破产制度逐渐向市场化、法治化、常态化迈进，为破产管理人制度营造了新的发展环境，使其发展进入了快车道。

依照最高人民法院的相关要求，[①] 我国管理人实行名册管理制度，各高级人民法院有权编制本辖区内的管理人名册，参与破产案件办理的管理人应当在名册中指定。这种破产管理人名册编制工作，实际上是一种职业化准入制度，并且要求入册机构或个人数量要与本地破产案件数量相适应。

1. 管理人的数量及分布

从 2007 年到 2020 年，我国破产管理人经历从无到有的发展过程，期间全国 28 个高级人民法院、284 个中级人民法院先后完成了本辖区内管理人名册的编制工作，将 5060 个机构管理人、703 位个人管理人纳入了管理人名册，并在全国各地组织成立了 131 家管理人协会。[②]

（1）破产管理人数量变化。2007 年 9 月，浙江省高级人民法院编制了第一批包括 48 家中介机构的破产管理人名册，这是全国第一个破产管理人名册，也是我国破产管理人制度规范化发展的真正起点。2012 年 9 月，浙江省高级人民法院编制公布第二批破产管理人名册，包括 222 家中介机构与个人破产管理人 23 人。到 2020 年，浙江法院破产管理人名册中共有中介机构管理人 435 家，个人管理人 24 人。浙江法院的破产管理人在十五年间增加了 856.25%，实现了规模的指数级增长，其作为我国破产管理人规模持续扩大的缩影非常具有代表性。

（2）破产管理人地域分布。破产管理人作为市场化的商业主体，其分布特征具有明显市场倾向，区域分布与经济发展程度和市场需求呈正相关。如 2019 年广州地区破产管理人中介机构为 357 家、[③] 2020 年浙江地区破产管理人中介机构为 459 家、[④] 2022 年河南地区破产管理人中介机构为 551

①《最高人民法院关于审理企业破产案件指定管理人的规定》第 2 条第 1 款规定："高级人民法院应当根据本辖区律师事务所、会计师事务所、破产清算事务所等社会中介机构及专职从业人员数量和企业破产案件数量，确定由本院或者所辖中级人民法院编制管理人名册。"

② 数据来自《全国人大常委会执法检查组关于检查企业破产法实施情况的报告》，全国人大常委会 2021 年 8 月发布。

③《广东省高级人民法院关于公布〈广东省破产案件管理人名册〉的公告》，载微信公众号"广东省高级人民法院"，2019 年 3 月 1 日。

④《浙江省人民法院破产案件社会中介机构管理人名册（修正）》，载微信公众号"浙江省破产管理人协会"，2020 年 8 月 21 日。

家、[①] 2019 年江苏地区破产管理人中介机构为 486 家、[②] 2022 年河北地区破产管理人中介机构为 200 家、[③] 2020 年新疆地区破产管理人中介机构为 51 家。[④] 在诸如广州、浙江、江苏等东部沿海地区，破产管理人机构数量较多且发展较为成熟，破产管理市场与破产管理能力达到了相对平衡。在河南、河北等中部地区，破产管理人数量有明显差距，这与破产管理的市场需求密不可分，也与破产管理人所处发展阶段息息相关。新疆等西部地区经济发展程度相对落后，破产管理人数量明显较少，目前仍处在起步阶段。

（3）破产管理人分级管理。破产管理人数量的不断增加，激发出对破产管理人入册标准、分类使用、分级管理等制度的现实需求。将破产管理人纳入不同级别，不仅能促进不同级别管理人有序竞争，而且可以根据破产案件复杂程度匹配相应的破产管理人。河北高院将区域内的社会中介机构分两级管理，综合考量管理人的机构规模、工作业绩、执业能力、履职保障以及其他因素进行综合评定。深圳中院早在 2013 年就将社会中介机构划分为三个等级，规定其分别办理重大复杂破产案件、普通破产案件、小额破产案件三类破产案件的具体规则，并设置了破产管理人级别晋升、降级、淘汰规则。[⑤] 为增加对破产管理人管理的针对性，个别法院与破产管理人协会、注册会计师管理协会、司法局等共同制定了管理人分级管理规则。[⑥]

2. 破产管理人的类型

破产管理是一项兼具专业性与综合性的复杂事务，需要较强的管理专业能力与综合协调能力。依据《企业破产法》第 24 条第 1 款、第 2 款规定，管理人可由清算组、中介机构和满足一定条件的个人担任。从对外公布的破产管理人名册来看，目前，破产管理人类型主要分为律师事务所、会计师事务所、破产清算公司、其他社会中介机构四类。

---

① 《河南省高级人民法院关于〈河南省破产案件管理人名册〉的公告》，载微信公众号"豫法阳光"，2022 年 3 月 1 日。

② 《江苏省成立破产管理人协会》，载《江南时报》2019 年 12 月 31 日。

③ 《河北省高级人民法院关于河北法院破产案件管理人名册的公告》，载微信公众号"河北省企业破产管理人协会"，2022 年 5 月 13 日。

④ 《新疆维吾尔自治区高级人民法院 企业破产重整管理人和个人管理人名册公告》，载 http://xjfy.xjcourt.gov.cn/article/detail/2020/05/id/5180791.shtml，2023 年 5 月 1 日访问。

⑤ 深圳中院发布实施《破产案件管理人分级管理办法》，并于 2022 年 12 月 5 日印发《加强企业破产案件管理人指定与监督暂行办法》。

⑥ 2021 年 5 月 24 日，上海市高级人民法院与上海市司法局联合印发《上海市破产管理人分级管理办法（试行）》。

在 2020 年浙江法院破产管理人名册中，机构管理人 435 家（律师事务所 296 家、会计师事务所 136 家、资产管理公司 3 家），个人管理人 24 人。2019 年江苏法院破产管理人名册中，机构管理人 486 家，其中，律师事务所 326 家、会计师事务所 128 家、清算公司 24 家、其他类型 8 家，出现了一批以破产管理人为主业的专业机构和专业团队。[①] 2020 年河南法院破产管理人名册中，551 家机构入册，其中，律师事务所 397 家、会计师事务所 104 家、清算服务公司 47 家、其他类型 3 家。2020 年河北法院破产管理人名册中的 200 个中介机构，包括 146 家律师事务所、34 家会计师事务所和 20 家清算服务公司。从比例来看，律师事务所是破产管理人最多的主体类型，会计师事务所次之，专门的清算服务公司相对较少，亦有少量包括个人管理在内的其他类型破产管理人。

3. 破产管理人的选任

《企业破产法》与《最高人民法院关于审理企业破产案件指定管理人的规定》均明确了法院可以从管理人名册中选任破产管理人，是确定破产管理人的法定主体。实践中，法院选任破产管理人的模式多样，根据案件特征和实际情况，法院一般采用直接指定、竞争选定、随机选定、推荐指定四种模式。

（1）直接指定模式。根据《最高人民法院关于审理企业破产案件指定管理人的规定》第 18 条规定，[②] 具备一定条件的破产案件，法院可以直接为其指定清算组为破产管理人。破产管理人直接指定模式应用空间比较狭窄，由于清算组一般由政府的相关部门人员联合组成，直接指定模式主要适用于涉国有企业及相关企业的破产案件。虽然这种直接指定方式具有浓厚的行政色彩，但是直接指定清算组对国有企业破产案件中的政府维护社会稳定、企业员工安置等工作具有非常好的效果。

（2）竞争选定模式。竞争选定模式使用的前提是具备完整的管理人测评体系，能够对破产管理人的专业水准、从业经验、机构规模等管理要素进

[①]《江苏省成立破产管理人协会》，载《江南时报》2019 年 12 月 31 日。

[②]《最高人民法院关于审理企业破产案件指定管理人的规定》第 18 条规定："企业破产案件有下列情形之一的，人民法院可以指定清算组为管理人：（一）破产申请受理前，根据有关规定已经成立清算组，人民法院认为符合本规定第十九条的规定；（二）审理企业破产法第一百三十三条规定的案件；（三）有关法律规定企业破产时成立清算组；（四）人民法院认为可以指定清算组为管理人的其他情形。"

行系统性评分，以竞选出最适合的管理人。竞争选定模式的程序较为复杂，法院通过公开发布管理招标公告竞选破产案件管理人，经过对投标管理人管理方案、报酬提取、案件特点等综合衡量，择优评选出适合的破产案件管理人。《最高人民法院关于审理企业破产案件指定管理人的规定》第 21 条指出了适用竞争选定模式的破产案件类型，不难发现，该选择模式多适用于相对重大疑难复杂的破产案件。[①] 该种模式突出了公平性，但在选任效率、有效匹配、廉政风险等方面存在不足。

（3）随机选定模式。实践中，随机选定模式被使用的比例非常高。该种模式对破产案件的类型要求不高，兼容性好，并且选定方法简易、操作方便、成本较低，对破产企业具有较大吸引力。但中介机构的水平参差不齐，管理人的能力千差万别，随机选定破产管理人会增加案件处置效果的随机性，难以有效掌握和把控。考虑到管理人的精力和能力问题，部分法院对管理人参与破产案件进行了一定控制，限制已经参与一定数量案件的管理人参与随机选定模式。限定随机选取模式旨在实现破产案件分配的均衡性和公平性，以保障管理人办理案件的质量，但这种简单的限制未对管理人的规模、履职水平、办理能力进行区分，很难达到破产案件与管理人各得其所的目的。[②]

（4）推荐指定模式。根据相关规定，针对金融机构破产案件，可以由金融监管机构从管理人名册中推荐中介机构，再由人民法院指定。实践中，推荐方式指定管理人的破产案件占比很小，且各地对适用推荐指定模式的案件条件存在较大分歧。

---

① 《最高人民法院关于审理企业破产案件指定管理人的规定》第 21 条规定："对于商业银行、证券公司、保险公司等金融机构或者在全国范围有重大影响、法律关系复杂、债务人财产分散的企业破产案件，人民法院可以采取公告的方式，邀请编入各地人民法院管理人名册中的社会中介机构参与竞争，从参与竞争的社会中介机构中指定管理人。参与竞争的社会中介机构不得少于三家。采取竞争方式指定管理人的，人民法院应当组成专门的评审委员会。评审委员会应当结合案件的特点，综合考量社会中介机构的专业水准、经验、机构规模、初步报价等因素，从参与竞争的社会中介机构中择优指定管理人。被指定为管理人的社会中介机构应经评审委员会成员二分之一以上通过。采取竞争方式指定管理人的，人民法院应当确定一至两名备选社会中介机构，作为需要更换管理人时的接替人选。"

② 夏正芳、李荐、张俊勇：《管理人选任机制实证研究——以江苏法院管理人选任机制改革实践为蓝本》，载《法律适用》2017 年第 15 期。

4. 对破产管理人的监督

（1）司法监督。法院选任管理人，管理人应当接受法院的监督。《企业破产法》第 23 条、第 68 条明确了管理人向法院报告破产管理工作的法定义务，还将管理人拒绝债权人委员会监督的监督事项交由法院决定。法院对管理人的监管主要有入册监管、选任监管和履职监管。虽然全国各地法院的管理人入册标准并不统一，但是对机构规模、人员数量、执业年限、成功案例等进行衡量，并评定管理人的等级，本质上是对管理人资质的监管。法院有选任管理人的职责，如何选任与案件管理难度相匹配的管理人，一直是困扰法院的难题，实践中的多种管理人选任模式均是在选任公正性、匹配性、经济性和有效性的天平上相互均衡。

（2）债权人监督。根据《企业破产法》第 23 条、第 68 条规定，债权人会议与债权人委员会可以通过对管理人质询的方式对其实施监督，并以此维护债权人在破产程序中的合法权益。从监督效果而言，债权人会议并非常设机构，只有在召开债权人会议时才能真正行使对管理人的监督权，多数破产案件债权人会议的召开次数非常有限，以债权人会议方式监督管理人履职的机会弥足珍贵。因各个成员之间利益的复杂性和冲突性，债权人委员会很难形成一致的监督意见，难以有效监督管理人。从专业性而言，债权人普遍为非破产或法律方面的专业人士，由此组成的债权人会议与债权人委员会对破产制度了解不足，对管理人履职是否合法、规范、勤勉等无法进行正确的判断，缺乏专业性使监督难以真正有效实施。

（3）破产管理人协会监督。自 2014 年 11 月 20 日广州市率先成立破产管理人协会以来，全国已经陆续成立破产管理人协会超过 200 家。[①] 管理人协会通过入会标准的设置、工作规范的统一、风险基金的建立，在一定程度上承担着破产管理人的监管职能。破产案件办理是个复杂的系统工作，而且不同案件的办理存在明显差异，法律只对管理人的基本履职内容进行了规定，在涉及复杂的财产处置、政策解读、关系协调等方面的具体实务操作，都要依托管理人精湛的专业能力和全面的职业素养。[②] 广州、重庆、河南等地的管理人协会联合法院、律师协会、会计师协会等出台了一系列工作规范

[①]《截至 2022 年 6 月 30 日全国各地破产管理人协会达 200 家》，载微信公众号"破产法实务"，2022 年 7 月 3 日。

[②] 刘冬梅、张妍、范晓玲：《破产管理人"四元"监管模式研究》，载《法治论坛》2017 年第 2 期。

和细则，对指导管理人依法履职具有重要意义。另外，对于破产管理人在具体案件办理中的违纪违法、违反执业准则和执业道德的行为，债权人、债务人可以直接向管理人协会进行投诉，管理人协会根据实际情况作出具体的处理意见，亦是对管理人执业行为的监督。

（六）破产企业处置效果

近年来，随着破产制度的逐步完善，破产企业处置效果日益凸显，破产制度在促进经济健康发展、助力国企改革攻坚、推进问题楼盘处置、防范化解金融风险等方面取得了显著成效。

1. 促进经济高质量发展

破产制度通过化解不良债权、安置职工、盘活土地，可以保障困难企业有序退出市场，释放更多生产要素，进一步活跃市场经济，促进经济高质量发展。全国各地法院充分发挥破产审判职能作用，在处置破产财产、妥善安置职工、救治困境企业、盘活土地房屋资产等方面取得丰硕成果。2021 年，江苏法院累计实现 3.5 万人职工安置，化解 2688.7 亿元不良债权，2194.2 万平方米土地房产被盘活，[①] 其中，扬州法院安置职工 3700 余人，清理债权 146.03 亿元，土地房产盘活面积近 230 万平方米。2021 年，苏州市吴江法院清理债务 5448 笔 228.48 亿元，清偿债权 2726 笔 19.94 亿元，盘活资产 24.8 亿元，释放土地资源 59.22 万平方米，协助缴纳税金 1.59 亿元，化解隐性纠纷 3561 件。[②] 2020 年，江西法院金融债权处置达到 77.994 亿元，308.5356 万平方米、14785.35 亩土地实现盘活，16814 名职工落实安置。[③] 2017 年至 2020 年，河北法院累计化解债务近 300 亿元，安置职工 45000 余人，盘活资产 300 余亿元；河南法院通过破产审判清理债务 1805 亿元，清偿债权 503.4 亿元，其中，职工债权 102.3 亿元，盘活价值 658.6 亿元资产，其中，土地 10.9 万亩、房屋 1319 万平方米，妥善安置职工 24.2 万人。[④] 2021 年，通过审结的 732 件破产重整案件，全国法院保障 35 万名

---

① 《2021 年度全省法院破产案件审判情况》，江苏省高级人民法院 2022 年 3 月 28 日发布。

② 《苏州市吴江区人民法院 2021 年度破产审判报告》。

③ 《江西法院推进破产审判工作高效运行》，载《人民法院报》2021 年 2 月 23 日。

④ 《2018—2020 年河南法院破产审判工作情况》，河南省高级人民法院 2021 年 3 月 1 日发布。

员工的岗位稳定，使 745 家陷入经营困难的企业焕发新生，总资产规模达 1.5 万亿元。① 通过破产程序走出困境的企业越来越多，规模越来越大，破产审判工作维护社会稳定、促进经济发展的作用和价值越来越突出。

2. 助力国企改革攻坚

全面深化国有企业改革，加快劣势国有企业退出，提升国有企业经营管理水平，促进国有企业高质量发展，是时代发展的必然要求。在助力国有企业改革攻坚、处置国有"僵尸企业"方面，破产制度发挥着不可替代的作用。2007 年以来，采取破产方式的中央企业占全部"处僵治困"退出企业的 24.3%，破产制度有力支持了国有企业深化改革。② 北京市出台《破产制度改革实施方案》，分类施策，鼓励有发展潜力的国有"僵尸企业"通过破产重整程序回归市场，推动难以应对市场竞争的国有企业通过清算有序退出，避免"僵尸企业"形成。③ 2018 年至 2020 年，河南法院审结纳入省政府国有"僵尸企业"处置名册企业破产案件 458 件，使 446 家企业有序出清、1 家企业重整新生，清理债务 277 亿元，其中金融债务 74.5 亿元，处置资产变现 21.8 亿元，释放土地 9196 亩、房屋 13.5 万平方米，清偿各类债权 16.95 亿元，其中职工债权 12.8 亿元，金融债权 3.6 亿元，安置职工近 8 万人。④ 一大批有影响力的国有企业通过破产制度化解过剩产能、优化资源配置，完成企业转型升级等改革工作，激发了发展活力，增强了竞争力。

3. 推进问题楼盘处置

近年来，我国的房地产行业低迷，全国各地因资金链断裂、非法融资、合同纠纷、证照不全等原因停工停建、搁置烂尾、无法交付的问题楼盘不在少数。在房地产行业完成产业升级、模式革新之前，问题楼盘数量和规模仍有继续增加的趋势。为有效处置问题楼盘，各地政府在进行行政干预的同时，积极引导问题楼盘利益各方通过司法途径解决相关问题，问题楼盘所涉房地产企业破产清算案件数量激增，破产审判在推进问题楼盘处置方面发

---

① 最高人民法院审判委员会专职委员刘贵祥在 3 月 10 日举行的 2022 年全国两会《最高人民法院工作报告》解读系列全媒体直播访谈时的讲话。

② 数据来自《全国人大常委会执法检查组关于检查企业破产法实施情况的报告》，全国人大常委会 2021 年 8 月发布。

③《北京首次出台破产制度改革实施方案》，载《北京日报》2022 年 2 月 3 日。

④《河南法院 2018—2020 年破产审判工作情况通报》，河南省高级人民法院 2021 年 3 月 1 日发布。

挥着积极作用。截至 2021 年 12 月,云南省通过破产程序盘活烂尾楼盘 240 个,总化解率 71.86%,有效化解近 27 万户、80 万人烂尾楼购房业主的住房危机。[①] 2017 年至 2021 年,河南法院审结问题楼盘企业破产案件 121 件,实现一大批问题楼盘企业的复建、交房。[②] 例如,平顶山中院审理的河南瑞邦置业集团有限公司破产重整案通过庭外重组与庭内重整的有序衔接,化解债务 7337.25 万元,化解执行案件 17 件,盘活土地 3.3 亩,[③] 既充分盘活了企业资产,较好保障了购房人等各债权人的合法权益,又有效化解了企业债务风险和社会矛盾纠纷。

4. 防范化解金融风险

我国历来重视金融市场对促进经济发展和社会稳定的作用,习近平总书记强调:"金融要为实体经济服务,满足经济社会发展和人民群众需要。"[④] 在市场经济高速发展的现代社会,实体经济与金融市场相生相伴。同时,金融风险具有突发性、隐蔽性、传染性和滞后性等特点,破产制度在化解实体经济金融债权实现风险方面发挥着重要作用。金融机构以借贷资金支持实体经济发展,金融债权在破产企业债权中占有不低的比例,破产制度可以提前发现资不抵债企业,通过集体清偿方式降低企业金融债务持续扩大风险,进而实现金融债权风险的稳定、可控。另外,通过破产程序直接对海南发展银行、包商银行股份有限公司、易安财产保险股份有限公司、南方证券破产等多家金融机构进行处置,防止了金融风险的外溢和扩大。将来,随着金融机构破产制度的逐步完善,破产制度防范化解金融风险的作用将愈发凸显。

(七)我国破产制度改革的探索

我国破产案件的高速增长和优化营商环境的现实要求,给破产审判带

---

① 《全省 334 个烂尾楼盘已基本盘活 240 个!云南高院发布 8 个破产审判典型》,载 https://baijiahao.baidu.com/s?id=17204050831529850 69&wfr=spider&for=pc,2023 年 5 月 1 日访问。

② 王辉、于帆:《问题楼盘企业重整价值识别体系的构建——以价值溢出效应下的重整模式虚拟为视角》,载王欣新、郑志斌主编:《破产法论坛》(第二十一辑),法律出版社 2022 年版。

③ 《河南法院破产审判十大典型案例》,河南省高级人民法院 2021 年 3 月 2 日发布。

④ 习近平:《深化金融供给侧结构性改革 增强金融服务实体经济能力》,载《人民日报》2019 年 2 月 24 日。

来压力的同时，也为破产制度改革探索提供了充足动力。在以《企业破产法》为基础的破产制度体系内，我国立法机关、行政机关、司法机关积极倡导，大力支持各地结合本地实际和司法实践，思考破产制度发展理念，探索破产制度前进方向，完善破产制度具体规则，全国各地破产制度的改革与创新从未停息。目前，我国破产制度改革探索已经进入"深水区"，以市场化、法治化、专业化、国际化为导向，立足于我国国情，旨在解决破产制度运行中存在的实际问题，加速破产制度本土化融合，创制破产制度的"中国方案"。

1. 探索多样类型预重整模式

2018 年 12 月，温州市政府发布《企业金融风险处置工作府院联席会议纪要》，其中涉及预重整程序的主要有：由当地政府主导启动预重整程序，政府在管理人名册中选择预重整管理人并召集主要债权人成立债权人会议，债务人或管理人负责制定重整计划草案，并由债权人会议表决，表决效力亦延伸至重整程序，表决通过的，再由相关权利人申请破产，通过司法程序确定草案的司法效力。重庆五中院于 2021 年 1 月发布的《预重整工作指引（试行）》明确预重整的类型包含破产申请前的预重整和破产申请审查阶段的预重整。破产申请前的预重整，预重整期间法院不介入；破产申请审查阶段的预重整，预重整期间法院介入程度较弱。截至 2021 年 8 月，重庆破产法庭共接收预重整申请案件 46 件，其中 40 件已登记备案进入重整程序，已审结的预重整转重整案件全部重整成功。[①] 深圳中院探索的预重整的内容主要有：权利人向法院申请重整后，法院裁定受理前，经债务人申请法院有权决定进行预重整。法院指定临时管理人接管企业，并牵头各方协商重整方案，如果各方先行表决通过，其法律效力延伸至重整程序。[②] 在此基础上制定重整草案，组织债权人会议进行表决，重整草案通过的，法院将受理破产企业重整申请。

温州、重庆、深圳三地法院对预重整制度分别进行了探索，代表了三种不同的预重整模式。温州模式是典型的债务庭外重组模式，破产债务人与相关主体在破产申请受理前自行磋商，达成重整方案，法院和政府的介入性

---

① 吴洪：《重庆"四创新四提升"探索预重整实践样本》，载微信公众号"中国破产法论坛"，2021 年 09 月 15 日。

② 深圳中院出台的《审理企业重整案件的工作指引（试行）》。

都很弱，力求尊重债权人、债务人、投资人等相关利益主体的自主决策；重庆模式包含破产申请前的预重整，预重整期间法院不介入，破产申请审查阶段的预重整，预重整期间法院弱介入，并行"不介入"和"弱介入"两种模式；深圳模式采用破产申请后、法院裁定受理前的预重整，此类预重整模式中，法院进行重整价值的判断，并深入介入预重整期间的程序，赋予预重整方案一定的效力。

2. 探索案件分类快审程序

破产时间成本的控制在破产制度中非常重要，无论是债务人和破产企业，都想尽快从破产泥潭中解放出来，以便把资产和精力投入到更有价值的企业经营中去。各地法院在简化诉讼程序，降低诉讼成本，构建快速审理机制等方面进行了大量的探索。

2018 年 4 月 4 日，北京高院发布实施的《关于加快破产案件审理的意见》中提出破产案件的繁简分流[①]，把可以适用快速审理的破产案件条件细化为"积极条件"和"消极条件"，将快速审理程序启动模式分为"破产申请阶段的当事人主义"和"裁定破产申请后的法院职权主义"，对快速审理简化内容、时限、方法等作出了细致规程，十分具有操作性和灵活性。《北京市破产制度改革实施方案》中再次要求对债务人财产状况清晰、债权债务关系明确、案情简单的破产案件加大快速审理机制适用力度，实现应用尽用，大幅压减破产程序用时。北京法院对破产程序的繁简分流，在很大程度上提高了破产清算案件审理的效率，缩短了案件审理的周期，取得了良好的审理效果。北京法院办理的北京天润晟丰工程建设有限公司破产清算案，[②]适用破产快审机制，通过繁简分流、简中求速，是用时三个月内审结的首例案件。

在民营经济活跃的浙江地区，清算程序的效率需求非常强烈，浙江法院勇于探索破产清算案件的繁简分流、简易审理、快速审理模式，根据破产案件的复杂程度、难易程度、处置难度，对破产清算案件进行繁简分流、快

---

①《北京市高级人民法院关于加快破产案件审理的意见》规定，人民法院审理破产案件，可以对案件进行繁简分流。对于债权债务关系明确、债务人财产状况清楚的简单破产案件，可以适用快速审理。执行部门查无财产的执行移送破产审查案件应当优先适用快审理。

②《北京破产法庭发布十大破产典型案例》，载微信公众号"京法网事"，2019 年 10 月 29 日。

慢分道，简化清算程序、缩短清算期限，尽快实现清算目的，是法院审判经验与破产实务需求结合的典范。

3. 探索"立审执破"一体化推进

2019 年，浙江高院出台《关于深化执行与破产程序衔接推进破产清算案件简易审理若干问题的会议纪要（二）》，规定未就是否移送破产审查征求申请执行人或者被执行人意见的，不得终结本次执行，对执行移送破产审查坚持应收尽收、应移尽移。2020 年 4 月，浙江高院发布《关于继续深入推进执行和破产程序衔接推动形成人民法院"立审执破"全新工作格局的通知》，通过"应移尽移、应查尽查"、执行局与破产审判业务部门的人员和机构整合等措施，大力推进执行和破产程序衔接工作规范化、制度化、专业化。2021 年 4 月，浙江高院印发《关于继续推进执行与破产程序衔接构建"立审执破"一体化工作格局的通知》，通报上年工作任务完成情况，明确各中院辖区内当年执行移送破产的指标任务，并对财产查控、移送要求等相关业务问题进行细化规定。[①]

浙江法院践行"立审执破"一体化推进，打通执行与破产制度壁垒，探索执行法官与破产法官组成联合合议庭共同办理"执转破"案件；拓宽"执转破"案件渠道，强化法院的征询作用，引导符合条件的执行案件转入破产程序；实现执行办案平台与破产审判平台的有效衔接，实现平台的互联互通，提高破产财产的查询和处置效率。这些措施对解决适用破产程序积极性不高、执行困难等问题，具有突出的现实意义。嘉善三浦灵狐房产开发有限公司破产清算案中，[②] 法院成立审判、执行联合审判合议庭，创新采用执行移交模式清算房地产企业财产，成为执转破案件的典型代表。

4. 探索破产财产多元处置模式

浙江法院推动完善破产财产处置市场，尽可能保持债务人企业持续经营状态并整体出售资产，温岭市阳光汽车出租有限公司破产清算中，[③] 通过打包出售方式实现资产整体处置，有效提升债权人清偿率。浙江高院陆续出台规范、鼓励管理人使用网络拍卖方式处置破产财产的规定以来，经过多年发展，网络拍卖已成为浙江法院破产财产处置的主要方式，并具有潜在竞买

---

① 《浙江省高级人民法院 2021 年浙江法院企业破产审判工作报告》，载微信公众号"浙江天平"，2022 年 3 月 29 日。

② 《2020 年浙江法院破产审判十大典型案例》。

③ 《2020 年浙江法院破产审判十大典型案例》。

人多、溢价率高、参与便利等优势。

江苏省淮安法院结合破产案件性质、资产特点等，制定个性化资产变价方案时设定议价底价，推动破产资产有效处置。针对特定优质资产无人竞拍情形，积极对接相关对口企业、机关单位，推介资产处置方案，解决破产资产严重贬值问题。江苏法院探索的破产财产处置模式，不仅拓展了破产资产处置的数字空间，而且为以后建立全国统一的破产资产处置平台积累了一定经验。

5. 探索跨境破产

江苏法院办理的江苏舜天船舶发展有限公司破产清算案，系全国首例新加坡高等法院承认中国破产主程序及管理人身份案件。[①]在南京中院指导下，我国法院指定的破产管理人经过申请、听证、签署命令等程序，最终获得了新加坡高等法院关于域外管理人身份的承认，可以在新加坡行使破产管理人相关权利。江苏法院在跨境破产司法合作方面的探索，为我国破产案件的跨境办理起到了良好的示范作用。

二、当前破产制度存在的主要问题

回顾我国破产制度发展历程，基于《企业破产法》颁布实施的强烈催化，其在理念创新、文化培育、规范优化、队伍建设、实践探索等方面均取得长足进步，被越来越多的人知晓、理解、使用和研究，更是乘着营（宜）商环境建设的风帆，航行到世界舞台，获得国际社会的广泛认可，这样的成就值得肯定和赞许。但从长远来看，我国破产制度依然处在发展阶段，沉积的大量问题还没有得到有效解决。同时，破产制度面临着新时期社会环境、经济转型、法律修订、国家政策等带来的系统性变革，特别是民法典实施带来的社会法律关系体系性整合，对破产制度的影响是根本性的。多重因素的复合叠加，使破产制度运行中存在的问题日益凸显。

（一）宏观层面

从制度产生的源头而言，破产制度是个舶来品。[②]我国破产制度虽然已经移植多年，但是仍表现出一定程度的"水土不服"，在破产理念、破产文

---

① 《2020 年江苏法院破产审判典型案例》。
② 陈夏红：《破产法教育要从娃娃抓起》，载《法制日报》2016 年 9 月 28 日。

化、破产规范等方面存在一系列问题。在适应我国特有的国情、社情、人情过程中，磨合推进的破产制度本土化进程难免出现诸多"适应症"，需要客观面对、细致应对。

1. 企业破产文化稀薄

法律文化是法律实施的土壤。过去相当长一段时期内，破产制度构建过度依赖法学研究、法律实施、机制建设等"硬指标"，忽略或松懈对破产法律文化"软实力"的培育，实际上造成了破产制度与社会普通民众的距离感和缥缈感。钱穆先生说："一切问题由文化产生，一切问题由文化解决。"破产文化稀薄客观上形成了破产制度向前发展的阻力。

法律文化的形成取决于特定区域内政治、经济、社会发展历程，根植于国家的历史和民族的血脉。[①] 我国破产制度法律移植和本土融合的特征，并未给我国破产法律文化形成充分滋养，破产法律文化仍比较稀薄。儒家文化熏陶下"父债子偿"规则强调家庭责任与信誉传承，这与"企业有限责任"的破产制度内核之间存在巨大的"文化鸿沟"，破产羞耻文化在一定程度上仍盛行于社会，企业破产意味着企业所有者生意失败、信誉扫地、家族没落的思维关联性仍根深蒂固，堆砌出企业申请破产的心理阻碍。这些现象折射出我国企业破产文化发展成熟度不足，企业破产文化与破产制度发展之间存在脱节。

2. 破产理念更新滞后

破产法立法理念并非处于一成不变状态，从破产制度诞生伊始直至今日，其在不同历史时期，甚至同一时期的不同地域都经历了转换和变化。[②] 总体上看，债务免除制度的确立推动破产理念从最大程度保障债权清偿向债务限制性免除演进，重整与和解制度奠定企业救治和破产预防理念。理念革新是观念转变的基础，破产理念更新滞后造成破产制度与现实需求的脱节。

（1）平衡保护理念践行不够。实践中，破产程序更加注重对债权人所享有的债权申报权、成为债权人会议的成员权、表决权、异议权、监督权、对破产管理人的选任权、对破产财产的按比例分配权等重要实体权利和程序权利的保障，对债务人所享有的破产申请权、强制清算权、破产重整权、自

---

① 参见丁燕：《破产法律文化与破产法的变革》，人民出版社2022年版，第42~43页。

② 韩长印：《破产理念的立法演变与破产程序的驱动机制》，载《法律科学》2002年第4期。

由财产权、破产免责权、复权申请权等程序权利和实体权利的保障，相对而言有所欠缺。另外，囿于部分破产案件中没有具体参与的社会利益代表，对职工利益、国家利益和社会利益等公共利益关注不足、保护不够。

（2）防范化解风险理念欠缺。大多数企业的破产是经营危机所致。但目前，包括企业、股东、债权人、法院、政府、破产管理人在内的多数破产案件参与方，仍未树立风险预警、提示、处置、防范、化解意识，防范化解相关风险的能力较弱。多数地方政府尚未建立完善的企业破产预警系统，对存在严重经营风险的企业进行提示和帮扶。部分濒死企业苦苦支撑，造成亏损扩大、资源浪费。企业经营者对周期性融资困难没有合理预期、债权人不履行对商事交易最基础的调查义务、政府对经营困难的企业缺少预警和救助机制等，都是防范化解风险理念不足所致。破产制度本身就是对企业债务危机的处置，缺乏风险意识是产生破产案件的一个重要原因。深度参与破产案件的主体对于企业经营的"错误抉择"更有体会，这些经典经营错误示范和企业重整成功范例，都值得被总结与铭记。但少有人从中吸取经验教训，导致一个个企业重复着之前企业曾经犯过的相同或者类似的错误，再次走向濒临破产，警示规范经营理念严重失效。

（3）促进市场出清理念不足。企业所有者热衷于设立新企业，而对没有价值的企业往往不管不顾，放任其"自然死亡"。特别是针对国有企业，因牵涉国有资产流失的责任承担，企业管理层对企业破产尤其是破产清算非常谨慎，国有企业职工更害怕"收了编制""丢了饭碗"，抗拒企业破产。企业回避破产阻碍市场正常新陈代谢，限制市场要素释放，不利于社会经济繁荣发展。

（4）拯救困境企业理念不强。多数企业尤其是中小企业对破产法律认识不足，缺乏通过重整、和解和破产清算程序，实现保护、挽救企业以及债权债务清理的意识，基于各种因素往往不到万不得已不愿破产，导致逐步陷入债务泥潭，错失挽救最佳时机。部分破产参与主体不能充分考量长期效益，缺少救助困难企业的主动性，没有真正向困境企业伸出援手，帮助其渡过难关。实践中，破产重整和破产和解制度适用比例不足十分之一，因程序被过度闲置，破产拯救困境企业的价值难以实现。

3.破产法律体系不完备

在《企业破产法》颁布实施后，为有效应对司法实践中的具体问题，最高人民法院先后出台三个司法解释，对正确理解和适用《企业破产法》起到了非常重要的作用，但与复杂的破产司法实践相比，《企业破产法》及其司法解释仍有诸多不足，这是破产制度运行存在的一个突出问题。

（1）部分规范尚不健全。相较于复杂的破产事务，《企业破产法》受条文数量限制，原则性地勾勒出破产制度的框架，虽然通过司法解释等形式予以了丰富，但是立法争议、模糊、空白一直存在。较为突出的有，关联企业合并破产的标准和程序缺失、企业重整价值判断条件空白、偏颇清偿撤销权行使规则模糊等问题，客观上造成类案裁判差异，影响破产法律的统一适用。随着破产案件的增加，破产制度的需求端非常活跃，暴露出部分规范的缺失，制约着破产制度的运行与发展。如破产案件繁简分流制度，预重整制度，破产制度与税法、刑法等其他相关制度的衔接等等。

（2）对特殊主体关注不足。即便不谈非企业法人组织是否应当纳入破产范畴的问题，企业法人类型本身就呈现多样化，金融机构、上市公司、小微企业等主体各具特殊性，对破产制度的需求并不相同，而且随着我国经济由高速发展向高质量发展转型，涉及这些特殊主体的破产案件会越来越多，《企业破产法》目前缺乏程序多元性的设计，难以满足现实需要。

（二）中观层面

在破产制度运行层面，多样多变的企业破产需求对破产制度发展提出新的要求。显然，实际情况是破产制度与现实需求之间存在一定程度的错位。

1. 破产专业化程度有待提高

审判专业化是司法审判事业发展的必由之路，破产审判同样如此。由于破产审判起步较晚，相较于其他成熟的专业化审判，破产审判的专业化发展存在一定滞后性。

（1）审判组织建设不足。2016 年，最高人民法院发布通知，要求在全国范围加快建立专门清算与破产审判庭。[①]但直到 2019 年，全国法院破产审判组织才普遍成立。虽然如前文所述，在全国陆续成立破产法庭的基础上，各地法院审判力量均有所强化，但是与爆发式增长的破产案件相比，破产审判力量的增加十分有限。如 2020 年，浙江法院共受理案件 3428 件，是

---

① 《最高人民法院关于依法开展破产案件审理积极稳妥推进破产企业救治和清算工作的通知》（法〔2016〕169 号），2016 年 5 月 6 日施行。

2019 年的 1.45 倍，审结案件 2828 件，是 2019 年的 1.66 倍，但审判组织和审判人员的数量并未明显增加。目前，大多数基层法院没有设立破产审判庭，通常在民事审判庭办理破产案件的员额法官仍需办理其他民事案件，尚未实现破产审判专业化，破产审判案多人少矛盾更为突出。破产审判组织建设严重不足，已经成为制约法院进一步加强和改进破产审判工作的瓶颈。

（2）司法能力存在短板。不同于其他民商事案件，破产审判人员同时行使司法裁判权和事务管理权，体现为开庭与开会、办案与办事、审判与谈判的结合。在破产过程中，法院主导程序的启动、管理人的指定、破产债权的确认、方案的批准、程序的终结等全流程事项。在破产程序的不同环节，需要对接审计、评估、税务、金融等具体问题，具有非常强的专业性。由于部分区域破产审判专业化起步较晚，相关人员多是从民事、执行等部门直接转隶，对破产审判理念的理解、法律规则的掌握、实务操作的技巧等存在短板，导致一些案件办理效果不佳。

（3）工作考核标准不同。最高人民法院要求破产审判工作实行单独考核，[①] 是出于对破产案件特殊性的考虑，但该规定对考核项目、内容、折抵标准等均未作明确规定。一方面，目前仍有部分地区没有实行破产审判单独考核机制，将破产案件与一般民事案件一同考核，影响法官审理破产案件的积极性。另一方面，各地各自出台的考核规定，标准不一，考核结果无法进行横向对比，难以有效调配审判资源，影响审判质效。

2. 破产程序仍存在薄弱环节

立法是一个层面，法律的执行是另一个层面。在司法实践中，破产案件审理周期偏长、相关制度衔接不畅等问题仍然存在。

近年来，虽然我国部分省份破产案件办理效率有了明显提升，但总体上破产案件审理期间仍然较长，并且存在明显区域差异，无法匹配经济高质量发展的客观要求。《企业破产法》未设置破产案件快审机制，没有形成繁简分流、快慢分道的案件分类审理通道，简易、普通、疑难案件适用同一审理程序，程序适用与案件类型适配性较低，造成司法资源浪费与程序供给不足的窘局并存，案件平均审理周期普遍较长。另外，个别案件未能严格遵守《企业破产法》中明确规定的程序时限，致使案件办理周期拉长。

---

① 2019 年 3 月，最高人民法院发布《关于强制清算与破产案件单独绩效考核的通知》。

　　破产制度与立案、刑事审判、民事审判、执行程序等密不可分，程序之间的相互衔接、影响不可避免，但这些程序在法院内部部门之间的衔接和不同法院之间的协调并不顺畅，其中以"执转破"制度运转阻塞最为典型。在司法系统以外，破产程序与税收制度、环境保护制度等相关制度的衔接缺乏统一规范，相关破产程序推进受阻时有发生。

　　3. 破产管理人制度有待完善

　　在破产制度运行中，破产管理发挥着关键作用，破产管理人的执业水平对破产案件办理质量影响重大。当前，我国破产管理人制度仍不够健全，是制约破产工作的重要因素。

　　（1）部分管理人能力有待提升。实践中，破产管理人的执业能力并不均衡，且处置疑难复杂破产案件的能力相对欠缺。部分管理人专业知识缺乏，滋生一些破产衍生诉讼案件；部分管理人管理经验不足，容易出现过失、过错履职情况；部分管理人职业操守不严，勤勉义务履行不到位，影响案件办理实效。

　　（2）管理人名册制度仍不完善。名册制度是管理人制度的基石，支撑着整个管理人制度的运行。当前，名册制度存在一些问题亟待解决。例如，各地的管理人入册和层级划分标准不统一，入册程序不透明，资质评级过程不公开；管理人名册更新不及时，管理人级别调整程序模糊，管理人淘汰出册机制缺失；等等。

　　（3）管理人选任方式有待改进。科学的管理人选任方式是良好办案效果的重要保障。但实践中，管理人选任的科学性不足，在一定程度上造成管理人管理水平与破产案件复杂程度的不匹配，不利于案件的办理；在采用竞争选定模式时，存在管理人低价恶意竞争现象，有时竞争选拔的目的难以实现，不利于管理人队伍的健康发展。

　　（4）管理人履职缺乏保障。充分的履职保障能够有效激发管理人队伍的活力。但从实际情况来看，当前管理人报酬计取规则不完善，特别是无产可破案件管理人的报酬难以保障，而且对管理人履行企业账册接管、企业财产调查、企业资产处置等法定职责的保障机制亦不够健全，制约着管理人依法履职。

　　（5）对管理人的监督有待加强。《企业破产法》规定了法院司法监督、债权人监督、管理人协会监督等多种对管理人的监督方式，要求管理人勤勉尽责、忠实执行管理职务、严格履行如实告知义务等。但实践中，管理人向法院报告工作流于形式、债权人监督不及时、管理人协会监督缺乏强制约束力等问题，使得对管理人的监督难以有效落实。

4. 破产相关配套制度不健全

破产处置是一项复杂的系统性工作，必须辅以相关配套机制，否则"独木难支"。例如，多方联动机制不够完善，在破产工作实践中，有关部门在协调配合上不够顺畅，诸如涉税障碍、权证办理、不动产（土地、房产）的处置、员工社保等现实难题有时难以得到及时解决；全国破产审判信息网络一体化尚未实现，各地破产审判信息管理平台程序不兼容、数据不互通，不利于提升破产办理便利水平；破产费用保障制度、刑民交叉协调机制、有效打击逃废债机制的缺失，阻碍着破产制度的运行效能。

（三）微观层面

"徒法不足以自行。"破产制度功能的发挥离不开破产制度的及时有效实施。[①]破产制度的良好运行最终需要落脚到解决破产实践中更为微观的具体问题。

1. 经营失范企业破产难度大

我国私营中小微企业的经营模式依然比较粗放，"作坊式生产""家族式管理"企业不在少数，这些企业在市场经济大潮中展现出极强的生存能力，但也普遍存在经营管理不规范问题。股东出资不实、抽逃出资，股东与企业财产高度混同，经营账册缺失、税务申报不规范，关联企业资产与债务严重混同等问题比较集中。此外，在企业面临破产时，部分企业相关人员通过低价处置企业资产、恶意提供担保、虚假交易等行为侵害企业债权人利益，意图通过破产实现逃废债非法目的。企业经营过程中和濒临破产时的失范行为，不仅会干扰破产审查的准确性，而且会带来破产案件审理的风险，这些都会加大办理破产案件的难度。

2. 企业破产资产处置困难多

财产处置难一直是破产审判工作中一个重要的"绊脚石"，尤其是涉及土地房屋等不动产的处置变现难度很大。破产企业资产处置难的主要原因包括：一是破产企业现存资产吸引力小，多数破产企业系设备、仪器、电气机

---

① 刘贵祥：《中国破产法的实施和改革完善》，在国际破产协会中国研讨会上的发言。

械等传统制造业，总体属于产能过剩和淘汰行业，在上游行业不景气情况下难以获取有效投资。二是企业厂房租赁现象普遍，很多破产企业在陷入经营困境后便将厂房予以租赁，一定程度上给处置造成了障碍。三是交易税费负担较重，有相当数量的破产企业资产体量很大，由此产生的各项税费数额也较大，无形中增加了交易成本，降低了潜在投资人的购买意愿。

3. 企业重整价值识别能力弱

《企业破产法》只对法院受理破产及破产重整的条件进行了比较笼统的规定，对企业重整价值识别的规定十分有限，[①] 而且对价值的判断标准也只是宏观性描述。破产重整实际上包含了破产和重整，[②] 企业想要进入破产重整，首先要符合法院受理破产案件的条件，即已经处于资不抵债或明显无法清偿债务的境地，其次还要具备一个非常重要的因素，就是企业应当具有重整价值。目前，对于企业是否具备重整价值，并没有完整的识别机制和识别体系，价值识别主体对企业重整价值的识别能力较弱。

4. 重整企业回归市场阻塞深

经过破产重整程序，企业重新焕发生机，应当重新回归市场，继续生产经营，创造社会价值。但实践中，由于企业原有的经营困境、重整程序中的相应调整和重整方式的抉择不同，原有重整企业的主营业务、管理人员、经营方式甚至企业名称等关键经营信息会发生较大变化，带来的直接影响就是相关证件的换发与重新登记，后续还会对企业的融资能力、参与优惠税收等方面产生间接影响。如何帮助重整企业尽快全方位恢复生产经营，需要包括政府、银行、法院、企业债务人在内的各方相互配合、相关协调。目前，重整企业信用体系修复、工商信息登记修复等相关机制仍不够健全，对重整企业重回市场而言，仍存在一定程度上的阻塞。

我国破产制度运行中存在的实际问题始终制约着破产制度功能的发挥。基于此，各地立足于自身实际，针对破产制度改革进行了诸多有益探索，并取得了丰硕成果。

---

① 《企业破产法》第 2 条规定："债务人不能清偿到期债务，且资产不足以偿还全部债务的，或者有明显丧失清偿能力的，债务人、债权人或者符合法定条件的出资人可以向法院申请依照《企业破产法》的规定对债务人进行重整。"

② 王欣新：《破产法》，中国人民大学出版社 2019 年版，第 286 页。

三、世行评价对我国破产制度的影响

经过长期总结、发展，世界银行（以下简称世行）制定了一套内容全面、指标可量化的营（宜）商环境评价体系，以评估各参评经济体的营商环境水平。世行营商环境评价对吸引境外投资、促进经济增长、优化营商环境具有重要制度价值，经常被视为投资的风向标。因此，各经济体参与该评价的热情十分高涨——到 2019 年时，全球已有 191 个经济体参与世行营商环境评价和综合排名。其中的破产指标，引领着各经济体的破产制度改革。在经济全球化背景下，只有深刻理解世行的破产指标，才能对标反思我国破产制度运行存在的问题，进而把握改革方向，促使其在帮助失败主体退出市场、调节经济方面发挥更大作用。

（一）营商环境评价体系中"办理破产"指标

为衡量各国营商环境情况，构建更完善的营商环境指标体系，世行于 2001 年正式成立了营商环境项目小组，每年发布一份报告，从"营商程序便利程度"与"法律保障力度"两个维度评估各参评经济体的营商环境，[1] 并进行打分排名。由于营商环境评价体系围绕着企业的生命周期进行设置，因此，"办理破产"作为企业退出市场环节暨企业生命周期的终结，也是营商环境评价体系中排位最末的一个一级指标。2003 年，世行发布了第一份营商环境报告，其中已经包含对各经济体关闭企业的程序和效率进行评价的"关闭企业"指标；2005 年，世行将"关闭企业"指标调整为破产时间、破产成本、破产债权回收率三项二级指标；2013 年，世行又将"关闭企业"指标名称改为"办理破产"指标；2015 年，世行将"办理破产"指标项下的二级指标进行调整，细分为破产债权回收率、破产框架力度指数两个二级指标，各占 50% 权重。此次调整后的指标一直沿用至 2021 年。[2]"世行认为，良好的破产制度应当具备让债权人实现最大程度的清偿、帮助有挽救可能的企业实现重生、淘汰关闭经营失败的企业、促进经济的稳定与增长、鼓励贷

---

① 刘江会、黄国妍、鲍晓晔：《顶级"全球城市"营商环境的比较研究：基于 SMILE 指数的分析》，载《学习与探索》2019 年第 8 期。

② 徐阳光、韩玥：《营商环境中办理破产指标的"回收率"研究》，载《上海政法学院学报（政法论丛）》2021 年第 4 期。

款人提供高风险贷款、保障员工稳定就业、保护供应商及客户网的功能。"①
所以，"办理破产"项下的二级指标和三级指标也紧紧围绕上述目标进行
设置。

破产债权回收率也称"清偿率"，是指有担保的债权人的投资通过司法
重组、清算或债务强制执行（止赎或破产管理）程序的回报在1美元中的占
比，主要通过破产时间、破产成本、破产结果三个指标进行考察。其中，破
产时间指企业在破产程序中花费的总时间，从企业不履行支付到期债务计算
至支付部分或全部欠款所用的总时间。破产成本指企业在破产程序中的一切
费用和成本，包括诉讼费，政府征税，破产管理人、拍卖人、评估员和律师
的费用等。破产结果是指破产程序结束后企业最终是被零散出售还是继续经
营，如果企业继续运营，其全部价值将得以保留，如果企业资产被零散出
售，其可以收回的最高金额是企业价值的70%。

破产框架力度指数指标主要考察破产程序法规的质量，其分值在0到
16分，分数越高，表明破产立法越适合于恢复有活力的公司和清算无活力
的公司。其主要考察四方面内容：破产程序的便利启动指数、管理债务人资
产指数、重整程序指数、债权人参与指数四个方面。

破产程序的便利启动指数主要考察有权启动破产程序的主体及启动破
产程序的标准，其分值范围在0到3分，数值越高，表明启动破产程序越容
易。在有权启动破产程序的主体方面，若债务人或债权人均有权提出清算
和重组程序申请，得1分；若债务人或债权人均只能申请启动清算或重组
中的一种程序，则得0.5分；若债务人和债权人均不能启动破产程序，则得
0分。在破产程序的启动标准方面，若以债务人不能按时清偿到期债务为标
准，得1分；若以债务人资不抵债为标准，得0.5分；若两种标准都可用但
仅需满足其中一项标准，则得1分；若要求同时满足以上两种标准时才能启
动破产程序，则得0分。

管理债务人资产指数主要考察债务人或其代表在破产程序中对债务人
财产处理权的大小，分值范围在0到6分，分值越高，表明债务人在破产程
序中对其资产的处理权利越大。该指标主要考察六个方面内容：债务人或
其破产代表是否有权决定继续履行对债务人至关重要的合同（若是，则得1

---

① 容红、高春乾、邹玉玲：《办理破产之国际比较——解析世行营商环境评估报告》，载《中国经济报告》2018年第9期。

分；若不是或法律未作规定，则得 0 分）。债务人或其破产代表是否有权拒绝履行负担过重的合同（若是，则得 1 分；若不是或法律未作规定，则得 0 分）。偏颇交易行为是否可以被撤销（若是，则得 1 分；若不是或法律未作规定，则得 0 分）。不公允的交易行为是否可以被撤销（若是，则得 1 分；若不是或法律未作规定，则得 0 分）。债务人或其代表是否有权获得新融资（若是，则得 1 分；若不是或法律未作规定，则得 0 分）。新融资债权是否具有优先权（若是，则得 1 分；若不是或法律未作规定，则得 0 分）。

重整程序指数与债权人在重整程序中的权利息息相关，其分值范围在 0 到 3 分，主要考察三方面内容：重整计划草案是否仅由权利受到该计划修改或影响的债权人表决（若是，则得 1 分；若所有债权人均对该计划进行投票，则得 0.5 分；若债权人没有对重组计划进行投票或重组不可行，则得 0 分）。有权投票的债权人是否被划分为不同类别，每个类别都单独投票，每个类别中的债权人都受到平等对待（若投票程序满足三个特征，则得 1 分；若投票程序不具备这三个特征或重组不可行，则得 0 分）。持异议的债权人在重组计划下能否获得与清算时相同的金额（若是，则得 1 分；若法律对此未作规定或无法进行重整，则得 0 分）。

债权人参与指数主要考察债权人在破产程序中的参与程度。其考察内容主要有四个方面：债权人是否有权任命、批准或拒绝被任命的破产管理人（若是，则得 1 分；若否，则得 0 分）。债权人是否有权批准债务人出售大额资产（若是，则得 1 分；若否，则得 0 分）。单个债权人是否有权获取债务人的相关信息（若是，则得 1 分；若否，则得 0 分）。债权人是否有权反对或者拒绝其他债权人就相关债权作出的决定（若是，得 1 分；若否，则得 0 分）。

此外，破产框架力度指数除考察各经济体关于破产的法律法规之外，还强调法律法规的"实用性"——如果一个经济体在过去五年中每年没有完成涉及司法重组、司法清算或债务强制执行程序（止赎或破产管理）的案件，那么该经济体在时间、成本和结果指标上均会被打上"无实践"的标记，这意味着债权人不太可能通过正式的法律程序收回其资金，这种情况下，即使经济体有关于破产的法律框架，其该项指标得分也为 0 分。

各经济体在办理破产指标中的得分高低决定了其该项指标的世界排名，评分数据则来源于本地破产从业员的问卷回答，专家也会通过研究各经济体的破产法律法规和公开资料进行核实。由于办理破产指标得分与破产领域的现状或改革密切相关，所以各经济体在世行营商环境报告中的总排名或办理破产指标的排名已经成为各国进行商事改革或破产制度改革的"晴雨表"。如俄罗斯在颁布和修订一系列法律之后，在世行营商环境的排名，在短短的五六年间飞升了100多个名次[①]；印度在2016年颁布《破产与清算法案》后，营商环境排名跃升30位，被世行列为改革营商环境力度最大的十个经济体之一；我国于2019年开始施行的《破产法司法解释（三）》对部分破产规则进行了调整，促使2019年办理破产指标排名提升10位，营商环境总排名也随之上升15位。

　　我国于2005年正式作为经济体参与世行营商环境评价。经过多年不懈努力，我国的营商环境全球排名从2005年的第108位跃升至2019年的第31位[②]，是营商环境进步最大的十个经济体之一。"办理破产"指标的排名也从2013年的第82位提升至2019年的第51位，但2015年以后几乎一直稳定在第50位至第60位之间，进步较2015年之前缓慢（见图1-3）。以《世界银行2020年营商环境报告》为例，我国"办理破产"指标总得分为62.1分，与排名前三的芬兰（92.7分）、美国（90.5分）、日本（90.2分）相比，还有30分左右的差距[③]，进步空间仍然较大。具体说来，在破产债权回收率方面，我国破产债权回收率连续多年保持在36%~36.9%，比回收率最高的挪威低了56%。在破产时间方面，我国的破产时间连续多年保持在1.7年，而爱尔兰地区仅需0.4年，日本仅需0.6年，美国仅需1年，我国香港特别行政区也仅需0.8年。[④] 在破产成本方面，与挪威1%、日本4.5%、英国6%的破产成本（资产价值百分比）相比，我国连续多年保持在22%的破产成本，还有很大的进步空间。[⑤] 在破产框架力度指数方面，我国破产启动程序指数和债务人资产管理指数为满分，债权人参与指数失分较多。

---

　　① 参见罗培新：《如何正确理解世行营商环境评估指标》，载《上海法治报》2018年4月3日。

　　② 数据来自世界银行网站公布的历年《营商环境报告》。

　　③《全国人民代表大会常务委员会执法检查组关于检查〈中华人民共和国企业破产法〉实施情况的报告》，载中国人大网，http://www.npc.gov.cn/npc/kgfb/202108/0cf4f41b72fe4ddeb3d536dfe3103eb3.shtml，2022年12月5日访问。

　　④ 徐阳光、韩玥：《营商环境中办理破产指标的"回收率"研究》，载《上海政法学院学报（政法论丛）》2021年第4期。

　　⑤ 数据来自世界银行网站公布的《营商环境报告》。

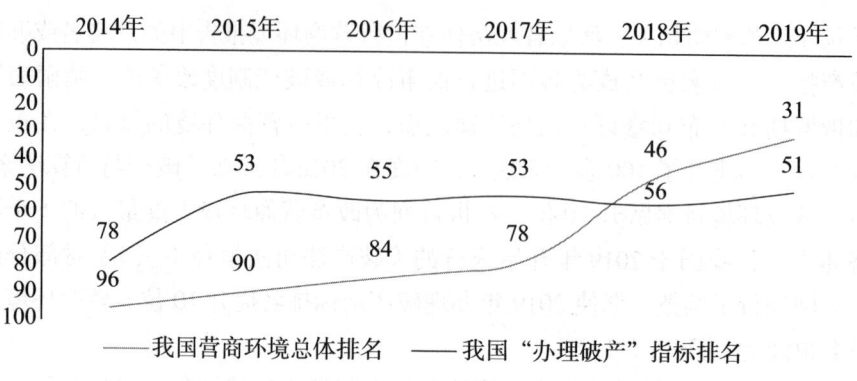

图 1-3　我国营商环境排名与"办理破产"指标排名对比

从历年世行营商环境评价报告来看，近年来，我国营商环境总体水平大幅提升，但"办理破产"领域进步较缓，与世界先进水平相比，还有较大差距。具体而言，未来我国应在破产成本、破产时间、破产债权回收率上进行改革。

（二）宜商环境评价体系中"企业破产"指标

2021 年 9 月 16 日，世行集团高管层决定停止对全球营商环境的评估和数据报告工作，并宣布将制定评估商业和投资环境的新评价体系——宜商环境评价体系。2022 年 12 月，世行发布新版《概念书》，介绍了宜商环境评价体系的目标、方法及有关主题和指标的基本信息，称将分三批对全球 180 个经济体进行测评。① 2023 年 5 月，世行又发布了宜商环境评估体系的《方法论手册》和《说明及指南》。其中，《方法论手册》介绍了宜商环境评价体系的目标、方法和范围，并针对每个主题领域规定了具体指标、基准参数、详细的评分规则和数据收集来源。《说明及指南》介绍了宜商环境评价体系数据和报告的流程、保障措施及资源，为项目的透明度和完整性奠定了

---

① 根据世行《概念书》的内容，柬埔寨、新加坡、菲律宾、我国香港特别行政区等共计 55 个国家和地区将作为第一批经济体参评，马来西亚、巴西、我国大陆以及我国台湾地区等共计 62 个国家和地区将作为第二批经济体参评，芬兰、澳大利亚、泰国等 63 个国家和地区将作为第三批经济体参评。（参见世界银行网站：https：//www.worldbank.org/en/businessready，2023 年 5 月 23 日访问。）

基础。《方法论手册》和《说明及指南》相辅相成、互为补充。[①]至此，世行营商环境评价体系全面革新，原有的营商环境评价体系被宜商环境评价体系所取代。

宜商环境评价体系围绕企业生命周期及市场参与进行设置，重点关注企业在开办（进入市场）、经营（或扩大规模）、关闭（或重组）过程中的情况，主要通过评价各经济体的监管框架、提供公共服务水平、效率来综合评价其宜商环境水平。其具体指标由企业准入、企业选址、获得水电气公用服务、劳动力、金融服务、国际贸易、税收、争端解决、市场竞争、企业破产十大评价专题和数字技术运用及可持续发展两大主题构成。在评价范围上，宜商环境评价体系注重从法律制度方面和实际运行方面进行评价。其中，法律制度方面的数据主要通过专家协商进行收集，且专家协商会广泛使用衡量大多数企业所面临的商业环境的参数，而非狭隘的案例研究；实际运行方面的数据则通过专家协商和企业调查收集。此外，数据收集和报告过程全程受到高标准的严格管理，这也在一定程度上保证了数据的透明度、真实性以及评价结果的可复制性。

在宜商环境评价体系中，"企业破产"仍为排位最末的一个评价专题。同其他评价专题一样，企业破产评价专题中，监管框架、提供公共服务水平、效率仍是三大评价支柱，因此，宜商环境评价体系中，企业破产项下的二级评价指标也围绕着这三大支柱进行设置。其中，监管框架支柱主要评估破产法律法规的质量，提供公共服务水平支柱主要衡量破产程序的体制和运作基础设施，效率支柱主要衡量在法院进行清算和重组程序所需花费的时间和成本。所以，宜商环境评价体系中，企业破产专题下的二级评价指标发展为"破产程序法规的质量""破产程序制度和基础设施的质量""破产效率"三个指标。

破产程序法规的质量下设29个三级指标。世行认为，一个全面的破产监管框架应当解决正式申请破产程序之前的关键问题，为启动正式破产程序设置明确标准，确保在清算程序和重组程序之间取得适当平衡，让知识和经验在任命破产管理人中发挥重要作用，既利于企业发展又创造社会效益，对促进破产程序中实现债务人资产的最大化和利益相关者提供保障。具体而

---

① B-READY Manual and Guide and Methodology Handbook，载世界银行网站，https://www.worldbank.org/en/businessready，2023 年 5 月 31 日访问。

言，破产程序法规的质量中 29 个三级指标又细分为三类四级指标。第一类指标是法律和程序标准，满分为 26 分（含企业灵活性 13 分，社会效益 13 分），共由 13 项指标构成，具体又可细分为破产程序启动前和启动程序、清算和重整程序、破产管理人的专业知识。第二类指标是资产和利益相关者，满分为 19 分（含企业灵活性 10 分，社会效益 9 分），共由 11 项具体指标构成，具体为债务人资产管理、债权人参与。第三类指标主要考察特别程序，满分为 8 分（含企业灵活性 5 分，社会效益 3 分），包括小微企业特别程序、跨境破产特别程序。

破产程序制度和基础设施的质量是企业破产考察的第二大支柱，共下设 12 个三级指标，主要考察执行破产法律框架所必需的机制和基础设施的质量，重点评价提供公共服务的机构运作的相关指标。其中，第一类指标是数字化与在线服务，满分为 20 分（含企业灵活性 10 分，社会效益 10 分），由 2 个指标构成。第二类指标是破产程序中的公务人员和破产管理人，满分为 4 分（含企业灵活性 2 分，社会效益 2 分）。

破产司法程序的效率下设 4 个三级指标，主要考察开展庭内清算和庭内重整的时间和成本。其中，庭内清算程序的时间计算自清算申请提交之日起至偿还部分或全部欠款止，庭内清算程序的成本是指清算程序的总成本，包括诉讼费、律师费和破产管理人费以及拍卖费、会计师费和其他杂项费用等。庭内重组程序的时间起算点为提出重组申请之日，截止日期为重组计划获得批准之日。庭内重组程序的成本计算同庭内清算程序成本计算一样，整个程序中的各项费用都被计算在内。与监管框架和提供公共服务水平两大支柱不同，破产司法程序的效率中各项指标得分只与企业灵活性有关，因为这些指标仅能衡量在法庭内进行清算和重组程序的时间与成本，与社会效益无关。

（三）从"办理破产"到"企业破产"的变化

整体而言，宜商环境评价体系不仅从单个企业的角度来评估营商环境的便利性，还从整个私营部门发展的角度进行评价；不仅关注破产中企业的灵活性，还关注破产程序中的社会效益；不仅关注法律制度和监管框架，还评价监管的质量及政府在企业生命周期中提供公共服务的水平；不仅关注法律法规信息，还重视法律法规的实际实施情况。[①] 因此，与营商环境评价体系相比，宜商环境评价体系边界更清晰、评估更平衡、方法更科学、指标更完善、成果更可用[②]。

从"办理破产"指标到"企业破产"指标的内容变化来看，"企业破产"指标的内容比"办理破产"指标内容更广，不仅重视对破产程序中各项指标的考察，还重视对破产程序启动前的法规及标准考察；除对企业破产的各项内容进行普适性考察外，还特别关注到小微企业破产及跨境破产两大问题；除对涉破产法律法规进行评价外，还关注政府提供公共服务的水平，强调大数据时代数字化和信息化技术在破产程序中的运用；除关注破产程序中各利益相关者的利益平衡外，还对破产程序中的司法人员和破产管理人两大角色提出专门化要求。总的来看，宜商环境评价体系中"企业破产"指标更侧重对破产程序启动前制度性规范的关注及破产基础设施的质量，更强调当破则破的理念及可持续发展[③]，考虑了企业的灵活性和破产期间的社会效益[④]，且更关注企业破产程序中司法人员和破产管理人的专业化。

四、世界范围内破产制度的发展趋势

世行营商环境评价对我国破产制度发展产生了巨大的推动作用，同时也对参与评价的世界各国破产制度产生了深刻影响。优化营商环境已成为各国激发市场活力，吸引国际投资的关键因素，保障个人生存权和发展权也是各国维护社会秩序、促进经济发展的基本要求。基于相似的目标，多年来，世界范围内破产制度改革和发展方面也呈现出一些共同的特点和趋势。

（一）注重破产制度调控经济职能发挥

作为失败市场主体的退出法，"破产法自公元前 5 世纪在罗马共和国形成至今，就通过规制不能清偿债务人和控制债务人财产的收集分配程序等各

---

① Business Ready Methodology Handbook，载世界银行网站，https：//www.worldbank.org/en/businessready，2023 年 7 月 16 日访问。

② 李文成：《世界银行宜商环境评估的多维视角与应对策略》，载《中国市场监管研究》2022 年第 8 期。

③ 陈夏红：《世行新指标，破产新方向》，载澎湃新闻网"澎湃商学院"栏目，2023 年 5 月 21 日。

④ 罗培新：《世界银行新旧营商环境评估规则及方法的比较——兼论优化营商环境的道与术》，载《东方法学》2023 年第 4 期。

种制度塑造商业秩序、政治秩序"。① 现代社会，破产法在塑造商业秩序方面的作用有增无减，各国也更加重视破产在促进经济发展中的作用，更加倚重破产制度的经济调控职能——"当宏观经济出现系统性危机，整个市场或者某一行业内市场主体大规模地陷入困境时，破产法经常被用来对整个市场或者某一行业实施系统性的救助。"② 如日本1952年制定《公司更生法》是为了解决战败后经济低迷和民众就业压力巨大的社会问题；英国重整制度的诞生是为了解决撒切尔夫人推行经济改革所引发的混乱局面；印度2016年《破产与清算法案》是政府为解决企业不良贷款、基础设施工程进度放缓、商品价格下跌等问题而采取的新举措；新加坡2018年改革破产法也是因为债权违约导致的巨额兑付危机及作为国家支柱行业的航海业和船舶业遭受严重冲击等问题。

此外，由于破产制度尤其是重整制度在振兴经济方面的作用，破产经常被经济转型时期的国家当作应对国家危机或振兴经济的利器，③ 俄罗斯、波兰、捷克、罗马尼亚、越南等国的经济改革都是以修改和制定破产法为开端，破产法成为经济转型期国家改革的宪法。④

在刚刚过去的新冠疫情期间，各国政府将破产制度作为调控经济的手段体现得更明显。为减少新冠疫情对国家经济发展的冲击，许多国家在疫情期间借破产这只"看得见的手"调控经济。如美国将适用第11章第5附章小企业重整程序的小企业负债数额从2725625美元短暂提高到750万美元；英国于2020年通过《企业破产与治理法案》，规定公司债务迟延偿还期及董事不当交易责任的免除等内容，被称为"20年来英国破产法的最大变动"；⑤ 澳大利亚也于2020年通过《冠状病毒经济应对一揽子综合法案》，提高了债

---

① Michael Quilter. Bankruptcy And Order［J］. Monash University Law Review，2012（1），p188~212. 转引自梁伟:《中国语境下破产法经济调节功能的变迁》，载《广西大学学报（哲学社会科学版）》2018年第2期。

② 王佐发:《"市场主体友好型"破产法：理论反思与制度构建——兼论中国破产法的修改》，载《中国政法大学学报》2021年第4期。

③ 张世君:《我国破产重整立法的理念调适与核心制度改进》，载《法学杂志》2020年第7期。

④ 李曙光:《宪法中的"破产观"与破产法的"宪法性"》，载《中国法律评论》2020年第6期。

⑤ 田季煌:《疫情下，各国如何用破产程序力挽狂澜》，载微信公众号"破产法快讯"，2021年1月29日。

权人追偿债务的最低数额，还免除了公司董事在一定时期内的交易责任。[1]

2017 年以来，我国破产案件数量从几千件增加到了上万件，案件数量增长趋势有增无减，破产制度对经济发展影响范围持续扩大，各地强化破产制度对经济调控作用的趋势逐渐凸显。如北京法院强化与国资管理部门协调，推动"僵尸"国企的有序退出，建立金融破产审判团队，探索实行金融机构破产制度，落实政府相关金融政策，实现被处置机构恢复正常经营或平稳有序退出，都是通过破产制度实施经济调控的具体手段。

（二）突出破产制度拯救理念

追溯破产制度的历史，破产目标主要经历了三个阶段的变化。第一阶段是免责制度产生前的债权绝对清偿阶段。在该阶段，破产以绝对保护债权人利益为目的，不能按时清偿的债务人将面临极为严厉的惩罚措施，如监禁、杀戮、充当奴隶等。第二阶段是免责制度产生后的债权相对清偿阶段。债权人利益绝对保护理念逐渐缓和，债务追偿暴力手段受到限制，自愿破产与和解等对债务人有利的制度逐渐出现，债务人重生逐渐成为可能，破产拯救理念逐步萌芽。第三阶段是兼顾债权人利益、债务人利益和社会利益阶段。这一阶段，"有限责任制度产生，债务追偿范围仅及于企业财产，破产制度以公平保护债权人利益和增加企业财产以提高受偿率为主要目标，破产拯救对象不仅指拯救陷入困境的企业，更深层次目的还在于拯救、解放企业家。"[2] 因此，破产价值目标的三个阶段实际上也代表着破产制度及立法者对破产过程中各方利益的权衡结果，正如王欣新教授所言，破产法的立法宗旨经历了债权人本位、债权人与债务人的利益平衡本位、社会利益本位的变化过程。[3]

今天，破产拯救理念已经成为世界各国共识，破产拯救的对象也逐步发展到困境债务人、企业家，甚至是国家行业危机或宏观经济。在破产拯救理念的指引下，解决债务人财务困境、增加债务人整体财产价值已经成为各利益相关方共同努力的方向，也成为各国创设和修正破产制度的价值追求，

---

① 田季煌：《疫情下，各国如何用破产程序力挽狂澜》，载微信公众号"破产法快讯"，2021 年 1 月 29 日。

② 林安源、粟宝珍、黄强：《从绝对破产债务清偿到破产拯救理念的发生学分析》，载《湖南省社会主义学院学报》2019 年第 2 期。

③ 王欣新：《破产法》（第四版），中国人民大学出版社 2019 年版，第 9 页。

完善破产拯救制度已经成为世界各国破产改革的主要内容和共同趋势。在企业破产领域，美国基于破产拯救理念而创设的重整程序已经成为世界标杆，英国的公司业务拯救理念及法庭内外重组模式也早已名扬世界，日本以专家为主导的事业再生 ADR 程序更是成为世界范围内专家主导的庭外重组模式的典型代表。各国以破产拯救理念为指引的预重整模式也如雨后春笋般出现，并在挽救困境企业和提高重整效率方面发挥着不可替代的作用。在个人破产领域，各国的破产免责制度和债务清理程序也给诚实而不幸的债务人提供了一个"全新开始"的机会。因此，毫不夸张地说，破产拯救理念已是世界范围内破产制度的主流理念，丰富并完善企业和个人拯救、重生制度已经成为世界各国破产法的共同努力目标。

我国进入发展新阶段，国际环境日趋错综复杂与国内经济周期性调整双重因素叠加，短时期内经营风险、金融风险、行业性风险等风险不断加剧，部分企业缺少风险防范意识和能力，陷入经营困境。这些企业中并非全无经营好转的希望，通过引入资金、技术、管理等生产要素，有望回到健康发展的序列。这也是目前破产重整制度被高度重视、被鼓励适用的原因之一。破产重整制度在目前的经济发展阶段，对挽救困境企业、优化资源配置、推进供给侧结构性改革发挥着十分重要的作用，全国各地通过破产重整程序拯救困境企业的案例不断涌现。

（三）重视破产专业化建设

首先，世界各国逐步重视破产审判专业化。越来越多的国家设立专门的破产审判机构处理破产案件。作为世界上最早实现破产审判专业化的国家，美国现已设置有 94 家破产法院，且其破产法官数量在 2019 年时就已达 349 名。[①] 严格的任免制度和极高的专业水平要求，让美国破产法院和破产法官在公平高效处理破产案件中大放异彩，成为"一种最独立、最专业、最有效率的体制和机制"；[②] 韩国民众自 1997 年金融危机后就开始呼吁设立专门的破产法院，后韩国于 2016 年设立首尔重整法院，共设立 16 个合议庭和 55 个独立庭，负责审理首尔地区的破产清算和重整案件以及债权总额超过

[①] 陈夏红：《破产法庭的联想：从美国到中国》，载澎湃新闻网"澎湃商学院"栏目，2019 年 2 月 8 日。

[②] 李曙光：《美国破产法院综述》，载《法制资讯》2013 年第 10 期。

500 亿韩币的公司破产清算、重整案件；[①] 印度借助 2016 年《破产和清算法案》，设立了国家公司法法院和债务追收法院作为破产案件的专门审判机构。除设立专门的破产审判机构外，还有一部分国家通过设立专职的破产法官推动实现破产审判的专业化。如加拿大在管辖破产案件的省高等法院设立有专职破产法官，负责审理破产案件及处理破产审判中的事务性工作。[②]

其次，世界各国逐步重视破产管理人的专业化。一方面，各国普遍高度重视破产管理人的履职能力，要求管理人必须具备高度的专业性。不仅要求申请者必须具备相关专业的教育背景和实践经验，还要求申请者必须通过职业资格考试，"截至 2015 年，欧盟 12 个成员国以法律形式规定了专门的破产管理人职业资格考试制度"；[③] 在加拿大，申请者需要通过 3 次全国性考试、积累 2400 小时破产事务处理经验，并通过联邦破产管理署的统一面试，才能正式取得破产管理人资格；法国甚至要求破产管理人必须专职，不得从事管理人之外的其他工作。另一方面，各国普遍强调对破产管理人管理的专业化，针对破产管理人的选任、职责、报酬、监督、考核、追责等都建立起一套完备的制度。如大陆法系国家普遍在破产法中为破产管理人设定了高标准的注意义务，要求破产管理人勤勉、忠实履职；美国和我国香港特别行政区专门制定了管理人报酬保障制度，保证管理人能顺利履职；美国、加拿大、英国都成立了专门的破产管理人协会，负责对管理人进行监督、培训等。

最后，世界各国逐步重视破产信息化建设。为提高破产审判的透明性，共享破产案件信息，减少因信息不对称导致的权益受损问题，近年来，世界各国纷纷将电子信息技术运用于破产审判，建立起专门的破产信息系统供破产程序中各方使用。美国不仅研发出电子档案送递系统，方便律师与法官之间传递文件，还建设了一个对外的破产案件信息查询系统，方便律师或者当事人线上查阅破产案件相关记录及在线办理破产申请；[④] 韩国也已对法人重

---

① ［韩］卢泰岳：《韩国破产法最新修改与破产法院的设立》，李英译，载《中国政法大学学报》2018 年第 4 期。

② 贺小荣、费汉定、郁琳：《美国、加拿大破产法律制度与司法体制的变革与发展》，载《人民法院报》2017 年 11 月 24 日。

③ 种林：《破产管理人选任制度：中欧比较研究》，载《政法论丛》2015 年第 4 期。

④ 张勇健、钱晓晨、杨以生：《美国破产法若干问题聚焦》，载《法律适用》2010 年第 9 期。

整与清算、个人一般重整案件实行全面电子化，并允许信息提交者本人外的其他人在经法院许可后阅览相关记录；[1]印度金融信息机构也建立有专门的信息系统，对相关数据进行收集、分类、登记，方便法院快速、准确确认债务；加拿大也建立有全国破产管理数据库，对相关信息进行登记、备案、公开，进一步提高破产案件透明度。此外，2017 年 6 月 26 日正式实施的《欧盟理事会破产程序条例》也要求各成员国在本国建立破产登记簿，发布已启动的破产程序并对其他成员国公开，再将本国信息系统在欧盟范围内进行互联，[2]为当事人查询破产信息提供便利。当然，欧盟也注意到了破产信息系统内的数据安全问题，要求各成员国采取措施积极保障系统内信息安全。

我国破产专业化建设虽然起步较晚，但发展迅猛，发展势头强劲。截至 2022 年末，全国法院破产审判专业化团队基本建设完成，审判组织专业初见成效。全国各地纷纷出台文件，规范管理人履职，促进破产管理人队伍建设专业化。可以说，破产专业化建设仍是破产制度发展的必然方向。

（四）强调各方利益衡平

任何一种制度和法律的出现都暗含和体现着统治阶级的价值选择。德国法学家赫克认为："利益是法产生的起源，也决定着法律规则的创建，法起源于对利益的斗争，法的最高任务是平衡利益，此处的利益包括私人利益与公正利益。"[3]破产制度源于债权人对债务人的利益斗争，所以在很长一段时间里，其主要任务就是平衡债权人和债务人间的利益。"后随着现代公司规模的不断扩大及跨国公司的出现，人们逐渐认识到企业破产并非仅波及债权人和债务人，职工、消费者甚至政府、社会的利益都可能受到企业破产影响，故破产制度需要在债权人公正分配、债务人有效救济、避免社会经济停滞或中断循环三者之间进行平衡。"[4]所以说，从破产制度发展史看，破产制度的利益衡平大致经历了债权人利益绝对保护阶段、兼顾保护债务人利益阶

---

[1]［韩］卢泰岳：《韩国破产法最新修改与破产法院的设立》，李英译，载《中国政法大学学报》2018 年第 4 期。

[2] 陈夏红：《欧盟跨境破产信息登记系统的筹设及其启示》，载《法制日报》2016 年 8 月 10 日。

[3] 张文显：《二十世纪西方法哲学思潮研究》，法律出版社 1996 年版，第 130 页。

[4] 孟庆瑜、刘苗：《论破产制度中的均衡矛盾设计》，载《保定学院学报》2008 年第 1 期。

段、平衡各方利益并实现社会利益最大化阶段。[①]

　　当今世界，各国都注重平衡破产中的各方利益。但是，受社会、经济、政治、文化的影响，各国在破产程序中会作出不同的利益选择，这也通过各国的破产法集中体现出来。如在重整程序中，美国的经管债务人制度表明其更侧重债务人利益；德国通过规定债权人会议有权决定是否启动破产程序及原则上由管理人管理破产财产，显示出其更侧重债权人利益；法国则通过强调司法权对重整程序的干预和对职工利益的保护，表明其更侧重社会利益。[②]在涉及债权人和债务人利益之争的撤销权制度上，德国规定破产程序开始后债务人实施的有损债权人的行为全部归于无效，而美国和英国都规定在破产程序开始前的法定期限内，债务人所实施的减损破产财产的行为均可予撤销，[③]也表明了各国不同的利益选择。在涉及债权人利益和社会利益之争的税收债权优先权上，美国虽将税收债权列为优先债权，但仅将其置于第八顺位，澳大利亚和德国则直接取消了税收债权的优先地位，瑞典、丹麦、挪威、芬兰、加拿大等国也逐步取消或弱化税收债权的优先地位，英国却在该问题上呈现出反复的态度，这都说明一国在面对利益冲突时侧重点有所不同。

　　当然，由于公司制度的发展，从更细致的角度讲，"破产制度除权衡债务人、债权人、社会公共利益三种利益之外，还需权衡债权人与出资人之间的利益、债权人与债权人之间的利益、申报债权的债权人与未申报债权的债权人之间的利益等利益"。[④]但可以肯定的是，无论各国在利益权衡上作出怎样的选择，债权人利益保护始终都会是恒久不衰的话题，因为"债权人的利益始终是破产法关注的中心，失去对债权人合法利益的保护，破产立法的整个框架就会倒塌"，[⑤]这在一定程度上也为各国的破产制度改革划明了红线，即破产制度改革必须严守债权人利益保护这条底线。

---

　　① 汪世虎：《公司重整中的债权人利益保护研究》，中国检察出版社 2006 年版，第 11 页。

　　② 陈英：《破产重整利益立法倾向之比较——以美、德、法为例》，载《云南大学学报（法学版）》2009 年第 4 期。

　　③ 李永军：《破产法的程序结构与利益均衡机制》，载《政法论坛》2007 年第 1 期。

　　④ 李永军：《破产法的程序结构与利益均衡机制》，载《政法论坛》2007 年第 1 期。

　　⑤ 汤维建：《破产程序与破产立法研究》，人民法院出版社 2001 年版，第 533 页。

（五）侧重利用破产程序清理自然人债务

从世界范围内看，破产制度诞生之初就是为了解决个人的债务问题——萌芽于古罗马时期的破产制度就是为了解决商个人的债务问题，直到近现代时期，破产制度适用主体的外延才扩展至法人。[①]但是，在十九世纪之前，个人破产的适用主体仅限于商人，到十九世纪中期，人们才开始讨论商人之外的自然人破产问题。1841年，美国在破产法中正式确立个人破产一般主义，至此，个人破产一般主义被立法正式确立并不断推广，现已成为发达市场破产制度的主流选择。[②]除像英国、美国等破产法本就起源于个人债务问题的国家外，其他原本没有规定个人破产制度的国家也纷纷通过立法加以规定，如在2022年世界十大经济体中[③]，除我国外，其他九大经济体都已经通过立法确立个人破产制度，且均采一般破产主义。

此外，值得注意的是，进入二十世纪，随着信贷消费的发展，消费者债务问题日益凸显，越来越多的国家开始对消费者破产程序进行特别规定。如丹麦于1984年通过《丹麦消费者债务调整法》，成为欧洲大陆上第一个通过立法调整消费者债务的国家；德国在二十世纪八九十年代因面临严重的消费者债务问题，后在1999年破产法中增加了消费者破产程序与其他小型破产程序。

2018年年底，我国以温州、台州为代表的个人破产制度探索便逐步展开，在具有个人破产实质功能的个人债务集中清理案件办理方面实现破冰。近年来，全国已有多个区域开展个人债务集中清理试点工作，创制了各具特色的工作模式，为我国个人破产制度设立积累了大量实践经验。2021年3月1日起施行的《深圳经济特区个人破产条例》（以下简称《深圳个人破产条例》），首次从法律制度层面实现了个人破产制度的突破，为个人破产全国性立法提供了重要参考。个人破产制度作为完整破产制度体系的重要组成部分，已经成为国家立法、司法审判、学术研究等领域的关注热点。

[①] 参见金晓平：《破产制度适用范围演进研究》，西南政法大学2021年博士学位论文。

[②] 参见张阳：《个人破产何以可能：溯源、证立与展望》，载《税务与经济》2019年第4期。

[③] 2022年世界十大经济体：美国、中国、日本、德国、印度、英国、法国、加拿大、意大利、巴西。

　　破产制度发展到今天，仍有不尽如人意之处，面对诸多问题各地进行了向前的探索，这就是破产制度发展的原生动力，更是破产制度发展的生命力。这些实践探索可能最终不能全部留下，但其均是破产制度发展的痕迹，都会留在破产制度发展的历史中，是破产制度发展最好的营养。民法典的颁行标志着中国法治进程迈入新的发展阶段，对破产制度而言，意味着迎来新的发展契机。而民法典对破产制度而言，实质有何关联，会如何促进，又会如何演进，是一个值得探讨的问题。

第二章　民法典对破产制度改革的影响

习近平总书记指出："民法典在中国特色社会主义法律体系中具有重要地位，是一部固根本、稳预期、利长远的基础性法律。"[①]《民法典》的颁布实施是中国特色社会主义法律体系达到新高度的重要标志，具有重大的里程碑意义，必然对中国社会经济发展产生深远影响。在我国《民法典》民商合一的立法体例下，作为民商事领域的基本法，民法典统领整个私法体系。虽然破产法隶属商法，与民法分属不同法律领域，但是二者均生发于权利本位、平等、意思自治等私法精神，而且破产制度脱胎于民事债权与执行制度，物权、担保债权等制度对破产制度的运行具有基础性作用。破产的本质是到期不履行债，有什么样的债的概念，就有什么样的破产法。[②]可以说，二者具有本源共性与天然联系。民法典可以推动其他法律制度的发展，通常其他法律的运行需要以民法典的运行为基础[③]，破产法亦不例外。经过编订纂修，民法典对原有法律规定作出补充、细化与完善，在一般法的意义上，其采用提取公因式的方式规定同时涵盖民法和商法的规则，在一定程度上实现了商事规则的体系化和规范化；在特别法的意义上，又为商事规则预留了立法空间。[④]置身于民法典时代的大背景，在民商法体系化初步形成的前提下，破产法应当积极回应，革新相关内容，与民法典进行有效衔接，以保持内在逻辑的联系与统一，并促进我国民商事法律规范体系的协调性。

一、民法典与破产制度的关系定位

深刻理解民法典对破产制度的影响，首先应当准确界定二者的关系。民法典与其说是一种制度设计，毋宁说是一种理念、一种精神、一种文化，

---

① 习近平：《充分认识颁布实施民法典重大意义 依法更好保障人民合法权益》，载《人民日报》2020 年 5 月 30 日。
② 徐国栋：《罗马破产法研究》，载《现代法学》2014 年第 1 期。
③ 参见王利明：《民法总则研究》，中国人民大学出版社 2012 年版，第 4 页。
④ 赵磊：《民法典时代的商法体系化》，载《人民法院报》2020 年 7 月 30 日。

是抽象提炼的一些适用于所有社会主体的带有基础性的普适性规则。^①整体来看，民法典与破产制度具有关联性，亦存在明显差异性。民法典为私法领域乃至整个中国特色社会主义法治体系提供理念、原则等基础性的制度供给，破产制度的许多设计可遵循制定。但是民法典调整的是通常样态下的民事权利义务关系，而破产制度则是针对处于非常态的债务破产困境者。因此，民法典相关规定并不能完全无差别、无障碍地适用到破产领域，否则可能引起"水土不服"，而是应当根据破产制度的特殊性予以合理、适当的调整。这是二者关系的基调，《企业破产法》的修订及对《民法典》的回应应当以此为基础展开。

（一）破产制度的性质界定

制度是一整套规则、应当遵循的要求和合乎伦理道德的行为规范，用以约束个人的行为。对破产制度的理解，有多重角度。从法律的角度和意义来看，破产制度是债务人不能清偿到期债务，并且资产不足以清偿全部债务或者明显缺乏清偿能力时，由债权人或者债务人诉请法院宣告破产并依破产程序偿还债务的一种法律制度，以债权人的公平受偿为根本目的。破产法系破产制度的法律表现形式。现代破产法特别强调两种价值：一个是解决债权清偿的秩序，另一个则是拯救债务人脱离财务困境，通过破产程序让债权人和债务人都开始新的事业和生活。^②

1. 破产制度的内涵理解

传统意义或者狭义上的破产制度仅指破产清算制度。这是破产制度创设的初衷，即通过公权力的介入和概括性的强制执行，将破产债务人的全部财产公平分配给所有对破产财产享有请求权的人。广义的破产制度还包括破产重整与破产和解制度。随着经济发展与社会变迁，债权人与债务人之间权利义务关系的实现越来越多地受到社会其他方面因素的影响，破产理念与制度也随之发生变化。为克服破产清算仅简单进行清算就将债务人淘汰的局限性，从根本上解决债权实现、避免破产等问题，在实现债权人与债务人双赢的基础上，最大化增加社会整体利益，更加突出破产预防作用的破产和解与

---

① 赵万一、赵舒窈：《后民法典时代民商关系的立法反思》，载《湖北社会科学》2019 年第 10 期。

②［美］查尔斯·J. 泰步：《美国破产法新论》，韩长印等译，中国政法大学出版社2017 年版，第 2 页。

破产重整制度相继出现，并逐渐成为破产制度的重要组成部分。特别是重整制度，注重债权人利益、债务人利益与社会利益三者的协调，是破产制度现代化发展的重要标志。破产制度向破产清算制度、和解制度与重整制度协调作用的方向发展的趋势，则是不容怀疑的。①

考察破产制度发展的历史沿革，无论是最早起源于罗马晚期财产委付制度的破产制度雏形，还是清算、和解、重整三足鼎立的现代破产制度，背后均交织着利益冲突与利益平衡，这是法律制度的核心问题，亦是理解破产制度内涵的关键所在。因此，从本质意义上理解，破产制度就是以调节破产利益（债权债务清理与企业挽救再生牵涉的各种利益）冲突为旨意的综合性行为规范。破产程序的适用实际上是利益冲突协调的过程。② 破产制度经历了由债权人本位到债务人与债权人的利益平衡本位再到社会利益与债权人债务人利益并重的变化和发展过程③。在这个过程中，破产制度调节利益冲突的重心和方向不断调整，社会利益维度得以持续强化。民法典时代我国破产制度的变革与发展应当注重社会整体利益的维护，通过资源整合与利益平衡，减少因企业特别是大型企业破产可能引发的社会冲突与社会危机，将工具化的破产法升级为市场经济体系下有关市场退出的基础性制度。④

2. 破产制度的私法属性

不同的法律属性决定不同的法律理念与规则。破产制度的基本功能是公平清理债权债务关系，作为一种特殊的债权债务关系处理手段，其主要内容大多是民事法律制度的延伸，本质上属于私法，反映和体现主体地位平等、债权人自治等私法精神。有学者就提出，破产法以私法为本位，中国要完善破产法律制度，应该摒弃非私法目标的追求，实事求是地恢复破产法律制度的本来面目。⑤ 破产制度诞生之初即以保护私权为基础。早期破产制度以绝对的债权人本位为价值依归，债权人甚至有权将不能履行债务的债务人

---

① 邹海林：《破产法——程序理念与制度结构解析》，中国社会科学出版社 2016 年版，第 4 页。

② 杨忠孝：《破产法上的利益平衡问题研究》，北京大学出版社 2008 年版，第 24 页。

③ 韩长印：《破产理念的立法演变与破产程序的驱动机制》，载《法律科学》2002 年第 4 期。

④ 陈夏红：《破产法七十年：从政策工具到法治缩影》，载《法人》2019 年第 10 期。

⑤ 谢俊林：《中国破产法律制度专论》，人民法院出版社 2005 年版，第 242 页。

予以出卖或者处死，并公平分享所得价金或者分配尸体。[①]社会文明与进步使得对债务人人身执行的野蛮方式被废止，并且随着社会经济结构整体性、社会性和规模性等特点的出现，破产制度对社会利益的关注也逐渐增多，企业挽救再生成为新的重要价值追求，对破产利益冲突的调节由两极重心向多元重心转变，国家权力介入与利益强制性调整的程度不断增强，却始终没有背弃保护债权人利益的基本精神。可以说，虽然现代破产制度之社会机能，既包括债权人公平之满足和债务人经济之复苏，也包括防止一般社会经济之恐慌，[②]但是并不能改变破产制度本质上的私法属性，当事人自治是应当贯彻的基本理念。

3. 破产制度的非私法化倾向

破产法形式上是追求债权公平受偿并兼顾债务人生存利益之法，实质上是维护社会公益促进经济可持续发展之法。[③]强调破产制度的私法属性，并不意味着对国家权力介入与强制干预的价值性与合理性的否定，相反是必要的。第一，利益冲突调节需要国家权力介入与强制干预。如前文所述，破产制度以调节破产利益冲突为旨意，而强制与干预是调节利益冲突不可或缺的手段。破产制度实质上是一种公权力救济制度。第二，破产影响社会利益的客观性要求国家权力介入与强制干预。虽然债权债务关系存在于个体之间，但是却能够对他人利益和社会利益产生外溢效应，特别是牵涉民生的企业、公用企业、金融机构等特殊企业的破产以及规模性的企业破产，会连锁引发严重失业等社会问题，进而影响经济安全与社会稳定。只有适当介入国家权力，才能降低破产的社会成本。第三，国家权力介入与强制干预对破产制度机能的发挥具有重要意义。破产制度要解决的是债权人集体受偿问题，即如何最大化地公平满足多数债权人的债权要求，而集体性问题解决的本身就需要更多的强制因素，如此才能够通过强制性规则减少成本支出。例如，一定情况下法院可以强制批准重整计划。

破产制度的非私法化倾向主要体现在行政权力渗透、法院能动地位强

---

① 公元前 451 年至公元前 450 年间的古罗马《十二铜表法》的第三表"债务法"相关规定。公元前 326 年，罗马参议院颁布帕特利亚法案，禁止欠债将罗马平民处死或者贩卖为奴隶，废除对人的执行，转化为对财产的执行。此后，罗马法又建立总括拍卖、个别出卖以及委付等制度，破产清算制度逐步建立。

② 参见陈计男：《破产法论》，我国台湾地区三民书局 2004 年版，第 1~3 页。

③ 徐阳光：《认真对待破产法》，载《月旦财经法杂志》2016 年第 1 期。

化、职工安置问题考量等方面，催生出许多破产法的强制性规范，在破产重整制度的创设和运用中最为突出。然而，需要强调的是，强制与干预应当以不损害破产关系当事人的利益为前提。政府对价值规范中的利益关系的整合，必须以契约作为根据才显得公正。①

破产制度兼具私法属性与非私法化倾向。这种自治与限制共生的复杂性决定着，虽然不宜给破产制度附加过多的促进经济体制改革、完善社会保障制度等额外功能，但是社会整体利益的维护不能忽视。破产制度的革新和发展，不仅要完善债权人债务人利益保护的规则体系，坚守私法精神的底线，还要综合考量政府与市场、司法介入与意思自治、司法权与行政权之间的关系与界分，而这必须立足于多元利益的平衡。

（二）民法典之于破产制度的基础性

民法典作为重要的民事法律体系的构建者，更多的是为破产规则提供法律概念、法律关系和法律原则等方面的基础性规则。② 对破产制度而言，民法典具有基础性的规范和引领作用，主要体现在为破产制度搭建概念、理论与制度的法律基础。虽然民法典对破产制度直接作出的规定不多，但是其影响可能涉及整个概念体系的变迁。只有在符合民事法律制度基础上构建起来的破产制度才能真正发挥其效用，适合中国的基本国情。③

1. 价值供给层面的基础性

作为私法体系中的基础性法律，民法典的基础性首先表现在法律价值的供给上。私法的基本价值是通过民法典所确立的基本原则、基本规则体现出来的。④ 民法所确立的基本原则最充分地体现了现代法治的价值，涵养了法治精神的生成。⑤ 自由、平等、诚实守信、维护人格尊严等价值，不仅是民法典原则、规则的基础内核与逻辑起点，亦是民商事单行法的基本遵循。脱离这些价值，任何法律制度都将丧失现代性与科学性。民法典并不垄断民

---

① 杨忠孝：《破产法上的利益平衡问题研究》，北京大学出版社 2008 年版，第 47 页。

② 刘冰：《〈民法总则〉视角下破产法的革新》，载《法商研究》2018 年第 5 期。

③ 李涛：《〈民法总则〉中破产制度的重构——基于"商事思维"视角的分析》，载《汕头大学学报（人文社会科学版）》2019 年第 5 期。

④ 王利明：《深刻把握民法典的基础性法律地位》，载《人民日报》2020 年 7 月 8 日。

⑤ 张文显：《中国步入法治社会的必由之路》，载《中国社会科学》1989 年第 2 期。

法的法源类型，但其是民法之法政策价值与法规则技术的大本营，对其他民法法源类型具有典范效应。[①] 破产制度同样据此而设立，这是民法典与破产制度衔接与协调的基础，如此二者才能实现内在逻辑的关联性与一致性。

考察破产制度不难发现，无论是宏观思维的表达，还是具体规则的设计，均彰显着鲜明的私法价值品格。以自由价值为例，破产制度主要采取自由调整方法，保证当事人意思自治和契约自由。从破产程序启动来看，由债务人或者债权人自主申请，我国排斥职权主义，法院不能根据职权开始破产程序；从破产程序控制来看，虽然法院具有相当程度的能动性，例如，破产重整计划强制批准、破产和解协议效力认定等，但是当事人对其自身利益实现具有充分选择权，破产程序的进行和终止均受到私权博弈推动，法院的作用被限定为提供破产平台，同时在有限的情况下依当事人申请作出实质性的决定[②]。

2. 规则制定层面的基础性

民法典是为破产法提供基本规则的普通法。[③] 在价值向下延伸的规则制定层面，民法典的基础性表现在对其他民商事单行法规则制定的指导性作用，不得减损民法典确定的基本民事权利。我国民事立法秉持民商合一的传统，通过编纂民法典，完善我国民商事领域的基本规则，为民商事活动提供基本遵循。[④] 民法典通过在总则编对民事权利作出集中规定，构建起完整的民商事权利体系，不但统领法典分则各编，而且将其影响延伸和辐射到商法、知识产权法等其他法律领域。虽然有关商事权利的规定并不具有适用的实质意义，但是却使整个大民事法律体系中的权利规则形成了统一和和谐的整体。[⑤] 可以说，作为商事特别法，破产法的规定均以民法典的基本规则为权利框架，特别是民法典有关基本原则、主体制度、法律行为制度、时效制度的规定，统一适用于商法，使破产法获得基础性规范[⑥]。

---

① 姚明斌：《民法典体系视角下的意思自治与法律行为》，载《东方法学》2021年第3期。

② 齐明、焦杨：《破产体系构建的功能主义指向及其市场依赖》，载《当代法学》2012年第5期。

③ 张善斌、钱宁：《论破产法修订应考量的几个重要关系》，载《宁夏社会科学》2022年第4期。

④ 李建国：《关于〈中华人民共和国民法总则（草案）〉的说明》，载《中华人民共和国全国人民代表大会常务委员会公报》2017年第2期。

⑤ 孙宪忠：《中国民法总则与分则之间的统辖遵从关系》，载《法学研究》2020年第3期。

⑥ 参见王建文：《论我国商事权利的体系化构建》，载《当代法学》2021年第4期。

以《民法典》规定的债权人撤销权为例,《企业破产法》上亦有与之关联、类似的破产撤销权规定。从权利设置目的与制度运行机理来看,二者是相同的,均为债权之实现,即便只是对比《民法典》第 538 条、第 539 条与《企业破产法》第 31 条的条文表述,也很容易发现《企业破产法》对《民法典》所规定的行使撤销权情形的认可与重申。显而易见,破产撤销权系民事撤销权的适应性演化,是债权人撤销权基于破产程序特殊性而产生的表现形态。债权人撤销权制度发源于罗马法,又称废罢诉权,根据债权人行为有偿与无偿之区分,确定不同的构成要件,对有偿行为,要求债务人和第三人具有主观恶意。只是为适应破产制度的特殊性,破产撤销权与债权人撤销权发生分离,表现出差异性,最为典型的是破产撤销权不考虑主观要件,但是并不脱离撤销权的基本原理。

3. 法律适用层面的基础性

商法在学理上多被认为是民法的特别法。作为商法领域规范市场行为、解决市场主体退出问题、整合市场资源的法律,破产法的特殊性非常突出,债务人有限资产不足以清偿全部债权问题的解决,需要依靠破产法的特有规则才能实现。因此,从法律适用上来看,应当遵循"特别法优于一般法"的原则,破产法相对民法典具有适用优先性。同时,民法典在整个法律体系中具有基础性地位,是处理平等主体之间人身关系、财产关系的基本依据,在破产法没有规定或者相关规定不明确的情况下,则应当适用民法典相关规定。这就是民法典在法律适用层面的基础性,可以为破产法等特别法提供强大的制度支持。但是对民法的这种基础性或者备位性,不应当作劣后的"候补"顺位予以解读,而是当司法机关在裁判时,应当共同适用我国法律,只有在民法典与商事特别法规定出现不一致甚至冲突时,方才"舍民法"而"取商法"。①

以破产止息规则是否适用于担保债务问题为例。在《最高人民法院关于适用〈中华人民共和国民法典〉有关担保制度的解释》(以下简称《民法典担保制度解释》)施行前,关于该问题,在理论界与实务界均存在重大分歧,形成了两种截然不同的观点。一种观点认为担保具有从属性,担保债务应当自债务人破产申请受理时停止计息;另一种观点认为债务人破产不影响

① 张善斌、钱宁:《论破产法修订应考量的几个重要关系》,载《宁夏社会科学》2022 年第 4 期。

担保人的清偿能力，"理性"的担保人应当对债务人破产等因素进行合理预判，而且破产止息作为技术安排，并非免除利息债务，故担保债务不应停止计息。之所以出现上述争议，主要原因是《企业破产法》第46条第2款只是规定付利息的债权，即债权人对破产债务人享有的债权，自破产申请受理时起停止计息，而并未对担保债务能否排除担保从属性进行明确。《民法典担保制度解释》第22条[①]明确担保债务亦停止计息，在法律规定上为争议画上了休止符，虽然认知上的共识仍未达成，甚至有观点认为应当在修订《企业破产法》时，对该条文予以否定，但是在破产法未作出新的、明确的规定之前，只能适用该民法典配套司法解释的规定。

（三）破产制度之于民法典的特殊性

我国《民法典》作为人类社会最新的民法典，其功能之一在于构建我国市场经济的基本规则，实质上已经规定了调整商事交易的基本规则。[②]但事实上，民商合一或者民商分立只是一种立法技术的选择，虽然我国《民法典》采取民商合一的立法模式，但是其实施并不代表对民商实质分立的否定。基于商主体、商行为特殊性而产生的法律特殊保护需求，使得商法获得独立的价值和地位，理论界对此已基本达成共识。整体来看，我国《民法典》对商法规范的吸纳是很少的，某种意义上可谓最低限度的民商合一[③]。无论就立法技术，还是就立法逻辑而言，绝大多数商法规范并不能被民法典所涵盖，仍以单行商法的形式存在。即使民法典生效后，破产法等商事特别法仍然有效。尽管破产制度运行对民法典有所依赖，但是破产制度本身具有特定的价值追求和利益等级，权利配置存在一定倾向性，形成了特殊的规则体系，例如，破产撤销权对善意取得制度的影响。可以说，在民法典时代，破产制度的变革与发展，关键在于实现破产制度与民法典协调性和自身特殊性之间的价值平衡，而前提是能够深刻理解破产制度的特殊性。

---

① 《最高人民法院关于适用〈中华人民共和国民法典〉有关担保制度的解释》第22条规定："人民法院受理债务人破产案件后，债权人请求担保人承担担保责任，担保人主张担保债务自人民法院受理破产申请之日起停止计息的，人民法院对担保人的主张应予支持。"

② 樊涛、陶冉：《〈民法典〉背景下商法规范的创设路径》，载《河南财经政法大学学报》2022年第1期。

③ 李建伟：《民商合一立法体例的中国模式》，载《社会科学研究》2018年第3期。

1. 调整目的的特殊性

《民法典》对债权债务关系的调整，针对的是"一对一"的债权人与债务人，其目的在于实现个别债权的全额清偿，以充分保障债权人利益。理论上来讲，只要通过强制执行，最终就能够满足债权。相对而言，正如《企业破产法》第 1 条规定的那样，[①] 作为整个债权保护制度体系的一个重要组成部分，破产制度的产生却是为了解决不能清偿的问题，其目的是在丧失清偿能力的债务人面对多个债权人的情况下实现全部债权的公平清偿，依据事前规定及约定的优先权进行财产分配。这是破产制度最显著的特征和最关键的内容。虽然破产重整制度的产生，使破产制度的目的实现多元化，除债权债务清理外，亦要对具有挽救价值和可能的企业进行挽救，但是清偿债权仍然是其最高目的，也是破产制度的本来面目。债务清理始终是破产法的主题。

当债务人的财产不足以清偿全部债权时，每个债权人都获得绝对清偿是无法实现的，必须要借助法定程序框架下有组织的"讨价还价"[②]，进行损失的公平分摊与剩余财产的公平分配。债务人丧失清偿能力必然会引起众多债权人之间的相互争夺与恶性竞争，先提起诉讼并申请强制执行的债权人最有可能获得清偿，在这种情况下，适用《民法典》《民事诉讼法》规定的个别清偿制度与程序，不但不能解决债权清偿问题，反而会激化矛盾，甚至影响市场经济的正常运行与社会稳定。如果所有债权人都拉紧法锁，足以导致债务人商业生命的窒息。[③] 因此，尽管破产制度中的很多权利义务来源于民法典，但是要实现其调整目的，需要构建特殊的规则体系以解决特殊的债权债务问题。例如，破产重整、和解程序中对担保从属性的适当排除。

2. 调整主体的有限性

对比调整主体，破产制度与民法典具有较大差异。《民法典》第 2 条对其调整对象作出了明确规定，即平等主体的自然人、法人和非法人组织之间的人身关系和财产关系。由此可知，《民法典》的调整主体是平等主体的自然人、法人和非法人组织，其条件要求是被赋予法律意义的"人"。从债权

---

① 《企业破产法》第 1 条规定："为规范企业破产程序，公平清理债权债务，保护债权人和债务人的合法权益，维护社会主义市场经济秩序，制定本法。"

② 张善斌、钱宁：《论破产法修订应考量的几个重要关系》，载《宁夏社会科学》2022 年第 4 期。

③ 王艳华：《〈破产法〉的"剧场化"解说——以债权人为核心看〈破产法〉的疑点与困惑》，载《中国商法年刊（2007）》，第 483 页。

债务法律关系的角度来说，《民法典》的调整主体是具有清偿能力的债务人，而根据《企业破产法》第 2 条的规定，破产制度的调整主体是不能清偿到期债务，并且资产不足以清偿全部债务或者明显缺乏清偿能力的债务人，范围较《民法典》狭窄得多。在我国只有《企业破产法》的情况下，所谓丧失清偿能力的债务人只能是企业法人，主体范围被进一步限缩。

破产制度适用于丧失清偿能力的债务人乃自然法理，是其特殊性的根源，但是将债务人范畴限定在营利性的企业法人，过于狭隘且不合时宜，不仅与《民法典》的民事主体分类整体框架不相契合，还限制着破产制度债权债务清理、优化配置社会资源功能的真正发挥，与我国社会主义市场经济发展脱节。在民法典时代，破产制度变革与发展的一个重要内容是拓展其适用范围，构建覆盖"企业＋个人"全面市场主体的退出与挽救机制。从这个意义上来说，个人破产制度亟待由理论照进现实。建立个人破产制度的关键，是社会观念的改革、开放。[1] 有关个人破产制度的主体适用范围、财产处理方式等问题，需要深入研究。

3. 调整内容的复合性

破产制度兼具实体性规范与程序性规范。这种内容复合性，与民法典明显不同。实体法规范主要是规定和确认权利和义务以及职权和责任，程序法规范则是规定保证权利和职权得以实现或者行使、义务和责任得以履行的有关程序。作为权利保障的宣言书，民法典是典型的实体法，虽然其调整范围极其广泛，且包含一定的程序性规范，但是民法典不将程序问题作为规范重心，[2] 民事权利受到侵害或者发生争议时的司法救济只能根据民事诉讼法的程序性规定进行，以达到权利保护的目的。而破产法具有强烈的程序法属性，其在体例安排上呈现了企业出清与重生的全过程、全步骤。[3] 除破产能力、破产财产、破产债权、破产程序对法律行为的效力等实体性规范外，破产法还包含大量的程序性规范，特别是破产清算、破产重整、破产和解三大程序的有关规定，符合相关情形的，依照各自程序进行处理，其中又涉及实体与程序双重规范。

---

① 王欣新：《破产法修改中的新制度建设》，载《法治研究》2022 年第 4 期。
② 黄忠：《论民法典后司法解释之命运》，载《中国法学》2020 年第 6 期。
③ 潘玮璘、蒋太仁：《破产程序中民事裁定的扩展适用》，载《商事审判指导》2020年第 1 辑。

在破产程序内"尊重非破产法规则"是破产法的基本原则。[①]事实上，虽然破产法涉及实体性规范，但是其并不创设实体权利义务，破产程序中有关实体权利的处分、变动或者消灭均源于权利本身栖息的基础法律制度。破产法是以责任承担或权利实现为目的的规则集合，责任或权利的基础只能在非破产法规范中寻找，破产法不应当、事实上也不可能自行创设。[②]也就是说，当事人更多是借助破产制度实现其实体权利，这种情况非常类似于民事诉讼法的功能。破产制度程序性规范的偏向，使其相对民法典的独特性更加鲜明。

（四）民法典之于破产制度的限制性

民法典的基本原则和制度设计在破产领域的适用受到一定程度的限制，并不能直接、不加变通地适用，除破产制度具有特殊性这一原因外，民法典自身对破产规范等商法规范的容纳局限性也是重要因素。这种局限性根源于民法典对人本主义本位价值的坚守。人本主义的核心思想在于以人为本，人的价值与人的尊严代表着唯一的真理，承载着最高的价值。[③]

1. 逻辑自洽下的不兼容

民法典以"保护民事主体的合法权益"为根本宗旨，[④]人格是其价值源泉和逻辑起点。在这种价值导向下，为实现逻辑上的自洽，虽然我国《民法典》和民法学理对于主体的认识一般是"三元论"的——自然人、法人和非法人组织，[⑤]且民事主体制度结构体系呈现开放性特点，但是民法典是以自然人作为制度原点和技术中介来建构整个规则体系的，人格权独立成编即为例证，并未对不同类型主体在社会关系中的不同角色定位作出精准区分。即使回溯世界各国民法典的产生与发展历史，人本主义也是民法的精神渊源。就民法典的内容来看，大部分制度只能适用于自然人，而不能适用于

---

① 刘颖：《论破产法中合同规则体系的完善》，载《中国法律评论》2021 年第 6 期。

② See Thomas H. Jackson, Bankruptcy, Non-Bankruptcy Entitlements, and the Creditors' Bargain, 91 Yale L.J. 857（1982）. 转引自许德风：《破产法基本原则再认识》，载《法学》2009 年第 8 期。

③ 赵万一、赵舒窈：《后民法典时代民商关系的立法反思》，载《湖北社会科学》2019 年第 10 期。

④ 王利明：《论民事权益位阶：以〈民法典〉为中心》，载《中国法学》2022 年第 1 期。

⑤ 李永军：《论民法典上"自然人"的概念》，载《苏州大学学报（哲学社会科学版）》2020 年第 4 期。

其他主体。相对于理性经济人的企业法人等商事主体，自然人行为通常被假设为具有非理性、偶发性等特点，法律需要给予必要的、不同的救济。鉴于此，就自然人而言，法律调整更注重对其内心真实意思表示的探究和实体正义的维护。而对商事主体来说，其行为的外观效力被高度认可，更注重维护程序正义，这也是商法重视程序规范与程序方法的原因所在。

始终关注人本身，是民法作为私法的本质要求，也是民法典理性的重要体现。① 以自然人为中心的本质逻辑，意味着民法典不能完全涵摄、兼容破产制度等商法规范，否则将破坏民法典的内在逻辑。采取民商合一模式无法规避民商关系处理的问题，如何在民法典中全面、巧妙地融入商法规范是一个尚未解决的世界性难题，民商法规范以前不、现在没有、将来也不可能完全合一，② 反倒世界各地正在悄然掀起一场当代社会的民商分立和商法再法典化热潮③。基于本性使然，尽管民法典极具包容性，涵盖所有社会关系仍然是客观不能的。

2. 稳定结构下的不适宜

作为成文法系私法发展的最高形式，民法典之所以被冠之于"典"，不仅在于地位上的基础性与形式上的法律规则集合性，还在于具有不同于部门法的强烈的稳定性与保守性。伟大的法典都是过去灿烂法律文化之结晶，但是却很难成为孕育应然的未来社会的种子。④ 从民法典的生成与发展机制切入，可以对其稳定性有一个更好的理解。第一，民法典是一个国家整体社会关系基本稳定的产物。在一个国家政治稳定、社会发展方向明确、经济运行健康、社会关系不会发生重大变革的情况下，经过全面优化，将长期确定下来的既有规则以法典形式统一才具有现实意义。正如我国《民法典》就是对改革开放四十多年来国家治理重大成果、重要经验的沉淀。没有稳定的法律难有稳定的社会，同样，没有稳定社会的孕育，也难以产生伟大的民法典。第二，民法典负有维护社会道德和保障社会秩序正常运转的基础性功能。民法典究竟是市民社会的基本法，还是商品经济的促进法，素有争议，但是其

① ［美］艾伦·沃森：《民法体系的演变及形成》，李静冰、姚新华译，中国法制出版社 2005 年版，第 269 页。

② 李建伟：《民商合一立法体例的中国模式》，载《社会科学研究》2018 年第 3 期。

③ 聂卫锋：《法典化与〈法国商法典〉的最新发展》，载《国家检察官学院学报》2013 年第 2 期。

④ 魏磊杰：《论民法典的保守性》，载《甘肃政法学院学报》2011 年第 5 期。

基础性作用是毋庸置疑的。这种基础性作用的发挥必须依赖高度的稳定性，否则将会动摇社会发展的根基。况且，通过法典编纂所营造的"法的安定性"，通常含带着强烈的政治关注。① 而这种政治关注的实质是对政治权力运行稳定的追求，会潜在地为民法典稳定性再加上一块砝码。第三，民法典保持权威性需依赖足够的稳定性。在整个法律体系中，民法典的地位仅次于宪法，主要规定民事法律的基本原则和基本制度，是对整个私权体系的确认和保障，较之其他单行法，具有更高权威性，自然产生更高的稳定性需求。

就稳定性而言，民法典、民事单行法、商事单行法依次递减，商法规范的稳定性明显低于民法典。破产制度等商法规范与市场经济相伴而生，易受经济政策调整影响而发生变动，更具流变性。基于此，如果将过多商法规范纳入民法典，必然会影响其稳定性。法典的稳定性表现在：通常情况下只能通过解释来完善法典。② 而仅是通过解释又不能满足商法规范适应市场经济发展的需求。将深嵌政策因素的垂直单行法合成一部民法典后，由于政策易变，其结果就是民法典可能面对必须不断修正，却仍然无法避免另订特别法的窘境。③ 由此也就可以理解，为什么民法典偏向于选择将稳定性、概括性较强且与民法共通的具有"商法一般条款"功能的规范纳入其中。

3. 伦理属性下的不匹配

民法基本精神与基本制度根植于市民社会，以自然法为主要表现形式，与伦理精神、习惯密不可分。伦理精神作为一个形而上的范畴，是内在于社会生活的、动态的价值体系和价值认同系统。④ 任何时空条件下制定民法典，立法者都必须考量整个社会对伦理道德的认知与接受情况，并将基本的、重要的伦理规范纳入其中，实现向法律规范的转化。可以说，绝大多数民法条款都是伦理性条款。虽然财产关系是民法典的重要调整内容之一，但是财产关系的本质是保障人的生存与发展。民法典蕴含着强大的社会道德，特别是对民事主体利益关系的处理，与国家（地区）的传统文化、习俗及其他精神因素都密切相关。是否符合伦理是民法制度优劣的主要标准，伦理性是民

① ［德］马克斯·韦伯：《法律社会学》，康乐、简惠美译，广西师范大学出版社2005年版，第280页。

② 陈金钊：《民法典意义的法理诠释》，载《中国法学》2021年第1期。

③ 苏永钦：《大民法典的理念与蓝图》，载《中外法学》2021年第1期。

④ 邹海贵、饶湘洪：《论〈民法典〉以人为本的伦理精神》，载《湖南人文科技学院学报》2022年第2期。

法得到有效遵守的信仰保障。① 因此，民法典具有明显伦理法属性。这在我国《民法典》中也有典型表现。除前文提到的独创性地将人格权独立成编以外，相对原《民法通则》第 2 条"……财产关系与人身关系"的表述，《民法典》对调整对象的规定将"人身关系"放置在"财产关系"之前，体现对以人为本伦理精神的回归。此外，"习惯"认可、弱者权利保障、绿色原则确立等，无不彰显着民法典丰富的伦理意蕴。

在对民法典价值的认知中，虽然将其视为市场经济的基本法已成共识，但是却存在过多强调二者关联性的嫌疑。就民法典的本位价值而言，不能附加、匹配过多的调整和促进市场经济发展的功能，应当弱化与市场经济相关的制度，避免二者过度关联，否则会冲击甚至破坏其伦理根本。民法典的任务是"在法典内适当的地方架设通往其他法律领域的管线，甚至区隔主线、支线，从而把常态民事关系和特别民事关系，把民事关系和前置于民事关系或以民事关系为前置事实的公法关系，连接起来。"② 鉴于此，即便是在民商合一的情况下，民法典亦不必纠结商法规范融入的多少，更重要的是要为商法规范设置合适的接入切口，以科学输送民法典的精神与制度。

综上所述，民法典时代破产制度的变革与发展需要以民法典基础性与破产制度特殊性的调适为基础，在破产领域引入民法典的基本原则和具体制度时，可以通过赋予新的内涵，实现民法伦理与市场导向的平衡，推动破产制度与民法典的共性与个性协调发展。

二、民法典基本原则在破产领域的彰显与展开

在法典首章集中规定表征民法理念的基本原则，是我国民法的一个创造。③ 作为私法文明的全面总结与集成，民法典对私法精神的体现生动而深刻，主要被抽象、概括为基本原则予以集中规定。从民法典的内部结构来看，居于统摄地位的总则编是基础，基本原则则是基础中的基础。民法基本原则是承担民法特定使命、彰显民法独特价值、指导民事活动的效力遍及所

---

① 赵万一：《论民法的伦理性价值》，载《法商研究》2003 年第 6 期。

② 苏永钦：《民事立法与公私法的接轨》，北京大学出版社 2005 年版，第 15 页。

③ 于飞：《基本原则与概括条款的区分：我国诚实信用与公序良俗的解释论构造》，载《中国法学》2021 年第 4 期。

有民法制度的法律理念。①这种普遍性、基础性效力，赋予基本原则相对于其他制度、规则在破产领域更强的兼容性与适应性。即便如此，民法基本原则也不能当然成为商法基本原则，②仍然不能忽视破产制度的特殊性而盲目承继，特别是不能简单适用以填补破产法漏洞。民法典基本原则在破产领域的展开应当契合破产制度的特殊性。

（一）破产制度与平等保护

身份平等是市民社会的标志，也是私法的基本精神，现代民商法的基本制度均以此为基础而设立。③破产制度亦是如此。平等原则是民法典的核心基本原则，其内涵是法律地位平等、权利义务对等及合理对待。破产制度本质调整作用是保障债务人丧失清偿能力时债权债务的公平清偿，对"平等"要素有强烈的需求，给予平等原则广阔的展示空间。

1. 破产能力的平等

破产能力是指具有破产原因的债务人所具有的、进行破产程序的资格。④换言之，就是民事主体得以被宣告破产的资格，直接涉及的是破产法的适用范围问题。基于民法典对民事主体平等保护的理念与原则，从法律人格的意义上来讲，只要是具有民事主体地位，就应当获得无差别的破产能力。破产能力具有平等性，甚至可以在宪法平等权条款中找到归属。这种平等性也具有现实意义，其一，任何民事主体都可能面临资不抵债或者不能清偿到期债务的问题，而且是一种正常的经济现象，伴随商品经济、市场经济的发展自然产生，无可避免；其二，市场经济的发展催生市场主体多元化，市场主体多元化必然导致破产主体多元化，在破产能力上的"厚此薄彼"，无疑是推动破产制度真正成为市场退出基础性制度、促进市场经济发展、激发市场主体经济活力的桎梏。

当然，破产能力平等向法律现实的转化并非绝对。不同的民事主体具有不同的性质，其特殊性可能产生阻断破产能力的结果。同时，也与国家干

---

① 赵万一、赵舒窈：《后民法典时代民商关系的立法反思》，载《湖北社会科学》2019 年第 10 期。
② 李建伟：《后〈民法典〉时代商法基本原则的再厘定》，载《学术论坛》2021 年第 3 期。
③ 李永军：《重申破产法的私法精神》，载《政法论坛》2002 年第 3 期。
④ 汪世虎、李刚：《自然人破产能力研究》，载《现代法学》1999 年第 6 期。

预相关。法律赋予特定的债务人以破产能力，是国家通过破产制度干预社会经济生活的一部分。[①] 国家出于社会经济干预的需要或目的，可能对某些主体的破产能力进行排除或者限制。是否赋予某一主体破产的资格，是政策判断和立法选择的结果。[②] 受本土政治、经济、文化、公众心理等多元因素影响，世界各国法律对破产主体范围的规定不尽相同甚至差异明显，对破产能力的判断亦无明确、标准、通行的规则。概言之，可以主要考量以下两个要素：其一，是否承载重要的政治、社会等功能，如果赋予破产能力是否会造成严重的经济社会影响或系统性风险，例如，大多数国家排除或限制地方政府、公益法人、特种行业企业法人的破产能力正是基于这种考虑；其二，赋予破产能力是否契合破产制度的运行逻辑并具备现实基础，例如，虽然农村集体经济组织具有法人资格，但是基于其在财产、成员等方面的特殊性，破产程序不具有可行性，[③] 因此不宜赋予其破产能力。

在任何一个经济体，如果破产法律制度只能涵盖有限的主体，或者让破产成为某些主体的特权，那其势必会遭到来自各界的"差评"。[④] 我国《民法典》并未规定法人当然具有破产能力，有关自然人、合伙企业等非法人组织能否破产更是存在诸多争议。破产制度的变革与发展及《企业破产法》的修订，首先需要在破产主体范围之扩展上实现突破，明确具有破产能力的主体，与《民法典》民事主体制度有效衔接。如何具体衔接下文予以详述。

2. 破产债权的平等

债权平等原则是破产法的基本原则之一，被认为是"起始规则"或"任何破产法都必须遵守的最高准则"[⑤]。破产制度想要通过债权债务的集体

---

① 邹海林、周泽新：《破产法学的新发展》，中国社会科学出版社 2013 年版，第 24 页。

② 方绍坤、马鹏博：《农村集体经济组织具有破产能力吗？》，载《上海政法学院学报（法治论丛）》2022 年第 5 期。

③ 亦有学者认为农村集体经济组织具有破产能力，可以适用破产程序。参见吴昭军：《农村集体经济组织终止问题研究》，载《暨南学报（哲学社会科学版）》2021 年第 10 期；周彬彬：《论农村集体经济组织法人的破产问题》，载《中国不动产法研究》2021 年第 1 期；臧昊、梁亚荣：《农村集体经济组织破产制度研究》，载《农业经济》2018 年第 10 期；温世扬：《农村集体经济组织法人特殊构造轮》，载《政治与法律》2022 年第 10 期。

④ 陈夏红：《破产法的宪法根基》，载《法学评论》2022 年第 3 期。

⑤ See Roy Goode, Principles of Corporate Insolvency Law, Sweet & Maxwell, 2005, p.175. 转引自许德风：《破产法基本原则再认识》，载《法学》2009 年第 8 期。

清理，进而终局性地解决与破产债务人相牵连的所有债权债务纠纷，就必须确保各债权能够平等受偿。虽然破产债权平等原则是民法典平等原则在破产领域最直接的体现与转化，但是与民法债权平等并不相同。民法债权平等以债权相对性为理论基础，债权以个别清偿的方式实现，因为债务人并没有丧失清偿能力，从理论上讲，所有债权最终都能够得到清偿，所以"先来后到"无损公平，反倒有助于激励债权人及时行使权利，避免债权债务关系长期处于不稳定状态。由此可知，除债权人地位平等以外，民法债权平等的意义更多在于债权救济的形式平等、机会平等。当债务人丧失清偿能力，情况则明显不同，无论债权人多么积极，总有债务得不到清偿，此时如果放任"先来后到"，只会因无序、过度竞争引发严重的负外部性。故而只能通过实质平等、分配结果平等的追求，以实现破产债权的平等。

破产债权平等的实现以排除单个债权人通过强制执行实现个别债权为前提，但是这并不意味着所有破产债权不加区分地被置于相同的地位，受到绝对无差别的平等对待。实际上平等的本意就在于"相同的相同对待，不同的不同对待"。① 因此，破产债权平等原则在强调同类债权人受偿比例相同的同时，对不同种类的债权系按照一定顺序进行清偿。这就涉及清偿顺位问题。

3. 清偿顺位的确定

破产债权清偿顺位问题与债权人利益直接相关，是破产制度的核心问题，实质是要解决破产债权权利的冲突。破产债权清偿顺位的确定取决于不同种类债权本身蕴含的顺序性及是否具有优先性，而这来源于非破产法实体性规范，与破产法另一个原则"尊重非破产法规则"，具有一定的关联性。基于债务人之一般财产为债权人之一般担保，② 无论是否考量到债务人可能破产的风险，债权人都以"可以以债务人全部财产为基础受偿"为期待，债权债务关系的形成及债务人财产的范围与内容，均以合同、物权等破产法以外的规范为基准。因此，除法律基于特殊考量而作出特殊规定外，破产法应当遵守其他实体法的有关规范。破产债权清偿顺位确定亦应如此。例如，《民法典》规定的担保物权、《海商法》规定的船舶优先权、《民用航空法》规定的民用航空器优先权等，均在破产债权清偿中享有一定优先性。可

---

① 许德风：《论担保物权的经济意义及我国破产法的缺失》，载《清华法学》2007年第 3 期。

② 史尚宽：《债法总论》，中国政法大学出版社 2000 年版，第 462 页。

以说，优先权在破产程序中的继续有效，既是对非破产法规则的尊重，也是破产债权平等原则的实现手段。

担保物权是破产程序中最常见的优先权。随着《民法典》及配套司法解释的施行，清偿顺位、优先权认定等规则发生变化，必然对破产债权清偿产生影响。例如，《民法典》第414条修改抵押权受偿顺序规则，《民法典担保制度解释》第54条明确未办理抵押登记的动产抵押权人不能优先受偿。这些规定为担保物权确立了"公示在先，权利在先"的清偿顺序法理基础，在破产程序中认定债权性质、确认清偿顺序时需要予以注意。此外，有关劣后债权的类型与顺位、环境债权能否优先受偿等问题，亦值得研究。

（二）破产制度与意思自治

作为民法大厦之基石，意思自治是建构、解释民法规范制度的价值尺度。民法总则先行颁布，其重要成就之一，是以重申和实现意思自治（自愿原则）为导向。[①] 破产制度与意思自治具有天然的内在联系，最直接的体现就是确立债权人自治原则。通说认为，破产制度是在公权力监督之下的债权人自治制度。其一，意思自治是破产制度私法属性的应有之义，破产制度运行的核心是清理债权债务，即便是概括性清理，归根结底解决的也是作为私主体的债权人与债务人之间的问题，充分尊重当事人特别是债权人的意思自治理所当然；其二，意思自治是破产制度目的实现的现实需要，破产涉及的利益主体、利益内容复杂多样，基于利益平衡与债权集体清偿的需要，借助司法权等"外力"进行干预具有必要性，但是如果不能以当事人特别是债权人的意思自治进行适度对抗，势必会因过度干预造成破产程序特别是重整程序的异化。债权人自治不仅给债权人提供了维护自己公平受偿利益的机会，而且给法院以及管理人取得债权人的团体协作而顺利进行破产程序创造了条件。[②] 由此可见，坚持债权人自治对破产制度运行具有重要意义。

1. 债权人自治的实现

在破产制度中，被反复强调的是所有债权债务的公平清偿。鉴于此，破产制度的重要任务就是在最大程度吸纳债权人参与程序的同时，有效消解

---

① 李适时主编：《中华人民共和国民法总则释义》，法律出版社2017年版，第410页。

② 邹海林：《破产法——程序理念与制度结构解析》，中国社会科学出版社2016年版，第195页。

与弥合债权人之间的利益冲突，保障破产程序的有序进行与完成。面对债务人丧失清偿能力的境况，在集体清偿原则的限制下，为了获得尽可能多的清偿，所有债权人的关注聚焦在破产财产的最大化归集与价值发现以及整体性维护。个体利益追求的交汇形成共同利益，使得所有债权人以团体自治方式参与到破产程序当中成为可能和最好的选择。破产程序作为一种团体行动需要采取集中的强制性措施，表现出破产制度的组织性。① 作为债权人自治的基本形式，代表债权人整体利益的债权人会议应运而生，通过集体决议，表达和统一全体债权人意志。许多重大破产事宜均由债权人会议以法定形式决定，以保障债权人破产程序参与权的实现。

债权人会议是由依法申报债权的债权人组成，以保障债权人共同利益为目的，为实现债权人的破产程序参与权，讨论、决定有关破产事宜，表达债权人意志，协调债权人行为的临时机构。② 设立债权人会议的目的是让债权人充分表达自己意思以决定自己事务，其核心在于表决权行使。决议行为产生约束力的法理基础在于程序正义和社会自治，其中以社团自治为决议约束力规则之核心依据。③ 相对来说，作为破产事务直接管理者的破产管理人，享有更广泛的职权。虽然二者均有权管理和处分债务人财产，但是在兼顾公平正义与效率的情况下，债权人会议"表决"的重心通常在重大破产事务，自治受到权限与范围限制，其他事务则应当交由核心职能在于"管理"的破产管理人。何为重大破产事务？主要取决于对全体债权人利益影响的严重程度，简单判断之，即管理行为与处分行为所涉及债务人财产数额的大小。《企业破产法》修订需要在债权人会议与破产管理人职权划分上进行完善，合理界定、分配债权人会议、法院与管理人的权力。

2. 债权人自治的限制

虽然债权人自治可以通过集体行动，解决企业破产时产生的"公共池塘"问题，但是债权人会议的决议并非总是理性的，对其意思自治进行制约与矫正是法律的必然选择。破产债权的竞合冲突是一个非常复杂的问题，每

---

① 杨忠孝：《破产法上的利益平衡问题研究》，北京大学出版社 2008 年版，第 97~98 页。

② 李培进：《企业破产法的理论与实践》，中国政法大学出版社 2011 年版，第 158 页。

③ 韩长印主编：《破产疑难案例研习报告（2021 年卷）》，法律出版社 2022 年版，第 228 页。

一个债权人都怀着不同目的且试图追求自身利益的最大化，例如，普通债权人希望获得尽可能高的清偿比例，职工债权人往往希望企业通过和解或者重整获得重生以避免失业，担保债权人却希望尽快实现债权，即使为同类债权人，也会因为具体情况的不同而形成差异化的取向。因此，完全的债权人自治的集体决策成本将很高昂，[①] 通过绝对自愿的平等协商合作实现共赢，事实上很难达到。对债权人自治进行必要限制是破产程序有序运行的必要条件。

从比较法的角度来看，除前文提到的破产管理人对债权人自治的适当限制外，大多数国家都在承认债权人自治重要地位的同时，借助司法权对债权人自治进行限制。例如，我国《企业破产法》规定，破产和解协议草案必须由人民法院进行审查。司法权是利益平衡的重要手段。在破产程序中，除众多债权人之间的利益冲突，还涉及职工安置、社会经济秩序稳定等公共利益维护问题，唯有司法之强制力的介入，方可实现破产制度的功能。非经法院的司法审查和干预不产生破产之法律效果。[②]

3. 司法权干预的限度

在破产程序中，债权人自治与司法权干预互为制约。虽然债权人自治是在公力救助范围内的自治，法院对债权人自治的活动拥有最终裁决的权力，[③] 但是法院之干预并非可肆意为之。以破产重整计划强制批准为例，只有在债权人无正当理由拒绝对债权人整体利益有利的重整计划时，法院才可以强制批准重整计划。因此，实践中，法院对强制批准破产重整计划始终保持着极为谨慎的态度。破产程序的司法干预性实际上是一个价值选择层面的问题。法院对整个破产程序的监督与指导，不仅要平衡债权人之间的利益关系，还要平衡债权人与其他利害关系人之间的利益关系，特别是在社会利益与债权人债务人利益并重的价值取向下，法院干预应当以此为基准。质言之，基于破产制度的核心是债权债务集中清理，其落脚点应当是债权人整体利益与破产企业整体价值的最大化，后者直接有利于债权人和社会公共利益的扩大。

因此，司法权干预债权人自治应主要考量以下因素：第一，是否有利

---

① 参见［美］亨利·汉斯曼：《企业所有权论》，于静译，中国政法大学出版社2001年版，第54~57页。

② 杨忠孝：《破产法上的利益平衡问题研究》，北京大学出版社2008年版，第110页。

③ 邹海林：《破产程序和破产法实体制度比较研究》，法律出版社1995年版，第129页。

于债权人整体利益的实现；第二，是否有利于破产企业整体价值的最大化，主要是破产和解、破产重整的优先选择；第三，是否会导致社会问题的产生。总之，影响破产制度整体效益目标实现的权利和权力，都应当通过司法权的调整与干预而进行限制。

（三）破产制度与诚实信用

传统意义上的"诚信"是典型的道德概念，被《民法典》确定为基本原则后，成为法律化的道德准则。诚信原则是指在交易过程中，当事人应当信守承诺、诚实不欺，在不损害其他人利益的前提下，追求自己的利益。[①]简言之，就是要善意行使权利、信守承诺履行义务、反对欺诈。诚信的存在性质和作用性质决定它首先是经济规律，然后才衍生为伦理原则。[②] 破产制度与诚实信用息息相关，既取决于其赖以生存的市场经济以信用为基础的本质，也与《民法典》诚信原则一脉相承。破产法本质上就是一部规制信用经济的法，是规范商业信用的基础性法律。[③]作为市场经济发展的必然产物，破产制度亦由信用所构成，其基本内容、基本程序、基本规则无不渗透着诚实信用的影响。

1. 信用的破产与信用的回归

破产制度是衡量一个国家、一个社会信用状况优劣的重要标志。从起始到终结，整个破产程序都运行在信用的基础之上。就程序起始而言，源自市场主体信用的破产，且只救济诚信的失败者。市场经济是竞争经济、优胜劣汰经济，与自由竞争不可分割，竞争失败者的产生与淘汰是正常经济现象，亦生动体现着一个企业成立、发展、消灭的完整生命周期。市场主体的信用与其所拥有的财产和支付能力直接相关，一旦经营失败，不能支付到期债务或者资不抵债，便会失去支付能力，也意味着信用的丧失，则走向破产（进入破产重整程序的除外）。资本信用和企业破产无非是同一个事物的两个不同侧面。[④]但是破产制度的救济对象只能是诚信的破产债务人，且破产免

---

① 梁慧星：《民法总论》，法律出版社 2001 年版，第 288 页。

② 邹建平：《诚信论》，天津人民出版社 2005 年版，第 27 页。

③ 李曙光：《论我国〈企业破产法〉修法的理念、原则与修改重点》，载《中国法律评论》2021 年第 6 期。

④ 江平：《现代企业的核心是资本企业》，载《江平文集》，中国法制出版社 2000 年版，第 397 页。

责制度亦需以诚信来维系，在这个意义上强调"诚信"，才是诚信原则在破产制度中最深刻的体现。例如，债务人有隐匿、转移财产等行为，为逃避债务而申请破产的，人民法院不予受理。可见，破产制度要解决的就是信用的破产问题。

就程序终结而言，破产程序通过对破产债务人信用的修复和整个社会诚信体系的补足，实现信用的回归。这在破产重整程序中表现突出。为实现社会整体效益最大化及防止破产负面效应外溢的目的，作为再建型债务清理制度，破产重整旨在尽力挽救营运价值较高、具有挽救价值与挽救可能的企业，重整企业信用修复是保障重整计划顺利实施、挽救企业不可或缺的部分。由此可见，破产重整实际上是一个企业信用再建的过程。即使企业最终走入破产清算程序，通过诚信、公平的债权债务清理，将债务人的全部财产分配给债权人，体面地退出市场，也是对破产制度信用品格的彰显，而且能够提升社会主体对破产制度的信用程度。这无疑也是一种信用的回归。

2. 破产管理人的勤勉忠实

破产制度是靠信用维系和运行的制度，破产程序是市场主体信用的展示过程，要求各方破产法律关系主体参加破产程序应当善意、守信。其他主体概而不论，就破产管理人而言，基于广泛的破产事务和破产财产管理职权，小到债务人账簿、文书的接管，大到债务人财产的管理、处分，破产程序对管理人的诚实信用提出更高要求。破产管理人的角色定位具有复合性，从由法院指定成立的角度来看，其系司法公信力的延伸，具有中立性；从具体职权来看，又强调对债权人利益的代表，为债权人利益而进行破产财产管理、变价及债务人对外债权清收等清算行为。破产管理人的失信不仅会损害债权人利益，而且会导致整个破产制度信用的减损。鉴于此，破产管理人应当勤勉忠实地履行义务。

我国《企业破产法》上的管理人勤勉忠实义务，是对公司法上董事、监事、高管勤勉义务的借鉴，但是二者在价值取向、义务内容等方面均存在差异。[①] 具体来说，破产管理人的勤勉忠实义务就是对其职务的实施负有善管注意义务。[②]《企业破产法》第27条、第130条分别对管理人的勤勉忠实

---

① 参见［日］佐藤孝弘：《董事勤勉义务和遵守法律、公司章程的关系——从比较法的角度》，载《时代法学》2010年第3期。

② ［日］石川明：《日本破产法》，何勤华、周桂秋译，中国法制出版社2000年版，第151页。

义务及未尽到相关义务应当承担责任作出规定。然而，有关规定泛化且存在漏洞，破产管理人勤勉忠实义务的具体范围、违反义务的认定标准及免责事由等内容，均需在《企业破产法》修订完善破产管理人制度时予以优化。

3. 破产失信行为的惩戒

尽管破产制度是在兼顾各方利益的情况下提供救济措施，但是对债务人、债务人股东等而言，都会产生一定的消极后果。为防止相关主体非善意行使权利，出现隐匿、转移财产及偏颇性清偿等情形，破坏破产制度信用机制，导致破产程序因丧失诚信而无以为继，各国破产立法都非常注重破产责任制度建设。法律制度对失信行为的严格责任，无疑将加大失信行为的成本，起到减少失信，鼓励诚实的作用。[1] 例如，《美国破产法典》规定，当申请的提出是恶意所为时，法院可以裁决赔偿任何直接由该申请引起的损失。[2]

我国《企业破产法》亦以专章对法律责任作出规定，但是偏重债务人责任，有关债权人委员会成员、管理人聘任的机构和个人及自行管理的债务人的责任尚需明确和完善。特别是应当注重与刑法的衔接，就虚假破产罪作出调整，完善破产管理人等相关主体的刑事责任，以适应破产制度发展需要。

（四）破产制度与绿色原则

当今，绿色正在成为普遍形态的发展。《民法典》第9条确立绿色原则，折射出遵循生态伦理的社会精神，回应着维护生态正义的普遍需求。绿色原则拓展了道德共同体边界，展现从族群伦理到全球伦理再到生态伦理的伦理形态变化过程。[3] 借助于民法典统摄私法体系的基础性功能，作为基本原则之一的绿色原则也成为市场经济发展的基本遵循。从字面理解，绿色原则包含着节约资源与保护生态环境两个核心要素，均对破产制度有所影响，是民法典时代破产制度变革与发展的重要方向。"绿色"应当成为破产制度的底色。

1. 破产法视阈下绿色原则的双重面向

对绿色原则的理解，主流观点系以环境保护为视角，认为环境保护为绿色原则的基础含义面向。诚然，绿色原则确立的初衷是应对环境污染、生

---

① 李晓辉：《信用与法治》，载张文显主编：《法学理论前沿论坛（第二卷）》，科学出版社 2003 年版，第 16 页。

② 参见［美］大卫·G.爱泼斯坦等：《美国破产法》，韩长印等译，中国政法大学出版社 2003 年版，第 31~32 页。

③ 曹刚：《〈民法典〉的四大伦理精神》，载《道德与文明》2020 年第 6 期。

态破坏等问题，但是将"节约资源"中的"资源"简单视为自然资源，进而使节约资源与保护生态环境共同指向环境保护，不仅是对"资源"的狭义理解，更是对绿色原则内涵与功能的不当限缩，显然有失偏颇。节约资源不同于环境保护，只是正确认识绿色原则的第一步。[①] 立足破产制度的功能与绿色原则的双重面向，更全面、更深层次地理解"节约资源"之内涵，才能够充分认识破产制度与绿色原则的内在联系。破产制度具有市场出清与挽救再生的功能，可以调整资源配置，保障市场经济可持续发展，与绿色原则的深层次内涵具有契合性。

其一，市场出清——全面节约资源。在法经济学的意义上，对绿色原则中"节约资源"的理解应当是节约所有相关财产或资源，追求的是破产财产价值的最大化。此系"节约资源"的直接表达。市场出清是破产制度的基本功能与价值追求。在市场出清过程中，破产制度通过债权债务集中清理程序，使债务人及时从法锁的沉重束缚中解脱出来，在充分释放破产债务人占有的土地、设备、信贷、人力资本等资源的同时，可以重新优化配置，引导各类社会资源要素向高效领域流动。因此，破产制度首先立足于全面节约资源之上。

其二，挽救再生——可持续发展。透过"节约资源"之表象，更深刻的认识是可持续发展。此系"节约资源"的高级形态。破产制度最大程度挽救困境企业、促进企业重生的功能，与之不谋而合，其中的重整制度更是具有妙手回春的品格[②]。对破产重整来说，保留债务人企业有营运价值的"营业"是基本前提。营业本身的特性导致其整体价值通常高于其构成元素的价值的加总。[③] 从最终结果来看，最大化保存企业基本组成部分特别是整体的营业价值，不但可以延续债务人企业市场生命力，避免商誉、顾客群、品牌、商业经验等无形资产流失与浪费，而且能够提升债权人清偿比例、减轻就业、社会保障等压力。可以说，在债权人利益、债务人利益、社会利益博弈与衡平的过程中，破产重整是获得共赢的有效手段。作为破产法中一项重

---

① 贺剑：《绿色原则与法经济学》，载《中国法学》2019 年第 2 期。

② 张钦昱：《中国企业破产法治环境的优化——对标世界银行〈营商环境报告〉之"办理破产"指标体系》，载李曙光、刘延岭主编：《营商环境与破产重组》，法律出版社 2021 年版，第 177 页。

③ 马哲：《"营业"的破产法意义——兼论对我国〈企业破产法〉的完善建议》，载《中国政法大学学报》2021 年第 4 期。

要制度——破产重整制度完美诠释了民法典"绿色原则"的深层表达，维持社会生态系统的可持续发展。[①]

2. 预重整的"绿色"优势

为克服破产重整时间成本高、程序复杂等弊端，作为破产重整的非必要前置程序，衔接庭外重组与庭内重整的预重整随之产生。自其产生以来，争议不断。通常来讲，预重整是在正式进入破产重整程序之前，债权人、债务人、出资人等相关利益主体通过谈判、表决达成预重整计划，以使该重整计划在正式进入破产重整程序后获得效力，进而减少重整程序拖延、成本的一种困境企业挽救程序。由此可见，至少在绿色原则"节约资源"的两个层面上，预重整具有明显价值优势。一方面，降低破产重整成本。预重整程序提前制定重整计划，进入破产程序后能够快速确认并实施计划，降低时间、费用等直接成本，且方式相对柔和，能够避免商誉负面评价、暂停营业等间接消耗。另一方面，提高破产重整成功率。预重整充分尊重相关主体的意思自治，对困境企业重整价值的评估更为准确，能够防止司法权过度干预，同时能够借助庭内重整的强制批准、多数决等规则，保障程序顺利推进，而且法院通常会批准企业自行经营，可以保持经营的专业性和连贯性，这些都会增强相关主体对重整效果的预期。融合自治救济与公力救济的预重整，对提高破产重整成功率、促进企业可持续发展大有裨益。

3. 环境债权的破产保护

环境债权的破产保护问题是在破产领域贯彻绿色原则最直接的体现。破产程序中的环境债权是指破产程序中，因债务人环境侵权行为或环境合同违约等所发生的权利人请求债务人给付一定金钱的权利。[②]环境债权通常涉及公共利益，对增进社会整体福利具有现实意义，而环境责任是企业社会责任的重要内容。在全面深化生态文明体制改革、推动生态文明建设法治化的时代背景下，将绿色发展与环境保护理念融入破产制度设计当中，关注环境债权在破产程序中的清偿问题，保护好环境债权，是破产制度必须给出的时代答案。在破产程序中保护环境债权，不但能够防止破产企业借助破产规避环境赔偿、生态修复等环境责任，而且能够树立保护生态环境的良好导向，

---

① 邢丹：《"绿色原则"视阈下预重整制度的功能性构建》，载《现代法学》2022年第2期。

② 张钦昱：《企业破产中环境债权之保护》，载《政治与法律》2016年第2期。

促进效益与环境保护良性互动的市场机制的完善。

我国《企业破产法》并未针对环境债权特殊性作出不同规定，通常只能作为普通债权参与破产财产分配，但是在现实中，普通债权的清偿率极低，如此则意味着本应由破产企业承担的环境责任将会转嫁到国家、社会和个人，增加企业的环境负外部性，这与绿色发展的时代趋势相悖。在民法典时代，环境债权的破产保护理应受到重视，立足环境债权范围、是否享有优先权、清偿顺位等问题，完善破产制度供给。

三、破产制度与民法典相关制度的衔接与协调

民法典并非对原部门法的简单整合，而是在总结实践经验、坚持问题导向、体现时代特点的基础上，对具有基础性、普遍性、稳定性和平等自愿性的民法基本制度、基本规则的全面更新和完善，其中，民事主体、民事权利、担保物权等制度均有重大创新。基于前文分析可知，民法典基本原则作为私法精神的高度概括，对破产制度的影响主要体现在内化于具体规范的价值取向，而且其适用主要是与有关法律解释和漏洞填补相结合。因此，相对于基本原则，破产制度与民法典进行衔接的关键在于民事主体、民事权利等具体制度，需要以此为结合点。鉴于民法典内容丰富，择其要者述之。

（一）破产制度与民事主体制度的衔接

民事主体制度是民事法律制度的基石。民事主体的开放是整个民法典成为开放型的基础[①]。对比《民法通则》，《民法典》将民事主体分类的公民、法人二元结构调整为公民、法人和非法人组织三元结构，并进一步优化法人分类，根据法人设立目的和功能，将法人分为营利法人、非营利法人和特别法人，是法人制度的重大变化和发展。我国《企业破产法》规定，破产程序仅适用于企业法人，而企业法人只是营利法人的一种。可见，即使从法人分类的角度来看，《企业破产法》的适用范围也是较为狭窄的，更遑论整个民事主体体系，民事主体的破产能力表现出严重不平等性。民商可以合一或一体的基础在于二者具有统一的人像，即具有权利能力的抽象的人。[②]为与民

---

① 江平：《中国民法典的三个创新》，载《政法论坛》2022 年第 1 期。

② 徐胜强：《合同法民商合一的规范实现——一个历史比较的视角》，载《北方法学》2021 年第 2 期。

法典民事主体制度相匹配，破产制度适用范围有扩张之必要。

1. 建立个人破产制度

是否应赋予自然人以破产能力，无论是理论上，还是实践中，均不存在障碍。从西方国家破产制度的发展历史来看，最早产生的就是个人破产制度。企业破产是在个人破产基础上发展起来的，是个人破产的放大和延伸。① 作为破产法的重要组成部分和市场经济国家的重要标志，建立中国特色的个人破产制度是我国破产制度发展的必然和重要方向，深圳等多地已经开始试点。简言之，为适应社会发展需求，我国应当尽快建立囊括一般自然人与个体工商户、农村承包经营户等商自然人的全面的个人破产制度，设置生活保障必要财产保留、债务豁免、复权等制度设计，以保障个人破产制度宗旨之实现。当然，个人破产制度的建立需要考量诸多复杂因素，特别是需要个人信用体系建设等配套措施予以辅助，并非易事。

2. 优化法人破产制度

当前，我国的法人破产制度存在较多空白，而且法人类别构成复杂，不同类别法人之间差异较大，应否赋予破产能力、特殊需求之满足等问题复杂，需分别考量。

（1）建立非营利法人破产制度。虽然非营利法人以公益为目的，但是法律并未禁止其在一定程度上参与市场经营，同样可能面临债务危机与破产风险，应当赋予其破产能力。建议修订《企业破产法》时，明确非营利法人的破产能力，并基于非营利法人公益性、资产组成复杂性等特点，在破产程序设置、资产处置等方面作出特殊安排，可以参照现行《企业破产法》对金融机构破产的规定模式，同时辅助以制定单行法的方式，明确各类非营利性法人的具体破产规则。

（2）完善金融机构破产制度。为克服我国有关金融机构破产规定比较分散的弊端，建议《企业破产法》增设金融机构专章，② 但是无需面面俱到，只需将适用范围、破产原因、申请主体、适用程序类型、破产财产分配规则、监管机制等基础性、通行性规范纳入其中，涉及不同类型金融机构的特

---

① 齐明：《论我国构建自然人破产制度的必要性》，载《当代法学》2007 年第 4 期。

② 增设金融机构专章有无必要性和可行性，存在争议。有学者就提出，通过完善现行金融法律以及行政法规、政府规章中关于金融机构破产的条款，并在破产法中设置引致性规则，就可以满足实践需求，目前无必要在破产法中设置专章。具体参见王斐民：《金融机构破产综合立法的体系研究》，载《中国政法大学学报》2021 年第 4 期。

殊破产规则仍由《商业银行法》《证券法》等单行法规定，通过引致条款将破产法与相关单行法进行衔接，形成系统的金融机构破产制度。

（3）建立特别法人破产制度。根据《民法典》规定，特别法人包括机关法人、农村集体经济组织法人、城镇农村的合作经济组织法人和基层群众性自治组织法人4种，属性各不相同。例如，机关法人以从事行政管理活动为目的，不能参与市场经营；而农村集体经济组织法人与城镇农村的合作经济组织法人虽然都是一种经济组织，但是在成员构成等方面存在差异；基层群众性自治组织法人又与机关法人类似，职能以公共事务和公益事业为主。前文提到，农村集体经济组织法人暂不适宜赋予其破产能力。城镇农村的合作经济组织法人根据《企业破产法》规定，可以参照适用破产清算程序，但程序类型单一，需要进一步扩展。综合来看，建立特别法人破产制度的关键在于机关法人与基层群众性自治组织。面对我国政府债务压力不断累积的现实与风险，利用破产法框架解决地方政府债务危机，[1] 不失为一个选择。市政破产制度的引入或借鉴可以提供一个可选择的较为综合性的解决方案。[2] 可以对市政破产制度进行本土化改造，将我国地方财政重整制度实践引入司法程序，构建机关法人债务解决机制，通过调整收支、债权债务重组、逐步清偿等特殊程序，以特殊"破产"方式终结债权债务关系，解决政府债务危机。基层群众性自治组织法人的破产问题可参照机关法人。

3. 建立非法人组织破产制度

根据《民法典》规定，非法人组织的财产不足以清偿债务的，其出资人或者设立人承担无限责任。无限责任的承担往往要以清算为前提。[3] 基于组织财产、出资人或者设立人个人财产在非法人组织的债务清偿上存在先后次序，非法人组织的破产问题很有可能会延伸引发出资人、设立人的个人破产问题。从这个角度来看，二者存在一定程度的交叉，非法人组织破产是个人破产的原因。非法人组织理应被赋予破产能力，可以参照适用企业法人破产规则，但是应当注重与个人破产制度的联系与协调。

---

① 张力毅：《通过破产法解决地方政府债务危机——美国的经验和启示》，载《行政法学研究》2016年第3期。

② 谢琳：《地方政府债务的司法化解》，载《中国政法大学学报》2021年第1期。

③ 杜万华主编：《中华人民共和国民法典实施精要》，法律出版社2021年版，第65页。

（二）破产制度与民事法律行为制度的衔接

民事法律行为制度体现民事活动最基本的特征。《民法典》对"民事法律行为"内涵进行扩充和整合，其不仅包含合法的法律行为，还包括效力待定、可撤销和无效的行为，努力化解原《民法通则》与《合同法》规定法律行为（合同）效力规则的双轨制矛盾，[①]且更加强调"意思表示"对民事法律行为的作用。这种根本性的调整，直接对《企业破产法》中破产撤销行为和无效行为产生影响。目前，《企业破产法》中可撤销行为和无效行为的内在逻辑与《民法典》民事法律行为不完全契合，需要作出修改以保持法律体系的协调，进而促进破产制度功能的实现。

1. 破产可撤销行为之扩张

从《民法通则》到《合同法》再到《民法典》的修法过程来看，可撤销民事法律行为制度是变动最大的。《民法典》规定的可撤销行为包括重大误解、欺诈或第三人欺诈、胁迫、乘人之危致使显失公平等情形。不难发现，《民法典》对可撤销民事法律行为体系的构建是以行为人的意思表示不准确、不自由、不真实为基础的。破产撤销权制度系《民法典》撤销权制度在破产程序中的延伸。根据《企业破产法》第 31 条、第 32 条的规定，针对无偿转让财产、以明显不合理的价格进行交易等行为，管理人有权请求法院予以撤销。在破产程序中赋予管理人撤销权的主要目的是实现破产财产最大化归集，保护债权人利益，故主要判断标准是提前或者偏颇性清偿的客观行为本身，并不过多地考虑相对人之间的意思表示是否存在瑕疵，反倒通常都是相对人达成合意的结果。由此可知，破产可撤销行为与民事可撤销行为并不相同，不利于较为隐蔽的破产欺诈行为识别。而且如果实施这些行为的目的是逃避债务，则很有可能是恶意串通行为，在这种情况下，根据《民法典》第 154 条规定，系无效民事法律行为。事实上，结合《企业破产法》第 33 条的规定，为逃债而实施无偿转让财产等行为，确实会与破产无效行为发生竞合。

综上，建议扩张破产可撤销行为的范围，结合《民法典》规定，将可撤销民事法律行为全部纳入管理人撤销权范畴，而不是仅仅停留在偏颇性清

[①] 杨立新：《我国〈民法总则〉法律行为效力规则统一论》，载《法学》2015 年第 5 期。

偿上。如此，不仅能够畅通《企业破产法》与《民法典》的衔接，还有利于与债务人相关纠纷的集中处理，节约成本，提高破产审判效率，更为重要的是有助于管理人最大可能地收集破产财产。

2. 破产无效行为之优化

《民法典》规定的无效民事法律行为包括无民事行为能力人的行为、虚假意思表示、违反强制性规定、违背公序良俗和恶意串通5种情形。对比来看，《企业破产法》第33条只规定了为逃避债务而隐匿、转移财产及虚构债务或者承认不真实的债务2种情形，范围相对狭窄。民事法律行为是平等民事主体之间调整私权关系的行为，原则上讲，只要当事人具有相应的民事行为能力且意思表示真实，行为就应当有效，除非涉及公共利益和他人合法权益，才需对某些民事法律行为作出否定性评价，以平衡利益冲突，与可撤销行为以意思主义为基础有所不同。可见，无效民事法律行为与破产无效行为的判断标准是基本相同的，破产无效行为系无效民事法律行为在破产特殊语境下的具体表现。

基于内涵与判断标准的相同，可以依托《民法典》无效民事法律行为的界定，扩大破产无效行为的范围，同时优化破产可撤销行为与无效行为的区分，将部分可撤销行为调整为无效行为。虽然无效的或者被撤销的民事法律行为皆自始没有法律约束力，但是撤销权的行使受除斥期间的限制，且破产可撤销行为必须发生在法院受理破产申请前一年内，个别清偿的，必须发生在法院受理破产申请前六个月内。因此，扩大和调整破产无效行为范围，才能保障破产财产追回，有效打击逃废债行为，从根本上保护全体债权人的利益，债权人利益最大化就是"破产财团归集的最大化"与"破产财团价值实现的最大化"。[①]

3. 破产欺诈行为的规制

破产欺诈行为是指行为人违反破产法的规定，通过隐瞒真实情况或制造虚假情况的手段，导致破产财产减少或破产财产的负担增加，或使财产状况不明，从而损害债权人利益的行为，[②] 基本包括破产可撤销行为与破产无效行为。从法律属性来看，破产欺诈行为属于侵权意义上的欺诈，只需要欺

---

① 张玉海：《民法典时代破产法上待履行合同"涤除"制度再造》，载《华东政法大学学报》2022年第5期。

② 王卫国：《破产法》，人民法院出版社1999年版，第288页。

诈人单方的虚伪行为即可构成侵权。[1]破产欺诈行为不仅损害债权人利益，影响破产程序进行，而且破坏市场经济秩序，如何规制已经成为破产制度中的重要问题。第一，扩大行为规制范围。目前，我国《企业破产法》对破产欺诈行为的规定采取的是完全列举方式，导致破产欺诈行为规制范围不周延，建议增加有关破产欺诈行为概括性条款，明确内涵，再分别列举出可撤销和无效的常见典型行为，最大程度予以规制。第二，灵活界定临界期间。相对破产无效行为的绝对性、无时限性，从理论上说，已经具备破产原因后的无偿转让财产等行为就能够被认定为可撤销的欺诈行为，但是破产原因的发生时间难以确定，因此，大多数国家都会设置一个明确的破产临界期间，我国《企业破产法》亦是如此。但是固定的期间缺乏灵活性，不能满足市场主体多元化的现实需要，建议设置具有一定弹性的期间，尽量往前溯及至破产原因发生之时间节点，即自有明显迹象表明破产债务人将发生重大亏损或者清偿能力将大幅下降时始，直至法院受理破产申请之时。第三，引入法人人格否认制度。公司法人人格否认是《公司法》中的一项重要制度，能够避免法人人格独立滥用而损害债权人和中小股东利益。在司法实践中，不公平交易和欺诈行为是滥用法人人格独立的主要情形之一。基于规制破产欺诈行为的考量，建议引入法人人格否认制度，立足《企业破产法》有关可撤销和无效行为的规定，要求股东在造成损失或者获利范围内对企业债务承担连带赔偿责任，将股东部分财产纳入破产财产。当然，在破产程序中对法人人格否认制度的适用应当保持审慎态度，充分尊重公司法人人格的独立性。

（三）破产制度与担保制度的衔接

《民法典》及《民法典担保制度解释》在担保制度方面作出了重大的制度创新，甚至是发生了方向性转变，实质担保观的引入，所有权保留、融资租赁和有追索权的保理等合同均被认可为担保，[2]表明了担保制度意在消除隐形担保和过度担保的变革初衷。破产制度与担保制度具有十分紧密的关系，被生动地形容为"焦不离孟，孟不离焦"，担保制度的发展必然会对破产制度产生显著影响，需要在《企业破产法》修订时重点关注。在此就有关

---

[1] 张勇：《破产欺诈的法律规制：以类型化为视角》，载《社会科学辑刊》2022年第4期。

[2] 谢鸿飞：《民法典实质担保观的规则适用与冲突化解》，载《法学》2020年第9期。

的几个重要问题展开分析。

1. 担保从属性的破产程序限制

从属性是担保制度教义学中一个非常重要的概念，本质上是在担保权和所担保债权之间建立同步性的法定机制，其可类型化为设立从属性、内容从属性、处分从属性、实行从属性及消灭从属性。[①] 可以说，担保的从属性是担保制度的法理根基，也是担保法律关系的逻辑起点，但是这并不意味着从属性具有绝对性和不可突破性。在世界各国的担保制度立法例上，存在从属性与独立性两种设定，前者注重保障债权的实现，后者强调担保权利的流通和投资。[②] 从属性担保与独立性担保的分类本身已经说明从属性并非担保理所当然的属性。[③] 由此可见，从属性并非担保的本质属性，从属或者独立本质上是一种政策性的考量与选择。正是基于防控金融风险和维护担保法律关系中的公平之考虑，《民法典担保制度解释》表现出明显的强化担保从属性倾向。在特殊领域或者个别问题上适度对担保从属性作出限制与变通，具有现实意义，且不可避免。对破产制度来说，即是如此。

破产制度的基本功能是使债权人债权获得公平的、集体性的清偿，为达到该目的，势必涉及对非破产法规范确定的权利的调整，而且担保债权系以主债权的存在为基础，亦不可能脱离破产法对破产债权的调整。因此，在一定程度上限制适用担保从属性是实现破产制度功能的必要手段。《企业破产法》第 92 条第 3 款和第 101 条规定，债权人对债务人的保证人和其他连带债务人所享有的权利，不受重整计划、和解协议的影响就是典型表现。只有排除担保从属性，才能激励债权人通过重整计划或者和解协议。但是对担保从属性的排除必须受到限制，只能由相关法律作出明确规定，否则不能随意突破。《企业破产法》修订或者适用，应当配合《民法典》及《民法典担保制度解释》消除过度担保的方向，理性对待担保从属性的限制问题。

[①] 李运杨：《担保的移转从属性及其例外——以中德比较为视角》，载《中国海商法研究》2020 年第 2 期。

[②] 参见刘得宽：《民法诸问题与新展望》，中国政法大学出版社 2002 年版，第 399~400 页。

[③] 李运杨：《担保从属性：本质、功能及发展》，载《澳门法学》2020 年第 2 期。

2. 所有权保留担保属性下的别除权

担保功能应该是认定所有权保留的性质的关键。[①]《民法典》设置许多规则以将所有权保留纳入实质担保的范畴，例如，第641条第2款规定，所有权保留登记产生对抗善意第三人效力；第642条第2款规定，在取回标的物协商不成的情况下，可以参照适用担保物权的实现程序。这种设计直接造成与破产法的冲突。根据《企业破产法》第38条及《企业破产法解释（二）》相关条款规定，所有权保留出卖人基于形式所有权人身份享有取回权。破产取回权的基础权利为基于所有权而产生之返还原物请求权，[②] 显然与《民法典》的规定不契合。同时，从破产制度功能实现与利益平衡的角度来看，赋予出卖人取回权也存在明显弊端。针对所有权保留，现行《企业破产法》规定，管理人有权根据债务人实际情况，决定解除或者继续履行合同，继续履行的，合同因破产受理到期，债务人需支付剩余价款；解除的，出卖人有权行使取回权，无法取回时，出卖人可以主张将剩余价款作为共益债务清偿。在破产实务中，所有权保留买卖合同的标的物通常是对企业生产经营具有重要价值的关键设备，无论是返还标的物，还是将剩余价款或相关损失认定为共益债务，对破产企业特别是重整企业来说均为沉重的负担，不但有损其他债权人利益，而且不利于企业重生。此外，基于所有权保留担保属性，在与其他担保物权并无实质区别的情况下，却享有更高利益，有违破产公平清偿原则。

破产程序要求终局清理债权债务，法律形式主义在此时往往要让位于实质功能上的安排，即实现从"分离"到"法律形式向经济实质回归或者相反"的过程。[③] 为实现与《民法典》担保实质化设计的衔接，弥补破产法现行规定的不足，在《企业破产法》修订中应当以破产别除权取代现在赋予所有权保留出卖人的破产取回权，适用担保物权的处理程序，在买受人破产时，出卖人得以标的物价值享有优先受偿权而不能直接取回标的物。

---

① 邹海林：《出卖人在破产程序中的取回权——以所有权保留制度为中心》，载《上海政法学院学报》2021年第4期。

② 胡少锋：《所有权保留出卖人之破产取回权再审视——基于〈民法典〉担保实质化设计之视角》，载《湖北职业技术学院学报》2022年第2期。

③ 吴香香：《〈民法典〉第598条（出卖人主给付义务）评注》，载《法学家》2020年第4期。

3. 最高额抵押担保债权的确定

最高额抵押权是担保物权从属性缓和的产物，其从属于基础法律关系，而非特定债权。[①] 最高额抵押权的一个典型特点就是设立时所担保债权尚不确定。因此，《民法典》就其所担保债权的确定事由作出明确规定，"债务人、抵押人被宣告破产或者解散"为其中之一。这意味着债务人、抵押人未被宣告破产之前，最高额抵押债权始终处于不确定状态，阻碍破产程序正常进行。破产宣告仅表明对债务人的破产清算程序已经进行到不可逆转的阶段，不存在实质性权利义务的产生或变更。[②] 首先，影响最高额抵押债权申报。数额确定是债权申报和确认的必备条件之一，而且破产申请受理后，债权人就必须在法院确定的申报期间内及时申报债权。虽然在破产财产最后分配前可以补充申报，但是在这种情况下债权人需无故承担已进行分配不再补充分配和支付相关费用的不利后果。以破产宣告为时间节点，导致及时、正常申报债权之不能。其次，影响最高额抵押权人行使权利。在破产程序中，债权人利益系通过行使表决权、参加债权人会议等一系列权利而实现的，而权利的行使又以完成债权申报为前提。也就是说，因债权数额不确定而无法申报债权的最高额抵押权人，在破产宣告前不能行使任何权利，特别是在破产清算和破产和解程序中，妨碍抵押权人主张就特定财产变价处置优先受偿。最后，破产宣告具有非必然性。事实上，在当事人直接申请破产和解或者破产重整及由破产清算转换为破产和解或者破产重整的情况下，根本不会发生破产宣告，如此将导致最高额抵押债权始终不能被确定。

动产浮动抵押、最高额保证债权确定与最高额抵押存在类似问题。面对法律规定冲突和适用难题，应当根据《企业破产法》有关"未到期的债权，在破产申请受理时视为到期"规定，将最高额抵押担保债权确定时间界定为破产申请受理时，即最高额抵押权人可以在破产申请受理时，以最高债权额申报债权。此外，《民法典》第 420 条第 2 款[③] 有关转入最高额抵押担保的规定也不能在破产法中适用。在法院受理破产申请前一年内，将最高额

[①] 武亦文：《〈民法典〉第 420 条（最高额抵押权的一般规则）评注》，载《南京大学学报（哲学·人文科学·社会科学版）》2021 年第 6 期。

[②] 王欣新：《〈民法典〉与破产法的衔接与协调》，载《山西大学学报（哲学社会科学版）》2021 年第 1 期。

[③]《民法典》第 420 条第 2 款规定："最高额抵押权设立前已经存在的债权，经当事人同意，可以转入最高额抵押担保的债权范围。"

抵押权设立前已经存在的无担保债权转入其担保债权范围，系对没有财产担保的债务提供财产担保，属于破产可撤销行为。

（四）破产制度与居住权制度的衔接

居住权制度的确立，是我国《民法典》对用益物权制度的重大完善。居住权是指居住权人对他人所有的住房以及其他附着物享有占有、使用乃至收益的权利。[①] 作为《民法典》的新增权利，虽然居住权在破产程序中如何保护，理论、立法和实践几乎空白，但是其对个人破产制度建立的重要现实意义值得重视，特别是在个人破产制度渐行渐近的情况下，[②] 更有必要纳入研究视野，是破产制度研究的新课题。

1. 居住权制度对个人破产的影响

相对于企业破产，居住权制度对个人破产的影响更为显著和直接。其一，设立居住权必然影响自然人破产财产的归集和价值实现。众所周知，不动产是我国居民最重要和最有价值的生活资料和财产，住房处置成为个人破产不可避免的问题。在域外立法例上，自然人破产的住房处置模式大致分为两种，自动归入破产财产的范围，并可由管理人出售，[③] 或者可以被保留，甚至被保留住房的价值没有上限[④]。而一旦设立居住权，居住权人、债权人、债务人的利益平衡使问题变得更为复杂。设立居住权的破产债务人住房，不仅价值贬损、流通性降低、处置困难，而且增加欺诈破产、逃废债风险，影响债权实现。其二，能否为债务人设立居住权以平衡债务人生存权与债权人合法权益，成为新的可能。对个人生存权、平等权、发展权的保护逐渐成为

---

① 余文清：《民法典中居住权规范的宪法意蕴》，载《北京科技大学学报（社会科学版）》2022年第1期。

② 温州法院在现有法律框架内先行先试个人债务集中清理试点工作，2019年，平阳法院办结全国首例具备个人破产实质功能和相当程序的个人债务清理案件。在该案中，债务人蔡某系温州某破产企业股东，经生效裁判文书认定其应对该破产企业214万余元债务承担连带清偿责任，债权人经表决通过按1.5%的清偿比例即3.2万元，在十八个月内一次性清偿的方案，同意为债务人保留必要的生活费和医疗费，自愿放弃对其剩余债务的追偿权，并同意债务人可以自清理方案履行完毕之日起满三年后，恢复其个人信用。该案在中国法治发展史上具有标志性意义。

③ 徐阳光：《英国个人破产与债务清理制度》，法律出版社2020年版，第99页。

④〔美〕查尔斯·J.泰步：《美国破产法新论》，韩长印等译，中国政法大学出版社2017年版，第969页。

自然人破产立法的核心。[①] 在个人破产中，为债务人保留满足基本生活需求的豁免财产是前提和基础，其中，使债务人"住有所居"亦属必要。如果能够以居住权设立替代住房保留，虽然可行性有待检验，但是对债务人及其家人居住保障与债权清偿率提高之间冲突的消解，仍具有一定意义。

2. 居住权保护与债权实现的平衡

在个人破产中，平衡居住权与债权应当立足居住权保护基本生存权的内在逻辑，合理运用待履行合同选择权、破产撤销权等权利，以实现各方利益的保障与平衡。在居住权问题的考量都是居住权与债权的平衡上作出基于权利底线的调整。[②]

一是赋予居住权优先性。从法律性质上来看，居住权具有人权的含义，立法意旨即在于保护有基础的居住生活需求但缺乏权利保障的社会弱势群体[③]。生存权和发展权是最基本的人权，可以对抗其他一切权利。生存权与发展权的权利内容中又天然蕴含着对"住有所居"的朴素追求，故在破产程序中，无论是无偿设立，还是有偿设立，相对于其他优先权、别除权，保护弱势群体基本居住生活需求的居住权都具有更为优先的地位，居住权保护与债权实现的平衡应当以居住权优先为基本原则。需要注意的是，居住权的优先保护并非绝对，只有符合基本生存权保障要求的居住权才具有优先保护之必要。

二是合理行使破产解除权。《企业破产法》第 18 条赋予管理人待履行合同选择权，即对破产申请受理前成立而债务人和对方当事人均未履行完毕的合同有权决定解除或继续履行。这是基于破产财产的最大化归集，破产法为管理人创设的一种法定解除权。有偿设立居住权的合同系双务合同，在同时满足破产申请受理前成立、尚未履行完毕[④]的条件时属于待履行合同，可以纳入待履行合同选择权范畴。基于居住权人生存利益实现之目的，应当对

---

① 最高人民法院民二庭课题组：《自然人破产程序中的住房抵押贷款债权处理规则研究》，载《法律适用》2022 年第 2 期。

② 齐明、韩博识：《破产程序中的居住权问题探析》，载《社会科学战线》2021 年第 6 期。

③ 吴华彦：《破产程序中的居住权保护问题——以破产管理人为视角》，载《中国律师》2022 年第 1 期。

④ 在破产程序中，只要没有发生居住权消灭的原因，就应当视为尚未履行完毕合同。有学者将居住权消灭的原因概括为达到约定居住期限、居住权人死亡、居住权人放弃居住权、住宅灭失、约定的居住权解除条件被触发、法定的居住权解除条件被触发 6 种。具体参见房绍坤：《论民法典中的居住权》，载《现代法学》2020 年第 4 期。

管理人的选择权予以限制，管理人需要严格审查，不符合基本居住需求保障要求的，解除居住权合同，办理居住权注销登记，使居住权归于消灭，以保护债权人的利益。因合同解除给居住权人造成损失的，可以认定为普通债权参与破产分配。对无偿设立居住权的合同，因不属于双务合同，不能行使待履行合同选择权，可以根据具体情况，判断是否可以撤销或者认定无效。

三是合理行使破产撤销权。为防范债务人利用居住权设立实施破产欺诈，管理人应当综合考量《企业破产法》第31条规定和居住权立法目的，对居住权设立是否具有维持基本生活居住意义进行审查，以决定是否行使撤销权。如前文所述，破产可撤销行为关注的是不合理清偿行为本身，大多数居住权系无偿设立，如果不考虑居住权人善意与否，则很容易被认定为可撤销行为，不利于保护居住权人的基本居住利益。因此，应当对管理人的撤销权予以限制，如果居住权人是善意的，则管理人不能行使撤销权，以避免损害居住权人的生存权。

在无法通过待履行合同选择权、破产撤销权等方式涤除破产债务人住房上的居住权负担时，为化解居住权保护与住房处置冲突，管理人应当积极与居住权人协商，可以借鉴《办理执行异议和复议规定》规定的处理方式，以保障基本起居功能为条件，通过管理人或者债权人按照当地廉租住房保障面积标准为居住权人提供居住房屋、居住权置换等方式，在保障居住权人利益的同时，最大程度减少债务人财产价值的损失，提高债权清偿率。

3. 居住权特别保护必要性的审查

如上所述，居住权制度的本质是保护居住权人的基本居住需求，这是在破产程序中对其予以特别保护不能偏离的核心。简言之，具有保障性，才有特别保护之必要性。如何认定具有保障性？具体可从以下方面进行审查：第一，居住权人身份审查，主要审查其是否为弱势群体，具体可以结合其职业、收入、是否有住房、个人财产、与债务人的关系等因素，综合判断是否属于居住权的保护对象；第二，住房情况审查，房屋类型涉及居住权设立的动机，基本居住需求保障要求房屋"勉强够用"，豪华别墅、以房抵债等情况，通常不能纳入生存权保障范畴，具体可以参照是否属于普通住宅、人均建筑面积是否超过当地最低保障住房水平一定范围这两个标准进行判断；第三，居住情况审查，主要审查是否实际居住，根据我国《民法典》的规定，居住权人只得占有、使用设立居住权之住宅，居住权不得转让、继承，保障性色彩浓烈，只有实际居住、合法合理使用，才能充分证明对居住权具有必要需求。

第三章　我国破产制度改革的基本方向和框架

习近平总书记指出："完善市场主体退出制度，对推进供给侧结构性改革、完善优胜劣汰的市场机制、激发市场主体竞争活力、推动经济高质量发展具有重要意义。"[①] 党的二十大报告强调，要营造市场化、法治化、国际化一流营商环境。加强破产审判是人民法院营造法治化营商环境的关键核心，是完善社会主义市场经济体制、推动高质量发展的必然要求。当前，深化破产制度改革，充分运用重整、和解法律手段实现市场主体有效救治，运用清算手段促使落后产能有序退出，是立足我国资源条件、比较优势、现实需要和发展潜力进行的改革创新要求，对于防范化解金融风险、推动经济社会持续健康发展、优化提升法治化营商环境具有重要意义。

一、我国破产制度改革的基本方向

我国《企业破产法》实施以来，在规范市场主体退出、挽救危困企业、促进市场主体优胜劣汰等方面作出了重要贡献。但是随着经济体制改革不断深化，破产案件逐年增长，新情况新问题层出不穷，破产制度供给与实践需求严重不匹配，关联企业破产、金融机构破产、执转破、预重整、府院联动、破产管理人、个人破产等制度，以及涉税事务、信用修复等配套措施均有待完善，我国破产制度改革势在必行。

（一）坚持市场化方向

作为我国社会主义市场经济法律体系的基础性法律制度，破产法是让正常市场主体向死而生之法，让危困企业涅槃重生之法，让失败企业规范有序退出之法，直接关系到生产要素合理配置、经济结构转型升级和营商环境优化，对畅通经济循环、促进经济社会健康发展具有重要作用。我国的破产

---

① 习近平：《深刻总结改革开放伟大成就宝贵经验 不断把新时代改革开放继续推向前进》，载《人民日报》2018 年 11 月 15 日。

制度，经历了从《企业破产法（试行）》时期"政策性破产"到《企业破产法》时期"市场化破产"的转轨过程。在"政策性破产"的阶段，破产企业大部分是国有企业，在破产程序的启动和推进方面，政府都发挥了重要的作用。《企业破产法》确立了符合市场规律的企业退出机制和困境企业的拯救机制，总体进入到市场化破产的体系。

近年来，破产制度市场化改革理念已多次在党和国家的文件中出现，如《2015 年中央经济工作会议公报》指出"要依法为实施市场化破产程序创造条件"，2019 年出台的《加快完善市场主体退出制度改革方案》也指出，市场主体退出制度要坚持市场化改革、法治化方向的基本原则，破产制度市场化已经成为共识和共同的努力方向。党的二十大报告也特别强调"构建高水平社会主义市场经济体制"，并提出一系列重大任务，破产制度的健全完善是其中必不可少的一环。在此背景下，我国破产制度改革的市场化方向是十分清晰而明确的。

破产制度的经济属性决定了其市场化的改革方向。一方面，优胜劣汰、公平竞争是市场经济的基本法则，破产是市场经济中竞争机制的必然结果。另一方面，破产制度通过清算将复苏无望的市场主体占有的资源分配给更好的企业，不仅能提高资源配置效益，[①] 还能倒逼企业优化生产方式、提高竞争力，对保障市场经济健康发展意义重大。因此，破产制度和破产法都具有鲜明的市场属性，市场化发展乃其应有之义。[②] 在破产程序中，要充分发挥市场在资源配置中的决定性作用，减少政府行政、计划手段的干预。无论是破产重整、和解和清算，都要充分尊重债权人、债务人、投资人等选择。尤其是在重整案件中，遵循市场规律，对企业重整价值的评估、重整可行性的认定、重整投资人的招募、重整计划的制定等，均坚持从市场视角辨别，以市场检验为标准和原则，充分发挥市场配置资源的决定性作用，规范市场竞争秩序，减少市场扭曲，促进生产要素和资源由无效、低效市场主体向高效市场主体流动，最大程度发挥各类要素和资源潜力，为我国经济的良性健康发展提供良好基础。同时，要进一步深化行政体制改革，建立破产援助基金、破产职工安置、管理人职业保险、企业信用修复等配套制度，为市场化

---

① 郑翔：《论市场经济条件下破产法的价值取向》，载《四川省政法管理干部学院学报》2002 年第 12 期。

② 陆晓燕：《"市场化"破产的法治内蕴》，法律出版社 2020 年版，第 4 页。

破产创造条件。

（二）坚持法治化方向

市场经济是法治化的经济体制，市场化的破产也必然是法治化的破产。习近平总书记在中央全面依法治国委员会第二次会议上深刻阐述了"法治是最好的营商环境"这一重要论断。[①] 将企业破产在内的评价指标纳入法治化轨道是优化营商环境的最好办法，实现破产法治化也是践行全面依法治国基本方略之举。

实现破产法治化，首先，要制定完善科学的破产法。世行宜商环境评价指标将破产程序法规质量作为"企业破产"的二级评价指标，世界各国也纷纷通过制定或修改破产法调控经济，这些都说明一部科学破产法的重要性。因此，亟需针对《企业破产法》实施中暴露出来的问题启动修法工作，要明白破产法的制定过程本身就是一个如何合理地界定各市场参与者的利益的过程和一个利益主体之间如何进行妥协的过程。[②] 其次，要在法律框架内依法有序推进破产工作，将法治化落实到破产工作的各个方面、各个环节和各个程序。制定完善破产案件受理、审理各方面的实体和程序规则，严格按照法律程序特别是《企业破产法》等法律和司法解释的程序要求，对破产案件进行立案、审查和处理，对符合重整条件的，认真开展重整工作；符合和解条件的，做好相关工作，推动债权人和债务人和解协议的实现；符合破产清算条件的，认真做好清算工作，尽最大可能维护债权人的合法债权，在法治化的基础上规范破产审判，依法依规处理好破产案件中所涉及的法律关系，公平公正地维护各方当事人的合法权益。最后，对于破产程序中所涉及的大量非法律事务的处理，基于现有府院联动机制作用的局限性，应推动相关立法实现破产程序中政府公共服务和社会管理职能的法治化，以配套破产法律制度的实施和运行。

（三）坚持专业化方向

破产审判制度改革的重要方向是专业化，而破产审判专业化的重要表

---

① 习近平：《完善法治建设规划提高立法工作质量效率　为推进改革发展稳定工作营造良好法治环境》，载《人民日报》2019 年 2 月 26 日。

② 李曙光：《新破产法：一部市场经济的基本法》，载《法制日报》2006 年 8 月 31 日。

现形式就是破产审判机构和人员的专业化。所以，设置专业化的破产审判机构、破产审判人员是深化破产审判制度改革的必要途径。专业化能够保证法律的精确性和可预期性，法治优于人治，就是公众能够预测一个法官会作出怎样的判决，法官的权力并不完全是依赖于自己对公正标准的一种理解，破产审判的专业化能够保证裁判的精确性和可预期性。同时，将破产案件集中由专业的机构和人员长期、连续、固定审理，有利于破产法官积累该类案件审理经验，全面准确把握该类案件法律关系的特点，统一破产案件的裁判理念与尺度，实现法律适用统一。

通过对我国的知识产权法院等专业法院进行考察，可以发现其构建的背景无外乎是该类案件相比于其他案件具有高度的专业性，需要专门的机构及具备除法律外其他专业知识的法官处理该类纠纷，以优化审判职权配置，有效解决该类特殊纠纷，并且确保该类案件裁判标准的相对统一，对于破产审判来说，更是如此。近年来，我国破产审判的专业化程度不断提高，但与破产审判实践的要求存在较大差距，没有充分体现破产审判的特殊性。破产审判是综合法律、经济学、社会学、管理学等多种专业的跨学科工作，破产案件的综合性、复杂性对审判机构和审判人员的专业性有着特殊的要求。为促进破产纠纷的公正、妥当、有效解决，有必要建立专门的破产审判体系，提高破产审判组织机构、审判人员和管理人队伍的专业化程度。

二、我国破产制度改革的价值理念

破产首先是一个经济现象，是伴随着商品经济而出现的经济现象。从人类社会的发展历史看，破产是从第三次社会大分工以后出现的重要经济现象。破产制度作为重要的市场主体法治化退出机制，对推进供给侧结构性改革、优化营商环境、建立现代化经济体系具有重要作用。破产法的立法理念并非处于一成不变的状态，从破产制度诞生伊始直至今天，在不同的历史时期甚至同一时期的不同国家经历了不同的转换和变化。[①] 从我国破产制度理念的发展历程和演变方向来看，除了有自身社会主义经济体制的独特性外，基本与世界发展趋势一致。在民法典时代，我国破产制度理念难以完全适应司法实践需要，亟需紧跟民法典理念、原则的变化而不断丰富与发展。

---

① 韩长印：《破产理念的立法演变与破产程序的驱动机制》，载《西北政法大学学报》2002 年第 4 期。

（一）我国破产制度的理念演变

通过对我国破产制度发展历程的梳理，可以看出，我国破产制度理念演变过程可以分为四个演化方向。

1. 从被动适应计划经济转型到服务市场经济再到主动激活市场经济

《企业破产法（试行）》第1条规定："为了适应社会主义有计划的商品经济发展和经济体制改革的需要……，特制定本法。"1986年我国正处于计划经济逐步向社会主义市场经济的过渡阶段，破产法的出台也是为了适应当时的社会主义有计划的商品经济发展和经济体制改革的需要，进而实现"促进全民所有制企业自主经营，加强经济责任制和民主管理，改善经营状况，提高经济效益，保护债权人、债务人的合法权益"的目的。为了更好地适应国有企业改制需要，国务院发布《关于在若干城市试行国有企业破产有关问题的通知》和《关于在若干城市试行国有企业兼并破产和职工再就业有关问题的补充通知》等文件，对破产国企职工安置补偿作了规定，但这些规定与当时破产法的立法理念存在较大差异，构成了依法破产和依政策破产两个不同的实施体系。这些无不昭示着当时我国破产制度在被动适应计划经济的转型发展。在《企业破产法》中，我国充分吸收了世界各国先进的破产思想，将破产作为服务经济社会发展的一个重要手段，其中第1条将"维护社会主义市场经济秩序"作为立法目的之一亦说明了这一点。随着我国供给侧结构性改革的深入推进、营商环境不断优化、全面改革不断深化，司法实践中对破产制度也做了很多新的探索，比如探索适用预重整制度、府院联动机制、个人破产制度等，以期更好地发挥市场配置资源的功能以及实现社会治理方式和治理能力，激活社会主义市场经济，服务大局稳定发展。《企业破产法》完善修改的方向应当更加注重如何更好地激活市场经济活力，服务社会主义市场经济高质量发展。

2. 从政策主导到个案协调再到常态化府院联动

为了经济体制改革以及配合国有企业改革，弥补当时社会保障制度和市场就业体系的不健全等，《企业破产法（试行）》带有鲜明的"政策性"特点，其中在第8条明确债务人企业申请破产需要经上级主管部门同意，在第4条规定国家要妥善安排破产企业职工就业及其基本生活，在《关于在若干城市试行国有企业破产有关问题的通知》等文件中，强调了政府对破产工作的组织领导。由此可知，这一时期的企业破产主要在政策的主导下开展。

随着《企业破产法》的出台，"政策性"破产逐步退出历史舞台。但因破产程序是一项系统性、综合性事务处理工程，破产程序的顺利推进并非法院一家之事，政府的公共服务和社会管理职能配合也至关重要。在我国破产实践中创新性地开展"府院联动"，即在坚持司法程序引导的前提下，由政府相关职能部门参与配合调动各种社会资源，解决司法程序无法解决的一系列破产衍生社会问题，如企业注销、职工安置、税务减免、股权变更、国资管理、信用修复、产权过户、招商引资、环境保护、维稳处置、政策帮扶等事务。实践中，逐步形成破产案件"一事一议""一案一议"的协调模式。随着实践中的广泛应用，一些地方将"府院联动"形成常态化工作机制，并以联合签署文件的形式固定，如 2016 年 11 月 4 日浙江省并购联合会、浙江省高级人民法院、浙江省经济和信息化委员会联合印发了《关于成立省级"僵尸企业"处置府院联动机制的通知》，成立了由 20 个成员单位组成的、全国首个省级"府院联动"平台；2018 年 9 月上海市高级人民法院、上海市发展和改革委员会等 20 个成员单位联合签署了《关于构建常态化府院破产统一协调机制的实施意见（试行）》。2017 年 8 月 7 日，最高人民法院在《关于为改善营商环境提供司法保障的若干意见》中提出要"推进府院联动破产工作统一协调机制"。随着政治体制改革与经济体制改革的深入，近年来，在破产工作中已经不局限于政府、法院之间的联动，逐步向包含金融机构、检察机关、社会中介机构等更大范围的联动模式发展。特别是在办理社会影响较大的破产案件中，成立"党委领导、政府支持、法院主导、多方参与"的企业风险处置工作领导小组，最大限度高效调动各方面资源，为案件审理提供组织保障、配套事务处理保障，对于有效化解重大涉企债务风险具有积极意义。

3. 从破产清算为主到重视破产挽救再到探索破产预防

在破产制度诞生之初，主要目的是清理债务人的债务，对于企业而言就是进行破产清算。随着对经济规律认识的深入，在二十世纪中叶时破产制度改革的目标不再局限于破产清算，开始侧重于通过法定程序，制定挽救政策，帮助破产或者濒临破产的企业恢复重建。[①] 我国破产立法的价值取向也基本与世界发展趋势一致。在《企业破产法（试行）》实施以及"政策性破

---

① 付翠英：《从破产到破产预防：一个必然的逻辑演绎》，载《法学杂志》2003 年第 1 期。

产"时期主要注重对国有企业进行破产清算，而忽视破产制度对企业的挽救功能。为了更好维护市场经济的稳定发展，吸收了域外的先进经验，在制定《企业破产法》时革新了重整与和解制度，重整与和解制度兼具破产企业挽救与预防功能，但当时更注重对企业的挽救功能发挥。随着近年来我国经济体制改革进入深水区，面临世界百年未有之大变局，国际国内经济形势严峻复杂，我国开始注重发挥重整与和解制度的预防功能，并在实践中探索预重整、预和解、企业风险预警、破产溯源治理制度等，逐渐构建起我国的破产预防体系，最大限度地预防企业破产，进而优化法治化营商环境、助推经济社会高质量发展。

4. 从债权人本位到债权人与债务人的利益平衡本位再到社会本位

从世界破产立法的演进历史看，有学者认为是从债权人本位到债务人本位再到社会本位。[①] 有学者认为是从债权人本位到债权人与债务人的利益平衡本位再到社会利益与债权人债务人利益并重的发展过程。[②] 改革开放后，我国虽然进行了经济体制改革，但是一直处于摸索阶段，在市场理念、市场制度方面都还不成熟。从《企业破产法（试行）》的规定看，债权人可以申请宣告债务人破产，债务人经其上级主管部门同意后，可以申请宣告破产，当时的立法理念更多是将破产制度作为债权人实现债权的工具和手段，这说明当时立法上更倾向于保护债权人利益，是以债权人的利益为本位。《企业破产法》充分吸收了世界破产立法经验，以债权人与债务人的利益平衡为基础，明确了债权人、债务人均可向人民法院申请破产，同时规定了较为完善的清算、重整与和解三大程序，特别是通过重整与和解程序挽救破产企业，最大程度保护债权人和债务人利益。随着国家政治体制改革的深入，我国开始推动优化政府机构设置和职能配置，政府的职能也从管理型向服务型转变。党的十六届六中全会通过了《中共中央关于构建社会主义和谐社会若干重大问题的决定》，第一次以中央文件的形式强调要建设服务型政府。社会本位是服务型政府的内核，[③] 在政治体制改革过程中，社会本位理念也逐步融入破产实践之中，比如涉及公用企业、金融企业的破产案件，可能会引

---

① 叶俊：《论破产法的利益本位变迁——兼议我国破产法债权人本位的回归》，载《科技信息》2007 年第 2 期。

② 韩长印：《破产理念的立法演变与破产程序的驱动机制》，载《法律科学》2002 年第 4 期。

③ 李清伟：《论服务型政府的法治理念与制度构建》，载《法学》2008 年第 2 期。

发系统性金融风险、失业人员不稳定因素等一系列社会问题。如此，就需要国家权力的适度介入，从社会本位的角度维护社会整体利益，才真正契合破产制度的现代化理念。在司法实践中，社会本位理念在涉"问题楼盘"企业破产案件中体现得尤为明显，近些年我国"问题楼盘"案件呈现高发趋势，"问题楼盘"案件除涉及银行、企业职工、施工单位、供货商外，还涉及成千上万购房者的利益，涉案面广人多，不能一"破"了之。为确保社会公共利益最大化，就需要坚持社会本位理念，加强府院联动，充分利用破产重整或者预重整制度，盘活问题楼盘，助推真正实现"案结事了"。

（二）我国破产制度的理念发展

1. 市场调节理念
（1）优化产业结构。

在经济学中，市场调节是依靠市场机制进行资源配置的方式。而破产制度语境下的市场调节，是由破产法律所形成的一系列制度机制对市场经济进行调节，从而达到优化资源配置效果的方式。①

在市场经济中，产业结构与产品结构不合理、不匹配的情况普遍存在，有时很难根据市场变化进行自我调整。破产制度作为市场主体退出制度的核心内容，是社会主义市场经济的基础性法律制度，能够促进生产要素和资源由无效、低效市场主体向高效市场主体流动，继而优化产业结构。对于不能清偿到期债务的企业，破产制度可以发挥市场调节作用，即通过市场化的淘汰机制自动调整产业与产品结构，使全社会的产业、产品结构更趋于合理。比如，"僵尸企业"缺乏市场效益但往往占据土地、厂房、设备、人力、能源、资本、技术、信贷等本可以用于新产业、新业态、新产品的市场资源，在我国供给侧结构性改革中，就将"僵尸企业"出清问题作为重要抓手和突破口，有效地实现了企业优胜劣汰，倒逼企业产业转型升级。如今，第四次

---

① 有学者将破产法律对市场经济的调节作用分为直接调节作用和间接调节两个方面：直接调节作用是保障决定市场经济能否正常运转的债务关系在债务人丧失清偿能力时的最终有序、公平实现，维护全体债权人和债务人的合法权益，维护社会利益与正常经济秩序。间接调节作用是可以进一步完善市场经济优胜劣汰的竞争机制，利用破产的压力，促进企业改善经营管理，提高经济效率；通过破产预重整制度，优化社会资源的配置与使用，调整社会的产业与产品结构等。参见王艳华：《破产法学》，郑州大学出版社 2009 年版，第 18~23 页。

产业革命正在兴起，我国应吸收世界先进国家的破产经验，通过变革破产制度让新的技术、新的管理模式对第三次产业革命条件下催生的企业进行改造，推动传统产业提档升级、更新换代，实现产业结构调整，促进新旧动能转换，为我国建设成为社会主义现代化强国提供强大动能。

（2）优化资源配置。

资源的优化配置主要依赖市场途径。由于市场经济具有平等性、竞争性、法制性和开放性的特点，其可以自发地实现对商品生产者和经营者的优胜劣汰，这种优胜劣汰的竞争机制能够助推企业更新技术，提升管理效能，降低生产成本，提高经济效益，不断健全完善企业内部的配置，调节社会资源向技术优、管理好的企业集中，进而实现社会资源调配达到供需平衡。《破产审判会议纪要》明确提出："人民法院要通过破产工作实现资源重新配置，用好企业破产中权益、经营管理、资产、技术等重大调整的有利契机，对不同企业分类处置，把科技、资本、劳动力和人力资源等生产要素调动好、配置好、协同好，促进实体经济和产业体系优质高效。"破产制度通过法律强制手段，淘汰资源利用率低，生产成本高的企业，使资源优化配置到资源利用率高、生产成本低、经济效益好的企业；对于有能力再生的企业，通过重整制度注入新的生产要素，优化资产结构，形成合理的创新机制，通过对市场主体的优化升级，提高其市场竞争力，继而提升全社会的资源利用水平，推动整个市场经济高质量发展。

（3）优化营商环境。

法治是最好的营商环境。"办理破产"指标是评价一国营商环境法治化程度的重要根据。特别是党的十八大以来，我国大力开展营商环境优化，全球排名从2013年的第96位跃升至2020年的第31位，其中"办理破产"指标跃升至第51位。党的二十大报告提出，我们要营造市场化、法治化、国际化一流营商环境。从2022年世界银行发布的宜商环境评估体系看，对10项指标中的8项一级指标做了不同程度的调整，办理破产指标作为唯二保留的一级指标，可见其重要程度，不过在二级指标上有所调整，如"宜商环境"评估将破产法是否有针对小微企业的破产程序作为一项重要评估指标。健全而高效的破产制度有利于资产重组、企业重建、增加就业、促进经济增长，对不可持续公司快速清算破产、减少不良贷款、减少资源错配，提高破产债权回收率，是宜商环境的主要内容，也是我国破产制度改革应重点关注的方向之一。通过不断完善破产财产、债权人保护、管理人、重整及清算转重整等内容，积极探索破产简易程序、小微企业破产程序、府院联动和信用修复等机制建设，为我国经济高质量发展提供有力保障。

2. 权益保护理念

从法哲学视角讲，在法律的限度内每个人都有追求和获得最大利益的权利，破产制度也不例外。破产制度关乎多元化的利益诉求，既包括债权人、债务人、股东、投资人及其他利害关系人的个体利益，又关涉资源调配、职工利益、经济稳定发展等社会利益，可以说破产制度与权益保护息息相关。在破产立法时明确破产财产范围、设定破产管理人制度等以保护债务人的合法权益，明确债权人的破产申请权、设定债权人会议制度等以保护债权人的合法权益，明确担保物权优先受偿权等以保护担保物权人的合法权益，明确企业职工权益优先以保障职工权益，对于破产企业还要注重保护国家利益和社会公共利益。

（1）平等保护债权人债权。

平等保护债权人的债权是破产制度的首要任务。其一，破产制度通过对债务人企业进行清算、重整等，最大限度地保护债权人的利益。要全面清查债务人现有资产，并做好运营管理工作，同时还要依法追回债务人的债权，或者违法转让、赠与他人的财产，依法确认债权人的债权，确保债权人的利益最大化。其二，清理债务是民事法律规范的自然要求，而平等地保护每一位债权人的合法权益，公平地清理债务人所欠所有债务是破产法的立法目的和价值追求。在破产清算中，每一个债权人都试图获取最多的破产财产，但任一债权的扩大受偿就意味着挤占了其他债权的受偿空间，在日常交易中债权人与债务人之间点对点的线状博弈转化为破产状态下债权人与债务人之间群体性的网状冲突。[①]破产制度通过集中清理债权债务，避免因受偿不公平引起债权人之间的冲突和社会不稳定因素。公平清偿债权债务作为破产制度的基本原则，贯穿于破产法立法始终。比如《企业破产法》第19条规定的破产申请后执行程序应当中止，第31条和第32条规定的破产撤销权，第34条规定的管理人对外追收财产的权利等都是为了防止债务人个别清偿而损害其他债权人的合法权益。在破产制度改革时，应综合考量债权人的利益，通过不断完善和优化管理人制度、债权人会议制度、跨境破产制度等，确保债权债务清理的公平、公正、公开。

---

① 陆晓燕：《"市场化破产"的法治内蕴》，法律出版社2020年版，第53页。

（2）注重债务人债务豁免和权益保护。

在社会主义市场经济条件下，投资经营的利益与风险是并存的，投资经营失败是一种正常的经济现象。为保证市场经济平稳有序发展，就要通过破产制度对投资经营失败的市场主体进行豁免，保护市场主体投资经营的积极性，助力优化法治化营商环境。而对个人破产而言，通过对自然人的债务予以豁免，可以使债务人获得人道主义的救赎，有效避免个人债务无限制溯及家庭财产，有助于个人在市场经济中获得"再生"的机会。在破产程序中，债务人的资产已无法足额清偿到期债务，为确保债权人利益最大化，就必然要注重债务人的权益保护。一是优化管理人制度，加强对债务人财产的管理；二是保护债务人对他人的权益，比如债务人对他人、企业所拥有的物权、债权、知识产权等各种权利；三是避免滥用破产程序，防止假借破产程序逃废债务；四是对于有再生希望的，积极通过重整、和解程序予以拯救和修复，助力债务人走出困境。

（3）担保物权优先受偿。

担保物权指的是为确保债权的实现而设定的，以直接取得或者支配特定财产的交换价值为内容的权利。在债务人未履行到期债务时，债权人依照法定程序就该财产享有优先受偿的权利。担保物权规则的设定，大大降低了债权人到期不能受偿的风险，增强了债权人参与市场经济活动的信心。因此，在企业破产时保护担保物权人的合法权益，使市场主体对自己的经济行为有准确预期，对维护市场经济秩序、促进经济社会繁荣发展具有重要价值。从域外经验看，美国和德国破产法都明确规定了担保物权具有最优先的权利，担保物权人可以对被设定担保的特定财产优先受偿。基于保护职工权益等多重原因，我国在"政策性破产"时期一度将企业职工债权放在担保物权的顺位之前，不过这是特殊时期的特殊政策。随着《企业破产法》的颁布，明确了担保物权人享有针对特定担保财产的优先受偿权。这不仅符合担保物权优于债权的民法学理论，还保护了市场经济主体对其经济行为所产生法律后果的预期，增强了市场经济主体对制度稳定的安全感。在对破产和解制度优化时，要限制债权人对担保物的使用权和处置权，并赋予担保债权人一定权利以实现利益衡平。

（4）企业职工权益优先。

职工是企业破产的直接受害者，企业破产不仅导致职工失去工作岗位，还将丧失部分职工债权，给社会带来不稳定因素。企业破产的职工权益保护工作一直是破产制度重点关注的问题之一。国际劳工组织于 1949 年通过的《保护工资公约（第 95 号）》在第 11 条将职工"视为优先债权人"。《企业破产法（试行）》确立了对破产企业职工权益的优先保护模式，一方面，在不同条款明确表示对破产企业职工的优先保护，比如明确国家应通过各种途径妥善安排破产企业职工重新就业，并在就业前保障其基本生活需要等；另一方面，在破产财产优先拨付破产费用后的清偿顺序中，将破产企业所欠职工工资和劳动保险费用放在优先清偿的位次。如何妥善处理下岗职工成为国有企业破产的重中之重，在这一时期为充分保障破产企业职工权益，将职工债权的清偿置于担保债权之前，同时也充分考虑职工再就业问题，通过一系列的政策性文件促进职工安置，甚至提出国有企业资产的接收方不得裁员或安置下岗职工等各种要求。[①]《企业破产法》对于职工权益作了特殊的保护：一是在债务人申请破产时，明确企业安置职工的责任，申请人不仅要提交《企业破产法》第 8 条列举的基础材料，还需要额外提交"职工安置预案以及职工工资的支付和社会保险费用的缴纳情况"的说明；二是破产企业职工债权免于申报；三是破产企业职工具有参加债权人会议和债权人委员会并发表意见的权利；四是在重整程序中，明确要求设立职工债权组。通过对职工权益的优先保护，体现了法律制度特有的人文关怀，对促进经济社会稳定发展具有重要意义。

3. 社会本位理念

社会本位是以社会整体为中心和起点，要求在个人与社会之间重新分配权利的一种法律思想。它将社会视为目的而非手段，坚持权利本位，主要关注社会权利而非个人权利。[②]随着经济社会的发展，社会本位理念开展渗入到社会各个层面，在破产制度中的体现就是立法目标开始呈现多元化，破产立法倾向于服务于社会整体利益而非个人利益，即充分运用破产重整、预重整制度尽可能保存市场主体，防止出现连锁反应，避免造成重大金融和社会风险，同时还附带有一揽子解决社会诸多突出问题的社会功能，来实现社会公共利益的最大化。所以，破产制度下的社会本位是指不再单纯考虑债务人或债权人的利益，而是从保护社会整体利益出发设置，重视和强调社会秩

[①] 国务院国资委企业改组局课题组：《新破产法框架下国有企业破产重组问题研究》，载李曙光、郑志斌主编：《公司重整法律评论》（第一辑），法律出版社 2011 年版，第 43~44 页。

[②] 薛克鹏：《论经济法的社会本位理念及其实现》，载《现代法学》2006 年第 6 期。

序的稳定发展的一种理念。[①]

（1）优先保护社会公共利益。

在企业破产过程中，会造成大量债权受偿危机，进而透过市场的金融机制形成传导效应，造成更多企业的财务危机以及金融机构收贷困难，若通过产业链条的传导，很可能对整体经济产生负面影响，甚至产生金融危机。在社会主义市场经济背景下，必须准确认识债务人破产在社会上造成的不良影响，在破产案件处理时不应仅局限于债权人与债务人的利益纠葛，而应将其他有可能受到破产消极影响的利益主体也纳入考量范畴。从破产法理念的发展变迁可以看出，拯救、预防困境企业破产已成为今后破产立法以及司法实践的首要选择，坚持优先保护社会公共利益，兼顾多重利益平衡——债权人、债务人、股东以及各方当事人相互之间利益平衡，已成为破产制度的价值取向。在破产制度改革时，应通过完善破产重整制度、破产和解制度以及创新预重整制度、优化管理人制度等，更加侧重保护社会公共利益。比如通过破产重整激发企业内在活力，实现企业重生，达到各方共赢的目的。尤其是在房地产企业等涉众型企业破产案件中，必须优先考量社会公共利益，尽可能采取重整、预重整的方式盘活企业，并使债权人获得高于破产清算所得到的经济利益，防止破产清算以及因破产清算产生的连锁经济效应和社会震荡，真正实现帕累托最优。

（2）积极平衡各方利益关系。

破产程序充满着实际的和潜在的利益冲突。债务人与各种请求权与权益的持有人的利益是对立的。[②] 在破产程序中，涉及债权人、债务人、职工、股东以及政府有关部门等多方主体相互之间不同程度的利益冲突与利益调整，基于维护社会公共利益的现实需要，破产法律制度要妥善地化解这些利益冲突，必然需要平衡各方利益关系。在破产程序中社会本位理念要求的"已不再是在债权人和债务人两极之间的平衡，而是加入了社会的力量，成为在三维方向与三极层面上作用力量的平衡关系"。[③] 比如在破产重整程序中，重整计划草案的制定表决过程充满了博弈，这也是当事人各方谋求各自

---

① 王淑玲、刘海东：《论我国破产程序的目标模式及其完善》，载《法律适用》2003年第 1 期。

② 沈达明、郑淑君：《比较破产法初论》，对外贸易教育出版社 1993 年版，第21 页。

③ 王欣新主编：《破产法》，中国人民大学出版社 2002 年版，第 24~25 页。

利益最大化的过程，程序复杂，耗时长，假如无法公正高效地开展，债权人将遭受的损失比清算程序多。这就要求在破产重整过程中注意平衡各方利益，通过与债权人达成债务缓减免协议，综合运用各种举措挽救债务人，给债务人创造重生的机会。既要考虑债权人与债务人利益的平衡，还要尽可能让企业的有形和无形资产免于流失，工人免于失业，避免一系列经济社会不良影响等，这正是破产制度社会本位理念想要达到的效果。在破产重整制度改革时，应遵循各方利益最大化的原则，作为司法程序主导者的司法部门以及司法程序外的政府相关部门、检察监督部门等要充分发挥职能作用，加强协调和监督，有效平衡各方利益；在"执转破"制度改革中，加强执行破产部门联动，畅通执行破产程序衔接，从对债务人个别清偿转变为更加公平地注重债务人挽救、对债权人平等清偿等；同时加强破产法与刑法、环境法、税法的衔接，更好地平衡各方利益。

4. 拯救修复理念

《企业破产法（试行）》实施期间，我国是以破产清算为主，对企业的破产拯救修复重视程度不够。《企业破产法》遵循市场经济理念，贯彻了企业拯救的文化理念，确立了破产清算、破产和解与重整程序三位一体的破产制度。[①] 在破产拯救理念的影响下，充分运用重整、和解制度，对出现破产原因或有明显丧失清偿能力可能的企业或个人进行及时拯救，能够有效促进企业、个人再生和社会经济秩序稳定。企业在进入破产程序之前，大多都存在信用违约而被列入"失信人名单"的情况，在信用未被修复时，破产重整企业在融资信贷、市场准入、资质认定等方面都会受到掣肘，严重影响新生企业后续交易活动。对于期望通过拯救获得再生的债务人而言，就需要通过信用修复机制恢复其信用，进而更好地重返市场经济活动之中。

（1）注重破产重整、预重整。

破产重整，是指对已具破产原因或有破产原因之虞而又有再生希望的债务人实施的旨在挽救其生存的积极程序。[②] 注重破产重整，通过重整程序促进企业拯救与再生，是世界破产学术界与实务界共同努力的方向。破产重整并非单纯具有拯救功能，还具有预防功能，如《美国破产法典》第 11 章

---

① 徐阳光、武诗敏：《企业拯救文化与破产法律制度的发展——基于英国破产制度最新变革的分析》，载《山西大学学报（哲学社会科学版）》2021 年第 1 期。

② 李永军：《破产法——理论与规范研究》，中国政法大学出版社 2013 年版，第 317 页。

重整程序并不要求企业已经陷入财务困境或者出现财务困难，故企业可以运用重整程序避免财务问题发生，有效预防破产清算。我国在破产重整制度变革中，应积极探索适用出售式重整模式，不断健全完善关联企业破产重整、小微企业破产重整、上市公司破产重整以及个人破产重整制度等。不过在司法实践中，由于破产重整程序耗时较长，可能会导致债务人错过拯救的良机。近些年，我国在司法实践中积极引入预重整制度，其较好地结合了庭外重组与庭内重整的优点，可在早期对债务人进行破产预警，并通过庭外协商快速达成协议，避免对有拯救价值的债务人进行破产清算。实践证明，预重整具有提升重整效率、审查识别重整价值、保全企业商业价值、激发企业开展自救自主性和优化法治化营商环境的作用，能够有效发挥拯救预防功能，更加快捷地促进企业重整和再生，进而实现社会整体利益最大化。我国破产制度改革应充分吸收我国各地预重整实践以及域外经验，建立健全预重整制度，促进破产拯救预防功能发挥。

（2）积极适用破产和解。

破产和解制度能够为债权人与债务人的自由谈判创造机会，缓和二者之间的紧张关系，在互谅互让的基础上共同探索多元化的偿债方式，帮助债务企业度过危机。[①]与重整程序相比，破产和解具有程序简便灵活、行政司法干预少、综合成本低等优点，可以较好地起到破产拯救与预防功能。但从司法实践看，破产和解适用情况并不理想。近年来，理论界与实务界越来越意识到破产和解制度的重要性，积极推动破产和解制度改革，加大破产和解适用力度。因此，应当注重简化破产和解程序，让其简便灵活、成本低廉等优势得到最大程度发挥；探索适用破产预和解制度，保留企业主体资格，减少企业商业信誉损失，积极修复企业信用；完善和解协议对担保物权的限制与救济，健全和解协议执行机制等等。通过一系列改革举措，提升破产和解程序适用率，有效预防化解债务人破产风险，助推企业再生。

（3）强化信用修复。

破产语境下的信用修复，一般指在征信机构、法院、政府、管理人等的共同参与下，按照一定的程序和条件，被获准消除失信记录、重建企业信

---

① 张世君、郑侠：《破产和解制度价值实现的困境与出路》，载《首都师范大学学报（社会科学版）》2022 年第 5 期。

用。[①] 企业信用是企业第二张身份证，信用修复制度是破产重整企业顺利再生的应有内涵。[②] 在进入破产程序之前，债务人往往因无法清偿到期债务、欠缴税款等原因被列为"失信被执行人""非正常户""经营异常名录"等。在办理破产案件时，不仅要发挥重整、预重整、和解制度的拯救功能，还要做好信用修复工作，助推债务人顺利返回市场经济活动之中。破产重整企业信用修复制度的内容主要体现在以下两方面：一是信贷信息修复。信贷信息，主要是指中国人民银行、商业银行和金融机构对企业信贷偿还能力评估、贷款五级分类、企业信用等级评定、企业的固定资产抵押、开具保函等。[③] 破产重整企业能否修复中国人民银行征信系统企业信用信息基础数据库中的征信记录和企业的信贷等级，是影响企业新生的重要因素。作为我国大部分企业主要的融资来源的金融机构，若企业无法履行还款义务，经展期后仍无法清偿的，贷款五级分类会变为不良。在破产企业重整过程中，重整计划明确对各类债务的延迟或减免，并获得债权人会议通过和法院批准，然后通过与金融机构沟通协调，实现对重整企业的不良信贷信息修复。二是公共信息修复。企业公共信息修复是指在重整期间对其公共征信机构的征信记录进行修复，一般涉及工商、法院、税务等信息恢复和变更等。公共信息是由政府建设信息共享平台向社会公众提供查询服务，若存在异常会影响企业的社会评价以及正常的市场交易。信用信息修复的方式包括移出严重失信主体名单、终止公示行政处罚信息和修复其他失信信息。在《企业破产法》修改时，应积极吸收 2023 年 1 月 13 日国家发展和改革委员会发布的《失信行为纠正后的信用信息修复管理办法（试行）》相关规定，不断完善信息主体异议处置、信息主体自主纠错、信息主体重建记录等信用机制建设，同时加强破产法与信用体系建设、信用修复机制之间的衔接，从而恢复失信者正常的市场主体地位，为其营造安全有序的市场环境，激发市场活力，促进经济社会繁荣发展。

5. 风险化解理念

企业和个人在残酷的市场竞争中失败的风险不可避免。破产作为市场主体救治和退出机制的重要方式之一，可以发挥其出清、拯救、预防功能，

[①] 宋玉霞：《实施破产重整企业信用修复制度》，载《人民法治》2016 年第 9 期。
[②] 姜铄：《论我国企业破产重整之信用修复——基于比较与功能的视角》，载《上海市经济管理干部学院学报》2021 年第 3 期。
[③] 宋玉霞：《实施破产重整企业信用修复制度》，载《人民法治》2016 年第 9 期。

对于防范化解重大金融风险和社会稳定风险，助力经济社会高质量发展具有重要意义。

（1）防范化解重大金融风险。

在 1929—1933 年的金融危机时期，有近万家金融机构破产，其中由美国联邦存款保险公司负责清算的被保险人银行有 1650 家；2007—2009 年金融危机所引发的以美国为首的一大批金融机构破产倒闭，具有代表性的金融机构包括"两房"公司、雷曼兄弟公司等。[①] 商业银行、证券公司、信托公司、保险公司等金融机构破产对于社会、经济和社会公众会产生不可估量的影响，其破产风险将会全部或者部分转嫁给纳税人或金融消费者。对于其他非金融机构企业和个人而言，在市场经济发展过程中，也必然会与金融机构产生千丝万缕的联系，比如房地产企业从银行抵押贷款，自然人存款、购买保险等，都会产生债权债务关系。当经济进入低迷、萎缩、衰退时，还款能力骤然下降，债务违约迅速扩大，金融机构的流动性和资本充足性都出现问题，容易产生全面挤兑和金融体系的崩溃，对经济造成很大负面影响。比如二十世纪九十年代末因挤兑而不得不关闭的海南发展银行，是新中国金融史上第一次由于支付危机而关闭的银行，对当地经济环境造成了不小的影响。近年来，由于受新冠疫情影响，我国经济发展面临需求收缩、供给冲击、预期转弱三重压力，不稳定不确定因素明显增加，经济下行压力增大，产生大量银行信贷问题。根据央行发布的《中国金融稳定报告（2021）》显示，截至 2021 年二季度，针对全国 4400 家银行业金融机构的机构风险评级中，农合机构和村镇银行风险最高，高风险机构数量分别为 271 家、122 家，占高风险机构总数的 93%。因为金融风险较强的外溢性、关联性和传染性，若不及时采取措施形成有效的隔离墙，单个市场、单个机构、单个领域的金融风险，很快就会传染蔓延扩散到其他领域，形成系统性金融风险。[②] 破产制度的建立，对于社会主义市场经济中的市场主体而言，是一种明显的预警，这会无时无刻不在提醒市场主体谨慎选择市场方向、规范自身行为，竭尽所能在激烈竞争的市场社会环境中占据优势，以避免资不抵债进而被破产的后果发生。而通过破产清算、重整、和解等制度，可以充分发挥其预防、拯救

---

① 巫文勇：《利益平衡视角下的金融机构破产特定债务优先清偿法律制度研究》，中国政法大学出版社 2014 年版，第 2 页。

② 王兆星：《防范化解系统性金融风险的实践与反思》，载《金融监管研究》2020 年第 6 期。

功能，有效消弭或者降低企业财务风险和经营风险，形成一个个风险隔离点，避免形成连锁效应引发重大金融风险。对于自然人而言，社会上存在大量"诚实而不幸的人"，若没有破产制度，就缺乏相应的免责机制，就会在社会中存在较多的风险隐患。比如欠有大量到期债务无法清偿的人继续从事市场交易，给交易带来较多不确定风险，个人破产制度的建立，有助于增强债权人、债务人和社会稳定秩序的平衡，可有效降低社会风险。在破产制度改革时，应通过完善金融机构破产程序，健全金融风险预防与处置机制，协调监管程序与破产程序对接等，充分发挥破产制度的预防、拯救、出清功能，对金融机构进行救助与纾困，防范化解重大金融风险。

（2）防范化解社会稳定风险。

改革开放四十多年来，我国开启了快速的工业化和城镇化发展历程，企业数量大幅攀升，截至 2022 年 8 月底，我国民营企业数量已达到 4701.1 万户，民营企业在企业总量中占比为 93.3%，在稳定增长、促进创新、增加就业、改善民生等方面发挥了重要作用，成为推动经济社会发展的重要力量。但是企业吊销、注销数量却远远大于破产案件数量，比如 2016 年全国企业吊销数量为 40 余万户、注销数量为 974663 户，而法院审结破产案件数量仅为 3602 件，① 企业退出市场适用破产程序较低。全国法院 2021 年审结破产案件 1.2 万余件，其中一些企业破产过程中引发了不少社会稳定风险。近年来，受疫情影响，全国各地出现了不同程度的商品房断供问题，在人民法院公告网以"房地产"为关键词检索，并剔除了重复企业及非房地产企业的名单统计后发现，2022 年全国约有 308 家房企发布了相关破产文书。企业破产特别是房地产企业破产，涉及上下游产业链、银行、保险、职工、购房户等不同利益主体，涉及面广、影响范围大，处理不好就会引发信访甚至是群体性犯罪风险。破产制度通过创新预重整制度，积极运用重整、和解制度，避免企业破产，有效化解了社会风险，有力维护了社会稳定；通过建立常态化府院联动机制，各部门通力合作，全力做好"保交楼、稳民生"工作，为经济社会稳定发展和服务大局提供坚强支撑，避免产生社会不稳定因素；等等。

---

① 参见李曙光：《论我国市场退出法律制度的市场化改革》，载《中国政法大学学报》2017 年第 3 期；罗书臻：《最高人民法院通报破产审判工作情况》，载《人民法院报》2017 年 2 月 25 日。

除企业外，自然人也是市场活动中的重要参与者，有效解决自然人清偿不能的债权债务关系，是市场经济发展的必然要求。[①]在市场经济中，以个体工商户为代表的商自然人在便民服务和解决社会就业方面发挥着重要的作用，基于商自然人所引发的破产需要日益迫切。根据国家市场监督管理总局的统计，截至2021年年底，全国登记在册个体工商户已达1.03亿户，占市场主体总量的三分之二。其中2021年全国新设个体工商户1970.1万户，同比增长17.2%。从2021年个体工商户新设退出比来看，为100∶50。由此可见，每年大概有新设个体工商户的半数退出市场，但由于现行破产法律制度的缺失，在自然人无法清偿到期债务时，需要以个人名义负担无限的债务责任，无法获得与企业同等的破产保护，会产生诸如债权人的公平受偿权如何保障、自然人如何摆脱债务困境等一系列社会问题。特别是在债务人已无力清偿债务的情况下，很容易因催债引发故意伤害、寻衅滋事、非法拘禁等刑事犯罪风险，还衍生出来一些黑恶势力的暴力催收业务，给社会秩序稳定带来风险。《刑法修正案（十一）》施行以来，浙江、广东、宁夏、贵州等多地密集出现催收非法债务罪案件。2021年3月5日，广东省肇庆市端州区人民法院作出了首个"催收非法债务罪"判例。根据2022年11月全国人大财经委发布的《关于第十三届全国人民代表大会第五次会议主席团交付审议的代表提出的议案审议结果的报告》，在《企业破产法》修改中将会增添个人破产专章。个人破产制度立法时应考虑构建个人破产豁免财产制度、免责制度、和解制度以及相关配套制度等，既能避免债务人恶意逃债，又能强化对"诚实而又不幸"人的救济，促进个人经济再生，降低社会稳定风险。

三、我国破产制度改革的总体思路

随着市场经济快速发展，经济全球化步伐的加快，我国破产理念发生了巨大变化，各地破产实践也不断丰富与完善，这些都对破产制度提出了新的更高的要求，我国破产制度需要与时俱进，以期更好地指导司法实践。

[①] 邹海林：《破产法——程序理念与制度结构解析》，中国社会科学出版社2016年版，第36页。

（一）扩大破产制度的调整范围

1. 扩大破产法的适用主体

根据我国《民法典》的规定，民法调整平等主体的自然人、法人和非法人组织，法人又分为营利法人、非营利法人和特别法人。[①] 根据我国《企业破产法》第 2 条的规定，破产法调整不能清偿到期债务，并且资产不足以清偿全部债务或者明显缺乏清偿能力的企业法人，范围与《民法典》相比小得多。我国破产法最初适用于国有企业改革，当时适用主体限于国企，是政策性破产。随着国企改革、民企崛起、外资和外商企业的出现，为了适应社会经济发展的需求，《企业破产法》经过数次修改将适用主体范围扩大到了企业法人，不仅限于国有企业，但适用范围仍较为狭窄。

为与《民法典》民事主体制度相匹配，应适度扩张破产制度的主体，将非营利法人与特别法人也纳入破产法调整范畴，当上述法人出现破产情形时，可以通过重整或者和解制度解决债务危机。[②] 鉴于非营利法人的特殊性，应明确非营利法人的破产能力，并基于非营利法人公益性、资产组成复杂性等特点，在破产程序设置、资产处置等方面作出特殊安排。特别法人的几种类型主体是否纳入破产法调整范围应区别分析，对于农村集体经济组织法人暂不适宜赋予破产能力；对于城镇农村的合作经济组织法人可以根据破产法规定，参照适用破产清算程序；对于机关法人与基层群众性自治组织可以对市政破产制度进行本土化改造，将我国地方财政重整制度实践引入司法程序，构建特殊债务解决机制。

2. 建立个人破产制度

在我国目前的破产制度中，个人破产没有明确规定，这对破产制度的完整性和延伸性产生了一定的影响。近年来，随着我国经济社会的快速发展，已经建立了基本的财产登记制度和个人信用制度，社会信用体系逐步完善，为构建个人破产制度奠定了基础。学界普遍认为目前的《企业破产法》仅是"半部破产法"，缺乏个人破产制度导致对个人债务问题无法处理。个

---

① 根据《民法典》的相关规定，非营利法人包括事业单位、社会团体、基金会、社会服务机构等，特别法人包括机关法人、农村集体经济组织法人、城镇农村的合作经济组织法人、基层群众性自治组织法人。

② 李曙光：《论我国企业破产法修法的理念、原则与修改重点》，载《中国法律评论》2021 年第 6 期。

人破产制度的建立是保障经济发展和化解社会风险的需要，不仅有助于破产法自身的完善，能够促进化解人民法院执行难问题，而且有助于社会救助法、劳动法、财产登记法、保险法、信用法等法律法规的健全和完善，为社会主义法治体系的完善奠定基础。国家发展和改革委员会等13部门《加快完善市场主体退出制度改革方案》提出要研究建立个人破产制度，最高人民法院《五五改革纲要》也提出要研究推动建立个人破产制度。因此，我国应当尽快建立个人破产制度，设置生活保障必要财产保留、债务豁免、失权与复权等制度设计，以保障个人破产制度宗旨之实现。

（二）构建简易化破产程序

公正与效率是人民法院的两大主题。降低破产成本、提高破产效率既是完善破产制度的需要，也是健全市场经济、优化营商环境、提升国际竞争力的实际需要。我国破产制度改革在强调公正性的同时，也应充分考虑降低破产成本、提高破产效率。[①]烦琐的破产程序、冗长的破产时间不但会抑制债权人和债务人申请破产的积极性，还会造成社会资源的极大浪费。当前，我国《企业破产法》对所有破产案件适用同一程序，在拉低破产效率的同时，还会造成司法资源的浪费，因此亟待引入简易化破产程序。

1. 构建简易化破产程序的出发点

随着经济社会的发展和依法治国进程的推进，人民群众对司法工作的需求在不断增长，而且呈现多元化趋势，不仅需要司法公正，也需要司法高效便捷：对于事实清楚、权利义务关系明确的简单案件，更希望尽快实现权利；对于争议较大、相对复杂的案件，更希望法官精耕细作，条分缕析，公正裁决。破产审判制度改革应当把满足人民群众多元司法需求作为改革的出发点和落脚点。

最高人民法院《破产审判会议纪要》中明确要求建立破产案件审理的繁简分流机制，为简易化破产机制建设提供了依据。破产案件繁简分流机制改革，简单地说，就是根据破产案件的实际情况，建立"繁简分流、快慢分离"的办理机制，对疑难复杂案件进行繁案精审；对相对简单的案件运用简

---

① 从2020年世界银行营商环境报告看，我国处理破产案件的平均时间是1.7年，办理破产排名是世界第62.1位，而芬兰、美国、德国、日本的破产时间分别为0.9年、1年、1.2年、0.6年，我国的破产时间几乎是日本破产时间的3倍，是爱尔兰的4倍还多，我国的破产审判效率还有很大的提升空间。

易化破产程序实现简案快审，通俗地讲就是"二八定律"，满足不同群体当事人对破产审判的不同需求。同时，随着破产案件受理数量急速增长，破产案件的差异性体现得越来越明显，既有资产达上亿元乃至几十亿元、债权债务关系复杂、债权人人数众多的重大破产案件，也有大量"无产可破"的简单案件。而现行企业破产法仅规定了一般程序，没有简易程序的规定，破产案件数量增长、破产案件差异性增强与破产程序单一性之间的矛盾在司法实践中日益凸显，破产案件简易化审理的需求更加突出。

2. 简易化破产程序的模式选择

从域外国家破产制度①和我国司法实践探索看，简易化破产程序的模式主要有两种：一种是适用于一般主体的简易破产程序；另一种是适用于特定主体的简易破产程序，如小微企业破产程序等。我们认为，我国简易化破产程序的模式更适宜采用第二种模式，即针对小微企业构建小微企业破产程序。一是符合世界银行宜商环境评价体系。在世界银行新发布的宜商环境评价体系中，破产位列十大考核指标之内，其中中小微企业专用程序是新增的两个考察内容之一。②世行宜商环境评估将破产法是否有针对小微企业的破产程序作为一项重要评估指标。二是小微企业的特点要求设置特殊的程序。因小微企业具有企业主与企业自身资产、债务的高度混同性，与大中型企业的本质特征和内在需求不同，一般性简易破产程序无法解决小微企业自身特殊的破产难题，必须设立独立的小微企业破产程序。三是设立小微企业破产程序有利于提高整体破产审判质效。小微企业破产程序有利于大量小微企业的资产重组、企业重建、增加就业、促进经济增长，对不可持续公司快速清算破产、减少"僵尸"贷款、减少资源错配，使债权人有较高的回收率。

---

① 各国对简易化破产程序的规定模式主要有两种。一种是规定符合相应条件的破产案件可以适用简易破产程序，通常以财产数额较小、债权人较少、债务关系简单等为判断标准，但对适用主体的类型不加限制，如一些国家设置的小额破产程序。另一种是规定适用于特定类型债务人的简易程序，如小微企业破产程序、消费者破产程序等。参见王欣新：《小微企业破产立法的重要意义与作用》，载《人民法院报》2022年9月8日。

② 在世界银行新发布的宜商环境评价体系中，破产项下的二级指标为"破产程序法规的质量""破产程序的制度和基础设施的质量""破产司法程序的效率"三个指标。其中破产程序法规的质量指标主要考察六个方面：（1）破产程序的启动；（2）债务人资产的管理；（3）清算和重整的范围；（4）债权人参与的范围和权利；（5）破产管理人的专业化程度；（6）针对中小微企业的清算、重整程序。其中，破产管理人专业化程度和中小微企业专用程序是新增的考察内容。

3. 小微企业破产程序的构建路径

构建小微企业破产程序是提升破产程序整体效能、优化司法资源配置、完善我国破产法律制度的重要改革举措。主要应从以下方面改革：一是明确小微企业破产程序的适用范围。应以债权债务关系明确、财产状况清楚为原则，把债务总额作为确定适用范围的主要依据，以最低工资为基准，由各地区结合其经济发展实际确定具体的债务规模。二是建立小微企业重整价值识别程序。小微企业重整价值的识别遵循破产企业重整价值识别的基本规则，但也有其自身的特殊性，目前，学界认为小微企业的重整价值识别要素主要应包括行业地位和前景、资质和品牌价值、经营和管理状况等。[1] 小微企业是否具有拯救价值的识别，是决定整个破产程序走向的关键因素。三是设置简易化程序规则。小微企业破产程序对高效率、低成本的要求，决定了应当压缩程序用时、减少程序环节，可考虑在小微企业破产程序中设立"视同认可"机制。四是建立转换衔接程序。对重整、和解不成的小微企业转为清算程序予以清退；在清算程序中的小微企业，如债务人、债权人等各权利相关方同意的，也可转为重整或和解程序，但必须符合小微企业重整程序的时限规定。

（三）确立预重整制度

预重整制度发轫于美国，是一种为克服传统重整模式与法庭外重组模式缺陷而发展起来的新型破产预防制度。[2] 我国立法上虽尚未建立预重整制度，最高人民法院发布的司法文件[3] 多次提到探索及完善庭外重组与庭内重整的衔接机制，并在《加快完善市场主体退出改革方案》中明确了预重整的法律地位和制度内容。近几年，我国各地积极探索预重整制度，并有效化解了大量破产案件，对保护各方利益，维护社会稳定大局、优化营商环境起到了积极促进作用。但目前，预重整制度缺乏法律规定，实践运用较为混乱，亟待完善与优化。

---

① 石佳：《中小微企业重整价值的识别》，载《人民司法》2023 年第 5 期。

②［美］大卫·G.爱泼斯坦等：《美国破产法》，韩长印译，中国政法大学出版社2003 年版，第 833 页。

③ 参见《全国法院破产审判工作会议纪要》和《全国法院民商事审判工作会议纪要》。

1. 明晰预重整制度的属性和定位

预重整是在庭外重组模式基础上附加一定的强制性规制手段的重整模式，预重整主要包括两个阶段，第一阶段是庭外重组，第二阶段是将第一阶段延伸到司法框架下的强制性规制。[①]联合国《破产法立法指南》也认可该观点，并将预重整定位为法庭外债务重组和法庭内正式重整相衔接之程序。[②]

目前，我国学界对预重整的法律地位有不同认识。有的认为它是当事人申请进入司法程序之前的法庭外重组活动，有的认为它是法庭内预先于正式重整之前的程序。从《加快完善市场主体退出改革方案》和《破产审判会议纪要》的定位来看，将预重整定位为法庭外债务重组过渡到法庭内正式重整的"衔接"程序。由此可见，预重整兼具司法和非司法双重属性，且具有间接性和后置性，规则的约束力不表现为法院在预重整中直接进行各种干预，而是体现为各方利害关系人在预重整中必须遵循相应规则，在转入重整程序后，人民法院将依据这些规则对预重整活动及其形成的重整计划草案进行审查并决定是否批准。

2. 明确预重整制度遵循的原则

根据企业破产重整实践需要，预重整应当坚持债权人及社会利益本位的理念，注重规则设计的科学性，充分尊重各方的意思自治，政府在现有政策范围内为债务人提供保障，法院侧重进行业务指导，中介机构依约履行职责义务。

（1）坚持社会本位。破产重整制度体现的正是公权力对于私人经济的主动介入，在维护债权人权益的同时，也强调保护社会整体利益。王欣新教授将重整制度的建立视为破产法社会价值取向发展的一次突破。[③]与此同时，追求社会效果的司法理念既是法律与政策融合博弈的产物，也是新时代对于法院职能的更高要求，就预重整而言，将社会、经济和政治纳入裁量因素，以谋求决策的合理性，与债权人利益最大化并不相悖，尤其要从社会本位角度出发，进行适度的制度设计。

（2）尊重意思自治。预重整的本质属性决定了预重整必须尊重各方当

[①] 王佐发：《预重整制度的法律分析》，载《政法论坛》2009 年第 2 期。

[②] 深圳市中级人民法院课题组：《世界银行〈关于有效破产与债权人 / 债务人制度的准则〉》，载《中国应用法学》2019 年第 2 期。

[③] 王欣新：《破产法》，中国人民大学出版社 2019 年版，第 286 页。

事人的意思自治，是否开展预重整，如何进行预重整均是当事人的自治事项，即使预重整过程中伴随着政府、法院的审查，也是基于当事人不具备破产法律、政策专业知识，由政府协调、法院指导更有助于平衡预重整工作不至于偏颇一方，审查的基础是各方当事人协商一致的基础上形成的共同方案，而该方案并非由权力机关独自制定。

（3）各方恪守边界。预重整实行债务人主导、政府协调、法院指导、辅助机构实施的模式，债务人在预重整程序中的职责包括在辅助机构配合下开展清产核资、沟通谈判、信息披露、制定方案等全流程事项，政府负责风险管控与事务协调，法院主导司法程序，各方在预重整中的职责定位应明确界定，应当立足企业的客观情况，不能以行政权、司法权干涉债权人、债务人合法权利的行使。

（4）注重协调合力。预重整是一项复杂的工程，程序的顺利运转必须由各方配合完成。债务人、辅助机构、法院、辖区政府等各方主体应根据企业实际情况，在统一的目标下，就重整价值识别、债务调整、企业复兴等一系列工作进行统筹策划，并协调一致行动。

（四）前置破产企业识别机制

判断破产企业应当适用清算、重整或是和解程序，关系到企业的命运，更直接影响着企业相关方的利益。困境企业进入破产程序后，应对其分门别类进行识别，重点是是否具有重整价值。只有明确破产企业具备一定的重整价值，破产重整程序才可能成功。我国《企业破产法》仅对法院受理破产及破产重整的条件进行了比较笼统的规定，对受理破产重整的条件没有更细致的规定，该规定中的破产重整，实际是包含了破产和重整。[①] 最高人民法院《破产审判会议纪要》对企业重整价值识别的法律规定内容也十分有限，对价值的判断标准只是宏观的描述。[②] 司法实践中，企业破产重整案件占比一直不高，办理效果不够理想，其中一个重要原因就是企业价值识别机制的功能未有效发挥，因此构建全面的企业重整价值识别程序显得尤为必要。

---

① 王欣新：《破产法》，中国人民大学出版社 2019 年版，第 286 页。
② 《全国法院破产审判工作会议纪要》第 14 条规定，破产重整的对象应当是具有挽救价值和可能的困境企业；对于"僵尸企业"，应通过破产清算，果断实现市场出清。人民法院在审查重整申请时，根据债务人的资产状况、技术工艺、生产销售、行业前景等因素，能够认定债务人明显不具备重整价值以及拯救可能性的，应裁定不予受理。

1. 树立全面动态的重整价值识别理念

当前静态、单一的价值识别方法不能适应新形势下对企业重整价值的认识、规划与利用，难以应对企业复杂的重整条件，应当从理念上改变对企业重整价值的认识，确立全面动态识别的原则。

（1）全面识别原则。树立企业重整价值一体化理念，将企业内部情况与企业外部影响作为一个整体，将企业各职能部门作为一个整体，将企业各类资产作为一个整体来综合考虑。企业的运营发展是一个整体，是靠各个部分相互作用产生"一加一大于二"的生产力，不能单独只审查其中一部分或几部分的功能与作用，也不能将企业的各个部分割裂开分别评测。

（2）动态识别原则。要以发展的眼光看待企业的价值，要结合行业发展的前景、政策倾斜的导向等因素综合判断。对于因短期债务、经营不善陷入危机的企业，要查阅企业之前的经营记录，梳理企业现在的危机处置，预测企业将来的发展形势，将企业价值的动态曲线描绘出来，抓紧价值的有利时期。

（3）有利识别原则。注重对企业重整价值的深入挖掘，要从有利于重整价值实现的角度看待企业的现有价值，通过搭建现有价值可能实现的模型，有目的性、有规划性、有适配性地寻找企业的优势价值。

（4）均衡识别原则。在识别企业重整价值时，应该尊重各利益主体的价值偏好，[①] 尽可能平衡各方对重整价值的认识偏差，从公平公正的本心出发，把握管理人、股东、债权人、职工、重整投资人及政府等相关方的利益均衡性，促进企业重整价值判断在权益均衡的原则下有序进行。

2. 明确多元重整价值识别的内容

（1）经济价值是重整价值的基础。经济价值是企业重整价值中最核心的指标，《企业破产法》将资产负债情况作为重整的必要条件，重整价值衡量从投资人与债权人的角度而言，就是一个商业判断和市场估价。[②] 因此要通过资产评估、会计核算、财务审计等方式摸清企业的财务状况，掌握企业生产经营所必需的生产资料情况，这是重整价值的基础。

（2）社会价值是重整价值的根本。企业破产案件不但是法律问题，更

---

① 吴长波、梁青、李姿萱：《困境企业重整价值的识别》，载《菏泽学院学报》2020年第6期。

② ［美］杰伊·劳伦斯·韦斯特布鲁克等：《商事破产：全球视野下的比较分析》，王之洲译，中国政法大学出版社2018年版，第186页。

是社会问题的集中体现。以房地产企业为例，其债务在银行、施工企业、供应商、销售商之间相互纠缠，部分企业的债务问题还牵涉非法集资、民间借贷、股权转让，企业的债务影响面从金融系统到民间资本再到行业上下游，要将社会价值作为重整价值的根本，充分认识企业重整带来的金融风险防控、区域经济稳定和行业健康发展的社会价值。

（3）发展价值是重整价值的潜质。首先，要考虑企业的持续运营价值，审视企业的发展价值，将经营战略、管理措施、制度建设等发展能力纳入重整计划的可操作性及其实现程度的判断。其次，要考虑介入企业的发展价值，重整的关键是招募投资企业，筹集重整资金，要评估意向介入企业的投资意愿、投资能力、运营能力。发展价值是企业重整的潜在价值，充分挖掘潜在价值，对提高重整成功率十分重要。

3. 实现重整价值与重整模式的有效匹配

重整价值识别除作为判断问题企业是否应当进入重整程序的标准外，还对以何种重整模式对企业进行重整起到了关键作用。企业在不同的重整模式下，重整收益与清算收益相差巨大，因此，抛开重整模式说重整价值是难以立足的。反之，企业要在重整价值识别的基础上，选择最有利的重整模式，当然这因企业自身具体情况而异。例如，房地产破产企业的重整模式主要有三种：存续式重整、出售式重整、清算式重整。[①] 对于社会价值影响深远、项目完成度低、开发潜力大、持续经营能力强、品牌价值突出的企业可以考虑采用存续式重整模式；对于政策价值和发展价值突出、抵押债务比例高、投资人收购意向明确的企业可以考虑采用出售式重整模式；对于经济价值优势明显、项目完成度高、债务关系明晰的企业可以考虑采用清算式重整模式。只有重整模式与重整价值有效匹配才能使重整的收益最大化，企业重整效果也更好。

（五）设置专门破产法院体系

破产案件具有很强的特殊性、综合性和复杂性，采取专业化方式集中审理破产案件，实现案件的科学调配和审判组织的优化组合，可以使人民法院审理破产案件的资源配置得到优化，破产审判质效得到提升。我国先后成

---

① 王欣新、张思明：《论房地产开发企业破产中的购房者利益保护》，载《汉江论坛》2015 年第 10 期。

立了金融法院、知识产权法院、互联网法院等专门法院，实践证明这些专门法院对于提高案件审判质量和审判效率大有裨益。建立专门的破产法院在传播破产理念、完善破产审判制度、推动破产制度发展等方面具有十分重要的意义。

1. 设置破产法院的理论和实践基础

（1）回应型司法的客观需求。现代社会在复杂程度和功能分化两个维度上都远远超过传统社会。[①] 作为肩负着化解矛盾纠纷、实现公平正义、维护社会稳定重要使命的人民法院必须顺应现代社会矛盾纠纷复杂化的特征，以更精细化、专业化的审判组织回应社会需求。因此，设置专业化的破产审判机构审理破产案件，既是现代社会复杂性与功能分化对法院优化职权配置的客观要求，也是法院能动回应社会需求的理性选择。

（2）优化营商环境的迫切要求。设立专业化的破产法院，对优化破产审判机制，构建中国特色的破产审判制度具有重要意义，是改善市场环境、深化对外开放，打造公平公正、透明可预期的市场化、法治化营商环境的重要举措，对加快我国破产法国际化有重要作用。

（3）域外相对成熟经验的借鉴。世界上破产审判制度较为先进的国家和地区的破产审判机构专门化已有很长时间的历史，形成多种破产审判机构设置模式，为我们提供了专业破产审判机构设置范本。例如，美国1978年通过破产改革修正案建立专门的破产法院，[②] 陆续在全国设立了94家破产法院，在财政、适用法律和人员上均具有独立性；韩国设立首尔重整法院，共有16个合议庭和55个独立庭；印度在新破产法实施后，确定国家公司法法院和债务追收法院为专门审理破产案件的司法机关，实现破产案件专业化审理。

（4）破产审判实践发展的需要。从我国的破产审判改革情况来看，对破产审判机构的专业化也是认可和追求的。在政策层面，国家已经提出建立破产法院的设想和规划，在2021年8月《全国人大常委会执法检查组关于检查企业破产法实施情况的报告》中提出要"探索设立专门破产法院，推动在破产案件需求大的地市普遍设立破产法庭，扩大清算与破产审判庭覆

---

① ［美］塔尔科特·帕森斯：《社会行动的结构》，张明德等译，译林出版社2008年版，第13页。

② 李曙光：《美国破产法院综述》，载《法制资讯》2013年第10期。

盖面"。近年来，特别是 2017 年以来，我国破产案件的数量大幅度增加，设立破产法院的案件数量基础已经逐渐形成，目前，全国已经成立了 17 个破产法庭，还已设立近 100 个清算与破产审判庭以及专门的合议庭集中办理破产案件。在此基础上，设立破产法院可以从根本上促进破产审判专业化的发展。

2. 设立破产法院的基本路径

推进我国的破产审判组织改革，需要将现有的审判力量进行有效的整合和重组，以提升专业化、专门化为方法，充分考虑破产审判实际与破产审判发展阶段，通过先进区域探索、总结、推广，分阶段、分步骤、分区域进行破产审判组织的改革。

从我国整体情况来看，随着破产案件数量持续大幅增长，案件的复杂程度日益加大，新类型案件不断涌现，设立破产法院的条件已经逐渐成熟。在全国范围内建立统一的破产法院体系是破产审判机构改革的最终落脚点，但是根据我国现有国情，在全国范围内"一刀切"地设置破产法院是不切实际的。因此，我国破产审判机构改革应当在长远目标的基础上，规划中期目标及近期目标。鉴于全国各地经济发展水平不均衡的情况，我国破产审判机构改革的近期目标应当是在经济发展水平较高、破产审判改革深入、破产法庭运行良好且稳定的地区设立破产法院进行试点，其他暂不具备条件设立破产法院的地区先设置破产法庭。因为我国现在只有部分地区设立了专业的破产法庭，所以破产审判机构改革的近期目标还需要先在全国范围内将设立破产法庭的经验做法进行普及。待破产法院试点实行一段时间后，将其经验做法渐进推广到其他地区，即采取"梯田式"模式将破产法院设立地区逐步扩大开来。应当注意的是，设立法院是中央事权，专门人民法院的设置、组织和法官任免，由全国人大常委会规定。

（六）建立专职破产法官和管理人队伍

1. 建立专职的破产法官队伍

法官专业化是审判专业化的重要前提和必然要求。专业化的审判机构能够带来法官队伍的专业化和知识化，是法官职业化建设的有效路径。破产审判法官的选任对破产审判司法功能和社会功能的发挥具有至关重要的作用。在设立破产法院的国家，都配备了专业的破产法官及其他种类不一的工作人员。如美国面对数量巨大且纷繁复杂的破产案件，高效率结案和专业化办案成为美国破产法院首要追求目标，为此又设计出高度专业化的破产法官制度。在破产法官的配备选任方面，要着重体现破产审判的特殊性与功能性。

目前，我国破产审判人员的专业化程度不高，没有充分体现破产审判的特殊性。从宏观上来看，法官的属性是相同的，但是因为不同诉讼程序追求的价值有所差别，导致法官的角色定位略有差异。破产法官也是法官的一种类型，其本质仍然是中立裁判者，这是现代法治社会对法官的基本要求。同时，破产审判改革所提出的防范化解金融风险、推动经济社会持续健康发展、优化提升法治化营商环境等目标，对破产法官提出了更高的要求。破产审判的特殊性，要求破产法官除具备一般职业法官应当具备的素质之外，还应具备其他多重素质。例如，破产审判中实体法交叉问题普遍存在，要求破产法官具有更强的法律综合运用能力；破产审判注重解决社会问题，要求破产法官擅长调整人际关系；破产审判追求法律效果、政治效果和法律效果的高度融合，要求破产法官有丰富的人生和社会经验。在推进破产审判机构专业化的基础上，培养出长期的、稳定的、高素质的专业破产审判队伍，才能更好地应对目前我国破产纠纷日趋增长和日益复杂的现实。

2. 建立统一的破产管理人队伍

破产管理人是在破产程序中依法接管破产企业财产、管理破产事务的专门机构。破产管理人作为破产法发展中的主要参与者、推动者和实践者，发挥着日益重要的作用。破产管理人职能发挥的程度，直接决定着破产程序的法律功能能否充分实现。域外部分国家高度重视破产管理人队伍的专业化建设，例如，美国设置了联邦托管人和私人托管人并行的双轨制托管人制度，英国规定了官方接管人和私人执业者两类破产执业人员。我国破产管理人制度建立相对较晚，直到《企业破产法》实施才被确立。目前，国内破产管理人制度的发展程度很不平衡，在东部沿海地区，破产管理人机构数量较多且发展较为成熟；在中西部地区，破产管理人数量有明显的差距，这与破产管理的市场需求有密不可分的联系，也与破产管理人所处的发展阶段息息相关。应当实行全国统一的名册制度设计标准，对管理人名册制度、选任制度、工作程序以及对管理人的奖励、惩罚、监督、保障等制度进行全面的规范和完善，着力培养综合能力强、业务素质高的破产管理人，以适应破产保护法律制度实施的常态化要求。

（七）构建常态化府院联动体系

破产审判并非简单的事实认定和法律适用，在办理过程中要解决债务清偿、财产分配、企业挽救等法律问题，还会产生一系列与破产有关的衍生问题，如涉及企业注销、职工安置、税务减免、股权变更、国资管理、信用修复、产权过户、招商引资、环境保护、维稳处置、政策帮扶等行政事务。因此政府在破产进程中是重要的支持者、协调者乃至主导者，行政权对推动破产程序高效、顺利开展发挥着不可替代的作用，构建常态化的府院联动机制是十分必要的。

1. 推动府院联动机制向常态化发展

由于我国社会主义市场经济尚处于不断完善和发展阶段，相关的制度包括法律法规以及规章，往往立足于对正常经营企业的调整，对陷入经营困境的非常态企业缺乏相关规范或者保障制度。为了破解破产程序中的各种难题，需要法院与政府部门之间进行大量的沟通与协调，由于部分地区尚未建立法治化、常态化的协调联动机制，影响了破产审判程序的效率，导致企业破产事务处置缺乏稳定性、系统性和权威性。建立府院联动机制，可以提供一个统一的府院协调平台，利用平台的运行规则，方便人民法院与政府职能部门的对接与沟通，并通过联席会议的议事规则，消弥分歧，形成普遍性的规范，促使相关问题的解决由个案化走向规范化。

在"办理破产"成为宜商环境主要评价指标的大背景下，党中央、国务院近几年出台多个文件，都将加大对各级法院破产案件审理工作的支持作为各级政府优化营商环境的重要举措。国务院《优化营商环境条例》第33条第2款规定："县级以上地方人民政府应当根据需要建立企业破产工作协调机制，协调解决企业破产过程中涉及的有关问题。"《加快完善市场主体退出制度改革方案》提出，要完善司法与行政协调机制。① 最高人民法院在《关于正确审理企业破产案件为维护市场经济秩序提供司法保障若干问题的意见》《关于为改善营商环境提供司法保障的若干意见》《破产审判会议纪要》《关于依法开展破产案件审理积极稳妥推进破产企业救治和清算工作的通知》

---

① 国家发展和改革委员会等13部门印发的《加快完善市场主体退出制度改革方案》提出，鼓励地方各级人民政府建立常态化的司法与行政协调机制，依法发挥政府在企业破产程序中的作用，协调解决破产过程中维护社会稳定、经费保障、信用修复、企业注销等问题，同时避免对破产司法事务的不当干预。

等规范性文件中，一再强调要推进府院联动破产工作统一协调机制。

2. 厘清政府在府院联动机制中的角色定位

（1）行政配套主导者。在《企业破产法》实施之前，政府承担着企业破产的主要工作，分配破产企业的资产、平衡债权人的利益、推动破产程序、保障企业职工权益等几乎全部工作，是破产事务的主导者。《企业破产法》摒弃了政策性破产的思路，坚持企业破产市场化，行政权主导破产程序的理念被依法破产所取代。但在国有企业破产、金融机构破产、历史遗留企业破产等特殊类型企业破产案件中，涉及国有资产、金融稳定等行政职能，需要政府充分发挥行政职能优势，主动介入破产事务处理。

（2）破产事务支持者。破产企业事务的办理离不开政府和相关部门的支持，如企业注销登记、变更登记、不动产权属确定、股权过户等财产处置、涉社保和税费等问题，公安、市场监管、土地规划、住房、税务等相关政府部门的支持配合力度，在很大程度上影响着破产案件的审理效率和社会效果。破产案件的大量综合性事务需要政府等相关方面协作配合。近年来，有关加强办理破产府院联动的政策文件相继出台，2021年，国家发展和改革委员会等13部门出台《关于推动和保障管理人在破产程序中依法履职进一步优化营商环境的意见》，地方政府也相继搭建府院联动机制。在深圳破产法庭的推动下，福田区率先搭建"府—院—企"联动平台，由政府相关部门跟踪困境企业经营状态，对有价值且急需通过司法重整、和解的企业进行调查筛选，建立困境企业预重整名录并形成定期通报机制，这些都是政府承担协调者角色的体现。

3. 发挥政府在府院联动机制中的优势功能

（1）优化资源配置。市场在社会主义市场经济体制资源配置中起着基础性作用，政府在涉及民生保障、社会稳定和经济发展的行业中适时适度干预是非常必要的。同时，市场自我调节只能导致企业破产，无法完成企业破产过程以及解决破产过程中的外部性问题，故市场有限性亦决定了政府参与的正当性与必然性。

（2）维护公共利益。立足我国的国情和破产审判的实践，行政权参与破产程序是解决破产衍生问题的现实需求。政府作为社会管理者和服务者，应当依法为实施市场化破产程序创造良好的外部条件，通过积极高效的行政行为主动干预社会经济，解决破产企业的职工安置、税收优惠和信用修复等问题，弥补"市场缺陷"，修复因企业破产所造成的社会经济秩序失衡，维护社会公共利益。

（3）稳定社会秩序。破产案件需要平衡和保护各方当事人的利益，处置不当极易影响社会稳定，这在客观上要求政府行政权进行适当介入和干预，加强政府前期风险处置工作与企业破产审判工作的对接与协调，整合各种社会资源，帮助解决一系列社会性问题，维护社会经济秩序，平衡各方当事人的利益。

4. 构建常态化府院联动机制的路径

一是建立府院联席会议制度，落实日常化府院沟通联络、长效化府院协调会商等工作制度，定期召开会议研究需要解决的共性问题，协同处理复杂破产案件遇到的难点问题，明确有关部门在企业破产程序中的职责，加强府院联席会议各成员单位间的协作配合，实现政府和人民法院之间的互联互通、信息共享、协调联动、合力处置。二是构建配套操作机制，在府院联动机制框架下，人民法院联合公安、检察、自然资源、财政、税务、市场监管、金融、医保等各个相关部门出台针对具体问题的操作性文件，健全双边、多边协作机制，长效化、根本性地解决企业破产中普遍存在的涉及行政事务的不动产处置、涉税障碍、信用修复、金融支持、企业注销、打击逃废债等重点问题。三是推进行政、司法、金融等领域信息化系统的融合对接，企业破产信息的数据共享对于加强信用建设、防范和化解金融风险、降低破产程序成本、分析行业和地方经济形势等具有重要价值。

（八）构建全流程防范打击虚假破产机制

近年来，在全国法院破产案量速齐增的背景下，滋生了大量实施虚假破产、利用破产逃废债行为。2020 年 4 月 21 日，最高人民法院出台《关于推进破产案件依法高效审理的意见》，要求"人民法院要准确把握违法行为入刑标准，严厉打击恶意逃废债行为"。2022 年 3 月 29 日，中办、国办《关于推进社会信用体系建设高质量发展促进形成新发展格局的意见》强调，要从严从快从重查处重大违法案件、加强投资者权益保护、依法严惩逃废债行为。因此，应当构建全流程防范和打击虚假破产、利用破产程序逃废债行为的机制。

1. 建立虚假破产行为识别机制

征信体系是现代金融体系运行的基石，其对防范金融风险、预测和识别金融犯罪等有着重要的作用。运用征信体系的社会信用记录、违约披露等功能，特别是基于征信体系庞大的征信数据库中工商登记、信贷记录、纳税记录、民事司法裁判等信息，能够建立相对准确的虚假破产识别机制，该机制通过更为宏观的角度，对不同地区、不同行业的公司、企业及个人的负债、履约、坏账水平等进行数据分析后，能够科学、客观地反映公司、企业及个人的信用风险状况。在防范和打击企业或个人利用破产程序恶意实施逃废债行为时，应当根据司法机关的侦查、审查和裁判等不同需要进行全面、深入的统计和分析，从而为虚假破产行为的精准、科学识别创造条件。

2. 调整虚假破产罪的适用条件和范围

（1）扩大适用主体。虚假破产罪属于身份犯，必须具有破产人的身份才能成立本罪。[①]以此而论，不惟企业法人才能成为本罪主体，综合《企业破产法》第135条、《合伙企业法》第92条的规定考察，[②]本罪主体应从企业型法人扩大至同样具备破产能力的非法人组织的合伙企业，才符合"法秩序统一性"。同时，也为个人破产制度预留"法律接口"，既确保该制度同样得到刑法保障，也维护了刑法的稳定性。

（2）丰富虚假破产行为样态。"实施虚假破产"虽是虚假破产罪的必备要素之一，但《企业破产法》中并无此概念。尽管《企业破产法》中也有无效、可撤销的法定情形，且与本罪的客观行为表述高度相似，但这些条文自2006年出台至今，难以涵摄层出不穷的新型破产欺诈行为。[③]由于虚假破产侵犯的是复合法益，其犯罪客观行为必须全面涵盖破产欺诈的实践样态。故应从虚假破产的真实样态出发，对《刑法》《企业破产法》中概括化规定的行为方式结合认定。

（3）合理把握客观行为边界。相比意图通过伪造破产条件以逃废债务的"假破产真逃债"而言，确因债台高筑进入破产程序并企图利用破产程序逃废债务的"真破产真逃债"不仅大量存在，而且有多发、高发趋势。《德国刑法典》《西班牙刑法典》《俄罗斯联邦刑法典》等都将"真破产真逃债"认定为犯罪行为。[④]因此，界定虚假破产犯罪客观行为应从"法律协调原理"

---

① 潘家永：《虚假破产罪探析——兼论破产犯罪的相关问题》，载《政法论坛》2008年第2期。

②《企业破产法》第135条规定："其他法律规定企业法人以外的组织的清算，属于破产清算的，参照适用本法规定的程序。"《合伙企业法》第92条规定："合伙企业不能清偿到期债务的，债权人可以依法向人民法院提出破产清算申请，也可以要求普通合伙人清偿。合伙企业依法被宣告破产的，普通合伙人对合伙企业债务仍应承担无限连带责任。"

③ 张勇：《破产欺诈的法律规制》，载《社会科学辑刊》2022年第4期。

④ 李飞：《当代外国破产法》，中国法制出版社2006年版，第27页。

角度出发，将破产法律规范中的不法行为与虚假破产罪的兜底式规定紧密结合，将利用破产程序恶意逃废债务、实施破产欺诈纳入虚假破产罪客观行为范围中，坚决、准确打击滥用法人有限责任制度及"破产免罪"原则者，将法律的宽容保留给真正"诚实而不幸"的经营者。

需要强调的是，在适用虚假破产罪时，要注意保持刑法谦抑性，正确区分民事责任和刑事责任。一方面，受我国商业文化传统惯性、市场经济发展阶段等因素影响，以家族企业为代表的经营者和经营组织往往在财产、财务等方面高度混同。另一方面，基于刑法、破产法对不法破产行为的不同规制，实质对行为人应负责任亦有民事、刑事的区分。鉴于此，在评价不法破产行为时更应坚持刑法谦抑性，精准界定一般经济违法行为和虚假破产犯罪行为的界限。具体而言，既要遵循《企业破产法》中关于无效、可撤销破产行为的规定，又要恪守《刑法》对虚假破产罪关于身份犯、故意犯、结果犯等犯罪构成要件的规定，准确把握入罪标准，使民事责任与刑事责任各行其道，最大限度确保破产制度的顺利运行。

3. 建立内外衔接和信息共享机制

（1）建立司法机关内部信息共享机制。通过构建跨机关、跨地区、跨层级信息系统互联互通，整合、优化配置司法机关信息资源能够有效解决当前市场、司法主体内外部的"信息孤岛"现象，[1] 为形成有效合力防范和打击虚假破产行为提供技术支持。因此，可以参考当前我国电子政务信息共享平台的建设经验；建立联动司法机关各自专网的信息共享平台，以满足新时代司法机关打击虚假破产犯罪的需要。

（2）建立司法机关与市场监管机关的联动机制。从虚假破产行为的样态看，几乎所有破产犯罪都是从市场监管与公安侦查、刑法打击的脱节开始的。破产欺诈行为发现、查证等难题需要通过在法院与市场机关之间建立联动机制加以解决。[2] 应当明确虚假破产犯罪领域市场监管机关向刑事司法机关移送涉嫌犯罪案件的标准和程序，通过完善行政执法与刑事司法衔接制度机制、推动双向衔接信息管理平台建设、推进信息共享机制化、案件移送标准和程序规范化等，不断完善司法机关与市场监管机关的联动机制。

---

① 柳长浩：《我国破产信息化制度研究》，载《山东社会科学》2021 年第 7 期。

② 王欣新：《以破产法的改革完善应对新冠疫情、提升营商环境》，载《法律适用》2020 年第 15 期。

第四章　重整制度的改革

在世界经济发展放缓、供给侧结构性改革与营商环境建设等多种因素影响下，破产案件数量上升。其中，兼具债务调整和企业再建功能的重整制度，被认为是预防破产和拯救企业的最为有效的措施之一。我国重整制度自立法确立之日就被寄予厚望，近年来，在"多兼并重组、少破产清算"原则指引和营商环境评价推动下，更为各方所极力推崇。但不论是我国立法还是司法实践，均更多关注重整计划的制定和通过，而轻视重整计划的内容和执行。虽然全国法院审理的重整案件整体上处于快速上升的趋势，但重整制度的作用尚没有得到充分发挥，"不愿破""不让破"现象普遍存在，大多数市场主体仍然缺乏破产保护理念。一方面，重整制度功能定位不清、重整识别审查标准不明、强裁行权规则饱受诟病、重整程序运行效率低下等问题影响重整制度功能发挥；另一方面，出售式重整、预重整、关联企业合并重组等基于现实需要而产生的新的理论和实务探索，也反衬了现行重整制度的滞后，为保障《企业破产法》的有效实施，有必要对重整制度进行全方位的检视和改革。

一、重整制度的"真实面目"

《企业破产法》实施以来，经过十几年的实践，社会公众对破产重整有了一定的了解，但对于重整制度拯救理念没有足够的认识，过分追求挽救企业的效果，导致实践中出现了一定的偏差。所谓破产重整，是指对已具破产原因或有破产原因之虞而又有再生希望的债务人实施的旨在挽救其生存的积极程序。[①] 那么，如何判断企业是否具备再生希望，什么是挽救企业，挽救的又是企业的什么，借助什么形式来挽救？以上问题与具体案件看似关系不大，却往往成为破产实务的头等障碍。也只有深入研究这些基础性的问题，

---

① 李永军：《破产法——理论与规范研究》，中国政法大学出版社 2013 年版，第317 页。

才能真正理解重整制度的设置目的、价值功能和改革路径。

（一）破产重整价值内涵

作为实践的产物，破产重整制度突出体现了破产法在维护债权人利益的同时，亦强调社会利益的保护。

1. 破产重整的基本特征

其一，债务清理与企业拯救紧密结合。在破产清算程序中，债务人企业的各种有形或无形的财产往往被拆散出售，现有财产收益依法定清偿顺序向债权人分配，债务人企业及其营业事务最终一并被消灭。而在重整程序中，债权人与债务人通常将达成一个协议即重整计划，通过债务人企业重整计划规定的债务调整方案和经营管理方案，将债务清偿与企业拯救有机联系起来。一方面，通过债务调整消除面临的破产原因，促使公司走出财务与经营困境；另一方面，将债务清偿建立在企业复兴的基础上，综合运用司法手段和市场手段，保留或再建企业营运价值，以有效解决企业危机，最大化保障债权人、债务人等主体的正当权益。

其二，个体权力与国家权力相互交织。从理论上讲，在企业资不抵债时，股东即丧失了对企业的主张权，企业所有资源或权益均应归属于债权人。公司重整计划作为债务人、债权人等利害主体就债务清理与企业复兴所达成的协议，核心内容之一是针对债权人所享有的债权清偿比例、方式和时间等利益的"让渡"和"博弈"，本质上是对债权人切身利益的调整，就其性质而言是个体权力的行使。而重整制度的建立，是市场配置资源与国家调控结合的产物，体现国家公权力透过司法程序对私人经济活动的主动介入。[①]立法机关对重整制度的企业拯救与再建功能给予了殷切期盼，通过国家权力的主动介入，更加关注社会利益和社会目标的实现。一方面，法律充分尊重当事人意思自治，债权人可借助债权人会议这一决策组织行使权利，并将包含债务清理与公司复兴等重大事项的重整计划草案交由债权人会议来表决通过；另一方面，又有浓厚的国家权力干预的色彩，为追求企业再建的社会效果和企业资源的有效利用，法律设计了多数决的表决原则，表决人数和债权额达到一定比例时即视为通过重整计划草案，法院批准后对所有债权

---

① 王欣新：《论破产法在市场资源配置中的重要作用》，载《中共杭州市委党校学报》2014 年第 6 期。

人均发生法律效力。同时法律规定，在部分表决组未通过重整计划草案时，赋予法院在满足一定条件时得以强制批准的权利。

2. 破产重整的主要目标

重整制度作为现代企业制度的一项重大发明，是囿于传统破产法的缺陷和社会需要而产生，体现了市场主导型"拯救文化"的兴起。重整制度的目标主要包括：其一，保护企业营运价值。所谓营运价值就是破产企业持续经营的价值，不仅包含有形资产，也包含无形的资产和利益，例如商业信誉、供应和销售渠道、客户资源、社会关系、准入资格等，而这些无形资产很难在清算出售时予以变现。其二，追求债权人利益最大化。企业面临破产，必然处于资不抵债的状态，在破产清算程序中企业不能继续营业，现有资源处于闲置，实现企业财产增值甚至是保值基本上是不可能的，只能以有限财产依顺序分配，债权人将陷入"被动接受"的窘境。而重整程序则是在继续营业的基础上进行债权清偿，不仅能实现企业财产保值，还有可能做大可供分配财产这块蛋糕，使得债权人获得比破产清算中更大的利益。其三，维护社会整体利益。立法规定重整制度，对陷入困境企业进行挽救，是维护债权人、债务人等各方主体利益和社会整体利益，并追求市场经济秩序稳定的重要手段。困境企业通过调整债务关系和经营管理，获得重生或复兴的机会，企业资源也不至于因破产清算而丧失或大幅贬值；债权人通过企业再建获得比清算拍卖更多的分配；尤其是将企业破产引发的外溢损失或成本控制在最低限度，以实现经济秩序的稳定。

3. 重整制度的价值基础

企业自由进入和有序退出是保持市场经济长期稳定繁荣的必然要求，因此破产不仅是市场经济规律下的自然现象，更是优化资源配置和促进优胜劣汰的重要手段。《企业破产法》是与市场经济关系最为密切的法律，为市场主体的有序退出和有效挽救提供了制度途径。《企业破产法》设置了破产清算、重整、和解三种程序，其中最为常见的是破产清算程序，指的是通过对债务人企业现有资源的变价处理，依法律规定的清偿顺序在债权人主体之间进行分配，最终结束企业的法人资格，以此实现对社会资源的重新配置。简单来讲，就是"理、卖、分、灭"的过程。这种简单、直接的方式，决定了破产清算制度的先天局限性，即有限的破产财产，始终是一盘无法做大的蛋糕。破产清算的结果不仅是直接宣判了债务人企业死刑，而且由于有限责任的制度，企业失败的部分成本事实上要由职工、债权人或与企业有任何直

生负面的影响。对于绝大多数陷入困境以至濒临破产的企业，有价值的无形资产并不多或缺失运用各种资源去拯救营业的必要性。但即便如此，也不能全盘否认企业营运价值之所在。不论技术进步和全球化进程到了何种程度，一个运营中的企业总还是有其不可抹杀的独立价值。①这也正是构建重整制度的目的和重整价值的灵魂。

3. 营运价值的判断

重整与破产清算、和解作为破产法的三大手段，并无优先劣后之分，要因企施策，因案而定，坚持"能重整就重整，该清算就清算"的原则。尤其是在营商环境评价大背景下，既要充分认识企业再建的突出意义，更要严格营运价值的判断标准，避免不具备挽救价值和可能的企业进入重整程序，继而导致资源的浪费和损失的扩大。破产重整制度作为破产程序的组成部分，与破产清算一样担负着配置市场资源的法律工具使命，具有相同的功能，只不过破产重整和破产清算在完成配置资源的途径和方法上有所不同、效果上有所差异而已，不能夸大破产重整在供给侧结构性改革中的作用。②尽快变现和获得较优的变现价格二者都是债权人期望的目标，但二者之间往往存在冲突。③例如，债权人对破产企业拥有 100 万元债权，在破产清算状态下根据破产财产分配方案确定只能受偿 10 万元，而在重整状态下根据重整计划预计受偿 20 万元，但重整执行期为三年。此时，很难作出重整还是破产清算对债权人更为有利的结论。

有学者将濒危企业比作"病马"，营运价值为"活马"价值，清算价值为"马肉"价值，"活马"价值 – "马肉"价值＞"救马"费用 – "杀马"费用，这匹"病马"才具有救治价值。④这种经济学上的投入与收益的分析，把营运价值、清算价值与重整成本、清算成本放在一起进行对比，通过得出营运价值剩余这一结论，从而将企业重整价值较为清晰地表现出来。但从实践来讲，这样的对比分析不仅与企业现有资源有关，同样涉及了市场形势、

---

① 齐砺杰：《破产重整制度的比较研究——英美视野与中国图景》，中国社会科学出版社 2016 年版，第 33 页。

② 邹海林：《供给侧结构性改革与破产重整制度的适用》，载《法律适用》2017 年第 3 期。

③ 许德风：《破产法论——解释与功能比较的视角》，北京大学出版社 2015 年版，第 468 页。

④ 陆晓燕：《运用法治手段化解产能过剩——论破产重整时间之市场化完善》，载《法律适用》2016 年第 11 期。

投资环境、产业政策、技术变革等诸多无法充分掌握的商业因素，因而很难作出准确的判断。只能引入一个更加简单但可操作的概念，去判断一个企业是不是具备营运价值，即"营业的利润转化"。简言之，即使一个企业的总资产少于总负债，但只要企业营业具备盈利能力，营业利润可以超过经营可变成本，在没有债务负担的情况下，能够在市场环境中或长或短地生存下去，那么就可以判定这个企业具有营业价值。接下来就可以尝试通过债务调整和营业改革的措施去进行企业再建，而当相关协议或方案能够吸引债权人的支持，也意味着债权人对于困境企业营业价值的肯定。符合以上条件，就可以宣布企业具有挽救价值和可能，而这也恰恰是重整成功的基础。

（三）重整模式的选择

如上所述，重整制度的首要目的是保留企业的营运价值，那接下来就必须考虑保留营运价值的实现路径，即采取何种重整模式。学者一般将各国重整模式概括为三种：企业存续型重整、事业即营业让与型重整（亦称为出售式重整）和清算型重整。[①]但由于清算型重整与我国破产清算程序的程序设计和功能实现基本相似，所以我国的理论和实践一般并不将其作为一种单独的重整模式。要想保留企业的营运价值，既可以通过维持困境企业法人资格的方式，也可以采取出售关键营业使其在新的主体中继续存续的方式。因此，从实现重整目的的角度来讲，存续型重整和事业让与型重整是相同的，都是实现企业拯救的方法和手段，关键在于厘清两种模式各自的优势和劣势，从而准确选择适合破产企业的模式。

1. 存续式重整的局限性

许士宦教授认为，企业存续型重整是由债务人与债权人等协议减免或犹豫债务之额度或期限，以谋求企业之重建。[②]其基本思路是在维持债务人企业法人资格的基础上，一方面通过债务减免、延期清偿等方式进行债务调整，另一方面通过吸收外来投资、改善企业治理、优化资本结构、调整业务范畴等措施改革经营管理，以实现企业拯救之目的。存续型重整的突出特点就是"原壳重建"，债务人企业的主人可能发生变更，但企业的法人资格得

---

① 参见王欣新：《重整制度理论与实务新论》，载《法律适用》2012 年第 11 期。
② 许士宦：《债务清理法之基本构造》，我国台湾地区元照出版公司 2009 年版，第 115 页。

以继续存续。

作为最早实践的重整模式，该模式的优势在于：一是能够比较完整地保留依赖企业法人资格存续维系的无形资产，例如商业信誉、知名品牌、准入资质、客户网络等，充分发挥企业资源价值；二是能够最大限度维持企业相关关系稳定，包括上下游产业链、供应销售渠道、企业职工就业等，避免或减轻对市场经济秩序造成冲击；三是能够激励企业家或投资者干事创业的热情，通过给予股东一个东山再起的机会，调动企业投身再建的积极性，在社会层面形成正面引导效应。但随着破产重整实践的不断开展和重整价值导向的深入研究，该模式的弊端也逐渐显现。主要有以下方面：一是该模式耗时长、成本高、效率低，在债务人企业原壳之内进行重整，既要考虑债务调整事宜，又要着手开展营业事务，还要改革治理结构，企业有效资产和无效资产相互交织，导致企业重整负担过重。二是企业重整成功的不确定性较大。一方面，"冰冻三尺非一日之寒"，困境企业之所以陷入失败是方方面面因素导致的结果，市场环境亦是瞬息万变的，将债务清偿放在企业营业恢复上，本身就充满不确定性；另一方面，法人资格的存续容易引发或有债务风险，包括补充申报的债权、行政罚款、税务征收等，当前越来越多破产企业因重整计划执行不能而转入破产清算与之不无关系。三是分配模拟计算结果失真的问题，在存续型重整中由于企业现有资源没有实际变现，所以并不能准确计算企业破产财产的价值，只能按照经人民法院批准的重整计划中确定的分配比例受偿，而这一比例是参考企业在破产清算状态下债权人的受偿比例模拟计算出的，带有很大的主观性。

2. 出售式重整的价值优势

王欣新教授认为，出售式重整是将债务人具有活力的营业事业之全部或主要部分出售让与他人，使之在新的企业中得以继续经营存续，而以转让所得对价即继续企业价值，以及企业未转让遗留财产（如有）的清算所得即清算价值，清偿债权人。[①] 该模式的操作思路较为简单，将具备市场价值的企业关键营业事业转让，而后把营业转让所得收益用于清偿债务，以实现营业事业继续的目的。其与存续式重整相比最大的不同，是只关注债务人企业营业事业的转让，而不考虑企业原壳的存续，即"换壳新建"。

作为理论和实践反复提倡的新型重整模式，出售式重整契合了破产法

---

① 参见王欣新：《重整制度理论与实务新论》，载《法律适用》2012 年第 11 期。

社会本位理念的转变和重整制度保护营业价值的追求，为企业再建提供了更加高效的思路，确立了以保护营业为中心的机制。其能够很好避免或化解存续型重整中的很多弊端，分类识别处置破产企业有效资产和无效资产，更有力地促进重整活动的展开和重整目标的实现。与存续型重整相比，在时间、成本和结果方面具有独特的价值优势：一是利于提高重整效率。出售式重整是将企业有效营业或优质资产整体打包出售，在较短时间内获得更高对价，以此实现营业继续和债务清偿，在该种模式下不需要精心考虑公司治理改革、业务调整和吸收融资等事宜，企业重整负担会大大减轻，营业事业可快速恢复，债权人亦可迅速获得清偿。二是利于降低重整成本。重整程序费用支出高昂的问题历来饱受诟病，重整从始至终伴随着琳琅满目的各式费用，重整活动所要付出的高额成本，既会在一开始就使得困境企业知难而退，将许多企业排除在重整的大门之外，又会随着程序的进行逐渐累积越来越重的负担，导致企业举步维艰并陷入重整计划执行不能的困境。而出售式重整相对简单高效的操作流程，大幅缩短了重整用时，有效营业出让后便可开展债务清偿，重整计划即宣告执行完毕，重整活动费用支出会大幅度降低。三是利于提高重整成功率。无论制度理念多么先进，程序设计多么合理，适用重整制度的唯一目的是实现企业拯救。对于企业和债权人而言，适用重整制度的结果要么是向阳而生，否则只能是雪上加霜。存续型重整面临主客观各个方面因素的干扰，重整成功的不确定性很高，而出售式重整可通过消除风险的方式，助推重整程序的顺利推进。一则，依据营业转让对价确定分配比例，有效避免了分配模拟计算可能存在的结果失真、恶意欺诈、各方猜忌的问题，便于制定更加符合债权人利益且容易被表决通过的重整计划草案；二则，高效的重整体系利于重整计划执行事宜尽速尘埃落定，从而降低市场多变的不利影响，促进营业资源的有效利用，让债权人尽快获得分配；三则，可以避免原壳存续可能存在的余债风险，营业转让后根据重整计划安排即可注销债务人企业法人资格，解决了重整计划执行完毕后补充申报债权、税费征收、行政罚款等后遗症，防止企业再行陷入破产境地，同时也能够很好地降低投资人的"后顾之忧"，提升其参与破产重整的积极性。

3. 重整模式的市场化确定

近几年，出售式重整模式在我国得到了理论和实践的双重推崇，越来越多的重整案件开始采用此种思路，但绝不能作出该模式应优先适用的结论。事实上，当前经济运行面临新的困难挑战，我国投资者投资动力下降，反映到破产领域就是，投资者更愿意通过共益债务形式向重整企业借入资金并收取固定收益，而并不太热衷于购入营业事业。更重要的是由于该模式在立法上尚属空白，司法实践过程中也暴露出了不少需进一步研究的问题。首先，存在被滥用的风险。其一，债务人可能利用该种模式恶意转移企业有效资产，从而达到"偷天换日""暗度陈仓"的不法目的；其二，管理人基于更少投入更多回报的思维，也更愿意采用该重整模式；其三，受理法院为追求优化营商环境评价和提升内部考核之目的，也会更倾向借助此模式增加重整案件办理数量。其次，依然存在转让价格合理性的问题，在出售式重整模式下，企业营业资产是以整体打包出售方式进行的，还是会引发各方尤其是债权人对于转让对价的质疑。因此，如何合理评估出售整体资产的价格是一个尤为重要的问题。[1] 最后，关于营业转让的表决程序存在争议，《破产法司法解释（三）》第 15 条规定，管理人转让全部库存或者营业的，应当事先制作财产管理或者变价方案并提交债权人会议进行表决，而根据《企业破产法》第 61 条和第 64 条，该决议实行的是双过半通过，但重整程序中的表决规则和程序则完全不同。

此外，还有整体出售可行性的问题，整体出售价值高于拆分出售价值，所以提倡采用整体出售的方式，这几乎是我国学界和实务界的共识，但事实可能并非如此。按金融学来讲，有价格一定有价值，但有价值不一定有价格；从办案实践来看，整体出售的更高对价既会使"有心无力"的投资者望而兴叹，也会使"各取所需"的购入者望而却步。甚至出现个别案件，在债权人受偿压力下出现资产公司或地方政府平台低价捡漏的情况。

在确定是否采用"出售式重整"模式时，需要具体问题具体分析，避免出现"为重整而重整"的现象。[2] 因此，有必要进一步明确事业让与型重整模式的适用条件、债权人保护、表决程序等事项，以推动其更好发挥作用。关于司法审查标准的问题，可以参考 Continental AirLines 案中美国法院的做法，债务人的出售若要得到法院的批准，必须证明存在下述四个要素：（1）该出售具有合理的商业目的；（2）已尽到向利益相关方全面准确的通知义务；（3）出售价格公平合理；（4）出售为善意，未为内部人实施获利性交

---

[1] 徐阳光、何文慧：《出售式重整模式的司法适用问题研究——基于中美典型案例的比较分析》，载《法律适用》2017 年第 4 期。

[2] 徐阳光、叶希希：《论建筑企业破产重整的特性与模式选择——兼评"分离式处置"模式》，载《法律适用》2016 年第 3 期。

易提供机会或便利。①

结合我国破产实务，笔者建议：第一，明确适用对象的条件。一方面，因上市公司壳资源的特殊价值，故当前主要适用于非上市公司；另一方面，为发挥整体处置的经济效益，企业应当具备一定规模的优质资产，若营业规模不大且资产构成较为简单，确没有必要浪费资源去追求整体出售的形式。第二，依法确定表决规则。转让企业营业行为牵涉各方切身利益，一旦交易完成往往不可回转，为充分保障债权人的利益，使营业转让更具合理性，应当严格遵守我国《企业破产法》关于重整程序的有关规定，召开债权人会议对包含营业转让内容的重整计划草案进行分组表决，法院裁定批准后方可付诸实施。第三，合理评估营业转让价格。对债务人资产进行合理评估，有利于避免处置过程中的资产流失或不当转移，建议委托评估机构时由法院随机指定，转让营业资产时通过公开竞买方式实现。第四，设置论证程序。针对营业转让的合理性和可行性，通过论证会形式听取行业专家、主管单位、主要债权人、债务人、管理人和评估机构等的意见，以便于对营业转让作出准确判断。第五，关于政府功能定位的问题。有学者提出，政府在必要的情况下，也应当尝试考虑采用市场化的手段，作为重整程序参与主体帮助相关企业顺利重整。② 然而事实上，在地方融资平台风险加剧的当下，政府首先应做好办理转让手续、落实优惠政策、助力营业再建、抓好职工安置等服务工作，市场的事还是要交给市场。

二、预重整制度的实践与思考

重整的目的是要挽救那些陷于财务困境却有再生希望的企业，这就要求在重整程序启动前对企业是否具备重整价值进行提前研判。但实务中重整审查机制缺失导致重整程序耗时长、成本高等问题，严重影响法治化营商环境的优化成效。而预重整制度凭借其独特优势为企业重整识别和解困提供了更大的可能性，因此，如何借助预重整制度实现庭外重组与庭内重整的有效衔接，具有重要的理论和实践意义。在此背景下，国家层面相关政策文件反复强调要研究建立预重整制度。作为产生于二十世纪八十年代美国的混合型

---

① Mark J. Roe & David K. Skeet：《克莱斯特破产案评论》，王佐发译，载李曙光、郑志斌主编：《公司法律评论（第 1 卷）》，法律出版社 2010 年版，第 276 页。

② 徐阳光、何文慧：《出售式重整模式的司法适用问题研究——基于中美典型案例的比较分析》，载《法律适用》2017 年第 4 期。

拯救机制，其旨在克服庭外重组与庭内重整的不足，提升困境企业拯救的效果。进入我国视野后，在政策引导和理论推崇之下，得到了司法实践的认可。但由于立法的缺失，预重整实践中普遍面临着各方定位不清、府院联动不力、保护机制缺失、衔接环节不畅等突出问题。目前，各地关于预重整的规则设计理念不一、做法各异，及时总结我国各地预重整实践经验，构建符合我国需求的预重整制度，从而完善多元化企业拯救体系，成为迫切需要完成的时代课题。

（一）预重整制度的内涵探讨

预重整作为一种企业解困模式，在鉴别企业重整价值、降低程序成本、提高破产效率上具有特殊的价值优势，并与营商环境评价目标追求不谋而合。但同样存在局限性，需要具备一定的法律条件支撑。

1. 预重整制度概述

"预重整""Prepackaged Renegotiated"源于《美国破产法典》，我国学者将其翻译为"预先包裹式重整""预先制定的方案""预先重整"等。预重整作为庭外重组与庭内重整的衔接机制，兴起于1980年代的美国，受经济危机影响，大量企业纷纷破产倒闭，如果适用单一破产清算路径解决，会降低企业商业信誉、带来职工失业、国家税收减少、危及社会经济稳定；如果适用重整制度挽救，则需要投入较高的时间、费用成本，预重整则将庭外重组的灵活性和庭内重整的权威性有机结合，很快契合了企业摆脱金融困境的需求。

《美国破产法典》关于预重整制度的主要内容包括：（1）承认申请重整前已表决的计划；（2）允许债务人在提起重整程序的同时提交重整计划；（3）申请重整前必须进行信息披露；（4）申请重整前必须请求债权人（和股东）表决并通过预制定的重整方案。[①]联合国《破产法立法指南》亦主张应当建立一种快捷的简易重整程序（预重整），将自愿重组谈判与破产法规定的正式重整程序相结合。为了充分发挥法庭外重组和法庭内重整双重优势，提高对困境企业的重整效率和效力，美国、英国、德国、韩国等国家的破产法都规定了预重整制度，将其作为法庭外重组和法庭内正式重整的"衔接桥梁"，

---

① 张婷、胡利玲：《预重整制度理论与实践》，法律出版社2020年版，第22~27页。

实现了法庭外重组和法庭内重整的"无缝"衔接。①

　　我国《企业破产法》对预重整制度尚无规定，但基于挽救困境企业的迫切现实需要，不少地方司法实践中对预重整进行了有益探索。浙江高院于2013年7月发布的《关于企业破产案件简易审若干问题的纪要》，首次提出"企业破产申请预登记"制度，虽然没有用"预重整"一词表述，却是预重整理念在我国司法实践中的首次探索。目前，关于预重整尚无统一的概念界定。较具代表性的描述是：预重整程序，是指在申请重整之前，债务人与债权人通过法庭外协商制定重整计划，并获得债权人多数同意后，借助重整程序使重整计划发生约束全体债权人的效力，以早日实现债务人复兴的一种拯救机制。② 还有观点主张，预重整是在庭外重组和破产重整两种制度基础上结合创新产生的具有企业挽救辅助性功能的法律制度。③

　　虽然预重整在我国理论和实践中存在认识上的部分不一致，但总结其中较为统一的部分，预重整是指债务人在重整程序外，根据并适用破产法有关重整的规定，与债权人、潜在投资方等利害关系人就债务清理、营业调整、管理层变更等共同拟定预重整方案，然后再将预重整方案带入由法院主导的重整程序，由法院审查的机制。一旦法院批准预重整方案，该方案就取得了执行力。

　　2. 预重整制度的现实意义

　　（1）提高重整效率。预重整阶段通过将重整程序中的债权债务清理、利益主体各方磋商、债权人会议、债权人表决等工作提到重整程序之前，可以大幅缩短案件实际审理期限，降低破产成本，便于债权人利益保护。如前所述，预重整制度巧妙地结合了单纯庭外重组私力救济和庭内重整公力救济的优点，避免钳制现象和陷入债权人谈判僵局。其与庭内重整制度的结合，将相关工作成果效力延伸承继到重整程序中，保障预重整期间的工作连续性，省去债权人和管理人熟悉债务人财务和经营状况的时间成本，大幅缩短破产案件程序用时，利于实现重整程序的高效推进。

　　（2）审查识别重整价值。预重整制度的最大价值就在于鉴别企业的重

---

① 张艳丽、陈俊清：《预重整：法庭外重组与法庭内重整的衔接》，载《河北法学》2021年第2期。
② 胡利玲：《困境企业拯救的法律机制研究——制度改进的视角》，中国政法大学出版社2009年版，第188页。
③ 王欣新：《建立市场化法治化的预重整制度》，载《政法论丛》2021年第6期。

整可能性和可行性。预重整阶段辅助机构提前介入，对债务人企业进行清产核资、融资测算，在对企业现状有客观、合理认知的情况下综合分析企业是否具备重整价值，并开展预重整方案制定和表决工作，能够为后续重整思路提供有效支撑。预重整期间对于债务人企业情况的摸排以及与债权人的充分协商意见，也为此后重整计划草案在正式程序的表决通过奠定了坚实基础。另外，在未对债务人企业情况进行总体盘点、梳理的情况下，债务人和债权人所掌握的信息是不对称的，为确保债权人的知情权和参与权能够真正得以实现，也必须充分掌握并披露债务人企业真实信息，确保债权人能够在参与表决时作出合理判断。

（3）保全企业商业价值。企业破产涉及供应商、经销商、企业职工等众多群体的权利，不少人谈"破"色变，认为一旦进入破产程序，自身权利就会受到损害。预重整阶段的准备工作为这些债权人的心理预期提供了一个接受的过程，且企业进入破产程序后，潜在投资人对经营预期及价值判断也会大幅降低。通过预重整的过渡作用和对债务人企业信息的充分披露，一方面，为招募意向投资人争取了更多的时间；另一方面，在与投资人磋商过程中，便于结合企业自身情况寻找、挑选实力更强、意向明确的投资人。

（4）激发股东开展自救的主动性。在重整程序启动后，债务人企业的财产、印章和账簿、文书等资料将由管理人接管，除法院决定由债务人自行管理外，企业内部管理、财产处置、营业调整等事项均由管理人来决定，股东或管理层基本丧失对企业的控制力，且一旦重整失败只能转向破产清算，因而大多时候破产企业股东处于一种"被动等待"的状态。而预重整程序中，股东依然保留对企业的控制权，并不受破产法约束和法院的监督，其可以自主与债权人等利益主体进行协商谈判，灵活决定企业营业和管理事宜，即使预重整最终失败，亦可以返回原状，而不至于走向破产清算，既降低了股东控制权丧失的风险，又打消了股东"不成功便成仁"的担忧。

（5）优化法治化营商环境。"办理破产"是营商环境评价体系中的重要指标，主要是衡量本地区国内企业破产程序的时间、成本和回收率，以及与之相配套的法律框架、政策支持和基础设施建设程度。推行预重整制度，为困境企业自救、自行清理债权债务提供了机会，对于不能实现自救的企业，则根据预重整阶段工作分析研判企业是否具备重整价值，选择进入重整或者清算，以实现市场主体的拯救或有序退出。预重整的制度优势在于能够通过对重整价值的有效识别，切实压缩审理用时、降低程序成本、提升重整成功率，而这种优势恰与营商环境评价"办理破产"指标的价值追求不谋而合。[①]

3. 预重整制度的合理运用

预重整制度凭借其独特优势为困境企业盘活提供了更多的选择和可能，为政府解决涉众型企业风险稳控提供了路径和抓手，亦为法院提升破产案件质效提供了思路和方法，因而一段时间以来，各地预重整指引性文件相继发布，相关预重整案例层出不穷，困境企业抢着进、地方政府逼着进、部分法院拉着进，预重整成了大家手里的"香饽饽"。然而预重整制度并非"万能牌""魔法水"，决不能过分夸大或神化其在困境企业挽救上的作用，尤其是房地产企业等涉众型企业，更不能为了追求不当目的，让预重整成为法院控制下的重整实验。对破产法已有规定的重整程序有意回避不去适用，却在"创新""试行"的名义下将预重整变成了不受法律约束的"变相司法重整"。[②]一方面，任何制度都有适用的对象、所需的条件和滥用的风险，预重整亦不例外，并不是所有困境企业都适合采用预重整的方式；另一方面，当前我国关于预重整程序的制度构建尚不健全，在运行机制和配套措施上还需进一步完善。

（二）预重整模式的司法探索

关于预重整的制度构建，全国层面上的指导意见零星现于最高人民法院《破产审判会议纪要》第 22 条、《九民会议纪要》第 115 条和国家发展和改革委员会等 13 部门印发的《加快完善市场主体退出制度改革方案》第 4 部分等，较为完整的预重整规范多分布在各地法院的工作指引及实施意见和地方政府会议纪要。以下通过归纳总结各地制定的涉及预重整内容的规范文件，以期分析各地探索预重整制度的基本理念、运行模式、各方定位等关键要素。

1. 我国各地预重整规范

从各地发布的 62 份涉及预重整的规范来看，以专章规定的有 15 份，单独成文的 47 份。分析如下：第一，关于程序启动时间。33 份规范明确时

---

① 以平顶山法院审结的重整案件为例，经过预重整的案件平均用时为 109.8 天，破产成本占比为 3.9%；未经预重整的案件平均用时为 663.4 天，破产成本占比为 7.8%。

② 王欣新：《破产法修改中的新制度建设》，载《法治研究》2022 年第 4 期。

间为"破产申请后、法院裁定受理前"，"受理重整申请前"的 22 份，"进入破产程序前"的 2 份，"申请破产重整前"的 2 份，未作规定的 3 份。第二，关于启动主体。法院决定进入的共计 52 份，占比达 83.9%，如北京、深圳、杭州；只需向法院登记备案的有 5 份，如重庆、合肥、威海；属地政府决定启动的为温州，联席会议决定启动的为平顶山，另有 3 地未作规定。第三，关于辅助机构选任。29 份规范采用"协商 + 法院指定"的方式，如深圳、南京、成都；20 份规范直接规定由法院指定，如北京、厦门、郑州；5 份规范规定先协商，协商不成由法院指定，如上海、广州；杭州和诸暨通过评审小组（法院、主要债权人、债务人、属地政府）确定；温州由辖区政府指定，平顶山由政府工作专班确定，沂州通过协商选任确定；3 份规范未作规定。第四，关于预重整程序是否产生中止执行的效力。33 份规范未作规定，如北京、上海、广州；17 份规范规定应当中止，如深圳、杭州、郑州、成都；10 份规范规定可以协商中止或暂缓执行，如重庆、温州、济南；泉州规定可以中止；只有陕西高院规范明确规定预重整程序不具有重整程序所具有的中止执行、解除保全、冻结担保债权的行使等法定程序效力。第五，关于预重整期限。27 份规范设定"3+1"期限，即一般为 3 个月，最多可延长 1 个月，如北京、深圳、广州；9 份规范采取"3+3"模式，如杭州、郑州、青岛；6 份采取"3+2"模式，如成都、洛阳、潮州；5 份采取"6+3"模式，如温州、苏州吴中区、齐齐哈尔；陕西高院采取"5+1"模式，合肥采取"5+2"模式，新乡采取"3+1+1"模式，大连、眉山采取"6+1"模式，银川规定 6 个月并可适当延长；其余 10 份规范未作限定，如上海、重庆、厦门、南京。（详见附录 3：各地预重整规定分析表）

2. 预重整实践的不同模式

（1）破产申请前的预重整。温州市人民政府在 2018 年召开联席会议并发布《企业金融风险处置工作府院联席会议纪要》，其规定的预重整主要程序是：由当地政府主导启动预重整程序，政府在管理人名册中选择预重整管理人并召集主要债权人成立债权人会议，债务人或管理人负责制定重整计划草案，并由债权人会议表决，表决效力亦延伸至重整程序，表决通过的，再由相关权利人申请破产，通过司法程序确定草案的司法效力。

（2）破产受理前的预重整。重庆五中院于 2021 年 1 月发布的《预重整工作指引（试行）》则明确预重整的类型包含破产申请前的预重整和破产申请审查阶段的预重整。破产申请前的预重整，预重整期间法院不介入；破产申请审查阶段的预重整，预重整期间法院弱介入，并行"不介入"和"弱介入"两种模式。

（3）破产申请后、法院裁定受理前的预重整。深圳中院于 2019 年 3 月发布了包含预重整相关内容的重整案件工作指引，主要程序是：权利人向法院提出破产申请后，在法院裁定受理前，经债务人申请法院有权决定进行预重整。法院指定临时管理人接管企业，并牵头各方协商重整方案，如果各方先行表决，其法律效力延伸至重整程序。在此基础上制定重整草案并召开债权人会议表决，如果获得通过法院才受理该重整申请。

（4）其他。不同于其他地区，平顶山中院立足困境房地产企业的特殊性和现实需要，于 2021 年出台《关于在房地产企业破产中进一步规范预重整工作的意见》，专门针对房企预重整程序进行了规范。有以下特点：一是构建政府主导的联动模式。房企预重整坚持的是政府主导、法院指导、部门联动、协同合作的原则，即在破产申请前由政府牵头各利益相关方开展协商，政府掌握风险控制和事项协调，协调多部门对企业资产、破产原因和重整可能进行"切脉问诊"，在此阶段法院介入程度相对较弱。二是确立联席会议运行机制。工作指导专班和辅助机构共同组织召开联席会议，就重整价值识别、战投招募、工程续建等工作进行筹划，并协调相关部门一致行动。三是选任中介机构提前介入。避免预重整至破产案件受理期间出现破产财产管理主体缺失的真空，防止债务人因一己之私或其他目的而非法处分破产财产、损害破产债权人共同利益的情况发生。四是实现正式程序依法衔接。债权人及各利益群体在预重整期间对预重整方案的表决意见即视为对重整计划草案的表决，在进入重整程序后，如果正式的重整计划草案与预重整方案内容无实质性变化，则表决结果继续发生效力。五是设计管理委员会执行模式。针对企业后续执行困境，协商成立由工作指导专班负责并包含债务人、债委会成员、管理人、投资人在内的管理委员会来实现企业科学决策。

3. 效果评估

从各地出台的制度文件以及实践来看，预重整主要有以下三种方式：一是债务人高度自治，债务人、债权人自行组织庭外重组，形成偿债方案后，由司法程序予以确认和执行；二是政府主导，有关部门前期介入并主导协商，形成大部分债权人支持的偿债方案，由司法程序予以确认和执行；三是司法主导，法院受理破产申请案件后，选定辅助机构提前介入，搭建谈判平台，维持企业运营价值，在司法程序中完成谈判并形成和通过重整方案。

（1）关于预重整的启动时间。既有在破产申请后、法院裁定受理前启动预重整，如深圳、北京；又有在破产申请前的预重整，如温州。根据最高人民法院两个会议纪要文件精神及预重整的目标要求，预重整程序中司法不应主动干预，平顶山地区实行的是程序外预重整机制，对预重整的启动时间限定在向法院提出重整申请前。

（2）关于预重整的启动主体。理论与实务分歧最大。理论上一般认为预重整系当事人自主决定事项，无需任何机关或部门的批准；但在具体实践中预重整往往是在政府或法院的推动下进行，如温州地区在破产申请前的预重整，发起及主导机关为政府，即由当地政府根据企业和市场情况对具有挽救价值的企业启动预重整程序。深圳地区在权利人向法院申请重整后、裁定受理前的预重整，法院有权决定进行预重整。平顶山地区的房企预重整系在府院联动机制框架下开展，由政府牵头各利益相关方开展协商，政府主导风险管控与事务协调，法院主导司法程序。

（3）关于司法机关介入程度。根据主导机构的不同，司法机关介入程度大致可分为主动介入、一般介入和不主动介入。如温州地区，法院仅以某种方式进行预登记，介入程度相对较弱；深圳地区，系由法院决定是否开展预重整，介入程度相对较强；而平顶山地区，为便于掌握企业真实情况以及对庭外重组协议的审查批准，法院仅进行业务指导，预重整期间法院不受理破产申请案件、不出具法律文书，司法不主动介入。

（4）关于辅助机构选任方式。从全国各地的实践来看，政府主导的预重整一般由政府在管理人名册中选择预重整辅助机构并召集主要债权人成立债权人会议；在破产审查程序中启动的预重整，因法院对预重整事务具有监管责任，则一般由法院指定辅助机构接管债务人企业。平顶山地区开展的预重整是由政府、法院组成的预重整工作指导专班听取债务人、主要债权人的意见后，综合考虑预重整企业基本情况，确定招聘辅助机构所要求的各项条件，并公开招聘第三方中介机构提前参与预重整程序。通过预重整工作联席会议确定辅助机构与单一机关确定辅助机构相比，更能够综合考虑各利益相关方的意见，以更温和的方式选取与各利益方配合更为密切的中介机构，也符合预重整制度各方自主协商的基本属性。

各地预重整模式特点分析如表4-1所示。

表 4-1　各地预重整模式特点分析表

区别 地区	温州	深圳、北京	重庆	平顶山
启动时间	破产申请前	破产申请后、法院裁定受理前	破产受理前	破产申请前
主导机构	政府	法院	债务人	政府
司法介入	一般介入	主动介入	不介入	不主动介入
辅助机构	政府指定	法院指定	法院不干预	工作专班选任

（三）预重整制度的实践审视

当前实施预重整存在的困难主要有两个层面：一个是立法层面，预重整在我国立法层面尚属空白，目前，各地实践也基本上是在无具体规则情况下的尝试，由此导致在司法实践中很多法院制定的预重整规则各不相同，实施标准不统一、不规范，需要国家尽早出台相关规定。另一个是机制架构层面，从实践情况来看，各方角色定位不清晰、债权人主体地位不突出、预重整方案审查标准不明确、衔接环节不畅通等问题较为突出，需要进一步研究明确，以有效降低制度性成本，提高破产重整制度效率。

1. 职责定位模糊

（1）对于政府与法院介入的合理性存在疑问。

由于没有普遍适用的预重整规则，导致理论界和实务界对于预重整制度的定位认识存在较大区别，国内各地关于预重整的规则设计也是因地而异。尤其是关于行政权与司法权参与的合理性和边界问题，不仅理论界争议很大，各地区的预重整实践也多有不同。理论界普遍认为，从预重整的基本原理出发，开展预重整工作是当事人意思自治事项，是否及如何进行预重整决定权在于当事人，理应由债务人及债务人聘请的中介机构根据企业自身情况、市场前景作出判断，主要参与方应为债务人、债权人、投资人及其他利害关系人。对于政府和法院在预重整程序中的角色定位多持消极看法，特别是对于法院和政府介入的合法性和合理性质疑声最大。有观点认为，无论是预重整的开始还是结束，都不需要向法院（或政府）申请，不需要法院的受理或者批准，法院不应对预重整进行实质性干预。[①]另有专家提出，将预重整置于法院的主导之下，反而容易导致预重整成为规避破产法关于重整计划草案提出时限的工具。[②]

但从司法实践来看，不论是温州模式还是深圳模式，预重整程序基本上都是由政府或法院主导进行。从预重整制度本质出发，依靠行政权力和司法权力推动都不是典型意义的预重整，政府过度干涉或法院过度介入，都可能使破产案件陷入地方保护主义的陷阱，不利于实现破产法的市场化、法治化实施。但在当前我国企业普遍对于预重整和重整程序认识不足，债务人的破产意识和预重整意识几乎缺失，主动利用破产制度维护自身权益的积极性不高的现实背景下，开展预重整必须结合企业破产的复杂性和特殊性，防止教条主义，要通过规则设计厘清各方职责定位，以调和公权力介入与债务人企业意思自治之间的冲突。

（2）司法权参与界限不明确。

抛开理论界对于司法介入的质疑，根据各地区的预重整实践，法院在债务人企业预重整程序中扮演着重要角色，但其参与边界也并不是统一的。例如，有些地区的预重整实践事实上纯粹由法院来主导进行，法院不仅可以决定是否开展预重整工作，还有权以决定书的形式指定第三方社会中介机构担任临时管理人，并能设定预重整程序的期限。这种做法显然与预重整制度强调当事人意思自治的原则相悖，不能有效实现各方主体充分协商的效果，司法的过度介入并会使得债务人、中介机构难以独立自主发挥主观能动性。而另一些地区预重整实践中基本上看不到法院的作用，企业预重整程序由属地政府发布书面文件予以启动，并指定社会中介机构负责具体工作，在预重整阶段由政府召集主要债权人成立债权人会议对有关事项进行表决，预重整的期限由政府单方决定。预重整阶段形成的重整计划草案获得预表决通过的，由债务人或债权人向法院提出重整申请。这种做法虽然为债务人、中介机构发挥主观能动性提供了一定空间，但其弊端在于法院参与不够或者说对于预重整程序、预重整方案了解不充分，如果庭外预重整协商成果不符合法律条件，会导致预重整阶段的行为不能顺利延伸到司法程序，致使耗费大量时间、费用成本，并增加企业后续重整的难度。因此，需要从规则设计本身

[①] 王欣新：《预重整的制度建设与实务辨析》，载《人民司法》2021 年第 7 期。

[②] 徐阳光：《困境企业预重整的法律规制研究》，载《法商研究》2021 年第 3 期。

厘清法院的职责定位，防止出现不作为或干预过当的情形，实现预重整工作的有序开展。

2. 府院联动不畅

考虑到拟进入破产程序的困境企业，常常需要寻求土地、规划、税收、维稳、融资等方面的政策支持，因此政府在预重整程序中是不可或缺的参与者、协调者，甚至是主导者。但由于上位立法缺失和市级层面权限限制，导致有关部门配合工作时亦存在较大掣肘，诸如涉税障碍、权证办理、不动产（土地、房产）的处置、员工社保等现实难题往往难以通过联动协调得到解决。此类问题往往影响着投资人的投入回收周期、经营收益，进而影响投资人的投资决策，关系到重整计划能否顺利实施执行。

在营商环境评价工作推动下，不少地市都已建立企业破产府院联动工作机制，该工作机制在预重整程序中具有非常大的发挥空间，但从预重整实践中看也存在一定问题。一是衔接配套不够，尤其是破产财产（不动产）处置、职工安置、税收优惠、工商查询注销、重整信用修复等问题，相关的法律制度与破产程序的特殊性配套衔接严重不足。由于缺乏针对破产企业和破产程序的专门税收规定和政策，导致破产涉税问题协调成本高昂，严重影响了财产处置效率和重整成功率。二是执行落实不够，虽已出台有关正式文件，但由于联动部门多、跨度大、对企业破产的认识不够，以及上位立法缺失导致有关部门配合工作时亦存在较大掣肘，在实际办理案件过程中，府院联动未能形成有效合力。三是常态化运行不够，当前府院联动机制的合作机制还不健全，还停留在具体案件处理，一案一协商、一案一沟通，特别是面对一些历史遗留问题、涉访涉众涉稳情况，各方在法律和政策适用上容易发生分歧。

3. 保护机制不力

预重整实践中存在的信息不对称问题历来饱受各方诟病，多数观点认为预重整中信息披露不及时、不充分，会导致普通债权人的合法权益得不到有效保护，这种情况在预重整实践中尤为突出。从某种角度上讲，预重整是一场债务人企业与主要债权人之间的博弈，普通债权人可能处于相对边缘的地位。一是由于预重整实践中的低透明度，明显加剧了各方信息不对称的程度，普通债权人所能够掌握的信息十分匮乏，如果普通债权人不能在合适的时间了解到债务人企业的相关信息，这会给普通债权人的心理带来不良感触；二是在预重整程序中，债务人更侧重与商业银行等优先权人的有效协商，政府层面也更加关注稳定问题，普通债权人的利益保护很容易被忽视；三是在多数企业重整中，普通债权人通过破产程序所能得到的清偿可能是十分有限的，参与预重整程序所要付出的成本与最终能够获得的回报也是不对等的。以上因素都可能严重影响其参与预重整程序的积极性，并可能影响到预重整方案在正式破产重整程序经法院裁定批准后的公正性。关于预重整实践中的低透明度和普通债权人的低参与度的问题，应当引起足够的重视，并着眼于整个预重整程序的规则设计来保障普通债权人的利益。

在重整程序中，虽然《企业破产法》没有规定重整计划应包含企业的清算价值评估，但实践中，重整计划中对于普通债权人在重整计划执行完毕时的清偿比例往往拿清算价值作为对比，用重整计划预期的最优清偿比例和清算价值时的最劣清偿比例作对比，来显示重整计划通过的最直接的受益人为普通债权人，这对普通债权人在重整计划表决时具有强烈的吸引力。但在预重整初期，是否选择将债务人复杂的债务状况毫无保留地向普通债权人说明，甚至将未能达成预重整方案时可能出现的清算的状况向债权人披露则存在重大风险。虽然该信息必然在将来合适的时间向所有债权人公布，但如果在不合适的时间节点向普通债权人披露是否会进一步降低债务人的信用，随着预重整的深入开展，这也必将成为债务人企业能否顺利制定预重整方案、债权人会议能否成功通过预重整方案的重要环境因素。

4. 延伸环节缺失

所谓效力延伸则指预重整阶段产生的谈判成果如何通过法院破产重整程序得到转化确认，这不仅是开展预重整的主要目的，也是建立庭外重组与庭内重整衔接机制的立法意图，更是整个预重整制度构建的重中之重。预重整方案的审查主体和标准的问题，即由谁来对预重整方案进行审查，实质审查抑或是形式审查，审查范围应至少包括哪些方面等。预重整阶段法院介入力度较小，司法强制力也较弱。如果规定较为严格的实质审查标准，是否意味着司法对预重整的干扰较大，背离了预重整是庭外重组的基本价值属性，影响了在法院受理破产申请前各利益相关方的相对自由的协商过程。《企业破产法》中规定法院对已依法表决通过重整计划的审查主要为形式审查，但也包含了部分实质审查的内容，比如《企业破产法》第83条就有重整计划不得减免债务人欠缴的相关社保费用等强制性规定。在目前法律规定缺失的情况下，预重整方案通过表决时该适用什么标准进行审查，是实务中亟待解决的问题。

另一个是预重整阶段召开债权人会议形成表决的效力问题，即预重整期间的债权人会议表决通过的事项在重整期间是否需要再次表决，换言之，预重整程序中债务人与债权人之间已经达成预重整方案，且与重整期间制定的重整计划草案无实质性差异，有关债权人对该方案的表态和表决，在重整程序中是否具有约束力。这与现行破产立法的规定相左，理论界及实务界看法不一。而在预重整方案未通过的情况下，是否就表明该破产企业不具备重整价值，是否能够参照《企业破产法》中对未表决通过的重整计划草案的审查标准，再次判断企业是否具有重整价值。在预重整方案未表决通过的情况下，如果有投资人明确表示愿意对企业投资经营的情况下，是否可以通过实质判断来认定该企业实际上是具备重整价值，从而判断其符合重整标准，此时债务人申请重整是否批准其进入重整程序也是值得探讨的问题。

（四）完善预重整制度的具体路径

预重整作为庭外重组与庭内重整的衔接机制，体现了破产拯救的理念，为推动困境企业重整提供了新的思路，但也面临诸多障碍。有观点强调，我们必须也只能围绕由当事人自愿协商、排除司法权力和行政权力强制性干预的"庭外重组"这一法律定性，去设计、规范、实施预重整的制度。① 如何破解预重整面临的现实困境，需要正确认识预重整的本质属性，立足我国破产实际和现实需求，侧重从程序设计层面作出合理安排，以不断提升预重整制度的运行质效，使预重整制度在挽救困境企业方面发挥更大作用。

1. 厘清参与各方主体的职责定位

一是人民法院："指导者"＋"推动者"。国内大多数学者都主张预重整必须坚持当事人意思自治的原则，对法院介入的必要性和合理性持否定批评的态度。市场主体意思自治与法院介入之间似乎是相互排斥不可调和的，但预重整实践中并非如此，法院的作用发挥程度对预重整程序的进行有着相当的影响。完全否认司法介入无异于纸上谈兵，是不切实际的，解决问题的关键在于明确预重整程序中法院的角色定位。推行预重整主要是为了完善庭外重组与庭内重整的衔接，在当前缺乏立法依据的前提下，首先，应当明确预重整是当事人的自治事项，开展预重整无须征得法院批准，法院更不应通过立案号或强制指定临时管理人进行强势主导，为便于掌握企业真实情况以及

---

① 王欣新：《建立市场化法治化的预重整制度》，载《政法论丛》2021 年第 6 期。

对庭外重组协议的审查批准，法院应当进行专业指导，但司法不应过度干预。其次，法院作为司法程序的关键掌控方，应当尽力推动预重整程序的进程，为重整工作打好基础。预重整中的庭外协商与协议要符合相应规则，没有了法律规则的指引与规制，就不再是法律意义上的预重整。[①] 预重整制度作为当事人自主协商，摆脱债务危机的解困机制，必须以成文形式确立其实施的规则和程序，法院需要对预重整的工作机制和原则、启动标准、工作流程、审查规则、程序衔接等事项做出具体设计，为债务人企业开展预重整工作提供指引。

二是各级政府："主导者"+"协调者"。市场化破产中的政府定位是"行政配套"，由行政配套解决衍生社会问题。[②] 法律语境下的法庭内重整，原则上是排斥行政权力的介入和干涉，行政机关在法庭内重整中并没有法律地位。但是预重整推行的是市场主体意思自治为主、法院介入为辅的模式，如房地产企业等诸多困境企业基本上没有自行开展预重整的能力和现实可能性，这为政府介入企业预重整提供了有效空间。其一，企业破产往往涉及土地、规划、税收、维稳、融资等事项，债务人并不能有效推动，需要政府深度介入。其二，涉众型企业一旦破产，企业与债权人之间的矛盾将处于不可调和的地步，债权人对债务人的不信任也将被无限放大，单纯依靠企业自身去完成协商谈判工作，几乎是不可能的。实践中，很多成功的预重整实践都是在政府的参与下完成的。

三是辅助机构："组织者"+"实施者"。选任第三方中介机构提前介入债务人预重整程序，是理论界与实务界的共识。首先，预重整辅助机构作为预重整程序中联结债务人企业、债权人、政府和法院的桥梁，其虽不具备破产法意义上破产管理人的管理职责，但在预重整程序中同样不可或缺。辅助机构要比照正式重整程序管理人的职责开展工作，主要任务是清产核资、债权申报、审核、债委会选任、监督财产和营业事务、招募投资人、制定预重整方案等，为重整计划草案的制定提供有效、客观的数据支撑。其次，辅助机构作为预重整企业的临时代管人，能够避免预重整至破产案件受理期间出现破产财产管理主体缺失的真空，防止债务人因一己之私或其他目的而非法

---

① 王欣新：《预重整的制度建设与实务辨析》，载《人民司法》2021 年第 7 期。
② 陆晓燕：《"府院联动"的建构与边界——围绕后疫情时代市场化破产中的政府定位展开》，载《法律适用》2020 年第 17 期。

处分破产财产、损害债权人共同利益的情况发生。最后，辅助机构的选任要根据企业的具体情况设定对辅助机构综合素质的要求，不仅要有相关项目运营经验，还要有适当的融资能力。在个案指定上，强调辅助机构的业务专长与企业类型相适应，辅助机构的资质等级与案件的复杂程度相适应，避免出现因辅助机构能力不足导致预重整程序推进不力。

四是债权主体："参与者"＋"监督者"。从本质上讲，预重整是债务人与债权人之间的谈判协商过程，预重整程序能否顺利推进，与债权人的权益实现息息相关。实践中债权人对于自身在破产程序中的权利行使重视不足，只关注债权申报和清偿这一头一尾，未意识到其积极参与破产程序的重要作用。而究其根本原因在于掌握信息不对称，因此在预重整制度构建过程中，首先要通过完善信息披露体系，保障债权人的知情权，以解决预重整程序的低参与度问题，这是债权人有效行使权利的基础。预重整阶段债权人要积极进行债权预先申报、跟进投资人招募情况以及主动参与预重整方案的制定与表决过程，在维护自身合法权益的同时，推动预重整工作的开展。此外，债权人参与到预重整程序，很重要的一个功能是监督中介机构依法勤勉履职，促进预重整程序高效推进。进入预重整程序的企业的经营状况已然堪忧，预重整方案或重整计划草案的核心内容是针对债权人所享有的债权清偿比例、方式和时间等利益的"让渡"和"博弈"，本质上是对债权人切身利益的调整。因此，债权人在预重整阶段行使知情权和监督权，实际上也是为自身权益的公平实现作服务，目的是确保预重整程序的公开透明，防止出现因债务人、中介机构等主体的不当行为而发生个别清偿、久拖不决或影响债权人权益实现的情形，这也是预重整方案能够获得债权人同意的关键。

2. 完善预重整制度的路径

一是深化双向联动机制。企业破产府院联动机制作为解决破产衍生社会问题的有效机制，产生的主要原因在于破产配套法律制度的缺失，在优化法治化营商环境的大背景下，很多地区均已印发建立企业破产府院联动机制的正式文件，但有关府院职责划分与功能定位均是原则性规定，更多是为了提高办理破产指标得分。若要真正推动预重整实践，需要不断深化、细化府院联动机制内涵，具体包括两个层面：一个是微观层面，即政府部门如何参与企业预重整，开展预重整应当坚持府院联动、分工负责的原则，形成属地政府主导风险控制、法院进行业务指导、辅助机构依法履职的良性互动工作机制。另一个是宏观层面，即政府部门如何提供有力支持，促使各职能部门认识到解决企业破产衍生问题系其法定职责，推动政府各部门在重整信用修复、税收协调、不动产处置、金融风险化解等方面为企业预重整提供支持，建立真正解决问题的法治化、常态化工作机制，积极协调解决以房企为代表的企业破产衍生问题。

二是健全权利保护机制。针对预重整实践中出现的普通债权人利益可能受到不当侵害的问题，各地实践中已经有所察觉，并竭力通过强化信息披露要求寻求解决。我国现行立法关于信息披露的规定，并未形成一个体系化和制度化的程度。[1] 相较于正式重整程序，预重整程序中的信息披露显得更为重要。债权人对债务人预重整计划的表决和通过，应基于债权人对公司有充分的了解，而其了解的途径在于债务人的信息披露义务。[2] 目前，各地出台的预重整指引多数对信息披露作了专门规定，但规制的重点几乎都放在一味要求不合理地扩散债务人企业的财务恶化信息。预重整程序的低透明度和有限参与度既是这一程序的固有问题，也是其制度优势所在，这种相对的封闭性或保密性事实上有利于维持企业商誉，降低协商谈判的难度，防止出现塌方式崩盘风险。预重整程序中普通债权人的保护方向，应当立足于规范信息披露的流程节点和内容，打消普通债权人尤其是未能参与预重整的债权人对于该程序的疑虑，引导各方主体支持理解企业预重整程序及破产重整程序。

三是规范信息披露机制。一要明确信息披露的流程节点。企业预重整的信息披露包含三个重要节点，第一个时间节点为决定开展预重整时，债务人企业和相关主体要积极向已知债权人告知拟开展预重整的基本思路、主要目的，鼓励债权人积极向中介机构申报债权，使得更多债权人能够及时参与预重整程序；第二个时间节点为制作及表决预重整方案时，债务人或中介机构要将调查的企业的基本情况、资产及负债情况、项目运营情况、后续测算情况、融资计划情况等重要事项向债权人进行相应的信息披露，以确保债权人在对企业情况和项目情况基本知情前提下做出审慎判断；第三个时间节点为债务人向法院提出重整申请时，需梳理提供预重整期间信息披露报告，让未参与预重整程序的普通债权人有机会了解有关工作情况，并便于法院对预

---

[1] 王欣新、丁燕：《论破产法上信息披露制度的构建与完善》，载《政治与法律》2012 年第 2 期。

[2] 曹文兵、朱程斌：《预重整制度的再认识及其规范重构——从余杭预重整案谈起》，载《法律适用》2019 年第 2 期。

重整阶段的表决成果的公正性进行审查。二要明确信息披露的内容。未进行充分、及时信息披露而形成的预重整方案无法被法院审查通过，但充分的信息并不是任何有关的可能或拟定计划的信息，企业预重整期间重点应当披露以下信息：开展预重整的主要目的、债务人企业的资产和负债情况、社会中介机构的选任情况、营业情况、后续规划情况、债务人财产评估情况、投资人招募情况、项目融资情况、预重整方案等。如果法院审查后认为该信息披露不充分，那么预重整辅助机构在预重整阶段征集的表决，其效力不能在重整程序中得到承认。

四是完善重整衔接机制。预重整制度的最终落脚点在于将预重整阶段的谈判成果顺利带入法院重整程序，尽量将庭外重组中已经完成的事项，在符合破产重整规则情况下予以继受，以实现两程序之间的有效衔接。就预重整的程序耦合属性而言，这种"一脉相承"的要求直接体现为预重整方案通过庭内正式重整取得约束全体债权人的强制效力，这是预重整规范构建的核心问题。① 首先，应当明确企业预重整期间，债务人或中介机构应当在全面梳理企业资产负债情况、营业情况的基础上制作预重整方案，并有权组织召开已知债权人会议对预重整方案等重大事项进行投票表决，表决规则应当与《企业破产法》规定的重整程序中债权人会议表决程序相一致。其次，应当理清预重整阶段债权人会议表决效力。有观点认为，破产重整程序是对预重整方案的确认程序，不能因预重整程序进行了表决而直接简省破产重整程序，即便是预重整期间债权人会议表决通过了相关事项，也应再次表决。②

为充分发挥预重整制度的优势，需要通过立法来对预重整的成果进行继受和保护，不能让债务人等各方主体在经历一系列复杂程序后"竹篮打水一场空"。预重整期间按重整程序表决规则表决通过的事项，包括以预重整方案为基础制作的重整计划草案，如表决基础及草案内容无实质性变化，进入正式重整程序后无需反复表决，否则预重整的衔接效力将大打折扣。做好庭外重组与庭内重整的衔接，应重点从两方面入手：一是设计禁反言条款，预重整期间可以书面告知或者在债权人会议表决票上进行提示，各债权人在债权人会议上对预重整方案等事项进行的投票表决视为不可撤销，一经作出即对其产生约束力，在进入正式重整程序后不可翻悔，作出相反表态的，法

---

① 徐阳光：《困境企业预重整的法律规制研究》，载《法商研究》2021年第3期。
② 陈焕忠：《预重整制度的实践与思考》，载《人民司法》2019年第22期。

院不予认可。二是建立预重整方案效力延伸环节。债务人提出的重整申请被司法机关受理后，如果没有经营方案的重大变化，管理人应当根据预重整方案制定重整计划草案。建议立法层面明确规定，债务人企业与债权人在预重整期间达成的预重整方案，在符合《企业破产法》重整计划草案内容规定、落实及时充分的信息披露标准、不损害第三方主体利益，并经债权人会议表决通过后仍然有效，法院裁定批准重整计划后对全体债权人均具有约束力。各方在预重整阶段所作出的肯定承诺应有确定力，以维持预重整方案在与重整衔接后仍具有效力。当然，若重整计划草案对预重整方案内容作了实质性修改，则受到影响的债权人有权进行再次表决。

三、重整计划批准制度的反思与完善

在重整计划制定和表决之后，接下来就是面临法院的审查批准，这里需要明确的是，法院的审查批准包含两种情形：一是对债权人会议通过的重整计划，经审查后予以批准，即正常批准；二是对部分表决组未表决通过且再次协商后仍未通过的重整计划，经审查后予以批准，称为强制批准。换言之，法院在正常批准和强制批准过程中，均应对重整计划进行审查。重整计划的合法性、合理性和可行性，不仅决定着重整程序能否顺利推进，债务人企业能否起死回生，更直接影响着债权人、企业职工等利害关系人的切身利益。所以不论从何种角度出发，法院审查批准制度的构建，都具有十分重要的意义。

（一）批准制度的理念确立

关于重整计划批准制度，一直以来存在两个误区，一个是习惯性忽视正常批准中法院审查的作用，因为我国《企业破产法》仅规定法院经审查认为符合规定的应当裁定批准，审查的内容及标准如何，法律及司法解释均未规定，由此导致实践中重整计划只要被债权人会议表决通过，法院一律裁定批准，正常批准中的审查流于形式，该问题未引起足够重视。另一个是过于强调法院强制批准的滥用问题，而未能注意到禁用、惧用强制批准制度的现实变化，几乎所有学者都在批评滥用强制批准规则造成的危害，且多以上市公司为例，而对于非上市公司的研究偏少，忽略了某些地区法院忌惮承担责任而明令禁止启用强裁规则，一刀切的态度使得强裁规则被人为闲置，并最终损害了债权人、债务人等相关利害关系人的利益。

1. 性质探析

无论是正常批准程序中审查作用的忽视，还是强制批准规则的滥用、禁用与惧用的问题，其根源都在于未能准确把握批准制度的建构目的。准确把握重整计划的性质，是一个极为重要的问题，而理论对此缺乏足够的研究。关于重整计划的概念，理论界并无统一的界定。有学者认为，公司重整计划是指以维持债务人公司继续营业、清理其债务、谋求其再生为内容的协议。[①] 另有学者认为，重整计划是指由债务人或管理人拟定，已进行债务的概括清理、维持或恢复债务人业务的继续运营，并经利害关系人（不限于债权人）分组表决通过和法院批准的一揽子方案。[②]

重整计划本质上就是各利害关系人在相互妥协和博弈基础上关于债务调整和企业再建的一种协议或安排。《美国破产法》认为重整计划既是债务人、债权人及债务人的股东之间达成的合同，又是债权人与股东对重整债务人所进行的投资。[③] 作为多方利益主体协商的产物，体现了私法自治的精神。重整计划既是重整程序中各方当事人彼此让步寻求债务解决的和解协议，也是他们同舟共济争取企业复兴的行动纲领。[④] 重整活动即是围绕重整计划的制定、表决与批准、执行等事项而开展，其中执行重整计划是最终落脚点，但只有被法院裁定批准的重整计划才能产生约束力和执行力。

2. 多数决的运用

债权债务关系原本只是债权人和债务人之间的利益冲突，但在债务人企业破产情况下，却变成了不同债权人之间的利益冲突，在总资产少于总负债时，必定存在相当部分债权人的利益无法得到有效保护的问题。这也是破产制度设立之初的目的，依据实体法上的规则和利益平衡的原则，确定债权清偿的规则和顺序，以实现公平有序清理债权债务。重整计划究其本质是一个协议或合同，理论上需要所有参与者一致认可，但由于这是一个涉及众多利害关系主体的集体协议，债务人、债权人、出资人、投资人等主体之间，不同种类债权人之间，债务人的出资人之间等都存在利益争夺。基于每个利

---

① 汪世虎：《法院批准公司重整计划的条件探析》，载《商业经济与管理》2007 年第 1 期。

② 韩长印：《破产法学》（第二版），中国政法大学出版社 2016 年版，第 255~256 页。

③ ［美］查尔斯·J. 泰步：《美国破产法新论》，韩长印等译，中国政法大学出版社 2017 年版，第 1200~1201 页。

④ 王卫国：《破产法》，人民法院出版社 1999 年版，第 247 页。

害关系主体争取自身利益最大化的出发点，要求所有参与者达成一致意思表示几乎没有可行性，亦会导致重整程序的拖延与停滞，为实现重整程序的高效运转，只能引入债权人会议多数决的缔结机制。

为便于对债务人企业重整计划进行表决，根据实体法对不同性质权利的界定，将利害关系人分为不同的表决组。我国《企业破产法》第82条和第85条规定，可设置担保债权组、职工债权组、税款债权组、普通债权组和出资人组。而关于表决的标准，我国采取了双重标准的表决方式，出席会议的同一表决组的债权人人数和其所代表的债权额均达到法定比例时，即为该组通过重整计划草案。

3.司法干预的正当性

根据我国《企业破产法》的规定，重整计划批准的行权主体是人民法院，裁定结果包括批准或不予批准。理论上普遍认为，法院裁定批准是重整计划的生效要件。但从经济学角度来讲，企业资不抵债后，股权就丧失了向企业主张财产变现的基础，企业现有资产价值应由全体债权人享有。既然立法已经设置了多数决的规则，交由各利害关系人分组进行表决，各表决组均通过时，重整计划即为通过，此时为何还需要法院的批准才能生效？而重整计划未被债权人会议表决通过，即表明相当债权人之明确反对，此时强制批准似有违反当事人之意思自治的嫌疑。

司法干预的正当性包括三个方面：一是追求社会公共利益，重整制度的特征之一就是个体权力与国家权力的相互交织，通过国家权力的主动介入，更加关注社会利益和社会目标的实现。二是有效把控重整程序，法院作为司法程序的主导者和控制者，有责任对出资人等相关主体是否存在假借破产程序逃废债的情形进行鉴别，也有义务对重整计划的合法性和可行性进行审查，以避免侵害债权人的合法权益。三是保护少数群体合法权益，鉴于各方主体掌握信息的不对称和实力地位的区别，多数决的规则可能沦为损害少数人权益的有力武器，如果不加以防范，会严重冲击破产法公平公正的价值理念。

（二）正常批准规则的构建

根据我国《企业破产法》的规定，债权人会议表决通过重整计划后，人民法院经审查认为符合本法规定的，应当裁定批准。然而究竟需要符合哪些规定，立法未予明确。正常批准中审查标准的缺失，加之对重整成功的推崇，导致对债权人会议表决通过后的重整计划的审查长期未得到应有的重视。

1. 实践现状

截至目前，从公开的渠道查询，鲜少发现债权人会议表决通过重整计划后法院不予批准的案例。但这能否证明所有被债权人会议通过的重整计划在合法性、可行性上均无问题，是要打一个问号的。在搜集到的因不能执行重整计划被宣告破产的 23 件破产案件中，因投资人投资款未依约到位导致重整失败的有 10 件，因未能成功引入投资人而失败的有 6 件，因重整计划执行期间经营和财产状况持续恶化而失败的有 5 件，因现有资产无法变现而失败的有 1 件，因对外债权未能收回而失败的有 1 件（见图 4-1）。

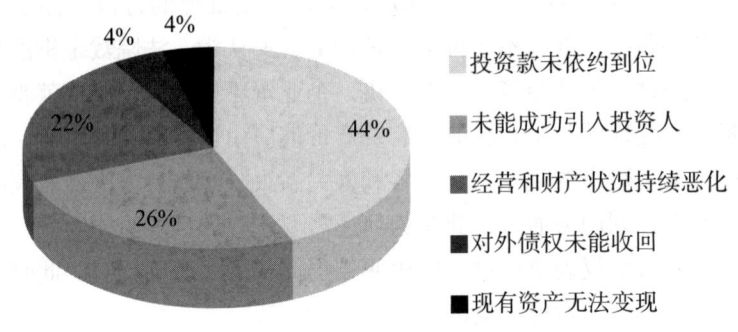

图 4-1　重整计划执行不能原因分析图

重整计划不能执行包含诸多因素，政策变化、市场环境、主体意愿、投资人违约、融资失败、资产贬值等都可能导致重整计划陷入执行不能。近几年实践显示，因重整计划丧失执行可能性而最终转入破产清算的案件层出不穷。在营商环境评价考核背景下，基于对以裁定批准重整计划方式结案的追求，各地出现了很多根本没有实质性内容的框架性重整计划，典型特征包括：没有明确的投资人；偿债资金主要来源不定；经营方案轻描淡写。这类重整计划往往只是规定了招募投资人的程序和标准，主要偿债资金来源建立在引进投资融资的基础上，没有具体可行的继续经营方案，因此在执行过程中很容易陷入困境，导致全盘失败。但这类重整计划，因其均为原则性的规定，司法实践中反而更容易获得债权人会议的通过。部分法院对重整计划的审查流于形式，该问题值得反思。

2. 法院有无审查之必要

虽然公司重整计划必须经法院批准，但法院在批准重整计划时，因既不能决定某项公司重整计划是否具有商业可行性，也不能独自决定其他的公司重整计划更有利于债权人的利益而改用其他计划，所以，法院只能在法律规定的范围内行使批准权。[①] 一般理解，既然表决通过了重整计划，这表示多数债权人已经就重整计划作出了选择，基于充分尊重当事人意思自治的原则，法院没有理由再干预重整计划是否合法可行。对 50 名破产法官和法官助理的问卷调查结果显示，几乎所有的员额法官及法官助理均认为债权人会议通过重整计划后，只要表决程序合法，法院没有理由不批准。究其原因主要有以下：一是审查标准不明，法律关于正常批准中的审查规定十分笼统，造成法官对重整计划的审查无从下手；二是害怕承担责任，债权人会议表决通过后，法院若不批准重整计划，会引起债务人、债权人、管理人等多方主体的质疑，而批准后即使出现执行不能，法院也并不会因此承担任何责任，所以纵然法院审查认为重整计划存在问题，一般也不愿意去主动干预；三是对重整成功的过分追求，企业重整涉及利益众多、群体广泛、影响巨大，重整程序耗费时间、费用成本很高，通过重整计划不仅是债权人、债务人、管理人等追求的结果，也是法院和地方政府希望的结果，所以实践中只要重整计划获得通过，法院会迅速裁定批准。

然而这种认识并不准确。诚如学者所言，正常批准的立法旨趣在于防范关系人会议多数决之滥用，由法院以超然立场，再次审核，俾重整计划能符合公平合理之要求，以维护公司、公司债权人以及股东之权益。[②] 出于对各自利益的追求，这种多数决的谈判规则，依然会存在损害社会公益、他人利益的可能，为防止重整程序沦为特定主体实现私利的手段，司法当然需要对重整计划的谈判协商过程进行监督。所以有学者强调，法院对已通过的重整计划的审查态度一定程度上决定着重整计划的质量。[③]

3. 正常批准中审查规则的构建

重整计划的制定、通过与批准是重整程序的核心，破产案件的最终目

[①] 汪世虎：《法院批准公司重整计划的条件探析》，载《商业经济与管理》2007 年第 1 期。

[②] 柯芳枝：《公司法论》，我国台湾地区三民书局 1997 年版，第 556 页。

[③] 王建平、张达君：《破产重整计划批准制度及反思》，载《人民司法》2010 年第 23 期。

的就是重整计划获得法院的批准。^①但一方面，重整制度的目标绝不是停留在批准重整计划，而是追求企业再建、债权人保护和公共利益的多方共赢，最终落脚点在于重整计划的顺利执行，如果法院批准的重整计划并不具备合法性和可行性这两个基本要素，那么除了实现法院结案的目的外，其他的目标均不能实现，而且会造成投入资源的浪费和债权人利益的更大损害。另一方面，债权人会议表决通过并不能替代法院的审查批准职能，债权人会议表决是在多数决规则基础上各方博弈和谈判的结果，而法院审查是站在中立方角度对协商过程和结果的监督，二者的出发点和作用并不相同。

所以不论从理论基础还是从现实需要出发，立法都应对正常批准中审查规则予以规制。首先，法律必须明确规定法院正常批准中审查重整计划的职责。在通过重整计划后，法院需结合管理人的报告、反对重整计划的债权人的意见、战略投资人的思路等进行全面审查。其次，法律必须明确正常批准中法院的审查要件。《美国破产法典》详细规定了正常批准中法院的具体审查要件，达16项之多。^②我国《企业破产法》只是作了笼统规定，根据我国实践，法院应重点从两方面入手。一是合法性审查，重点针对重整计划的内容和表决程序开展，具体包括：（1）重整计划的条款是否符合法律规定；（2）重整计划的制定、修改、提交程序是否符合法律规定；（3）债权人会议的组成、分组设置、表决情况是否符合法律规定；（4）重整计划的内容是否符合重整目的；（5）是否存在侵害他人利益的不正当行为。二是可行性审查，实践中法院常以涉及商业判断、法官能力不足、司法干预不当等理由而较少就重整计划是否具备可行性展开审查，但可行性审查并非要求法院去做商业判断，而是重点关注以下要素：（1）经营方案明确具体，而不是原则性的法律表述；（2）偿债资金主要来源处于确定状态，而不是建立在不稳定的未来期待上；（3）重整可能建立在市场前景基础上，而不是个人主观臆断上；（4）债务人企业具备相应的管理和运营团队；（5）与债务人相关的诉讼风险整体处于较低水平。总之，债务人或管理人要通过提供详细的商业计划、明确的偿债来源、真实的市场分析等，使法院和债权人相信其有条件和机会改变糟糕的财务状况。如果法院经审查认为重整计划并不具备合法性和

---

① 韩长印：《破产法学》（第二版），中国政法大学出版社2016年版，第256页。

② ［美］查尔斯·J.泰步：《美国破产法新论》，韩长印等译，中国政法大学出版社2017年版，第1240~1241页。

可行性，应当要求管理人和债务人进行修改完善，若仍未达到审查批准条件的，法院有义务向债权人告知相关风险。

（三）强制批准规则的构建

重整制度的典型特征是私权本位与社会本位的包容与协调，如果说法院审查批准制度体现了公权力对于私权自治事项的干预，那么强制批准规则更是司法权对于当事人意思自治的限制或否定，法院直接介入利害关系人之间的债务调整、债权清偿与营业复兴等事项，与正常批准相比，这种干预对各方利害关系主体的影响要大得多，因而需要深入认识强制批准规则的理论逻辑，设定明确具体的适用条件，以便法院更加准确适用该规则并避免被滥用。

1. 价值基础

强制批准规则是法院批准重整计划的一项重要方式，是国家通过立法借助法院对相关法律关系及当事人利益所进行的一种强制调整，是法院审判权的延伸，充分体现了司法权力对重整计划的干预。[①]

（1）追求社会公共利益。

强制性地批准重整计划，法院更多考虑的是社会公益或其他利益。[②] 早期破产法的主要目的在于将债务人财产进行公平分配，分配完毕后企业法人即行注销。在破产清算状态下，企业财产的经济价值必然大幅贬值，基本上很难以合理对价迅速变现，可供分配的破产财产减少，不仅不能有效保护债权人的合法权益，也会造成"趁火打劫"的乱象。但随着重整制度的出现，破产法的立法理念经历了根本的变化，除了公平清理债权债务外，也更加关注企业兴衰存亡对于市场生态和社会生活的影响，强调对社会公共利益的保护。尊重当事人意思自治是重整制度的应有之义，但在社会化大生产背景下，企业破产不仅损害债权人的切身利益，也会削减社会公共利益。追求自身利益最大化是自然人或市场主体的必然选择，所以在企业破产情况下，任何利害关系主体都很难从社会整体利益或整体债权人利益角度出发作出合理判断。重整程序的核心思想就是要为利害关系人创造比企业停业、关闭或清

[①] 李曙光主编：《中华人民共和国企业破产法制度设计》，人民法院出版社 2006 年版，第 176 页。

[②] 《中华人民共和国企业破产法》起草组编：《中华人民共和国企业破产法释义》，人民出版社 2006 年版，第 271 页。

算情况下更高的价值。① 在重整计划能够带来更大的社会公益或债权人整体利益，而各方无法达成多数意见时，出于社会整体利益的考虑，有必要通过公权力手段进行干预以实现企业挽救的目的，并使各方利害关系人有机会从企业重整中获得更多的利益。

（2）解决钳制问题。

重整计划实际上是一个集体协议，是各利害关系人在谈判和博弈基础上的产物，为了高效推进重整程序，债权人会议关于重整计划的表决程序引入了多数决的通过机制。但这种多数决的表决方式仍然存在钳制问题，基于所掌握信息和债权清偿顺位的不同，为了争取谈判上的主动和更大的个人利益，有些债权人可能采取各种策略阻止或拖延程序的进行。例如，清偿顺位在先的债权人尤其是担保债权人，为了更加迅速和安全地收回债权，往往更倾向于破产清算，而不愿意企业进行费时耗力的重整程序。在表决组中占据关键比例的债权人，也常常以此作为谈判筹码，要求债务人提供额外的利益。此时，因为部分人的刻意反对，重整程序就会陷入僵局，不仅会造成所投入时间、费用和各种资源的浪费，更会加大协商谈判的成本和企业营业贬值的风险，影响投资人的参与信心，降低企业重整成功的机率。而强制批准规则通过设置相应的法定条件，为各方开展协商提供了一个明确具体的预期和较为有力的震慑，有利于打破钳制问题所造成的重整僵局。此外，有观点认为强制批准是对效率的追求，可缩短重整程序的时间，节约有限的财产和资金，使公司尽快开展重建业务，从而可以实现效率的最大化。② 事实上强制批准作为一种例外，是公权力对于私权自治的直接限制，目的是追求各方共赢的局面，对重整程序效率的追求不应是法院启用强制批准规则的理论基础。

2. 强裁规则存在漏洞

强制批准规则在司法实践中存在滥用的风险，受理法院基于特定目的，将并不具备可行性的重整计划予以强制批准，导致债权人损失进一步扩大。上市公司重整计划的高强裁率更引发了学者的普遍质疑和担忧。有学者直

---

① 汪世虎：《法院批准公司重整计划的条件探析》，载《商业经济与管理》2007 年第 1 期。

② 辛欣：《我国破产重整中强制批准问题研究》，载《法律适用》2011 年第 5 期。

言，法院对于批准重整计划的态度几乎是"逢案必裁准"。[①]其实并不符合非上市公司破产实际。我国《企业破产法》规定的强制批准规则共有7项条件，分别体现为绝对优先原则、最大利益原则、公平对待原则、最低限度接受原则和可行性原则。我国强制批准规则系借鉴《美国破产法》，对于保护债权人的利益和推动重整程序顺利进行起到了积极作用，但在实际运行中也暴露出了制度本身的缺陷。

其一，最低限度接受原则不够明确。该原则是指至少有一个权益受到损害的表决组通过重整计划，才可以启动强制批准规则。但并非学者所说"新企业破产法"未规定最低限度接受原则，[②]我国《企业破产法》第87条第1款明确限定前提为"部分表决组未通过重整计划草案"，不论从文义解释还是司法实践，均没有任何争议。唯有疑问的是，仅有出资人组通过时是否符合至少一个表决组的条件，我国《企业破产法》没有明确规定。

其二，绝对优先原则不够全面。该原则是指如果任何一组债权人或出资人反对一项重整计划，则该重整计划就必须保证，只有这个组的成员获得充分清偿后，在优先顺序上低于这个组的其他组才开始获得清偿。[③]绝对优先规则的适用，是要求"如果一个次级类别可以得到一定的清偿，那么方案就必须向持反对意见的类别提供全额的清偿"。[④]我国《企业破产法》规定了担保债权、职工债权、税收债权和普通债权之间的清偿顺位，但没有明确债权人与出资人之间的顺位问题，实践中出现债权人未得到充分清偿的前提下，却给予股东一定的权益。

其三，利益最大化原则操作困难。重整产生收益要大于清算收益，否则进行重整就没有意义。实践中往往将清算状态下的偿债能力与重整状态下的偿债能力进行对比，以此作为利益最大化的判断标准。而立法只是笼统性地规定不低于清算状态下的清偿比例，所以合理评估清算价值尤为关键，但在实务中，对清算状态下的评估结果往往与债权人心理预期有较大差距，在

[①] 陈义华：《论破产重整计划强制批准权的法律规制》，载《商业研究》2014年第11期。

[②] 陈义华：《论破产重整计划强制批准权的法律规制》，载《商业研究》2014年第11期。

[③] 王欣新：《破产法》，中国人民大学出版社2007年版，第375页。

[④] ［美］大卫·G.爱泼斯坦等：《美国破产法》，韩长印等译，中国政法大学出版社2003年版，第763页。

强制批准案件中尤为突出，很容易遭受债权人的怀疑。

其四，可行性原则缺乏判断标准。企业经营方案涉及商业判断，而商业营业往往伴随着市场风险，在没有明确具体的规则下，交给不具备商业经验的法官作判断并不具备可操作性，也会造成因人而异的混乱局面。

其五，程序设计不完善。强制批准的结果是使未被债权人会议通过的重整计划生效，直接关系重整中各方当事人的切身利益，如果强制批准不当，债权人可能面临更大风险。而我国《企业破产法》仅规定了强制批准的条件，却缺少诸如信息披露、征求意见、救济途径等程序规则，即使法院强裁错误也无从救济，不仅不利于保护债权人等的合法权益，也会引发当事人对于公权力任性的质疑。

3. 制度完善

为避免强制批准制度出现滥用或惧用的风险，真正发挥维护社会公益和债权人利益的作用，需要从厘清强制批准制度理念、细化审查标准和构建批准程序三方面入手，对强制批准制度的价值取向与规则设计进行矫正，以实现尊重私权自治与司法干预的有机协调。

（1）厘清强制批准的价值理念。

一方面，要充分尊重私权自治。尊重当事人意思自治，慎用自由裁量，不仅是对司法的要求，也是法治的追求。私权自治始终是破产法秉持的理念，重整程序中更是如此，重整计划中的债务调整和企业营业等事项，都是涉及当事人切身利益的内容，本质上属于私权范畴，所以重整计划的制定和表决应充分尊重当事人的意思自治，由当事人在协商谈判的基础上作出符合自身利益的决定。重整制度的优势建立在当事人有效谈判的基础上。[1]

另一方面，要准确把握社会公益与私人利益的关系。重整计划未被表决通过的根本原因在于债权人不满足其当下的清偿，这种利益矛盾原本发生在债权人与债务人之间，但由于企业破产，又造成了不同债权人之间的冲突。在利益冲突局面下，社会公益自出现就占据了天然优势。追求社会公益是设置强制批准制度的首要考虑因素，也是重整制度社会本位理念的体现，但强调社会公益并不是要求私人利益必须服从或让位社会整体利益。社会利益的最大化是建立在妥善处理好债权人、债务人、出资人、职工等私人利益

---

① 高丝敏：《重整计划强裁规则的误读与重释》，载《中外法学》2018年第1期。

基础上的。① 社会公益与私人利益从本质上来讲是相辅相成的，尤其是对强制批准制度而言，其目的是要追求社会公益与私人利益的共赢，如果各方利害关系人的切身利益不能得到有效保护，那么实现社会整体利益也将无从谈起。

（2）细化强制批准的审查标准。

一是明确最低限度接受原则。即至少一组权益受到调整或影响的债权人组通过重整计划时，才可以讨论适用强制批准制度。重整计划一旦被强制批准即对各方当事人产生约束力，因此必须平衡好私权自治与公权干预的界限，若所有表决组均未通过重整计划，自没有适用强制批准的基础。同时应明确在所有债权组均未表决通过的情况下，因出资人组属债务人内部人，故不应属于"至少一个表决组"的范围。

二是补正绝对优先原则。重整面临着巨大的风险，出资人在企业破产状态下已不可能失去更多，所以重整失败所产生的损失仍将由债权人承担。为激励出资人参与重整的积极性，可以兼顾出资人的合法权益。在正常批准程序中应尊重各方意思自治，但在强制批准程序中除要符合法定清偿顺序外，还应当明确只有债权人获得充分清偿后，企业出资人方可保留相应权益，以避免重整程序被不当利用。

三是确立偿债能力测算标准。债权人利益最大化是破产制度的内在要求，无论是破产清算、重整或和解程序都要坚持这一基本原则。重整程序中的利益调整主要体现在普通债权人方面，而立法只是规定重整状态下普通债权的清偿率不低于清算状态下的清偿率，实践中反而沦为债务人或管理人实现私利的手段。利益最大化原则不仅要对清算价值进行合理评估，以防止刻意压价从而营造重整有利的氛围，更要对重整价值进行合理测算，以避免简单加几个百分点却实质侵害债权人的合法权益。

四是构建可行性识别规则。关于重整计划可行性的判断要素，在正常批准规则构建章节有过论述，在此不加赘述。而美国法院判例中积累的判定因素可供借鉴：①现金流的状况；②债务人之前偿债的表现；③企业未来的盈利能力；④产业政策及前景等经济因素；⑤管理层的管理能力以及是否有

---

① 陈义华：《论破产重整计划强制批准权的法律规制》，载《商业研究》2014年第11期。

能力执行重整计划；⑥其他可能影响执行重整计划的因素。①

（3）构建强制批准的程序。

对于强制批准制度，法律仅规定了审查标准，关于信息披露、协商平台和救济途径等关键程序均没有涉及，这既不利于维护债权人的合法权益，难以取得债权人的理解，也会影响法院对强制批准制度的准确把握。

一是完善信息披露机制。保障知情权是权利人能够有效行使参与权、表决权和监督权的前提。满足各方当事人的知情权，在重整程序中至关重要，债权人对重整计划进行表决的基础就在于对企业状况有较为充分的了解。重整的利害关系方得以其认为恰当的方式，对重整价值进行自由分配——只要其行为是以知情为前提。②完善重整程序中的信息披露机制，不仅能够提升案件的透明度，更利于取得债权人的理解和支持。《最高人民法院关于企业破产案件信息公开的规定（试行）》要求，破产案件信息应及时在全国企业破产重整案件信息网公布，但关于信息披露的内容和时间却并不具体明确，实践中"选择性公开"和"滞后性公开"的现象比比皆是。建议立法进一步细化重整程序中应予披露的内容和时间，明确把债务人企业资产负债情况、经营管理状况、与债务人有关的诉讼情况、专项审计评估报告、偿债能力分析报告、管理人工作报告等关键信息纳入公开范围，并限定公开的时间节点。同时将信息披露的及时性、完整性和真实性作为法院批准重整计划的审查因素，不论是正常批准抑或强制批准，管理人都应向法院提交信息披露报告。

二是增加强制批准前的听证程序。现行破产立法并没有赋予各方利害关系人参与强制批准程序的途径，法院径行作出裁定，这样一来反而加重了债权人对强制批准的质疑和反感。司法干预只是不得已的选择，为保障各方利害关系人充分表达自己的意见，确保法院能够准确了解当事人的诉求和重整计划的内容，有必要设置听证程序，以平衡私权自治和司法干预的关系。法院在收到强制批准的申请后作出裁定前应当及时召开听证会，听取异议债权人、债务人、管理人、出资人等各方主体的意见，对于重整计划所涉及的债务调整、经营方案、偿债能力分析等事项的疑问，管理人或债务人需要进

---

① 张海征、王欣新：《论法院强制批准重整计划制度之完善》，载《首都师范大学学报（社会科学版）》2014 年第 4 期。

② ［美］查尔斯·J. 泰步：《美国破产法新论》，韩长印等译，中国政法大学出版社2017 年版，第 1224 页。

行解释说明。通过各方的直接沟通或交涉的过程，力求找准重整计划存在的问题和反对主体的理由，促使法院在平衡各方利害的基础上作出更为合理适当的判断。

三是设置救济程序。强制批准是对当事人意思自治的否定和限制，一经裁定即对各方当事人产生拘束力，对债权人、债务人和出资人都会产生巨大的影响。基于此，各国立法普遍设立了救济途径，但我国强制批准程序并没有赋予异议人有效的救济途径。针对我国实践中出现的滥用问题，必须及时构建异议救济程序。首先，立法应当明确法院强制批准时，异议人有申请救济的权利，以防止被滥用；而不予强制批准时，申请人亦有申请救济的权利，以防止法院走向禁用的极端。其次，可参照《企业破产法》第66条的规定和《破产审判会议纪要》第34条规定之精神，明确法院裁定强制批准或不予强制批准时，相关利害关系人对裁定不服的，可以自裁定书送达之日起十五日内向受理法院的上一级人民法院申请复议，复议期间不停止裁定的执行。

四、重整计划执行制度的审视与变革

重整计划的确定是从理论层面为企业设计好挽救方案，而执行则是从操作层面实施好挽救方案，所以执行重整计划是根本落脚点。根据现行立法，只要法院批准重整计划，重整程序即告终止，但真正意义上的重整活动其实才刚开始。只有在重整计划顺利执行完毕后，破产重整的使命才能宣告完成。但不论是我国立法还是司法实践，均更多关注重整计划的制定，而轻视重整计划的执行。一方面，现行《企业破产法》用6个条文就重整计划执行作了简要规定，但关于重整计划执行主体、执行变更、协助执行等关键问题都缺少相应的规定；另一方面，实践中法院、管理人等通常更关心重整计划能否通过，对重整计划通过后的执行事宜重视不够。

（一）执行主体

在重整程序中最关键的是重整计划的制定和执行。根据现行立法，只要法院批准重整计划，重整程序即告终止，但真正意义上的重整活动其实才刚开始。只有在重整计划顺利执行完毕后，破产重整的使命才能宣告完成。

因此，由谁来执行重整计划，在重整程序中具有十分重要的作用。[①] 我国立法采取的债务人单一执行模式，在债务人主观、客观不能执行情况下仍交由其执行是否可行，在债务人执行不能时径行宣告破产是否合理，值得认真研究。

1. 执行主体的比较研究

关于重整计划执行人的确定，各国立法并不一致。不同企业的经营特征和实际情况各不相同，单纯讨论立法规定哪种主体更为合适可能并不适当，执行主体的选任应当立足企业现实情况，以实现债权人利益最大化和重整程序顺利推进为遵循。

（1）执行主体的域外考察。

从比较法上来看，关于重整计划执行主体的选择，各个国家和地区的立法例本质上就是两种，由债务人担任执行人或由管理人担任执行人。美国债务人自行管理的制度规范和社会基础均较完备，立法和社会对债务人相对较为宽容，所以《美国破产法典》采取的即是债务人为执行主体的模式。与美国不同，《日本公司更生法》则采取了以管理人执行为原则的模式，而行政色彩十分浓厚的《法国司法重整与司法清算法》规定了以管理人执行为主、债务人执行为辅的模式。

我国《企业破产法》选择的债务人单一执行模式，与美国相近，但有两点不同需要注意。其一，美国破产立法采取的是债务人自行管理为原则的做法，而我国采用的是管理人接管为原则、债务人自行管理为例外的做法，这在执行基础上是有根本区别的。其二，根据《美国破产法典》的规定，重整计划执行主体是可以选择和变更的，相较我国一刀切的做法更为合理。

（2）不同主体的比较分析。

债务人。由债务人作为重整计划的执行主体是有一定优势的，如韩长印教授认为，债务人对企业状况最为了解，执行计划驾轻就熟，宜于操作。[②] 丁燕教授提到，债务人掌握与经营相关的各种情况，由其执行有利于经营的连续性。[③] 但在部分企业重整实践中根本无法发挥，如房地产企业因主客观原因早已丧失自主管理能力，在明知其不具备执行能力情况下仍交由

---

① 韩长印：《破产法学》（第二版），中国政法大学出版社 2016 年版，第 275 页。
② 韩长印：《破产法学》（第二版），中国政法大学出版社 2016 年版，第 275 页
③ 丁燕：《上市公司重整计划执行制度的完善——基于我国上市公司的样本分析》，载《政治与法律》2014 年第 9 期。

其执行重整计划，极有可能发生执行不能并最终导致重整失败的风险，这既不利于维护债权人利益，也不利于实现社会公共利益，且会引发社会各界对于重整制度的不信任。

管理人。日本、法国都采取了管理人执行重整计划的立法例，由管理人担任重整程序的执行人确有不少优势。其一，管理人熟知重整计划内容，目前，我国实践中几乎所有的重整计划草案都是由管理人负责起草的，通过全程参与清产核资、债权审核、制定草案、会议表决等系列环节事项，其对企业基本情况、破产原因、债权人意愿和重整计划主要内容具有最为全面的认识。其二，管理人处于居中的法律地位，相较于债务人，由其负责执行重整计划在一定程度上能够降低债权人的不满和不信任，避免执行过程中出现欺诈风险。其三，有利于提高重整效率，根据法律规定破产受理后管理人要接管债务人企业财产和营业事务，如果是其他主体执行，则仍需再次向其移交，必然增加重整成本，若继续由管理人执行，显然可提升执行效率。

但单纯由管理人作为执行人也并不合理。其一，管理人缺乏执行能力，我国管理人队伍基本由律师事务所构成，应该说绝大多数是不具备商业项目运营和管理能力的，例如房地产企业重整计划涉及工程续建、权证办理、配套完善、房屋销售等一系列商业操作，由其管理显然并不合适。其二，存在自己监督自己的风险，如果执行和监督均交由管理人行使，则会陷入自我监督的尴尬境地，出现监督失位和灯下黑的局面。其三，管理人也并不具有执行意愿，重整计划执行期限一般都在一至三年，牵涉矛盾冲突又十分尖锐，面临法院的监督压力和债权人的信访压力，很少管理人会愿意承担执行职责。

2. 采用单一执行主体模式的实践困境

根据我国《企业破产法》第 89 条、第 90 条的规定，立法采取了债务人执行、管理人监督的模式。而按照第 93 条第 1 款的规定，债务人不能执行或不执行时，没有更换执行主体等救济程序，只能宣告债务人破产。该种单一的执行主体模式，缺乏有效的变更救济手段，往往导致重整程序推进被动陷入僵局，既不符合破产审判的实践现状，也不利于维护债权人的合法权益，尤其是在一些法律关系错综复杂、牵扯面广泛的破产案件中表现更为明显。以房地产企业破产案件为例，采用被执行人作为单一执行主体存在三重困境：一是债务人执行不能之殇。重整计划的执行中有很多问题都和公司治理结构有关。① 而房企一旦因资金链断裂陷入债务危机，往往面临众多诉讼和执行案件，企业的银行账户被冻结，土地、在建工程、房屋等资产被查封，法定代表人被采取限高措施，形成恶性循环。因此，在进入破产程序伊始，困境房企基本上已丧失了自主管理和运营的能力。二是债权人强烈反对之困。如果说债务人能力不足的问题，在不计成本前提下尚可通过招聘经营管理人员予以尝试，那么债权人的强烈反对，则是难以解决的病症。在项目长时间停工烂尾形成问题楼盘后，房企与以拆迁户、购房户、农民工为主体的债权人之间的矛盾往往处于不可协调的地步。三是社会利益保护不力之虞。困境房企不仅涉及纷繁复杂的法律关系，更牵涉各式各样的民生利益，事关防范化解重大风险和地方稳定发展大局，一旦破产会引起全社会各个层面的广泛关注。采取单一的执行主体模式，既不利于维护全体债权人的利益，也与社会本位价值取向相悖。如果重整计划本身具备合法性和可行性，但因债务人主客观原因导致不能或无法执行，而只能终止其执行并宣告债务人破产。那之前已经进行的重整程序和重整活动都将变得毫无意义，所产生的不利后果最终都将由债权人承担，不论是保护债权人利益的立法追求还是破产财产价值最大化的价值取向，都会难以实现。

关于单一执行主体模式的弊端，已经引起学界和实务界的关注。有学者提出应由重整程序中的经营控制权人执行重整计划。② 另有学者提出应设计债务人为第一执行人，在其执行不能时由管理人为后续执行人。③ 但目前，学者们关注的焦点仍集中在债务人、管理人或经营控制权人身上，力图通过确立执行主体变更规则来消除当前绝对化执行人的漏洞。

3. 采取复合型执行主体模式的优势

关于重整计划执行主体的选择，债务人、管理人、经营控制权人等作为执行主体的观点，都不能从根本上解决单一模式的弊端。在重整计划具备实施价值但企业执行不能时，径行宣告破产不免过于可惜，且与重整制度价值追求不符。针对此问题，司法实践中部分法院探索的管理委员会模式提供了重要的解决路径。在平顶山中院办理的平顶山华坤房地产开发有限公司破

---

① 王欣新：《破产法前沿问题思辨》，法律出版社 2017 年版，第 312 页。
② 丁燕：《上市公司重整计划执行制度的完善——基于我国上市公司的样本分析》，载《政治与法律》2014 年第 9 期。
③ 崔明亮：《破产重整计划执行法律问题研究》，载《中国政法大学学报》2018 年第 2 期。

产重整一案中，平顶山中院基于企业现实情况和广大债权人的诉求，提出了管理委员会模式的构想，经征求广大债权人和政府层面的意见，设计了由政府工作专班牵头的管理委员会来执行重整计划，成立由工作指导专班负责，包含债权人代表、投资人等在内的管理委员会实现企业决策。管理委员会模式不仅破解了企业丧失执行能力的难题，改变了债权人对债务人、投资人的对抗态度，更使重整各方主体统一起来，坚定各方的重整信念，提升了各方配合重整计划表决和执行的意愿，有效推动了重整计划快速顺利执行，执行期间楼盘项目吸收融资、施工建设、工程检查、部门协调、证件办理等各项事宜进展顺利。

因此，对重整计划执行主体的范围不应过分限制，除债务人、管理人外亦可由其他主体担任。立法修改中应当重构执行主体的规定，赋予债权人选择执行人的权利，明确除重整计划另有规定外，重整计划由债务人负责执行。

4. 复合型执行主体模式的运行原则

（1）明确有利债权人原则。破产制度的本质属性决定了开展重整活动必须以保护债权人利益为基本目的，这是破产立法的核心价值追求，贯穿整个破产程序始终。采用管理委员会模式必须坚持有利债权人原则，从利于实现债权人利益最大化为出发点，在法律允许范围内，对重整计划的执行人进行灵活调整，以推进问题楼盘企业重整程序顺利进行。

（2）坚持社会本位。王欣新教授将重整制度的建立视为破产法社会价值取向发展的一次突破。[①] 追求法律效果和社会效果的统一是新时代对于司法职能的更高要求。但要实现二者的统一，便不可避免地要求行政权力的适度嵌入。[②] 在企业破产化解中，尤其要从社会本位角度出发，综合考虑社会、经济和政治因素，认真谋划管理委员会模式的可操作性，推动问题楼盘化解。

（3）恪守权责范围边界。市场化破产中的政府定位是"行政配套"，由行政配套解决衍生社会问题。[③] 企业破产府院联动机制的本质是"政府主导风险管控与事务协调，法院主导司法程序"的一体化协调机制，而且设计管

[①] 王欣新：《破产法》，中国人民大学出版社 2019 年版，第 286 页。

[②] 陆晓燕：《"市场化破产"的法治内蕴》，法律出版社 2020 年版，第 131 页。

[③] 陆晓燕：《"府院联动"的建构与边界——围绕后疫情时代市场化破产中的政府定位展开》，载《法律适用》2020 年第 17 期。

理委员会模式的基础是债务人没有执行重整计划的能力和现实可能，因此必须充分听取和尊重债权人的真实意愿，立足企业的实际情况，明确界定管理委员会的职责范围，不能以行政权或司法权干涉债权人和债务人的自由。

5. 复合型执行主体模式的工作机制

（1）人员组成。为有效发挥管理委员会在府院协调、各方联动和提高效率方面的作用，人员组成一般应包含政府工作专班成员、各类债权人代表、管理人团队成员，并可预留投资人代表。其中政府专班人数不低于三人，负责人由政府专班代表担任，不同性质债权人代表各一人，管理人成员一人，投资人代表一人。

（2）产生程序。管理委员会成员名单及议事规则由政府工作专班和管理人共同拟定，写入重整计划草案，提请债权人会议表决通过并经人民法院裁定批准后确定。

（3）监督设置。仅靠作为社会中介机构的管理人，难以完全保障重整计划执行的监督到位。[①]尤其是在困境房企重整案件中，监督失位、信息不明和沟通不畅的问题更为突出。监督期内，管理委员会除了要接受管理人的监督外，并可在重整计划中明确规定，债权人会议和债权人委员会有权对管理委员会进行监督，管理委员会应当向其报告重整计划执行情况、企业财产状况和重大经营决策等事项。

执行主体的选任是重整计划执行层面的重要内容，对重整执行的顺利实施和重整目的的最终实现具有重要意义。无论是债权人利益最大化的原则导向，还是社会本位理念的价值追求，都要求我们构建更为弹性的执行人确定制度和更为立体的监督体系，以适应特殊类型企业的破产实践需要。

（二）重整计划执行中的变更

在重整程序中，重整计划起着枢纽作用，其制定是否科学、实施是否顺利决定着后续重整程序能否成功。[②]为最大限度尊重当事人的私权自治，执行内容原则上不允许随意变更。然在重整计划执行过程中，已经发生法律效力的重整计划的制定基础可能会发生变化，若仍继续执行，显然不符合重

---

① 杨临萍：《供给侧结构性改革司法实践——破产重整与和解最新理论及实务》，法律出版社 2020 年版，第 251 页。

② 张世君：《我国破产重整立法的理念调适与核心制度改进》，载《法学杂志》2020 年第 7 期。

整目的和债权人的利益追求，此时就需要根据实际变化对重整计划内容进行相应变更。

1. 现实需要

重整计划的执行是对重整计划所涉方案的实施，同时也是对重整计划相关内容的实践检验。重整计划是根据企业现实情况而制定，伴随现实情况的变化，需要合理适当地进行调整。从各国破产立法看，一般都允许变更重整计划。《美国破产法典》第 1127 条（b）款规定，重整计划的提出者或者重整后的债务人可在该计划得到批准后，基本实施完毕前的任何时间内修改该计划。[①]《日本公司更生法》第 233 条规定，法院批准更生计划后出现不得已的事由的，可以变更更生计划的内容。[②]

执行中变更重整计划是具备现实需要和理论基础的。其一，重整计划本质上是各方当事人之间的协议和安排，属于私权自治的范畴，各方主体当然享有协商变更的权利。其二，重整计划的内容事实上是一种预期，是依据企业现实情况所形成的，一旦制定基础发生变化，则重整计划也不得不作出调整。其三，基于认识的有限性和客观现实的局限性，重整计划执行中或多或少都会遇到一些新问题、新情况，若已影响到重整计划的既定执行，此时如果不加调整，很容易导致重整计划的执行陷入困境。允许在执行中变更重整计划体现了重整制度追求效率、力图促进债务人复兴的精神和价值取向。[③]但我国《企业破产法》及司法解释均未就执行中变更重整计划作出任何规定，目前只有《破产审判会议纪要》第 19 条和第 20 条规定，在特定条件下，债务人或管理人可以申请变更重整计划一次。

2. 变更范围

（1）执行主体变更。重整计划的根本落脚点在于执行，而执行的关键是执行人。如前所述，我国立法采取了债务人单一执行模式，而实践中可能出现债务人因主客观原因而不适合继续担任执行主体的情况。在重整计划具备实施价值但债务人执行不能时，径行宣告破产不免过于可惜，且与重整制

[①]《美国破产法典（中英文对照本）》，李曙光审定，申林平译，法律出版社 2021 年版，第 513 页。

[②]［日］山本和彦：《日本倒产处理法入门》，金春等译，法律出版社 2016 年版，第 205 页。

[③] 张世君：《我国破产重整立法的理念调适与核心制度改进》，载《法学杂志》2020 年第 7 期。

度价值追求不符。因此，当债务人不适合继续担任执行主体时，债权人会议可以决议选择管理人或其他主体担任执行人，法院并可根据债权人会议意见予以变更。

（2）执行内容变更。主要包含债务清偿方案和营业方案，而这二者之间具有一定的关联性，因为债务清偿大多是建立在营业收益的基础上。其中，营业方案不能一成不变，必须随内外部变化而调整。企业经营的不确定性不只存在于企业的外部环境中，也同样存在于企业的内部。在重整计划执行期间，可能会因为政策调整、法律修订、市场变化等外部环境和企业的人、财、物、技术、管理等内部条件的变动而削弱或推翻重整计划的基础，使得重整计划因不合时宜而无法被有效执行，此时为了最终能够实现重整的目标，依据形势变化对重整计划有关内容进行调整便是必要的。

（3）执行期限变更。我国《企业破产法》对执行期限并无规制，而是交由各方当事人协商，并通过重整计划予以确定。有学者强调，就效率角度而言，计划生效后，执行人就应迅速将其加以执行，不得超过法律所规定的年限。实践中不同企业重整计划的执行期限各有差异，少的几个月，长的有三年甚至是更长的，其主要与债务人企业的现实状况息息相关，需要综合考虑企业规模、资产负债情况、营业类型、市场环境等因素进行预估。但这种预估并不能完全排除执行重整计划中的各种风险因素，尤其是执行过程中出现的新问题、新情况，所以可能发生实际执行期限与重整计划规定的执行期限不一致的情况。

3. 变更规则

（1）关于申请主体。最高人民法院在指导性文件中明确债务人和管理人有权申请变更重整计划。《美国破产法典》第 1127 条（b）规定，申请主体限于重整计划的提出者或者重整后的债务人。《日本公司更生法》第 233 条规定，财产管理人、公司、已进行申报的更生债权人、更生担保权人或股东皆可申请变更重整计划。[①] 重整计划一经法院裁定批准，即对各方当事人产生拘束力，执行中的变更是由于现实情况的变化导致必须作相应调整。灵活执行重整计划的同时，也要兼顾重整程序的效率和稳定，避免变更权被滥用。申请主体范围不宜过于宽泛，建议立法明确将变更申请主体限定为重整

---

① 参见崔明亮：《债务人不能执行或不执行重整计划时的处置方式——〈破产法〉第 93 条第 1 款评析》，载《南华大学学报（社会科学版）》2017 年第 5 期。

计划的制定者、执行人和执行监督者。债权人、出资人和投资人等相关利害关系人，可向管理人提出变更之申请，由管理人负责审查并决定是否向法院提出申请。

（2）关于审查要素。从实践角度出发，至少包含以下三个方面：一是原重整计划的制定基础发生变化，导致不能有效执行或丧失执行意义。最高人民法院认为在出现国家政策调整、法律修改变化等特殊情况时，当事人可提出变更申请。但事实上，除列举的政策变化、法律修改外，突发公共事件[①]、市场环境变化等外部条件以及债务人企业人员、融资、专利等自身条件的变化，均可能导致重整计划陷入执行不能。考虑到重整立法的"促进"导向，本着有利于困境企业重整成功的目的，应当对引发重整计划变更的特殊情况作广义解释，交给债权人会议充分讨论决定，更多尊重利害关系人的意愿。[②]二是重整计划尚未获得实质程度执行，不会对已确定的法律关系造成严重冲击。对于已执行完毕或已基本执行完毕的重整计划不允许再变更。[③]如果主要内容已经获得执行，则没有变更的必要性，否则很容易掉入"最优化陷阱"，导致重整成本不断增加、执行期限不断延长。强行变更必然会对业已形成的法律关系造成冲击，不仅损害更多主体的切身利益，也会对交易秩序稳定产生不利影响。三是符合债权人的根本利益。重整计划的变更应符合重整目的和债权人的利益，避免为了私益而肆意变更。对于重整计划，债权人最关心的是债权的清偿率和清偿时间，所以重整计划的变更原则上不得减损债权人的既定清偿利益，如因客观现实导致不得不降低的，亦不得低于破产清算条件下所能获得的清偿，否则就没有必要进行变更。

（3）关于变更程序。《破产审判会议纪要》第19条、第20条分别规定了重整计划执行中的变更条件、程序和重整计划变更后的表决、批准程序，回应了实践的需要。根据以上规定，申请人申请变更重整计划的，应提交债权人会议决议，决议不同意或者法院不批准的，应当裁定终止重整计划的执行。法院裁定同意的，债务人或者管理人应当在六个月内提出新的重整计划。提交表决及法院审查批准的程序理应与原重整计划的相同，因重整计划

---

① 根据国务院颁布的《国家突发公共事件总体应急预案》规定，突发公共事件主要分为以下四类：自然灾害、事故灾难、公共卫生事件和社会安全事件。

② 王欣新：《破产法》，中国人民大学出版社2019年版，第333页。

③ 崔明亮：《破产重整计划执行法律问题研究》，载《中国政法大学学报》2018年第2期。

变更而遭受不利影响的表决组有权进行表决，权益未受影响的不参加表决。但需要明确的是申请变更次数的问题，从兼顾灵活性和稳定性的角度出发，不论是执行主体、执行内容或执行期限的变更，均应有所限制，笔者赞同最高人民法院关于只能申请一次的观点，否则必然出现"捡了芝麻、丢了西瓜"的情况。

（三）重整计划执行中的协助执行

在重整计划执行过程中，不可避免涉及股权调整、产权变动、工商变更等事项，以上重整事项往往需要有一定手续方能实现。一种是需要当事人共同配合进行但有关当事人不予配合的情况；另一种是有关登记机构明确将法院出具的协助执行通知书列为办理条件的情况，对此法院能否就重整事项予以协助执行，现行法律及司法解释均没有作出规定。

1. 问题梳理

在司法实践中，当重整计划执行遇到障碍时，请求法院出具协助执行通知书要求有关机构配合执行有关事项的现象十分普遍，由此引发一定争议。最典型的就是长春北方五环实业股份有限公司重整一案，法院裁定批准的重整计划设定的执行期间最早仅为三个月，但其后历经数次延期，陷入停滞的原因在于，根据中国证券登记结算有限责任公司业务规则，重整计划中规定的股份划转等事宜必须由法院出具协助执行通知书。由此，也引发各方对法院缺乏担当的质疑和批评，虽然近几年实务中该现象已得到有效缓解，但仍有必要对该问题所反映出的立法缺漏作进一步研究。

产生问题的根源在于对重整计划的效力认识不足。对于法院协助执行的担忧无非是以下几个方面：一是根据我国《企业破产法》第89条第1款和第93条的规定，债务人不能执行或者不执行重整计划的，法院应当裁定终止重整计划的执行，并宣告债务人破产。貌似表明重整计划并非必须执行。二是除立法未对协助执行作出规定外，第92条第1款"经人民法院裁定批准的重整计划，对债务人和全体债权人均有约束力"的规定，也容易引起争议。这一规定似乎表明重整计划对企业出资人没有约束力。三是执行中的规定能否用于破产程序，根据《民事诉讼法》的规定，法院出具协助执行通知书必须有明确具体的执行依据，重整事项的执行依据是什么，是法院批准重整计划的裁定还是重整计划？四是既然重整计划具备契约性质，工商、股权等变更手续由各方当事人协同办理即可，所以主张并不需要法院强制执行。

2. 重整计划的效力

韩长印教授认为，重整计划一经法院批准，即产生以下三个方面的法律效力：约束力、执行力、破产程序的终结效力。[①] 关于重整计划的约束力，虽然《企业破产法》第 92 条第 1 款并未明确对出资人具有约束力，但立法规定重整计划草案涉及出资人权益调整事项的，应当设出资人组对该事项进行表决，所以法院裁定批准重整计划后，当然对债务人企业的全体出资人发生效力。

关于重整计划的执行力，王欣新教授主张重整计划中关于企业经营重组方面的方案，如股权与资产变更归属、营业业务的调整等，是可以具有强制执行效力的。[②] 首先，重整计划经法院裁定批准后即发生法律效力，虽本质上属于当事人之间的契约或协议，但其不同于一般合同效力，对于投票反对者亦发生效力，具有相当的司法强制力。而且只有具备可执行力，即得到法院的执行保障，才能确保重整计划得到有效执行，否则法院的裁定并不能发挥作用。其次，重整计划并非所有内容均具有可执行力，重整计划的核心内容包括债务清偿方案和营业方案，其中债务清偿是以债务人具备清偿能力为基础的，实践中债务人延期履行按计划应付当期或当年度清偿责任的情况十分普遍，在债务人缺乏足够清偿能力时，只能进行协调处理或裁定终止重整计划的执行，而无法强制债务人向债权人进行清偿。

3. 协助执行通知书的出具

重整计划作为特殊性质的合同，具有利益冲突的团体性、非全自愿协商的约束性、法律性质多样的复合性以及经司法确认生效的强制性。[③] 在重整计划执行期间出具协助执行通知书具备合法性和合理性基础。其一，《民事诉讼法》第 258 条规定，人民法院可以向有关单位发出协助执行通知书，有关单位必须办理。而根据《企业破产法》第 4 条的规定："破产案件审理程序，本法没有规定的，适用民事诉讼法的有关规定。"重整计划作为法律文书的组成部分已通过法院批准重整计划的裁定书予以确认，相关事项符合

---

① 参见韩长印：《破产法学》（第二版），中国政法大学出版社 2016 年版，第 274 页。

② 王欣新：《谈重整计划执行中的协助执行》，载《人民法院报》2016 年 7 月 13 日。

③ 王欣新：《谈重整计划执行中的协助执行》，载《人民法院报》2016 年 7 月 13 日。

执行依据需明确具体具有可执行力的要求，所以法院在执行期间出具协助执行通知书具有法律依据。其二，针对股权、工商和产权等的变更事项，在破产法律与其他领域法律统一协调之前，如果法院不出具协助执行通知书，那么有关事项就无法办理①，重整计划也会陷入拖延甚至是不能执行的局面，这既会造成重整程序投入成本和资源的浪费，也不利于保护债权人的根本利益，更会引发公众对于法院和重整制度的质疑。在河南大地农化有限责任公司实质性合并重整案和河南省建设集团有限公司重整案②中，受理法院均向有关部门出具协助执行通知书，顺利完成了工商、股权和产权变更手续，实现了重整计划的顺利执行，取得了良好的社会效果。

目前，已有不少地方法院在其审理规范中就重整计划的效力和协助执行事项作了相应规定。例如，《北京破产法庭破产重整案件办理规范（试行）》第 126 条、第 132 条和第 133 条，《深圳市中级人民法院审理企业重整案件的工作指引（试行）》第 109 条和第 110 条，《重庆破产法庭企业破产案件审理指南（试行）》第 127 条，都规定了重整计划规定的出资人权益调整的内容，对债务人的全体出资人均有约束力。重整计划执行期间，出资人、债权人等无正当理由拒不配合办理出资权益变更手续的，人民法院可以根据申请向有关单位发出协助执行通知书。另外，北京进一步规定重整计划执行期间，管理人、利害关系人可就重整计划的执行向人民法院申请必要的协助。人民法院可以根据申请，向有关单位发出协助执行通知书，但不得强制执行重整计划的清偿方案。以上地区探索经验对全国司法实践均起到了积极推动作用。

---

① 根据《中国证券登记结算有限责任公司上海分公司协助执法业务指南》（中国结算沪业字〔2022〕56 号）、《中国证券登记结算有限责任公司深圳分公司协助执法业务指南（2022 修订版）》（中国结算深业字〔2022〕13 号）、《中国证券登记结算有限责任公司北京分公司协助执法业务指南》（中国结算京业〔2022〕3 号）的规定，办理冻结（包括证券解冻、续冻）与轮候冻结（包括解除轮候冻结）、可售调整、扣划、上市公司破产重整等协助执法业务须提交的材料中均包括法院出具的协助执行通知书。

② 《破产不停产 造血助发展 郑州法院通过破产重整帮助 46 家企业脱困重生》，载郑州市中级人民法院网站，http：//zzfy.hncourt.gov.cn/public/detail.php？id=27458。

第五章　和解制度的改革

作为对我国传统"和"文化理念的承继，破产和解制度在我国破产法律规范中的出现时间早于重整，《企业破产法》确立了重整、和解、清算三大程序，相较于重整、清算在司法实践中逐步得到广泛适用，和解制度因其与重整功能定位重叠、自身制度设计不足等原因，适用率较低。但近年来，和解制度凭借其程序简便、成本低廉等独特优势，也逐渐为法院、管理人、债务人、债权人等所重视，其特有的制度价值需要围绕当前破产司法实践形成的新需求进行针对性改革。

一、和解制度的现状和困境

破产和解与重整、清算共同组成我国破产法律制度的"三驾马车"，三者虽存在一定的功能交叉，但也有各自独立的功能定位。然而，破产和解制度因受法律规定过于笼统、制度设计存在缺陷等因素限制而难以获得市场主体信任，其在司法实践中的具体应用情况不容乐观。

（一）破产和解制度司法实践适用现状

自 2013 年至 2022 年的十年间，全国法院适用破产和解程序案件共 227 件，[①] 整体情况如下：

1. 案件地域分布呈现"南多北少"态势

该 227 起破产和解案件涉及范围较广，共分布于 23 个省、自治区、直辖市，其中江苏 64 件、浙江 31 件、上海、重庆均为 20 件、河南 17 件、广东 15 件、福建 12 件、北京 10 件、山东 8 件、江西 6 件、安徽 4 件、四川 3 件、广西 3 件，河北、辽宁、湖北、海南均为 2 件，陕西、云南、

---

① 以"破产和解"为关键词，通过全国企业破产重整案件信息网、中国裁判文书网、法信平台、北大法宝，共检索到相关信息 1662 条，去除公告类、决定类等无关联信息后，共有裁判文书 575 篇，经逐案阅看、分析，剔除同一案件因审查、上诉等形成的多个文书，共得到有效样本案件 227 件。

贵州、新疆、内蒙古、湖南均为 1 件。

从上述破产和解案件的地域分布情况看，超过 80% 的案件分布于民营经济更加活跃的南方地区，如案件数量位列前 3 名的江苏、浙江、上海共有 111 起破产和解案件，占破产和解案件总数的 49.9%。与之相对应的北方地区，如北京、辽宁、山东、河北等地区仅有 45 件，占比 19.82%。

2. "程序转换"远高于"直接适用"

通过逐案阅看、分析全部样本案件，由清算程序转为和解程序的最多，共 220 件，占全部破产和解案件的 96.92%；由重整程序转为和解程序的有 5 件；债务人直接向人民法院申请破产和解的最少，仅有 2 件。

3. "实质审查"是司法实践的主流做法

通过对比不同来源的破产和解案件，均以《企业破产法》第 95 条、第 96 条第 1 款作为法律依据。司法实践中无论是对于债务人直接提出的破产和解申请，还是由"程序转换"形成的和解案件中以破产管理人名义提出的和解申请，人民法院均对包括债权分类情况、债权调整及受偿方案等在内的和解协议草案进行了全面审查，并以审查情况作为是否受理债务人或破产管理人提出的破产和解申请的主要依据。

4. 和解企业大多债务规模较小

通过分析全部样本案件的裁判文书，债务规模 50 万元以下的破产案件共有 84 件，占比 37%；50~100 万元的案件共有 63 件，占比 27.75%；100~500 万元的案件共有 49 件，占比 21.59%；500 万元以上的案件共有 31 件，占比 13.66%。从这些破产和解案件债务规模分布情况看，债务规模 500 万元以下的案件占比 86.34%，和解案件适用对象仍以债务规模相对较小的企业为主。

（二）和解制度面临的困境

破产和解虽与破产重整在制度价值方面高度趋同，但其具有程序简便灵活、行政司法干预少、综合成本低等独特优势，本应同破产重整一样，在预防企业破产、帮助企业重建领域发挥其应有作用，然而，破产和解案件却"寥寥无几"。从对破产和解制度在司法实践中的运行现状检视看，该制度主要存在以下问题：

1. 申请启动主体较为单一

按照《企业破产法》第 95 条规定，债务人是启动和解程序的唯一主体，这显然要少于重整程序的可申请主体范围。从程序启动申请角度出发，和解程序的启动申请主体之限，客观上将包括债权人在内的其他利益相关方排除在外，造成了和解程序申请启动通道较为狭窄的制度困境，阻碍了和解程序功能的发挥。

2. 和解启动条件设计不足

（1）和解启动原因限定较窄。理论界通常将破产原因指为申请破产的事实根据，以及破产法律规范所规定的法律事实。[①] 关于破产和解原因，《企业破产法》第2条第1款、第7条第1款将破产和解原因与破产原因作同一化规定，实质是将和解申请的前提指向了"真实破产"，从制度安排角度考察，和解程序更具灵活性、便利性，如将"真实破产"作为申请和解的原因，明显限制了和解所具备的独特功能。进而言之，《企业破产法》第70条第1款、第95条第1款虽在条文表述上清晰表达了对重整申请、和解申请的"一视同仁"，但和解既受申请条件所限，与重整相比又不具备必需之"提前量"，在面临同样的"真实破产"原因之下，和解程序功能无法充分发挥，从市场主体的选择心理出发，等同于变相推高了破产和解的门槛。

（2）和解启动时间相对较晚。《企业破产法》第2条第2款允许企业"有明显丧失清偿能力可能"即可申请重整，这表明债务人可以在尚不具备《企业破产法》第2条第1款规定的破产原因出现时启动，即重整制度能够在企业仅具有"明显丧失清偿能力"的可能时启动，这无疑使和解制度在起跑阶段就落后于重整，此种制度设计显然不利于破产和解发挥其制度优势，也有悖于和解制度的设计初衷。从《企业破产法》的整体制度安排看，其赋予破产和解的任务与重整制度高度相似，都有预防企业破产之意，相对于调整措施更丰富的重整制度，破产和解更加需要在企业出现真实破产原因前即可启动，以便在拯救企业的最佳时机介入并发挥其制度优势，帮助企业摆脱外部债务危机，实现其拯救企业的目的。因此，破产和解启动时间晚于重整，是破产和解制度设计的另一缺陷。

此外，按照《企业破产法》第104条第1款规定，和解失败将导致人民法院直接宣告债务人破产，其法律后果等同于债务人"突然死亡"，这固然有出于避免程序烦琐、重复的考虑，同样的制度设计在破产重整中也有体

---

① 参见李国光主编：《新企业破产法理解与适用》，人民法院出版社2006年版，第32页。

现，似乎并无不妥。但是，叠加破产和解启动原因、启动时点等制度缺陷后，在同等条件下，对于没有回旋余地的债务人而言，当然更倾向于选择适用破产重整程序而非和解，这无疑使本具备破产和解意愿的债务人进一步降低了和解申请的适用率。

3. 破产和解形式过于单一

《企业破产法》仅规定法院和解这一单一的和解形式，虽然第 105 条也规定有债务人与债权人自行协商一致——法院裁定认可的"准自行和解"路径，但因该种方式仍需在"人民法院受理破产申请后"方可付诸实施，故仍属法院和解范畴。从破产实践出发，大量破产和解实例能够证明，相比于经历重整、清算程序后转为和解程序时，多数债权人出于对债务人偿债能力不足的担忧而被迫选择和解，如果亦允许庭外和解，不仅有利于债务人在其经营状况尚佳情况下把握和解的最佳时机，免于资金链断裂引发更大的经营、偿债风险，也更有利于债权人接受和解方案。但目前，《企业破产法》对此未作明确规定，真正意义上的庭外和解路径即使在破产司法实践中也鲜有实例。

4. 对企业重建方式上的不足

相比破产重整可资运用的多样化调整手段，且能最大化调动司法乃至行政资源辅助达成重整目标，破产和解过于单一的和解形式和调整措施，当然会招致在司法实践当中乏人问津的现实。从破产和解可运用的具体措施看，主要依靠的是债权人的谅解、让步。破产和解主要调整企业外部关系，破产和解程序中主要依赖债权人的妥协，通过债权债务的再调整，包括减免部分债务、延长还款期限、通过债转股方式清偿等手段，来避免债务人被宣告破产。因此，破产和解的调整手段强调的是债权人与债务人之间基于自愿平等、相互谅解而实现的让步，一旦债权人不愿让步，和解协议就很难被通过，从而将无法避免债务人企业被宣告破产的命运。

5. 缺乏对担保债权的制约

《企业破产法》第 96 条第 2 款规定，担保权人可在法院裁定和解后行使权利，这一规定被理论界、实务界普遍认为是和解制度的"阿喀琉斯之踵"，也是导致该制度在司法实践中适用率低的深层次原因。众所周知，企业最核心的资产关乎重建是否可能，而这些核心资产在企业陷入破产困境时绝大多数都已被抵押。假设甲企业按照《企业破产法》规定，备齐和解协议草案、提出和解申请并得到人民法院裁定和解，此时享有担保权的权利人却要求对甲企业的核心资产行使权利，则该破产和解本身将立即陷于破产境地，甲企业为破产和解作出的一切努力也将付诸东流。破产和解制度对担保债权未加限制，意味着债务人苦心孤诣与债权人协商达成的和解协议对担保债权不具有约束力，这对破产制度本身即是最大的危害。

6. 司法主导作用发挥不足

根据《企业破产法》的规定，人民法院享有和解申请的审查权、和解协议的认可权，以及依职权或依申请终止和解程序的决定权。与人民法院主导下的破产重整程序相比，和解程序中法院享有的法定职权、责任，以及对程序的把控、参与主体的影响度等，无疑过于单薄。

从《企业破产法》规定的"债务人直接申请和解"，到"债务人通过程序转换进入和解"及"债务人适用破产法第105条规定自行与全体债权人达成和解"三种破产和解路径考察，人民法院的主导作用存在两种模式。第一种模式以人民法院对债权人会议表决的干预程度为具体表现，在破产和解程序中，无论是以债权人会议方式表决通过和解协议，还是债务人与全体债权人就债权债务的处理自行达成协议的，若第一次表决未通过，表决组不享有二次协商表决的机会，法院也不具有强裁的权力。该种模式下，司法力量对和解程序的引导、管控等力度十分有限，相较破产重整程序中人民法院的介入度，并不能称之为严格意义上的法院主导。而第二种模式则是《企业破产法》第105条规定的债务人与全体债权人就债权债务的处理自行达成协议，是自愿协商、自行和解的程序，法院只是应当事人的请求裁定认可，并终结破产程序，虽然充分尊重了当事人的意思自治，但该种模式几乎完全排除了人民法院的司法主导作用，且这一制度设计过于依赖债务人的自行协商能力也失于理想化，在过去近十年间的实证数据中，该种模式在实践中一例也找不到。

另外，虽然当前人民法院在审理破产和解案件时，自行探索出更有利于和解制度价值实现的"实质审查"模式，但司法审查力度的加强仍不能从根本上改变各方主体对和解制度的不信任。究其原因，当前破产法律规范确立的和解程序运用模式过于依赖债务人自身与债权人的协商能力，缺乏人民法院的主导、推动等作用，这不仅使本就与重整制度价值多有重叠的和解制度变得更加"鸡肋"，也进一步限制了破产法律规范所设计的和解制度价值、作用的发挥。

7. 破产和解缺乏有效的监督机制

根据《企业破产法》的规定，破产和解在两个关键环节——审查、执行阶段缺乏有效的监督机制，这固然有出于和解程序简便高效、成本低廉的考虑，但同时也催生了破产和解因缺乏有效监督而无法获取债权人及其他利益相关方信任的问题。从现行法律规定看，和解程序无疑是破产法律体系中最具"当事人意思自治"的制度设计，但在具体制度安排中，保留债务人对企业的资产控制权、经营管理权，可能为债务人隐瞒相关信息、怠于执行和解协议等埋下隐患，进而产生恶意利用破产程序逃废债务等侵害债权人利益的情况，这无疑会使债权人基于信息不对称而产生对债务人的不信任，进而拒绝作出债权让步、不同意债务人提出的和解协议草案等。

考察《企业破产法》对和解程序中的监督、管理等制度设计，人民法院的具体职权、如何履职等并无明确规定。以上述破产和解案件的审查结果数据为例，尽管得到人民法院裁定认可和解协议、终止和解程序的案件占比近三成，但也应看到，这些案件并未涉及和解协议的履行这一最核心内容，这恰恰反映出和解协议履行问题缺乏监督的制度设计缺陷。由于《企业破产法》未对此问题作出具体规定，和解协议的履行实际上成了和解程序相对空白的法律区域。债权人一旦开始担忧和解协议的执行问题，则必将动摇其适用和解程序的意愿和信心。在可预期范围内，如果达成和解协议，债务人一方面能够在事实上继续控制企业资产，另一方面其对企业运营、管理事务又缺乏专业、有效的监督，这当然会使债权人及其他利益相关主体难以接受债务人提出的和解申请，最终导致破产和解制度在司法实践中被束之高阁。

二、和解制度的改革定位

和解制度自身存在的问题才是导致其在实践中遇冷的根本原因，故此，只有对和解制度进行改革，才能使其功能得以充分发挥。同时，和解制度的改革也必须以当前破产法律规范的全新面向作为其定位依据。

（一）存废之争

由于破产和解程序在长期以来的司法实践中乏人问津的现实状况，加之近年来推出的预重整制度得到了理论界、实务界的一致肯认，这使得和解制度在理论界和实务界的定位愈加尴尬，甚至出现了以重整制度全面取代破产和解的观点，这显然忽略了和解程序具有的独特价值。

1. 和解制度应予保留的观点依据

（1）破产和解具有独特的制度优势。

有观点认为，《企业破产法》在"立法一元化""法律地位独立化""去行政化"共三个方面优化了破产和解的制度设计，打破了企业所有制标准壁垒下的二元立法模式，赋予和解程序在破产法中的独立地位，排除了破产和解的外部行政干预。[①]这也意味着，《企业破产法》在制度安排方面赋予了破产和解新的价值，这使得和解制度拥有了不同于重整、清算的独特优势。破产和解具有更为简便、灵活的程序设计优势，允许债务人既能在法定破产原因出现时提出和解申请，也可以在破产宣告前通过程序转换的方式，及时摆脱繁冗、复杂的重整、清算压力而进入和解，这从近十年司法实践破产和解案件来源中通过"清算转和解"占绝大多数可以佐证。

不仅如此，最高人民法院发布的两份司法文件也能够体现出破产和解具有独特制度优势：2019 年，最高人民法院在《依法平等保护民营企业家人身财产安全十大典型案例》中，一方面肯定了破产和解程序具有高效、便捷、成本低廉的制度优势，另一方面也肯定了和解程序能够避免重整程序中存在新投资者与原企业人员天然冲突的独特作用；在《九民会议纪要》第107 条中不仅再次强调了和解程序具备更好费效比的制度优势，还要求以利益共赢为出发点，鼓励当事人适用和解程序高效、快速了结债权债务关系。新冠疫情发生以来，最高人民法院于 2020 年 4 月发布的《关于推进破产案件依法高效审理的意见》明确指出："要根据案件具体情况和经济社会发展形势，特别是在当前统筹推进新冠肺炎疫情防控和经济社会发展工作的形势下，充分发挥重整、和解、清算等不同程序的制度功能。"虽然现行破产和解制度确实存在问题，但是根据上述司法文件规定，以及近年来新经济、新业态的轻资产企业兴起，破产和解所具备的独特制度优势被赋予了新的使命和价值，并将随着推进破产制度提质增效的趋势更加为市场主体和司法实践所重视。

（2）破产和解的作用不可替代。

破产和解制度基于其不同于重整、清算制度的独特优势，能够在一定程度上克服清算、重整制度的局限性，这也是破产和解得以成为我国破产制度"三驾马车"的根本原因。《2022 年最高人民法院工作报告》显示，2021年度人民法院审结破产案件 1.3 万件，涉及债权 2.3 万亿元。其中审结破产

[①] 张钦昱：《破产和解之殇——兼论我国破产和解制度的完善》，载《华东政法大学学报》2014 年第 1 期。

重整案件 732 件，盘活资产 1.5 万亿元，让 745 家困境企业重获新生，帮助 35 万名员工稳住就业。[①] 2021 年度人民法院审结的破产重整案件仅占破产案件总量的 5.6%。破产重整作为一项挽救困境企业的重要制度，依然存在耗费时间长、成功率不高的问题，在饱受疫情影响的经济下行周期及深化供给侧结构性改革的社会背景下，破产重整成功率及效率不足的问题突出，已成为阻碍破产制度价值发挥的桎梏，而这也恰恰是现行《企业破产法》将破产和解规划为破产制度"一个大门，三个小门"之一的顶层设计初衷。破产和解的功能定位即是以其程序便利、耗时短、成本低等独特优势，与重整、清算制度相辅相成、互为补充，为陷入破产困境的各类型主体提供最符合企业需要的司法服务，帮助企业尽快了结债务、快速再建、重生，这在近十年破产和解案件债务规模分布中，500 万元以下案件占绝大多数的实际情况能够得到印证。此外，破产和解在现行破产制度中的作用仍然不可替代，源于和解在实践中负有使企业免于破产宣告"最后一道防线"的功能。在我国目前的社会、经济环境下，由于陷入破产困境的企业信用普遍较低，加之企业债权债务关系复杂，债权人与债务人之间普遍缺乏信任且对立情况严重，即使进入重整乃至清算程序，往往也面临旷日持久的反复谈判、表决程序而使企业资产不断贬值、商誉持续下跌等困境。在某种意义上，和解制度即是《企业破产法》为各相关利益主体提供的打破僵局的最终法律路径，这一路径也为近十年间破产和解案件来源中经程序转换而最终成功和解的案例所证实。

（3）破产和解有利于保护普通债权人利益。

以四川高院发布的《破产审判工作白皮书及十大典型案例（2017—2021）》为例，四川省 2017 年至 2021 年间，在破产案件数量呈"几何级"增长且"债务企业类型日益多元"（国有企业较少，主要为民营企业，并以中小型企业居多，占比达九成）的背景下，和解案件共计 31 件，仅占四川省四年间审理的 1847 件破产案件总数的 1.7%，与破产清算案件 1556 件、破产重整案件 260 件的规模相比，可称"寥寥无几"。即使在此种情况下，该报告也承认"不同类型债权清偿率差异较大。职工、消费购房人等涉民生权益的债权，以及享有担保物权的债权等因法定优先顺位得到较为充分保

---

① 参见《2022 年最高人民法院工作报告》，载全国人大网，http://www.npc.gov.cn/npc/c2/c30834/202203/t20220316_317132.html，2023 年 5 月 30 日访问。

障，普通债权清偿率则相对较低。"在破产法律规范确立的顺位清偿规则中，重整、清算着眼相对公平的同时，首先保护担保债权、税款债权、破产费用、职工债权、共益债权等享有优先权的债权清偿，在企业资产折现价值相对固定的前提下，普通债权人利益势必难以兼顾。与之不同的是，破产和解所具有的快速结清债权债务关系这一独特价值优势，既是其在破产法律规范中存在的重要意义，也是普通债权人最大程度上维护自身利益的法律途径，从这个角度出发，破产和解制度之下，普通债权人的利益将通过和解目的实现而得到更为充分的保护。

综上，无论是从破产制度对和解、重整、清算的顶层设计及相应的底层逻辑看，还是以司法实践中破产和解所发挥的功能作用来看，破产和解之于当前的破产制度价值及市场需要而言，仍以其独特的制度优势，发挥着不可替代的功能作用。

2. 和解制度应予废除的观点依据

自破产和解于旧破产法出现之初，即有学者认为和解制度存在并无必要。有观点认为，和解制度之所以能够在旧破产法中单列一章，其设计初衷是为了消除"破产法就是打开企业倒闭便捷之门"的误解，负责起草破产法的同志还专门写了《谈谈企业破产法》，向每位全国人大常委会委员寄送。[①]有学者在新破产法施行伊始便对和解持悲观态度，并预言破产和解程序必会在司法实践中遭遇"无人问津"的尴尬局面。[②]即使在新破产法施行后的相当长一段时间内，仍有研究者以"破产和解制度已丧失了赖以存在的现实土壤"为由主张废除，[③]其认为破产和解制度关于消除误解以确保破产法顺利颁行，以及政治意义上的"安慰剂"作用等目的已经实现，和解制度之于破产法功能的意义也为破产重整所覆盖，在实质上已无存在必要。

随着破产制度在实践中不断发展，在破产法对企业、对市场乃至对整个经济社会发展颇有助益的观念逐渐深入人心的今天，尽管《企业破产法》相较以往而言，实现了破产和解立法一体化、破产和解地位独立化以及破产和解制度去行政化，但质疑破产和解制度价值的声音却仍有回响。

---

① 参见董胜：《大胆突破：中国企业破产成为现实》，吉林出版集团有限责任公司2010年版，第16页。

② 李曙光：《和解制度——李曙光谈破产法》，载《法制日报》2007年2月12日。

③ 邹杨、丁玉海：《破产和解制度的反思：价值，规范与实践的统一》，载《海南大学学报（人文社会科学版）》2013年第6期。

（1）和解制度与重整存在功能重叠。

在《企业破产法》语境下，破产和解与破产重整都是《企业破产法》的重要组成部分，二者虽然在法律性质、调整对象、适用条件、申请主体、法律措施、对担保债权的处理及法律效果等方面不尽相同，但在立法目的、法律职能、适用对象等方面却存在高度相似性，这就导致和解与重整在功能定位方面存在重叠，即二者都着眼于维护或实现债务人企业的营运价值，在保护债权人与投资人利益的基础上，预防企业破产，保障社会经济稳定运转。有研究者在考察域外主要国家破产立法、实践经验后，认为和解、重整两大制度由于在价值目标方面即存在显著差异，因此导致二者既在程序规定中有明显不同，也将在破产程序的不同阶段各具截然不同的功能和作用。[1]和解与重整的基本功能都是运用国家权力强制解决不能清偿的债权债务关系，使债权人在不能完全满足其债权利益的情况下获得一种公平的分配，以维护社会正常的交易秩序。立足于破产制度整体而言，和解与重整的联系与区别主要表现在功能互补性，有学者用"一个大门，三个小门"来形容和解与重整之于破产制度的关系。但从破产司法实践情况来看，和解与重整两种制度功能的高度重叠性得到了印证。

（2）重整制度总体优于和解制度。

从和解、重整各自具有的功能来反向考察其立法目的，有观点认为相比重整所具备的丰富调整措施、法院强力介入等功能，重整制度才是积极挽救企业免于破产的制度，而破产和解制度仅具备消极防止企业破产的作用。有研究者认为，从新旧破产制度流变视野进行考察，"孕育旧破产法和解制度的土壤在现今社会已不复存在，破产和解的生存空间留有变数"。[2]其理由有三：第一，自破产法勃兴、发展至今的二十多年间，破产法的法律、市场地位历经时间检验、实践考验业已坚若磐石，破产和解制度作为保证破产法顺利通过的"缓冲阶段"已无用武之地。第二，破产和解制度已不再是国际立法趋势，当代各主要国家或地区更加注重发挥重整制度作用，或寻求更好了结债权债务关系的替代制度，破产和解制度已被国际破产立法弃置不用。第三，破产和解不再是挽救企业的首选途径，新破产法对重整制度倾注

---

[1]　陈鸣：《破产和解制度功能目标的探讨》，载《现代法学》1997年第4期。

[2]　张钦昱：《破产和解制度之殇——兼论我国破产和解制度的完善》，载《华东政法大学学报》2014年第1期。

了更多的资源，将拯救、再建企业的重任交给重整，破产和解制度则被边缘化。以破产和解在新旧破产法当中的不同表现为例，全国人大财经委员会于2000年6月起草完毕的新破产法草案直接命名为《企业破产与重整法》，起草者对此解释称"需要对那些已濒临破产，但仍有可能挽救的企业予以重整挽救……为此，我们将新草案名称定位《企业破产与重整法》"。①此外，和解在旧破产法中的位置一直都在重整前，但在新破产法中起草者将重整置于和解一章前，破产法草案表决所依据的重要报告中共19次提及"重整"，甚至在"关于草案的若干重要问题"中特辟"关于重整"专题详细阐释了重整制度的立法背景、适用对象等，而和解制度被提及的次数仅有3次，且都是和重整一同出现②。

上述观点于破产和解与重整的制度安排、司法实践情况而言，并无不妥。相较于破产重整，破产和解制度在担保权人行权、和解协议履行监督、复苏企业方式等方面明显弱势，毋庸讳言，破产和解在制度安排方面确实存在较大劣势。进而言之，破产和解制度自身存在的严重缺陷也如实映射于司法实践现状之中，从上述近十年间全国法院破产和解的司法实践情况看，破产和解制度在新破产法蓬勃发展期间，"总量少、增量小"的司法适用曲线远远低于破产重整。破产和解不仅在制度设计层面被边缘化，更在司法实践中为市场主体抛弃。

（3）预重整制度进一步限制了和解制度生存空间。

破产和解制度最大的优势在于程序简便、灵活，司法成本低廉等。但随着近年来预重整制度在我国司法实践中方兴未艾，和解制度的上述优势就丧失了独特性。所谓预重整，联合国国际贸易法委员在《破产法立法指南》中将预重整称为"简易重整程序"，即"为使受到影响的债权人在程序启动之前自愿重组谈判中谈判商定的计划发生效力而启动的程序。"③国内学界

---

① 参见朱少平：《有关〈草案〉的几个问题的说明》，载朱少平、葛毅编：《中华人民共和国破产法——立法进程资料汇编（2000年）》，中信出版社2004年版。

② 参见贾志杰在第10届全国人大常委会第10次会议上《关于〈中华人民共和国企业破产法（草案）的说明〉》，载《全国人民代表大会常务委员会公报》2006年第7期，第575页。

③ 参见联合国国际贸易法委员会：《破产法立法指南（中文版）》（2006版），第212页。

多将预重整认为是一种导向正式重整程序的庭外重组谈判，^① 即预重整是指"在申请重整之前，债务人与债权人通过法庭外协商制定重整计划，并获得债权人多数同意后，借助重整程序使重整计划发生约束全体债权人的效力，以早日实现债务人复兴的一种拯救机制"。^②

　　在实务层面，《破产审判会议纪要》明确要求人民法院要在破产司法实践中探索预重整与破产重整的制度衔接，并提出了具体步骤方面的要求。^③《破产审判会议纪要》的原文所称"庭内重整制度"即破产重整制度，"庭外重组制度"指的是传统商业性质的企业兼并重组，二者的衔接即破产预重整制度。《破产审判会议纪要》在一定层面上承认了预重整的合理性，并鼓励企业在启动破产重整程序前进行预重整。自此，预重整制度开启了从制度构想到走入实践的步伐，除中央层面陆续出台司法政策性文件对预重整制度的基本模式进一步探索、完善外，^④ 各地法院在审理破产重整案件或发布的预重整案件工作指引中，均对当地具体实施预重整制度作出了规定。^⑤ 预重整制度在启动条件、申请主体、适用对象、法律效力等方面高效解决了传统的企业兼并重组、破产重整制度自身存在的劣势和实践困境，通过客观呈现企

---

① 参见徐阳光：《困境企业预重整的法律规制研究》，载《法商研究》2021 年第 03 期。

② 参见胡利玲：《困境企业拯救的法律机制研究———制度改进的视角》，中国政法大学出版社 2009 年版，第 188 页。

③《破产审判会议纪要》第 22 条规定："探索推行庭外重组与庭内重整制度的衔接。在企业进入重整程序之前，可以先由债权人与债务人、出资人等利害关系人通过庭外商业谈判，拟定重组方案。重整程序启动后，可以重组方案为依据拟定重整计划草案提交人民法院依法审查批准。"

④ 2019 年 6 月 22 日，国家发展和改革委员会等 13 个部门联合发布《加快完善市场主体退出制度改革方案》明确指出："研究建立预重整制度，实现庭外重组制度、预重整制度与破产重整制度的有效衔接，强化庭外重组的公信力和约束力，明确预重整的法律地位和制度内容。"2019 年 11 月 8 日，最高人民法院发布的《全国法院民商事审判工作会议纪要》第 115 条规定："继续完善庭外重组与庭内重整的衔接机制，降低制度性成本，提高破产制度效率。人民法院受理重整申请前，债务人和部分债权人已经达成的有关协议与重整程序中制作的重整计划草案内容一致的，有关债权人对该协议的同意视为对该重整计划草案表决的同意。但重整计划草案对协议内容进行了修改并对有关债权人有不利影响，或者与有关债权人重大利益相关的，受到影响的债权人有权按照企业破产法的规定对重整计划草案重新进行表决。"

⑤ 深圳市中级人民法院、广州市中级人民法院分别于 2019 年、2020 年发布了《深圳市中级人民法院审理企业重整案件的工作指引（试行）》《广州市中级人民法院关于破产重整案件审理指引（试行）》，以专章规定了预重整，作为当地实施预重整的规范性文件。

业价值、提高破产重整效率及成功率、降低企业的商业信誉损失、降低法院强裁的风险等功能价值，在短时间内迅速得到了学界和实务界的认可和推崇。然而，预重整制度的出现，以其兼具预防企业破产、识别企业价值、帮助企业再建及低程序成本、低法律风险等优势，不仅补齐了破产制度在实践中暴露出的短板，进一步提高了破产制度实效性，但同时也放大了破产和解制度的缺陷，客观上挤压了破产和解的生存空间。

从上述关于破产和解制度的存废之争可以看出，主张废除和解制度的观点，其论证多是基于破产法语境下破产和解制度的逻辑推演，而此种论证又建立在和解制度与重整的比较之上，用以佐证观点的实例更多来自域外经验，鲜见国内破产和解制度的司法实践情况。虽然司法实务适用频率并非衡量某一制度价值的唯一要素，但我们从近十年间破产和解制度的司法实践状况能够看出，和解制度不仅通过实务证明其存在的价值，更契合了当前司法改革对多元化解争议的前进方向，这也进一步印证了破产和解在制度设计方面的立法本意。

（二）功能定位

《企业破产法》及相关司法解释等法律规范是解析破产和解制度功能定位的逻辑起点，因此，应着眼于我国破产制度整体的设计框架，结合重整、清算制度功能的辐射范围，以及和解制度自身的价值应用场景，既审度破产功能的结合点，又发挥其独特制度价值优势进行功能定位。

1. 清偿债务与债权妥协相结合

以司法强制力解决到期不能清偿的债权债务关系，是破产制度的基本功能之一，依靠破产制度的这一功能，债权人能够相对公平地获得债务清偿，同时，市场的正常交易秩序也能够得到保障。其中，破产和解是债务人与债权人通过自愿协商，在相互谅解基础上了结债权债务的一种方式。与重整、和解相比，破产清算注重采取相对消极的方式，完全变现债务人资产用于偿还债务，虽然在破产法语境下具有一定的公平性，然而这种意义上的公平仅限于债权人。综合比较和解、清算的不同制度侧重点，和解以对债务的减、免、缓为主要手段，在避免债务持续累积的同时，为债务人复苏企业提供必要条件。

在现代社会，企业不仅是经济生活的基本构成元素，也是破产法律规范关注的重点。企业进入破产程序后，严重资不抵债问题不仅会使大多数债权难以受偿，进而使相应的债权人陷入突发性财务困难状态；更甚者，在企业间经济联系愈加密切的当下，即使抛开金融机构破产可能引发更大范围的经济危机不谈，处理任何一个企业的破产问题，稍有不慎，都将导致"连锁破产"这一可怕后果的发生。《企业破产法》为预防、避免此类情况，除为应对情况更为复杂的破产重整制度之外，还专门设计了程序更为便利、成本更为低廉的和解制度，以相对温和的减、免、缓作为偿债手段，在重整、清算之外，为市场主体提供一种相互妥协的快速结清债权债务关系的程序机制。其优势亦具有双重性，既能在基于债务企业实际经营情况、实有资产等条件下，创造更加高于重整、清算偿债比例的可能性，也能为债务人再建企业、摆脱一时财务困境提供必要条件和可能性，而从总体来看，也能减少资源损失、避免连锁破产恶果出现。

综合比较而言，和解程序的功能定位即是在重整不能、清算不及的制度空白中，通过协商、谈判，以保留债务人营运价值，换取债权人权益的实现预期。换言之，就是以债权妥协实现债务清偿。

2. 维护债权人利益与帮助债务人脱困相结合

传统破产制度强调"以债权人为中心"，其最大特点是注重债权利益实现，债务人利益则不在考虑范围内。破产审判实践虽在近年来获得了长足发展，但主打的破产重整制度更加侧重以现债务人或企业出资人出局，即所谓"出售式重整""清算式重整"，毕竟，司法无须也不能从市场角度出发，"再建式重整"似乎不是破产审判的可能面向。但是，抛开传统破产制度形成的上述固有观点，无论是债权人或是债务人，其所追求的均应是债权债务关系了结，概言之，即是债务企业存续前提下，实现债务的尽可能完全清偿。

通常情况下，根据债务人企业资不抵债程度、企业存续经营可能性等，可对该企业进行价值识别。一种可能是，企业严重资不抵债，且企业欠缺继续经营、管理等能力，此种情况下，各利益相关方均应对"回天乏术"抱以理解，司法采取清算予以强制偿债自无不可。另一种可能则是，企业虽因不能清偿到期债务而陷于破产困境，但其继续经营、管理的能力尚在，且企业资产处置变现后，尚能够以较高比例清偿现有债务，则此时的分歧将可能表现为债权人（特别是受"绝对顺位规则"保护的债权人）一般倾向于尽快清算企业实现债权，或者实施"债转股"等方式以更大程度实现债权，此时，显然不宜抱持上述传统破产制度观点，机械以"债权人为中心"，将各方利益主体置于冲突对立之中，理由不仅限于前述各种风险，还在于"绝对顺位规则"之外的普通债权人利益亦应予以考虑、企业资产长期处于司法程序之中的损耗等。破产和解制度的出发点即是综合考虑债务人、债权人利益，其基本逻辑是保留债务人企业的继续经营能力，以企业未来盈利作为债权人利益进一步实现的追加砝码，避免企业在繁冗的破产程序中出现资产、商誉等有形、无形资产价值损耗。通过得失比较，"以债权人为中心"并不能使债权人利益更大化，反会因"绝对顺位规则"存在而可能导致普通债权人利益受损，且不论债务人企业是否具有存续经营之可能，即以采取"出售式重整"等措施，无异于"杀鸡取卵"。

基于以上论述，人民法院应用破产和解制度，应以正确引导债权人为角度，为债务人企业正常运营、摆脱一时的财务困境，或提高企业资产价值提供必要条件，这是和解制度应有的功能作用，即找到债务人和债权人的利益联结点，"放水养鱼"的前提当然是二者之间具有某种共生关系。同时，和解协议的达成与否，还在于债权人对债务让步的限度，债权人能够通过权衡其在清算与让步和解之间的可得利益，和解制度在重整、清算两种方式之外，为处于破产程序当中的各方利益主体创造了最后一次可供选择的机会。

3. 债权人利益的相对最大化

在理想状态下，破产和解是面对破产债务人时，债权人利益得以最大化的可能。首先，"绝对顺位规则"在破产重整程序中的盛行，催生出大量优先债权优先保护、嗣后债权无人问津的真实案例，税务机关、破产费用、担保债权的优先受偿之下，是大量普通债权人欲哭无泪的现实，这一规则之下，破产财产公平分配的合理性饱受诟病，债权人利益最大化的说法仅具个别意义，这是《企业破产法》自身面临的分配难题。

重整制度成本居高不下这一判断已得到理论界和实务界的一致肯认，在"真实破产"前提下，各利益相关方必须在破产程序中作出选择，但不论是重整或者清算，债务人资产贬损、债权无法全部受偿这两种结果出现的概率极高。在此情形下，各利益相关方意图避免破产财产贬值、债权难以清偿、企业主体消亡等结果的唯一可能，只有破产程序能够提供。和解虽非安全的清偿方式，但却能以及时止损的方式，为破产各利益相关方提供唯一避免上述恶果产生以及重整、清算成本出现的路径。当然，这既需要科学的企业价值识别体系，也离不开各利益相关方的互谅互让。但是，从制度设计角度出发，破产和解能够为陷于破产困境而寻求利益最大化的债权人提供解决方案，且该种解决方案仅有破产和解能够实现。

三、和解制度的改革路径

立足于当前破产法律规范对破产实践需求的整体回应，和解制度需要以重整、清算制度的新发展作为自身改革的出发点，围绕和解制度功能定位，将具体改进措施与破产法律规范的适配性作为改进方向，针对性解决自身制度设计不足难题。

（一）强化和解协议对担保物权的限制和救济

1. 限制债务人对担保物的使用及处置

担保权人是破产和解程序中的最大变数，因其不受人民法院裁定认可的破产和解协议限制，能够对担保物行使权利，而这往往是债务人企业的核心资产，直接关涉和解协议的履行，如担保权人能够不受限制地使用、处置该核心资产，则破产和解程序自身即面临"破产危机"。

虽然有学者认为和解制度对担保债权未加以限制的设计，其初衷是将不存在担保债权的企业作为和解制度的预设适用对象。[①]但该解释无疑将使破产和解制度的适用范围更为狭窄，也与司法实践中各地法院探索适用破产和解的宝贵经验背道而驰。从域外经验和国内司法实践需求看，限制担保债权人在和解程序中行权，于破产和解制度自身而言，几乎有"起死回生"的关键效应。

在近年来的破产审判实践中，通常是在法院或破产管理人主导下，组织包括担保债权人在内的各方利益主体进行协商，说服担保债权人暂不行使权利，以促成和解协议的通过、进而确保协议履行。[②]但这一做法最大的问题仍是缺乏法律规范层面的直接、明确规定。另外，法院主导作用发挥不充分的情况下，仅依靠管理人、债务人、普通债权人，与担保债权人的协商工作亦难以取得成效。因此，在综合比较域外各国立法、修法经验的基础上，结合我国破产审判实践现状，建议参照日本民事再生法中对担保债权在和解程序中的限制，考虑企业再建之必需、符合债权人的一般利益且不会对担保权人利益造成损害的，人民法院可以依申请或依职权限制担保权在一定期限

---

① 参见韩长印：《破产法学》（第二版），中国政法大学出版社 2016 年版，第 286 页。

② 参见韩长印：《破产法学》（第二版），中国政法大学出版社 2016 年版，第 279 页。

内不得行使；如该担保物是复苏债务人企业必要资源的，债务人在提供与担保财物价值相当的款额后，可申请人民法院以该对价，取消该特定财物上设定的担保权。

2. 赋予担保债权人一定权利以实现利益衡平

在对担保权行使设定限制之外，还应考虑赋予担保债权人以救济渠道，以确保制度设计更加注重利益衡平。域外国家如美国在破产和解程序中除限制担保权行使的"自动中止制度"外，还规定有相应的解除制度，即赋予担保债权人在特定担保物缺少充分保护，或担保物并非企业再建之必需等情形出现时，担保债权人即可以此为由，向法院提出异议。① 综合比较上述日本法律中对担保债权人行权的限制规定，以及美国法律中对担保债权人的救济模式规定，二者围绕担保权限制及解除的相应规定情形具有高度相似性，均是针对担保物是否为企业再建之必需，故此，建议借鉴美国关于破产和解中对担保债权人的救济模式规定，若担保物并非债务人企业重生或经营的必要资源，或者担保权是否行使对和解协议通过并无必然关联，或者担保物在和解协议履行过程中可能遭受价值贬损的，担保权人有权向人民法院申请恢复其对特定担保物行使权利。

（二）建立和解协议执行的保障措施

1. 和解协议执行的监督

《企业破产法》在破产和解一章中未有关于监督和解协议执行程序的明确规定，在破产和解程序适用实践中，对和解协议履行进行监督一般分为三种模式，即以监督主体为区分方式，分为债权人委员会监督、法院及政府部门监督、专业监管组监督三种模式。以上模式尽管涵盖了几乎所有可行使监督权的主体，但仍存在不足之处：一则，债权人委员会确可对和解协议的履行行使监督权，但问题在于和解协议经人民法院裁定认可后，破产程序处于何种状态并无法律上的明确规定。有观点据此认为，法院裁定认可和解协议后，破产程序终结。② 以《企业破产法》之规定，债权人委员会亦不复存在，当然也无法继续履行监督职责。尽管司法实践中亦有在和解协议执行期间债

---

① 参见许德风：《论担保物权在破产程序中的实现》，载《环球法律评论》2011 年第 3 期。

② 参见王欣新：《破产法》（第三版），中国人民大学出版社 2011 年版，第 234 页。

权人委员会继续履行监督职责，^①但债权人委员会成员多数并不具备专业知识技能，由其监督和解协议执行的效果并不乐观。二则，法院、政府部门缺乏对破产和解协议履行的监督精力，对于个别债务规模巨大、社会关注度高的和解案件或可履行监督职责，但面对数量更多、债务规模小的普通案件，法院和政府部门实无监督管理之精力。

通过上述比较，成立专业监管组对和解协议的履行实施监督效果较好。首先，监管组成员一般包括债权人代表，以及律师、会计师等，从勤勉、专业等角度，更能满足和解协议执行期间的相关要求。其次，监管组专司负责对和解协议的执行进行全方位的监督，在时间、精力等方面也不存在其他两种模式的短板。

此外，关于监管组成员选任问题，既可以采取债务人推荐、法院审查裁定方式，也可由法院与管理人、债务人、债权人会议等利益主体共同协商确定。关于专业监管组报酬问题，应由人民法院综合考虑债务或财产总额，并结合监管组工作量予以确定。和解成功，则由债务人支付；和解失败，则作为破产费用优先受偿。^②

2. 和解协议执行过程中的撤销

现行破产法律规范未有对和解协议执行的监督措施，且未赋予和解协议以强制执行效力。针对这一情况，有观点认为应赋予债权人以相应的撤销权，即构建和解撤销与和解让步撤销制度，以处理债务人不执行和解协议的问题。^③对于债务人怠于执行或不执行和解协议的处理，《企业破产法》第104条设计的裁定终止执行和解协议并宣告破产、开始清算的解决路径，已颇具上述和解撤销制度的雏形。该种处理方法的优点在于及时止损，但缺乏对债务人的督促功能。一般而言，和解协议的内容大多包括债权人对债务的让步，这一利益是债务人主动履行和解协议的主要动力。因此，设计和解让步撤销制度，对于怠于执行和解协议的债务人而言实质是一种更积极的惩罚

---

① 参见王欣新：《破产法》（第三版），中国人民大学出版社2011年版，第237~238页。

② 参见汤维建：《破产程序与破产立法研究》，人民法院出版社2001年版，第373页。

③ 参见王欣新：《破产法》（第三版），中国人民大学出版社2011年版，第239页；参见王欣新：《破产法原理与案例教程》（第二版），中国人民大学出版社2015年版，第283页。

措施。但是，撤销制度同样无法从根本上确保和解协议按计划执行，债权人仅能通过撤销制度得到不低于清算的清偿，如果和解协议不能执行或者未按计划执行，该制度仍难以保障债权人在和解协议中的预期利益。

归根结底，和解协议是否能够按计划执行，是破产和解程序的关键，而对这一关键因素具有根本影响力的，无疑仍是债务人企业的自身经营能力。当然，与重整制度相同，和解制度的预设前提是债务人对和解协议有强烈的执行意愿，在此前提下，在破产和解程序中构建和解撤销及和解让步撤销制度，目的是对债务人执行和解协议加以督促、作出惩罚，同时也保障债权人的合法权益。从这个意义上讲，在《企业破产法》第104条的设计路径之外，构建撤销制度作为配套，配合前述专业监管组实施监督债务人企业对和解协议的执行情况，能够尽可能为和解协议的执行作出三重保险，是当下较为适宜的策略。

（三）完善对未按期申报债权的处理规则

不同于《企业破产法》第56条关于补充申报债权的一般性规定，破产和解程序所设计的制度路径倾向于以更短时间、更少程序、更低成本实现和解并履行和解协议，故此，"破产财产最后分配前"在时间上能够给补充申报人以充分保障。但是，既应看到因债权补充申报与债权人信息披露之间可能存在信息差所导致的和解协议撤销甚至执行障碍等后果，也需注意和解程序在适用对象、制度价值方面与重整、清算的显著区别，对和解程序中补充申报债权规则进行完善。同时，在完善和解程序中未按期申报债权的处理规则时，应注意维护《企业破产法》体系化。因此，对和解程序中未按期申报债权的保护措施，应与其在破产清算程序中得到的保护相一致。据此，一方面应允许未按期申报的债权补充申报，另一方面必须对此作出一定的限制，即规定补充申报债权的时限，超过规定时间仍未补充申报的债权转为自然债权，不能请求债务人清偿或要求强制执行。[①]

关于补充申报债权的期限，理论界的观点颇有不同，但基本是以和解协议为时间节点展开。大致可分为以下三种：和解协议报送法院批准前，和

---

① 参见王艳华：《破产法学》，郑州大学出版社2009年版，第260页。

解协议执行完毕前，以及和解协议草案提交债权人会议表决前。[①] 上述观点的形成多是以提高程序便利、确保和解程序高效、便捷开展为论证逻辑，考虑到公平与效率作为《企业破产法》的基本原则，在完善未按期申报债权的处理规则时，就必须把破产法律规范的公平性、相关权利人的合法权益作为侧重点，并在此基础上兼顾和解程序的费效比、可预期性等因素。鉴于此，"和解协议执行完毕前""和解协议报送法院批准前"两种观点相对时限较长，虽对未按期申报债权的债权人而言更为有利，但却有失程序的效率性，破产和解协议的执行预期也将随之降低。

因此，建议在完善补充申报债权规则时，以第三种观点即"和解协议草案提交债权人会议表决前"，相较而言更能平衡未按期申报债权人利益和破产和解程序的整体公平及效率等，毕竟，"法律不保护权利上的睡眠者"原则要求债权人应积极行使权利、补充申报，这种做法也是对其他按期申报债权者、急于执行和解协议的债务人的尊重。

由于补充申报债权一般会产生债权人会议再次召开、对补充申报债权的审查确认以及对和解协议草案的修改等额外费用。这些额外费用的产生原因如果是因债权人自身急于行使权利造成，则应由补充申报的债权人自行负担；如果是由于破产管理人、法院未尽相应通知、公告义务的，债权人可以主张赔偿损失。这一"过错责任"的归责方式也同样适用于破产和解程序结束后仍未申报债权的债权人。至于赔偿的具体数额，建议参照和解协议所确定的清偿比例进行确定。

（四）简化破产和解程序

从《企业破产法》对破产和解程序的具体设计来看，仍需进一步简化程序步骤、压降程序用时，才能充分发挥破产和解程序高效、便捷、成本低廉的制度功能。从提升效率、降低成本的角度而言，这无疑是改进和解制度

---

① "和解协议报送法院批准前"观点来自郑志斌、张婷：《困境公司如何重整》，人民法院出版社 2007 年版，第 140 页。"和解协议执行完毕前"观点来自郤伟明：《论破产重整中未按期申报债权之处置》，载《法商研究》2012 年第 6 期；许德风：《破产法论：解释与功能比较的视角》，北京大学出版社 2015 年版，第 506 页。"和解协议草案提交债权人会议表决前"观点来自池伟宏：《破产和解的应用与思考》，第一届中国破产法论坛论文；王欣新、尹正友主编：《破产法论坛》（第三辑），法律出版社 2009 年版，第 193~194 页。

的必要举措。

1. 整体思路

按照《企业破产法》第 9 章规定，债务人申请和解、提交和解协议草案，债权人会议表决，法院裁定认可并公告是破产和解的必经程序。在破产审判实践中，破产和解程序的上述步骤一一履行完毕，一般需耗时近一年。这显然与破产和解制度程序简便、高效的设计初衷相悖。濒临破产的企业财产本就所剩无几，加之处于破产程序之中于企业经营而言更是雪上加霜，这将导致企业资产在短时间内大幅贬值。此外，繁冗的程序意味着需耗费漫长的时间，同时也会使得破产费用和潜在的共益债务增加，企业资产的持续贬值也将使债权人可能获得的清偿数额进一步减少。换言之，企业成功再建的几率与破产程序所耗时长呈负相关，这与破产和解制度通过简便的程序节约制度成本、提高效率和成功率的顶层设计是不相符的。[①]

对此，有观点认为应构建破产简易程序以帮助化解破产和解程序面临的难题。《企业破产与重整法》（草案）中也专章介绍破产简易程序，指出破产简易程序适用于债权债务清楚、债权人人数较少的案件，一些学者也详细论证过此程序。[②] 但是，关于破产简易程序因种种原因而最终搁浅，学界对增加破产简易程序的探讨也逐渐式微。[③] 尽管如此，简易破产程序所关注的有关简化程序步骤、压缩程序用时等方式，因其确实能够提高效率、降低成本进而增加破产和解程序的可适用性，在一定程度上为简化现行破产和解程序规定指明了方向，也为具体简化的大体思路提供了可资借鉴的经验。

2. 具体步骤

其一，简化审理机构和管理模式。从司法实践情况看，有相当部分适用破产和解程序的案件是债务规模较小、债权债务关系较为简单的案件。这些案件的各相关利益方往往对程序成本更为敏感，且案情相对简单，因此，对该类案件而言，简化审理机构和管理模式以压降程序成本，具有合理性、可行性。一方面，可以采取独任审理模式以简化审理机构，这既适应债务规

---

① 李曙光：《和解制度——李曙光谈破产法》，载《法制日报》2007 年 2 月 12 日。

② 参见吴合振：《企业破产清算》，人民法院出版社 2002 年版，第 342~350 页；王卫国：《破产法》，人民法院出版社 1999 年版，第 281~283 页。

③ 常见的检讨破产简易程序的理由集中在简易破产程序的适用门槛是否合理。参见 Stefan Smid：《第七章简易程序》，载朱少平、葛毅编：《中华人民共和国破产法——立法进程资料汇编（2000 年）》，中信出版社 2004 年版。

模较小、债权债务关系简单的破产和解案件审理需要，也能够相应节约司法资源成本。另一方面，破产管理人在办理该类案件时，其付出的时间、精力等成本因案情相对简单，其工作量亦会相应减少，故在选任管理人时，可按照《企业破产法》第22条、第24条的规定，根据案件实际情况，由个人担任破产管理人；同时，在确定管理人报酬时，也应依据管理人实际工作量予以酌定。

其二，按照《企业破产法》规定，召集债权人会议是破产和解的必经程序。但是，不同于重整和清算程序，破产和解程序本身就具有强烈的协商色彩。从破产和解案件的审理实践情况看，法院在和解程序之初，往往已提前组织债务人、债权人做了大量的协商工作，这在各地法院公布的破产和解典型案例中可以得到印证。在此情况下，债权人会议的召集、强制表决等程序就失去了存在基础。因此，应根据和解案件的实际情况，允许破产和解的各方当事人自行选择表决形式，如能够就和解协议达成一致的，即不必再靡费时间召集债权人会议。当然，对于案情复杂，或当事各方难以达成一致意见的，仍应由人民法院召集债权人会议。

其三，减少公告种类。在《企业破产法》关于破产程序的一般规定，以及《民事诉讼法》关于法律文书送达的程序规定中，各类公告所需时长在整个破产程序中占比较高。但是，这些不同种类的公告中，对于破产和解案件而言，并非都是不可或缺的。有观点认为，只有必要的对未知债权人的权利保护和对其他利害关系人、债务人的权利保护的公告才应给予保留，其他公告则可以省略。[①] 该观点的合理之处在于，在破产和解程序中仅保留法院裁定和解、中止和解、宣告破产三类公告，其他需要通知、送达的，则可以通过当前各地法院实践中通行的电子送达等方式，从而减少不必要的程序步骤。

其四，压缩程序用时。破产和解程序遵循《企业破产法》的一般性程序规定，这些程序与普通破产程序别无二致，需要结合和解程序的特性、和解案件当事人的实际需求等予以压缩。司法实践中，如北京市破产法庭等，已经在压缩破产程序用时方面作出了可贵探索，考虑到和解案件的案情特征、当事人对程序成本的实际要求等，亦应在通知、申报等程序环节适当压

---

① 张钦昱：《破产和解之殇——兼论我国破产制度的完善》，载《华东政法大学学报》2014年第1期。

缩时间，以进一步提高破产和解程序的效率。

（五）完善破产和解程序的有关规定

和解程序在适用范围、启动程序方面存在的问题是制约制度设计的瓶颈之一，也需要对其加以改进，以增强破产和解的程序简便性、高效性，进一步释放破产和解的价值功能。

1. 放宽破产和解的启动原因

对于《企业破产法》规定的破产和解原因，有观点认为，基于破产和解协议内容对债权人让步的体现，以及破产和解属于当事人自愿协议、法院内部和解及其具备的破产预防本源属性，则"破产和解程序开始的条件就应当比破产清算的条件宽松。"[1] 由于破产原因是破产程序启动的重要衡量因素，故上述观点以此为论证起点，围绕和解程序在整个破产法律体系中所承担的目标任务，结合《企业破产法》对重整、和解两种程序启动所需的原因表述之不同，认为破产和解的启动原因显然受限较多。考察域外国家的立法经验，一般以"债务人有不能支付到期债务之虞"作为启动和解程序的原因，为此，应放宽破产和解的启动原因，至少应与重整启动原因保持一致，以便为和解程序更好发挥其价值优势提供必要条件。相应地，人民法院在审查当事人提出的破产和解申请时，应特别注意对债务人破产原因、财产状况等进行实质审查，以避免债务人借破产程序逃避债务。

2. 扩充申请主体范围

《企业破产法》对和解程序的申请主体仅限于债务人，有观点认为，这是基于一般逻辑，结合和解程序更侧重债权人的妥协让步这一主要手段特征，而做出的制度设计。但就司法实践情况而言，和解程序的衔接性，使得申请和解时点可能发生在破产宣告前的任一环节，重整转和解、清算转和解在破产审判实践中已成为通行做法。这一事实表明，债权人在破产程序中亦是围绕清偿债务利益反复权衡，选择相对获益更多的具体程序，从这个意义上讲，债权人当然有主动选择适用破产和解程序的可能。

另一种情况可能出现在债务人与债权人围绕破产程序选择发生冲突时，即"清算转和解"这一具体场景中。此时如债权人在反复衡量利弊关系后，自愿妥协让步、与债务人达成和解协议，但债权人却不是法定的和解申请主

---

[1] 韩长印：《破产法学》（第二版），中国政法大学出版社 2016 年版，第 4 页。

体，除非涉及第三方或社会公共利益，否则，法院对此亦将束手无策。从以上情况看，把破产和解申请主体仅限于债务人，将可能与全体债权人的利益相冲突，故也应将债权人纳入破产和解的申请主体范围。当然，这并非意味着不加限制地允许债权人任意申请破产和解，而是应参照重整程序规定，对提出申请的债权人人数、债权占比等作出限定；同时，债权人提出破产和解申请的，还应及时通知债务人限期作出答复。此外，参考重整制度规定，企业投资人也应一并纳入破产和解申请主体范围内，这将使破产和解申请主体更具公平性。

（六）探索构建预和解模式

从破产法律规范的整体性出发，法院在审查破产申请时即应对企业进行初步识别，在此基础上，有观点认为应借鉴域外国家"和解前置"经验，构建预和解模式以补强我国破产制度所欠缺的灵活性、高效性。

预和解模式是债务人先与包括债权人在内的各利益相关方，围绕和解协议草案可能载明的事项进行协商、谈判，如达成预和解协议的，再向人民法院申请司法和解的困境企业拯救机制。预和解拯救模式应具有衔接自行和解与强制和解功能，企业价值识别功能，简化程序、压降破产费用以提高程序效率及和解成功率功能，以及保留企业的主体资格、保障原股东对企业的控制权、降低企业商誉损失等功能，这些功能能够通过进一步简化程序、减少步骤、压缩时间、压降破产成本费用等，进而实现债权人、债务人利益的更好平衡。

需要首先指出的是，预和解模式不同于"二次表决制度"。所谓二次表决，应是债权人对是否同意和解进行预先投票，投票结果仅作为决定后续程序的依据，避免因正式表决未通过而直接进入破产清算程序。[①] 这一表决机制仍是为提高破产和解成功率打下"提前量"。不同于"二次表决"机制的简单化操作，预和解模式下，各类型债权人对于和解协议草案的投票情况仅具参考价值，由人民法院综合考虑债务人企业是否具备继续运营价值、债务情况等因素，再行确定嗣后程序选择。司法实践中已有类似探索，如"浙江锦绣天城置业破产和解案"，和解申请提交后，法院暂不裁定受理和解，而是将和解协议草案在通知债权申报的同时逐步告知债权人，如确定债权人会

---

① 参见齐明：《中国破产法原理与适用》，法律出版社 2017 年版，122 页。

议能够通过和解协议，法院再裁定和解。^①此外，"浙江盛丰塑胶有限公司破产和解案"也是司法实践探索预和解制度的典型案例，其关键做法是对债权人会议表决规则进行修改，具体内容为债权人在预和解阶段已经提交对原和解协议草案同意表决票，如本次和解协议中和解清偿率未降低，和解方案未发生实质改变，该债权人不再重复投票表决，视为同意；和解清偿率或和解方案发生实质改变，该债权人可以重新投票表决。最终，债权人会议高票通过和解协议，瑞安法院于同年 8 月 20 日即审查认可该协议、终止和解程序。在该案例中，预和解模式充分发挥了其识别企业重建价值、帮助企业再建、债权人利益最大化等功能，经验殊为可贵。

此外，构建预和解模式还需完善与和解程序的衔接机制，具体包括临时管理人与管理人的衔接、预和解协议与和解协议的衔接、预和解与预重整的衔接等，从而对预和解协议在破产程序的效力，预和解协议形成中的信息披露制度建立，禁反言条款的设置等重要问题作好制度设计和安排，以进一步补强破产和解制度的短板。

---

① 参见浙江省律师协会编：《破产疑难案件实务应对》，法律出版社 2017 年版，第 16 页。

第六章　关联企业实质合并破产制度的重构

伴随着现代企业制度的推行和资本市场的发展，关联企业[①]之间的联合已成为一种日趋重要的经济现象。其是在市场经济条件下，为了进一步降低经营成本、追求更大规模效益而产生的。但关联交易的内部性和隐蔽性，使其极易成为成员之间进行利益输送的手段和侵害债权人利益的武器，在法人人格独立和有限责任两大公司法基石原则的庇护下，关联企业引发了各种各样的法律问题，尤其是濒临破产境地时，会产生诸多不同于单个企业破产的疑难问题。目前，一些关键问题在理论和实务中存在较大分歧。有鉴于此，对该制度进行理论探究和实践检视具有较高的价值。

一、合并破产制度的法律基础

实践中对关联企业破产有着强烈的需求，但我国破产立法和司法解释对此尚未规定，学界和实务界对此展开了诸多有益的探索，在修法的背景下，迫切需要在厘清原则和总结实践的基础上构建符合我国实际的关联企业实质合并破产制度。

（一）关联企业破产的特殊性

在一定意义上讲，企业集团就是关联企业的一种典型表现形式。有学者将关联企业定义为：通过股权参与或资本渗透、合同机制或其他手段如人事连锁或表决权协议等方法，在相互之间存在控制与从属关系或重要影响的

---

① 关联企业这一概念，最早见于我国 1991 年制定的《外商投资企业和外国企业所得税法实施细则》第 52 条的规定，关联企业是指与企业有以下之一关系的公司、企业和其他经济组织：（1）在资金、经营、购销等方面，存在直接或者间接的拥有或者控制关系。（2）直接或者间接地同为第三者所拥有或者控制。（3）其他在利益上相关联的关系。而我国《公司法》并没有出现关联企业的字眼，仅就关联关系作了定义。

多个企业。①

在法律意义上，关联企业中各成员企业均具备独立法人人格，但由于存在特殊的控制关系，一定程度上会弱化或扭曲从属企业的独立性，在一个或多个成员企业破产时，会产生与单个企业破产完全不同的影响。

其一，特殊的控制关系为关联企业转移财产、逃避债务提供了便利，控制企业可以非常轻松和隐蔽地利用经济业务联系在企业间进行非市场化的利益分配，例如采用高价买入、低价卖出、刻意提供担保等手段优先行使权利，有意侵害外部债权人的利益，达到"厚此薄彼"的不当目的。而由于关联企业内部往来具备的天然隐蔽性，债权人根本无从发现，企业进入破产状态时，处于优势地位的内部关联债权得到有效保护，而处于信息不对称的外部债权人的利益将受到严重损害。因而司法实践中，往往出现人为操控下的个别关联企业资产少但负债多，以及个别关联企业资产多却负债少的现象。

其二，非市场化的关联债务与担保阻碍了破产价值的实现，控制关系一旦滥用，很可能导致各关联企业在财务资产、人员、管理等方面出现混同，大量的关联债务与担保，既不当掏空了成员企业的责任财产，损害了外部债权人的既得利益，又恶意稀释了外部债权人的清偿比例，导致可收回债权进一步减少，从根本上违背了破产法公平清理债权债务的立法目的。此外混乱不堪的内部往来和关联交易，也给资产清理、债权认定和审理工作设置了很大障碍，破产成本会进一步提高，办理时长也会进一步增加，不利于破产程序的高效推进。

其三，不可忽视的关联企业的整体性价值，由于各成员企业在生产、经营、资金、业务、管理、人员等方面的特殊联系，从属公司的营业很可能是控制企业营业计划中的一部分或者一个环节，控制企业与诸多从属企业形成了一个综合性经营实体或较为完整的产业链条，各个企业各司其职、分工负责，从而追求规模效益。如果将各个成员企业割裂开来分别破产，不仅会使该企业的营业价值因链条不完整而大打折扣，也会影响其他企业的价值评估，导致关联企业整体挽救陷入困境。

---

① 王欣新、周薇：《论中国关联企业合并破产重整制度之确立》，载《北京航空航天大学学报（社会科学版）》2012 年第 2 期。

（二）关联企业破产的规制手段

从比较法看，规制关联企业破产的手段主要包括："揭开公司面纱"规则、撤销权和无效制度、实质合并制度，各制度在出发点、侧重方向、实现效果方面均有所不同。

1."揭开公司面纱"规则

该规则是指控股股东滥用法人资格或股东有限责任待遇，致使债权人利益严重受损时，可要求控股股东直接向公司债权人履行法律义务。[①] 其本质在于否定公司法人人格，让股东对公司债务承担责任，以保护公司债权人的利益。我国《公司法》在 2005 年修法中首次引入了该规则，其适用范围限为公司股东，是针对单个债务关系的处理，但关联企业不仅包括控股关系还包括合同控制等诸多关系，滥用法人独立人格的也不只是股东，还包括其他控制者，因而"揭开公司面纱"规则很难彻底解决关联企业破产中的资产转移和破产欺诈等问题。

2. 撤销权和无效制度

我国《企业破产法》第 31 条、第 32 条和第 33 条分别规定了破产撤销权和破产无效制度，规制重点在于防范债务人隐匿、转移财产，实施不正当交易、个别清偿或偏袒性清偿，继而追回被违法处分的财产，确保债权得到公平清偿。但在关联企业破产中，各种违法行为的表现十分复杂，违法行为的主体呈现多元化的特征。[②] 另外，关联企业破产中各种违法行为极具隐蔽性，实践中通过诉讼行使相关权利需要承担很重的举证责任，时间、费用和效果往往无法保证，因此，破产撤销权和破产无效制度在解决关联企业破产违法行为和保障债权人利益上存在较大缺陷。

3. 实质合并制度

我国学者将实质合并破产定义为：将多个集团关联企业视为一个单一企业，合并资产与负债，在统一财产分配与债务清偿的基础上进行破产程序。[③] 该制度是美国法官所创造的一种救济措施，虽然我国司法实践中已屡

---

① 参见刘俊海：《新公司法的制度创新：立法争点与解释难点》，法律出版社 2006 年版，第 85 页。

② 孙向齐、杨继锋：《关联企业破产违法行为的规制》，载《法学杂志》2009 年第 9 期。

③ 王欣新：《关联企业实质合并破产标准研究》，载《法律适用》2017 年第 8 期。

见不鲜，但我国立法层面并无任何规定。该制度主要是为了解决关联企业破产中各成员企业出现的独立人格丧失、不正当利益输送以及破产欺诈等违法行为，追求实质公平。作为更加强硬和更富效率的救济措施，其是对关联企业法人人格的彻底否定，既不需要进行资产划分，也不需要鉴别关联债务，成员企业间的债权债务完全归零，资产统一合并、统一清偿。

（三）实质合并破产制度的价值

实质合并破产否认各关联企业独立的法人人格，整个集团企业的资产和负债合并处理，统一向全体债权人分配。有学者持反对意见，认为人格否认理论只能在正常情况下适用而不能在破产法上对所有关联交易企业一起适用。[1] 亦有学者指出，公司的法人人格被否认，是从实体法的角度将该公司和股东视为同一体，而且仅在本次案件中适用。[2]

但破产学界和司法实务则一直呼吁构建我国的实质合并破产制度，有学者认为实质合并不仅可以降低成本，实现破产案件的经济效率，也可以更有力地保障企业挽救获得成功。[3] 另有学者提出，基于关联企业"统一经济体"这一经济事实的调整和成本收益的考量，实质合并破产规则有其独立的适用价值。[4] 在企业集团整体丧失清偿能力时，需要确定各关联企业之间是否存在法人人格混同，如不存在自可独立单一破产，如存在则需要借助实质合并破产规则统一处理，这既是破解现实问题的需要，也是破产法公平、效率原则和社会利益本位目标追求所决定的。

1. 有利于实现公平清理债权债务的立法目标

公平原则是破产法的应有之义，贯穿整个破产程序始终。关联企业破产中违法的内部交易、常见的虚假破产和破产欺诈行为、大量关联交易与担保，破坏破产法公平清偿的基本原则。[5] 在分别破产模式下，关联企业的资

---

[1] 李永军、李大何：《重整程序开始的条件及司法审查——对"合并重整"的质疑》，载《北京航空航天大学学报（社会科学版）》2013 年第 6 期。

[2] 朱慈蕴：《公司法人格否认：从法条跃入实践》，载《清华法学》2007 年第 2 期。

[3] 王欣新：《关联企业的实质合并破产程序》，载《人民司法·应用》2016 年第 28 期。

[4] 王静、蒋伟：《实质合并破产制度适用实证研究——以企业破产法实施以来 76 件案例为样本》，载《法律适用》2019 年第 12 期。

[5] 王欣新、周薇：《关联企业的合并破产重整启动研究》，载《政法论坛》2011 年第 6 期。

产和负债被人为操纵，不同企业的债权受偿呈现出两极分化的特点，部分企业成了"背锅侠"，而该部分企业的债权人成了"躺枪者"，造成严重的不公平。实质合并破产制度将法人人格混同的关联企业视为一个整体，将涉及的各个关联企业的资产进行整合，消除关联债权、债务与担保后，统一对待全部债权人，有效破解了关联企业过度控制所诱发的各种问题，利于实现企业集团整体债权人的实质公平清偿。

2. 有利于提高破产程序效率

某种意义上讲，效率就是公平，有时没有效率过度损耗的公平反而会损害当事人的实际利益。[①]关联企业相互之间充斥着错综复杂的内部往来、关联交易、联保互保、交叉业务、人员管理等，短时间内完成划分界定十分困难，必须借助审计、评估等第三方机构进行整体核算和准确区分，时间、费用等成本尚且不谈，鉴于关联关系的内部性和隐蔽性，最终能否准确理清是一个未知数。而实质合并破产有效减少了查实以及撤销企业各种不当行为的程序消耗，切实提高了破产审判的效率。

3. 有利于发挥破产法的挽救功能

关联企业在市场和经济上有其合理性，以集团企业为联系的关联企业多存在着产业链关系或分工合作关系，既能借助产业布局有效降低交易成本，又能通过相互依存增强抵御风险的能力。但将关联企业分别出售可能破坏原本集团企业经营体系的完整性，无法实现资源的有效整合。[②]而实质合并破产可以利用关联企业之间的分工合作体系，筛选具备市场价值和市场前景的关键营业，对主体存续、后续经营和组织管理进行妥善安排，实现企业整体价值的提升。

二、合并破产制度的实践现状

企业集团化是经济发展过程中的正常现象，关联企业破产在我国十分普遍，近年来，全国各地法院审理了许多关联企业实质合并破产案件，此类案件牵涉面广、影响力大，如何准确适用实质合并规则，高效区分内外部资产债务，妥善处理合并程序中的权利保护等问题始终是司法实践的难点。

---

① 王欣新：《关联企业的实质合并破产程序》，载《人民司法·应用》2016 年第 28 期。

② 肖彬：《实质合并破产规则的立法构建》，载《山东社会科学》2021 年第 4 期。

（一）规则统计

最高人民法院《破产审判会议纪要》对关联企业实质合并的适用标准、审查程序、异议救济、管辖确定、法律后果等进行了规定。此后，云南高院、河北高院、山东高院、河南高院、重庆五中院、南京中院、青岛中院、长治中院等法院也在本地破产案件审判或规范指引中进行了规定，但基本上与《破产审判会议纪要》无差别。也有一些地方法院结合本地实际，进一步细化和完善了相关规则，比如陕西高院、深圳中院、北京一中院、东营中院。从各地法院审判指引来看，多持审慎适用的态度，强调尊重企业法人人格的独立性，实质合并破产为例外情形。关于实质合并破产适用标准，在《破产审判会议纪要》出台后，实践已经基本统一，但在申请主体、举证责任分配、管理人指定、相关起算点等具体事项上，各地相关规定并不一致，需要进一步研究明确，以统一裁判尺度，给市场主体明确预期。

（二）实证分析

通过对 102 件关联企业合并破产案件进行梳理得知，[①] 关于关联企业合并破产的探索，主要分布在山东、重庆和江苏地区，三省市相关案件数量最多，分别为 21 件、20 件和 13 件，案件占比达 52.94%。

1. 破产程序类型

实质合并重整案件有 80 件，占 78.43%；实质合并破产清算案件 21 件，占 20.59%；而实质合并和解案件仅 1 件。

2. 涉及关联企业数量

进入实质合并破产程序的关联企业大多数在 10 家以下，计 80 件；10 家以上 100 家以下的有 20 件；100 家以上的有 2 件。目前，进入实质合并破产程序涉及关联企业数量最多的是辽宁忠旺集团有限公司实质合并重整案[②]，共计 253 家。

---

① 在全国企业破产重整案件信息网设定"关键词：实质合并""内容类别：裁判文书""日期：2018 年 3 月 5 日至 2022 年 10 月 20 日"筛选条件，共搜索出 2194 条相关记录，经逐一识别剔除，《破产审判会议纪要》印发后共搜集关联企业实质合并破产案件 102 件。

② 参见辽宁省沈阳市中级人民法院（2022）辽 01 破 7-1 号民事裁定书。

3. 启动模式选择

采用分别破产、再行合并模式的共计66件；采用个别先破、以点带面模式的共计34件；采用一并申请、合并破产模式的仅2件，该两件分别为金盛置业投资集团有限公司实质合并重整案[①]、重庆力帆控股有限公司实质合并重整案[②]。

4. 申请主体类别

关联企业管理人申请占到绝大多数，共计90件；债务人企业自行申请的计7件；管理人与债务人企业一并申请的计3件；管理人与债权人一并申请的计1件；关联企业出资人申请的有1件。因关联企业法人人格高度混同的举证十分困难，处于信息不对称的债权人几乎没有能力提供相关证据，继而难以提出实质合并破产的申请。

从近几年司法实践来看，自《破产审判会议纪要》印发以及最高人民法院强调之后，各地关联企业实质合并破产已经逐渐趋于规范化，尤其是实质合并规则的适用标准，在《破产审判会议纪要》出台前，破产法学者们从各个角度进行了广泛讨论。法院在判断上不再局限于法人人格混同这一单一标准，而是结合法人人格高度混同、债权人受益、资产分离困难、重整可行性等若干标准进行综合认定，在以上搜集的102件案件中，几乎所有实质合并破产案件都在裁定书中就以上问题展开了论述，且均召开了听证会听取各方意见，只是存在详略不同而已。

（三）问题检视

通过对各地法院审判指引和具体案件的分析，不难发现《破产审判会议纪要》只是较好地解决了实质合并破产认定标准的问题，但关于申请主体、合并范围、启动模式、举证责任、异议救济、期限起算、管理人衔接等程序事项仍不够明确，由此导致实践做法不一，影响了司法的统一性和权威性。

1. 申请主体不明确

各地普遍的做法是赋予关联企业、关联企业的债权人、已经进入破产程序的企业的管理人申请实质合并破产的权利。而实践中管理人申请占到了

---

① 参见江苏省南京市中级人民法院（2022）苏01破11号之一民事裁定书。
② 参见重庆市第五中级人民法院（2020）渝05破195号民事裁定书。

绝大多数，因为其更为方便且有能力全面了解关联企业间相互之间的实际情况。然而《企业破产法》规定的申请破产程序的主体并不包含管理人，在部分企业先进入破产程序、法院又裁定其他企业并入破产程序的情况下，后进入破产程序的企业事实上正是基于管理人的申请，在立法未作修改前，司法实践大肆采用管理人申请的方式，存在违反现行法律之虞。另外，出资人是否能够申请实质合并破产也是一个颇有争议的问题。

2. 启动模式不规范

实践中常见的有三种模式，在以上102件案件中均有采用，其中分别破产、再行合并模式占多数，达64.71%，该模式较为传统，能够避免管理人申请下的主体不当问题，但也存在后续程序衔接和管理人指定的难题；个别先破、以点带面模式占33.33%，该模式直接将未进入破产程序的关联企业并入实质合并破产程序，存在违反立法的风险，且易引起关联企业及债权人的反对；一并申请、合并破产模式的仅2件，该模式对前期准备工作要求极高，实践中采用相对偏少。

3. 举证责任分配规则不合理

各地一般要求申请人提供各成员企业间存在法人人格高度混同且难以区分的证据，而关联企业的内部交易和关系往往具有很大的隐蔽性，要求外部债权人收集相关证据并不具备可行性。这也是债权人较少去申请实质合并破产的关键因素，为有效鼓励债权人的参与同时防止规则滥用，有必要针对不同主体设置不同的举证责任规则。

4. 异议救济规则不完善

实质合并破产从企业集团整体债权人的利益出发，必然会对原本高清偿率的成员企业的债权人带来不利影响，目前，《破产审判会议纪要》仅赋予了相关利害关系人申请复议的权利，并不能有效解决债权人之间的利益冲突，一刀切的做法也会伤及善意债权人的合法权益。

5. 程序起算点存在争议

破产法上的管理人的解除权、撤销权，债权申报期限，债权加速到期，债权停止计息都是从破产受理时开始起算，重整期限系从裁定重整之日起算，关联企业一并进入实质合并破产程序自无争议，但在各关联企业先后进入时，上述期限起算就会因裁定实质合并破产而趋于复杂化。

三、合并破产制度的规则完善

最高人民法院《破产审判会议纪要》明确和规范了实质合并破产规则适用的标准，但尚不完善，结合我国司法实务现状，就我国实质合并破产制度的构建提出如下思路。

（一）遵循审慎适用原则

法人人格独立是公司法的核心原则，而实质合并破产是对公司法人人格的根本否认，适用实质合并破产是具有现实意义的，但其危害性也是不可忽视的。一方面，会对尊重法人人格独立性这一基石原则造成冲击。有学者提出，大多数债权人多以整个集团的信用基础作为交易的判断条件，仅以单体公司的资产作为偿债财产，对该类债权人不公平。[①]但合并破产严重损害了部分债权人的合理期待，将交易置于不确定的状态。按照该说法，那些低负债成员企业的债权人不也是基于对该公司的信用基础作出的判断。另一方面，实质合并破产加剧了债权人群体之间的矛盾，改变了不同成员企业原本的偿债基础，将债务人与债权人之间的冲突演变成不同成员企业债权人之间的冲突。

有学者认为此种认识忽视了形成公司集团内部不同负债率的因素。[②]对此亦有不同观点，首先，集团企业不同负债率系因各关联企业本身实力和内部控制等多种因素导致，但与债权人并无关系，让低负债成员企业债权人尤其是善意的外部债权人共同为整个集团企业买单亦难谓公平。其次，整体清偿率的提高无外乎关联债权债务与担保的消灭、整体营业价值的提升、破产程序成本的降低、低负债公司债权人和担保债权人的"奉献"，强调整体清偿率但绝不能忽视对善意债权人造成的损害。因而无论是从尊重公司独立性这一基本公司法原则和保护债权人利益出发，还是从法律的稳定性和可预测性出发，都应当慎用实质合并。[③]作为特殊情况下的例外选择，在成本和效

[①] 参见肖彬：《实质合并破产规则的立法构想》，载《山东社会科学》2021年第4期。

[②] 贺丹：《破产实体合并司法裁判标准反思——一个比较的视角》，载《中国政法大学学报》2017年第3期。

[③] 彭插三：《论美国破产法中的实质合并规则》，载《财经理论与实践》2010年第2期。

率相匹配的情况下，应当优先适用撤销权、无效行为或法人人格否认制度进行纠正，切实避免纯为提高工作或审理效率之个人目的，而滥用实质合并破产制度。

（二）适用综合判断标准

《破产审判会议纪要》确立了实质合并破产的三个标准，各考虑因素本身并无太大争议，但需厘清各标准之间的关系。法人人格高度混同是前提，如不具备该基本要素，自无适用实质合并破产的基础，但符合该条件的亦不必然导致实质合并程序启动；资产分离困难是佐证，该标准反映的是一种事实状态，如果区分彼此财产将花费巨额成本，为了防止债权人损失进一步扩大，可作合并处理，追求的是效率的提高，但出发点必须是保护债权人权益而非审理上之便利；债权人收益是根本，这是决定是否启动实质合并破产的核心标准，此处的收益是指债权人整体清偿利益的实现，即实质合并破产带来的利益大于其造成的损害，而非满足每个债权人的利益，所强调的是对集团企业全体债权人的实质公平。

实践中，重庆、江苏等地法院对实质合并破产适用标准的把握较为准确，在隆鑫集团有限公司等13家公司实质合并重整案中[①]，受理法院针对三项标准，逐项分析实质合并重整的可行性。在金盛置业投资集团有限公司等28家公司实质合并重整案中[②]，受理法院通过管理人调查和审计机构专项报告查明，28家公司资产调拨、财务安排、经营决策、人事任免均由控制企业统一管理，累积发生非经营性往来共67196笔，难以逐一核对，不能还原各公司真实资产负债状况，通过实质合并重整不仅可以降低区分财产的成本，还能够保留28家公司运营链条的完整性，进而增加关联企业重整价值，最终实现债权人利益最大化。以上法院结合多种标准进行综合判断的做法，值得借鉴。

（三）程序设计

1. 申请主体

就提起实质合并破产，应赋予债权人、债务人、出资人和管理人申请

---

① 参见重庆市第五中级人民法院（2022）渝05破88号民事裁定书。
② 参见江苏省南京市中级人民法院（2022）苏01破11号之一民事裁定书。

权。其一，债权人最具申请实质合并破产的积极性，尤其是受不当关联关系侵害的高负债、低清偿率成员企业的债权人，因此债权人当然享有申请权，且任一合并企业的债权人均可单独提起。其二，债务人最为了解企业财产状况、负债情况、清偿能力、内部管理、运作模式等信息，相较其他主体更为掌握关联企业内部交易和往来，具备提起实质合并破产的基础，但基于掩盖不当关联交易和违法行为的意图，多数债务人往往并无申请意愿。其三，关于出资人是否享有申请权的争议最大。王欣新教授明确提出，出资人不应享有申请权。[①]出资人作为重整申请主体，当然具有申请实质合并重整的权利，若实质合并方式能够保留集团企业的整体价值，进而推动企业重整成功，则肯定对出资人有利。在重庆双远实业（集团）有限公司与重庆双城房地产开发有限公司实质合并重整案中[②]，法院即是在出资人的申请下最终裁定进行合并重整。其四，理论和实践普遍认为管理人最应享有申请实质合并破产的权利，因为管理人接管企业后，通过清产核资最为掌握企业内部情况，就是否符合适用标准，可以作出更为准确的判断，且合并破产可以有效简化程序，所以管理人具有提起实质合并破产的能力和动力。但需注意，先进入破产程序的成员企业的管理人不宜直接申请将未进入破产程序的企业并入实质合并破产程序，否则无异于赋予管理人申请企业破产的权利，与现行立法违背。当前，可考虑协调债务人或债权人提出申请，未来《企业破产法》修法应规定管理人申请实质合并破产的权利。

2. 举证责任分配

基于不同申请人具备的能力、掌握的信息、可用的手段并不相同，立法应当以不同申请主体为区分，设定相匹配的举证责任。管理人、债务人及其出资人提出申请的，应当就关联企业是否符合适用标准提供相应的证据；但债权人提出申请的，只要能够提供关联企业存在法人人格混同的初步证据即可，转由被申请企业就是否存在法人人格高度混同作出说明，不能确切说明的，法院得依职权要求管理人进行调查。

3. 审查方式

是否采用实质合并破产方式应由法院进行裁定，然而应采取何种方式

---

① 王欣新：《关联企业的实质合并破产程序》，载《人民司法·应用》2016年第28期。

② 参见重庆市铜梁区人民法院（2017）渝0151破2号之一民事裁定书。

进行审查，理论上争议很大，但学者们主要围绕债权人会议表决和听证会这两种方式展开论述。有观点主张，法院裁决合并破产应以多数债权人同意为前提。[①] 也有学者指出，实质合并属于意思自治的范畴，那么就应当由债权人自行决定。[②] 但另有观点认为，是否进行关联企业实质合并破产的决定权在法院，而不是债权人或债权人会议。[③] 支持该观点的学者强调，如果以债权人会议表决通过为前提，无疑等于将司法决定权转交由债权人会议来决定，不符合破产法关于司法权与债权人会议职权划分的原理。[④] 事实上，采取听证会的审查方式更为适合，因为实质合并破产本质上就是法院的一种审理方式，实质合并后虽会对个别债权人造成一定的冲击，但目的是追求整体债权人的实质公平，判断是否符合适用标准以及决定是否采用实质合并破产方式均是司法裁判事项。另外，从实践考虑，要求各关联企业债权人会议，尤其是高清偿率企业债权人会议表决同意也是不现实的，更应关注的是异议债权人的救济规则。为避免实质合并破产规则被滥用，可以考虑在合议庭裁决前需提交本院审判委员会讨论。

4. 启动模式

关于实质合并破产的启动模式，实践中主要有以下三种：一是分别破产、再行合并，各关联企业先后进入破产程序后，经申请法院裁定实质合并破产，因各企业均具备破产原因且已进入破产程序，管理人全面接管企业后，在清产核资基础上更能全面准确查实关联企业整体情况，防止将不符合适用标准的企业拽入实质合并破产程序。此种模式最为稳妥，在搜集的 102 件案件中，64.71% 的案件系各关联企业进入破产后再实施合并破产。但该模式存在程序衔接的弊端，各关联企业分别进入破产程序，因而受理时间并不一致，产生相关程序起算标准和法律效果的差别，若前后时间差距过长，亦会发生快慢有别和被迫等待的现象。二是个别先破、以点带面，部分关联企业先进入破产程序，再申请法院裁定其他企业与已进入破产程序的

---

① 山东省枣庄市中级人民法院课题组：《关于关联企业合并破产问题的调研——以枣庄法院仅 10 年审理的额破产案件为分析样本》，载《山东法官培训学院学报》2021 年第 5 期。

② 朱黎：《论实质合并破产规则的统一适用——兼对最高人民法院司法解释征求意见稿的思考》，载《政治与法律》2014 年第 3 期。

③ 王欣新：《关联企业的实质合并破产程序》，载《人民司法·应用》2016 年第 28 期。

④ 徐阳光：《论关联企业实质合并破产》，载《中外法学》2017 年第 3 期。

企业实施合并破产。此种模式在实践中亦较常见，例如江苏申特钢铁有限公司等12家公司合并重整案①，刚开始法院分别受理5家公司破产重整，该5家公司管理人在履职中发现5家公司与另外7家关联公司法人人格高度混同，故申请法院就12家关联企业直接启动实质合并重整程序。有学者明确反对，由法院依职权径行将未被申请破产的成员企业纳入实质合并，相当于是法院以职权启动了成员企业的破产程序，违背了我国《企业破产法》的明文规定。②该模式存在一定的合理之处，能够应对低负债成员企业及其出资人、债权人均反对企业进入破产程序并与其他企业实质合并破产的困境，具备程序协调与推进上的优势。但其效果无疑是认可了管理人申请企业破产的权利，且有司法僭越之嫌，所以必须充分释明未进入破产程序的企业是否具备破产原因以及纳入合并的必要性，未来修法中可以考虑作出规定，目前实践应尽量避免适用。三是一并申请、合并破产，在破产程序启动前，各关联企业一同向法院提出进行实质合并破产的申请，法院直接裁定启动实质合并破产程序。该种模式对前期准备、各方协调要求很高，所以实践中最为少见。但优势亦十分明显，一并申请受理有利于统一程序事项，避免出现各种起算点相互不一致的尴尬，且能和预重整制度相互配合适用，通过提前识别审查，实现行动一致。在重庆力帆控股有限公司等11家公司实质合并重整案中，11家关联公司一并向法院提出实质合并重整的申请，并提交了审计机构出具的《重庆力帆控股有限公司等11家公司关联关系专项审计报告》，法院经审查裁定11家关联企业实质合并重整。③

5. 异议救济

实质合并破产的要义就在于通过合并资产、统一清偿，以纠正不当关联关系对全部债权人整体利益的损害，平衡不同债权人之间的利益，并寻求实质公平。部分债权人必然会因改变各关联企业偿债基础遭受损失。《破产审判会议纪要》规定了相关利害关系人申请复议的权利，对异议债权人起到了一定的保护，例如在镇巴县万象竹木投资开发有限公司等3家公司实质合

---

① 参见江苏省溧阳市人民法院（2020）苏0481破2、3、5、6、7号，（2020）苏0481破申20、21、22、23、24、25、26号民事裁定书。

② 王静：《非讼程序视角下实质合并的申请与审查》，载《法律适用》2021年第6期。

③ 参见重庆市第五中级人民法院（2020）渝05破195号民事裁定书。

并重整案①，盛泰集团有限公司等 13 家公司实质合并重整案②，异议人提出复议申请后，上级法院经审查均撤销了破产受理法院的实质合并破产裁定。但无论是参加听证、还是申请复议，均不能有效保护异议人尤其是善意债权人的合法权益，建议增加利益补偿的规则，在确定其因实质合并破产受损范围后，若只有个别受损群体，可由管理人、债委会与其进行沟通，协商给予适度补偿；若受损群体较多，则由管理人统一拟定适度补偿的比例、方式，并提交债权人会议表决。

6. 关于程序协调的问题

（1）司法管辖。根据我国《企业破产法》规定，破产案件由债务人住所地人民法院管辖。而关联企业通常涉及多个地域，由此引发管辖上的冲突。对此，《破产审判会议纪要》规定由关联企业中的核心控制企业住所地人民法院管辖。但仍存争议的是，若先进入破产程序的是非核心控制企业，此时管辖如何确定。较多学者支持"先入为主"原则，如王欣新教授认为基于效率原则和管辖恒定原则，除特殊情况外，一般应由已经受理该破产程序的法院统一管辖。③徐阳光教授亦认为，为避免司法资源的浪费，一般应由已受理该破产案件的法院负责管辖。④但"先入为主"的做法在司法实践中可能会产生一定的问题，若先进入破产程序的非核心控制企业系县、县级市或者区的市场监管部门核准登记的企业，则一般由基层人民法院管辖，在其他关联企业中存在市级（含本级）以上市场监管部门核准登记的企业时，若仍由先受理法院管辖，就会产生级别管辖上的问题。且很容易发生恶意选择审理法院、变相规避级别管辖的情况，不利于实质合并破产程序的整体推进。因而，在此种情况下，应当由共同的上级人民法院综合考虑核心控制企业住所地、成员负债规模、程序协调便利、地方维稳需求和债权人分布等因素指定管辖。

（2）管理人指定。在一并申请、实质合并模式下，法院可以根据案件需要、预重整情况、当事人意见等因素依法指定一个或多个机构担任整个关联企业的管理人。但各关联企业分别进入破产程序的，若均已依法指定管理

---

① 参见重庆市第三中级人民法院（2021）渝 03 破 1 号民事裁定书。
② 参见山东省东营市中级人民法院（2019）鲁 05 破监 1 号民事裁定书。
③ 王欣新、周薇：《关联企业的合并破产重整启动研究》，载《政法论坛》2011 年第 6 期。
④ 徐阳光：《论关联企业实质合并破产》，载《中外法学》2017 年第 3 期。

人，后启动实质合并破产程序的，就会发生不同管理人间的协调问题。一种观点主张，法院可直接统一指定一个或多个中介机构担任整个关联企业的破产管理人。①另一观点认为，应指定核心企业的管理人担任合并破产案件管理人，其他管理人应通过辞职等程序退出。②第一种做法较为缓和，不会引发管理人之间的利益冲突，人员配备上的优势便于应对大型关联企业案件繁重的工作量，利于保持管理人工作的连续性，但也存在职责划分、利益分配和成本上升的难题。第二种做法稍显强势，指定同一管理人确实利于实质合并破产程序的协调推进，避免出现不同主体相互掣肘、推诿扯皮和重复工作的现象，但径行取消其他关联企业管理人资格或让其退出缺乏有效的法律依据，容易引起不同管理人之间的矛盾，滋生司法腐败。因此实践中，法院应立足具体案件情况，根据程序推进需要，结合债务人、债权人与管理人的意见，灵活选择管理人组成方式。

（3）相关期限起算点。在分别破产、再行合并模式下，会出现有关期限计算不一致的问题，主要包括债权止息日、撤销权起算点和重整期限起算点（即提交重整计划草案起算点）。

其一，关于重整期限起算点。理论和实践普遍赞成自法院裁定实质合并破产之日起算，因为实质合并重整后重整范围、破产财产、负债情况、清偿方式、经营方案等基础条件都发生了实质性变化，需要制定新的重整计划草案，理应重新计算提交期限。

其二，关于债权止息日。各方分歧比较严重，后进入破产程序的关联企业的债权人，要求以对应企业破产裁定日作为债权止息日。而有观点主张，应以最先进入破产程序的关联企业成员破产申请受理之时作为申报债权止息时点。③以最先破产企业破产裁定受理日作为止息日并不恰当，我国《企业破产法》明确规定附利息的债权自破产申请受理时起停止计息，不因采用实质合并破产而发生变化。将止息日统一至最先破产企业破产裁定受理

---

① 曹文兵：《供给侧改革背景下实质合并破产制度的构建与完善——以16件关联企业实质合并破产案件为分析样本》，载《理论月刊》2019年第7期。

② 参见山东省枣庄市中级人民法院课题组：《关于关联企业合并破产问题的调研——以枣庄法院近10年审理的破产案件为分析样本》，载《山东法官培训学院学报》2021年第5期。

③ 王静、蒋伟：《实质合并破产制度适用实证研究——以企业破产法实施以来76件案例为样本》，载《法律适用》2019年第12期。

日，存在以下弊端：一是违背破产法公平清偿的目的，所谓债权人清偿率的提高不能仅限于"分母"的变小，否则将陷入前后逻辑矛盾的境地，一边主张实质合并破产系法院的一种审理方式，不属于当事人对自我权利的处分，另一边又以防止关联企业债务规模扩大为由，变相取消债权人获取孳息的正当权利。二是止息日统一至最先破产企业破产裁定受理日后，其他关联企业现有债务自该日起便不再产生利息，现有债务规模也不会再扩大，这样不仅不会促使其他关联企业尽早进入破产程序，反而会鼓励企业继续拖延、挣扎，期间甚至发生新的债务。三是以最先破产企业破产裁定受理日为止息日，若其他关联企业在此时间点后进入破产程序前发生债权，该债权的性质认定可能会存在逻辑冲突。

其三，关于撤销权起算点。我国《企业破产法》第31条、第32条分别规定了管理人可申请撤销受理破产申请前一年内和六个月内相对应的债务人的不当行为。这里一年和六个月的期限设定，体现了破产法追求破产财产最大化以实现公平清偿的目标，有利于维护外部交易安全和稳定，为市场交易提供稳定的预期，降低交易的成本。实质合并破产更应如此，以各关联企业破产申请受理日作为可撤销期间起算点，可以避免造成外部交易秩序混乱。

第七章　小微企业破产制度的构建

随着经济社会的快速发展，小微企业已成长为各国经济的支柱，在创造税收、提供就业岗位、培育企业家精神等方面为各国经济做出了突出贡献，得到了联合国国际贸易委员会、世界银行等国际组织及各国的普遍重视，我国在 2019 年制定的《加快完善市场主体退出制度改革方案》中明确"逐步建立起与现代化经济体系相适应，覆盖企业等营利法人、非营利法人、非法人组织、农民专业合作社、个体工商户、自然人等各类市场主体的便利、高效、有序的退出制度"的总体目标。但是，小微企业缺乏明确的学理和法律概念，其虽对破产制度需求旺盛，但因其具有与大、中型企业完全不同的特殊属性，常常表现为经营权与所有权的不可分性，且其权属亦缺乏流动性。此外，小微企业与大、中型企业的另一显著区别是其债务规模小、权益与负债结构简单、财务与资产信息不透明，[①] 这些特殊属性导致现行破产立法规范不能满足其对破产拯救、清退等功能的特殊需求，同时也决定了仅依靠繁简分流方式对现行破产制度做简易化处理，仍不可能满足小微企业的实质需求。故应在精准界定小微企业属性的基础上，构建符合小微企业特殊属性、适应小微企业特殊需求的专门破产制度。

一、小微企业的界定及其现状

对小微企业的划型范围进行界定是明确其现状的前提，也是构建适应小微企业特殊需求的破产制度的基础。目前，学界与实务界均未对小微企业的内涵、外延作出明确、统一的定义，但是，通过对小微企业特殊属性的归纳，结合国家统计部门、财税机关等对各类企业的划型标准，能够对破产语境下小微企业的范围界定提供重要的参考依据，并以此作为考察小微企业现状的视窗。

---

① 王佐发：《中小微企业危机救助的制度逻辑与法律建构》，载《中国政法大学学报》2020 年第 6 期。

（一）小微企业的基本界定

在小微企业缺乏明确的学理、法律概念前提下，以小微企业的本质属性与国家相关部门的企业划型标准，进而确立破产语境下小微企业范围，是最大程度反映小微企业真实样态的基础。

1. 小微企业的特征

按照联合国国际贸易法委员会第一工作组对小微企业的研究，小微企业一般具有十项特征，主要包括企业与企业主资产及债务的高度混同性、企业资产欠缺可流动性、经营权与所有权不可分性等，[①] 以上特征是从市场、统计、金融、法律等多个角度综合考量小微企业的本质属性，足以明确将小微企业与大、中型企业作出区分，故获得了理论界和实务界的一致认可，于本文从破产制度视角探讨小微企业的划型、判定等具有重要参考意义。

2. 小微企业的界定标准

（1）统计学视角下小微企业的判定标准。根据《国家统计局关于印发〈统计上大中小微型企业划分办法（2017）〉的通知》（国统字〔2017〕213号）中的划分方法，从业人员、营业收入、资产总额是划分我国境内依法设立的法人企业或单位（个体工商户参照该标准划分）的主要指标，这一划分方法基于行业门类、大类、中类和组合类别，囊括了几乎所有行业类别，并根据各行业不同特征，将从业人员、营业收入、资产总额确定为主要衡量指标，并在这三项指标中分别取至少一项、至多两项指标作为不同行业门类下企业规模的划分标准。其中，同时满足上述全部三项指标下限的，即属于小型以上企业；指标未达要求的，则下划一档；达到列明指标其中一项的，即

----

① 小微企业的一般性特征：一是长期持续性小规模经营。二是对社会与法律环境高度敏感，普通法律的烦琐规定对其经营往往具有消极影响，使其主要在法律规则外活动（但并不等同于违法活动）。三是主要依赖亲友提供借款或分担风险，能够获得的资本或银行服务有限。四是雇员来源有限，往往可能是没有报酬、缺乏技能的亲友，其行政管理能力有限。五是市场有限，可能仅包括亲友和本地熟人。六是易发生独断和腐败行为。七是诉诸现有争议解决机制的途径和能力有限。八是没有能力区分企业与企业主个人的资产与债务，企业的倒闭往往也意味着企业主的破产，意味着其将失去个人资产。九是容易陷入财务困境。十是难以转让或出售企业，难以从企业的有形资产和无形资产（如客户名单或与顾客的关系）的转让和处置中获益。参见《微型、小型和中型企业（中小微企业）获得信贷》，载联合国网站，https://undocs.org/zh/A/CN.9/WG.I/WP.119/ADD.1；参见《减少微型、小型和中型企业（中小微企业）面临的法律障碍》，载联合国网站，https://undocs.org/zh/A/CN.9/WG.I/WP.110，2023 年 2 月 27 日访问。

可划为微型企业。由于各类企业因密集要素不同，如交通运输业、物业管理等为代表的劳动密集型行业，从业人数 300 人以下的被划分为小型企业，而科技密集型行业如软件和信息技术服务业的从业人数 100 人即属小型企业，故无法直接从这个划分办法中明确析出小微企业的划分标准。但是，上述以从业人员、营业收入、资产总额作为划分指标的办法为区分小微企业提供了重要参考，综合这一办法的具体划分内容，参照工业和信息化部、国家统计局、发展改革委、财政部联合制定的《中小企业划型标准规定》内容[①]，从业人员指标可以作为区分小微企业的主要标准，即从业人员数量超过 10 人的为小型企业，低于 10 人的是微型企业。

（2）财税视角下小微企业的判定标准。根据 2019 年 1 月 17 日财政部、国家税务总局联合印发的《财政部、税务总局关于实施小微企业普惠性税收减免政策的通知》（财税〔2019〕13 号）中的界定，在从业人数、企业资产总额两项指标的基础上，增加企业纳税情况指标，作为小微企业的划型标准，同时，还将符合指标条件的初创科技型企业也纳入小型企业范畴。[②]与国家统计部门划分企业规模的方法不同的是，财税机关在从业人数、月销售额（营业收入）、资产总额指标之外，另增加税收指标作为判定是否属小微企业的标准，从财税视角为判定小微企业标准提供了新的准据。

（3）司法实践中对小微企业的划定标准。北京破产法庭制定的《中小微企业快速重整工作办法（试行）》在上述国务院相关部门制定的中小微企业划型标准规定的企业基础上，将适用对象确定为"无财产担保负债总额不超过 1 亿元的企业"[③]；西安中院制定的《中小微企业快速重整实施办法》对适用对象范围的划分也是基于国务院相关部门制定的中小微企业划型标准，但其结合地区经济发展实际水平，将无财产担保负债总额确定为 5000 万元。

---

① 《中小企业划型标准规定》（工信部联企业〔2011〕300 号）第 4 条第 16 项规定："从业人员 300 人以下的为中小微企业。其中，从业人员 100 人及以上的为中型企业；从业人员 10 人及以上的为小型企业；从业人员 10 人以下的为微型企业。"

② 按照财税〔2019〕13 号文件的界定，小微企业包括月销售额 10 万元以下（含本数）的增值税小规模纳税人，同时符合年度应纳税所得额不超过 300 万元、从业人数不超过 300 人、资产总额不超过 5000 万元三个条件的小型微利企业，以及从业人数不超过 300 人、资产总额和年销售收入均不超过 5000 万元的初创科技型企业。

③ 《北京市破产法庭中小微企业快速重整工作办法（试行）》第 2 条规定："本办法适用于债权债务关系明确，财产状况清楚，且符合下列条件之一的中小微企业重整案件：（一）无财产担保负债总额不超过 1 亿元的企业；（二）符合国务院相关部门制定的中小微企业划型标准规定的企业。"

从以上两个法院对中小微企业的划定标准区别可以看出，尽管都以国务院相关部门制定的企业划型标准为参考依据，但经济发展水平始终是影响企业划型的主要因素，这也反映出小微企业划型标准在司法实践，尤其是破产审判实务中不宜过于具体。相较而言，平顶山中院制定的《关于中小微企业快速重整的工作办法（试行）》规定："本办法适用于债权债务关系明确，财产状况清楚，且符合国务院相关部门制定的中小微企业划型标准规定的中小微企业重整案件。"即体现了对国家规定、地区经济发展实际、破产审判实务需要等的综合考虑。

基于以上小微企业特征、国家统计、财税等部门制定的企业划型标准，以及司法实践对可操作性的具体要求等要素，可将小微企业的范围确定为：符合国务院相关部门制定的小微企业划型标准规定；年度应纳税所得额不超过 300 万元；债权债务关系明确，财产状况清楚。这一范围的确定符合小微企业小规模、轻资产等主要特征，能够较好地适应破产审判实务对可操作性的要求，也可最大程度上将市场主体中对破产程序有实际需求的小微企业纳入破产法律规范的视野。需要注意的是，该划型标准以要素构成的方式划定了小微企业的范围，但并不意味着符合标准即能自动成为适格的破产申请主体。

（二）小微企业的基本样态

小微企业在国家经济中所占比重被归纳为"56789"，[1] 但在数量多、规模大的表征之下，陷于"僵尸状态"的小微企业所反映出的难以适用破产拯救、清退功能，才是破产法视野下小微企业的真实样态。

1. 小微企业数量占比绝对多数

根据世界贸易组织对各国企业的统计，中小微企业占发达经济体国内生产总值的 55% 左右，在发展中经济体国内生产总值中占比 35%。[2] 在世界

---

[1] "56789"具体是指小微企业贡献了 50% 的税收、60% 的 GDP、70% 的技术创新、80% 的城镇就业、90% 的企业数量。参见黄奇帆：《中国式现代化的产业体系和市场体制》，载 https：//baijiahao.baidu.com/s？id=1764931764016933320&wfr=spider&for=pc，2023 年 5 月 12 日访问。

[2] 世界贸易组织：《2016 年世界贸易报告》，第 18 页。

范围内，它们代表 90% 以上的企业和 50% 的就业。[①] 欧盟国家企业中 95% 以上是中小企业，而每 10 家中小企业中有 9 家是微型企业（欧盟定义为雇员少于 10 人的企业）。[②] 美国小企业管理局（Small Business Administration）统计显示，该国小企业数量约 3000 多万家，占所有企业数量的 99.9%。在我国，截至 2018 年以前，中小企业数量就超过了 3000 万家，个体工商户数量超过 7000 万户，它们贡献的税收、就位岗位、企业数量等被归纳为 "56789" 现象。[③] 尽管国内数据未将小微企业单独列明，但无论是从数量、税收贡献，还是创造就业岗位等一切能够反映经济活力的重要指标看，"56789" 的数据比例表明小微企业是国家经济金字塔的基底。

2. 小微企业 "僵尸状态" 数量占比高

一般认为，持续亏损三年以上，不符合结构调整方向的企业便被视为 "僵尸企业"。[④] 一方面，由于小微企业的经营管理能力、融资能力显著较弱，导致其对各种风险的抵御能力也明显不足。另一方面，自 2020 年席卷全球的新冠疫情又给本就韧性、抗性均显不足的小微企业客观上增加了经营、融资等难度，这就使生命周期本就短于大中型企业的小微企业更易陷入 "僵尸状态"。据统计，我国中小微企业的平均寿命仅有 2.5 年，而美国与日本中小微企业的平均寿命分别为 8.2 年、12.5 年。[⑤] 通过以上国内外中小微企业平均寿命的对比，既反映出我国中小微企业存续时间显著低于国外主要发达国家，同时，这些陷入 "僵尸状态" 的小微企业往往不会主动循正常途径退出市场，其中既有企业主自身动力不足的主观因素，也有破产程序门槛高，或注销、清算等退出渠道成本高昂的客观因素。

3. 小微企业对破产程序利用率低

如前所述，国家统计部门暂未有对小微企业的单独统计数据，其惯常

---

① 国际贸易中心：《联手、竞争和变革促进包容性增长》，载《2015 年中小企业竞争力展望》2015 年版，第 13 页。

② See "European Commission's Annual report on European SMEs 2015/16: SME recovery continues"，（http: //ec.europa.eu/jrc/sites/jrcsh/files/annual_report_-_smes_2015-16. pdf），2023 年 2 月 27 日访问。

③ 任泽平：《2021 中国中小微企业经营现状研究》，载新浪网，https: //finance.sina. com.cn/zl/china/2021-12-20/zl-ikyamrmz0029687.shtml#，2023 年 2 月 27 日访问。

④ 参见聂辉华等：《如何清理僵尸企业》，载《中国经济报告》2016 年第 9 期。

⑤ 韩长印：《中小企业重整的法理阐释与制度重构》，载《中国法律评论》2021 年第 6 期。

使用"中小企业"的表述作为统计口径，这同样也是司法统计中的主要方式。但实践中，结合小微企业的特征、统计学划型标准等，真正意义上的小微企业往往会因现行破产制度的高门槛、高成本等客观原因，导致债权人、债务人均缺乏申请破产的能力和动力，"众多小微企业由于其破产特殊问题在破产程序包括简易破产程序中均难以解决，加之其缺乏对破产制度的了解和信任，往往不会考虑进入破产程序，没有适用破产程序的积极性"，①虽然在统计学上确有相应数据，但这些数据常常依赖企业注册资本、债务规模等边缘要素，且多偏重于所占比值，实质上忽略了未被纳入司法统计范畴的"沉默的大多数"，如结合上述小微企业的绝对数量，以及陷入"僵尸状态"的数量对比司法统计中适用破产程序的小微企业数量，呈现出的真实状况即是小微企业对破产程序的低适用率。

（三）小微企业的范围划定

从上述对小微企业的基本界定及其样态的比较，可知小微企业仍缺乏明确的学理、法律概念，如美国将小企业类型划定为家族式企业、初创企业和其他创业型企业，这种划型方法对司法实践而言显然缺乏可操作性。

我国统计、财税等部门以从业人数、营业收入、资产总额、纳税情况等作为划分企业规模的标准虽对破产司法实务具有指导意义，但考虑到经济社会情况、具体行业密集要素、企业发展程度等方面的差异，加之统计口径存在"规模以上企业"的概念区别，故有学者认为国家相关部门的划型标准不能完全反映真正对破产程序有需求的小微企业，即在所谓"规模"以下仍存在很多企业，而这些企业往往才是真正社会意义上的小微企业。②如果机械照搬统计学、财税视角的划型标准，仅满足于小微企业与大、中型企业在从业人数、营业收入、资产总额、纳税情况等方面的直观性、表征性区别，忽视了小微企业的轻资产性、经营权与所有权不可分性、企业权属不可流动性等本质属性，不加区分地将中型企业与小微企业混同，并寄希望于依靠简易程序一并解决中、小企业面临的破产难困境，则据此作出的破产制度设计仍将无法满足小微企业的实质需求。故此，参考国务院相关部

---

① 王欣新：《破产法修改中的新制度建设》，载《法治研究》2022 年第 4 期。
② 王欣新：《小微企业破产立法的重要意义和作用》，载《人民法院报》2022 年 9 月 8 日。

门的企业划型标准，结合小微企业的本质属性、破产司法实践对可操作性的具体要求等要素，将小微企业破产程序的适用对象确定为：符合国务院相关部门制定的小微企业划型标准规定；年度应纳税所得额不超过300万元；债权债务关系明确，财产状况清楚。这一适用范围的确定能够较好地适应破产审判实务对可操作性的要求，也符合小微企业小规模、轻资产等主要特征，进而最大程度上将市场主体中对破产程序有实际需求的小微企业纳入适用范围。

需要说明的是，这里并无否定简易程序对完善破产制度的积极作用。正如国内破产法学者王欣新教授提出的观点，当前破解中小企业面临的破产难困境，必须承认小微企业不同于大中型企业的本质特征和内在需求，为其专设适用于小微企业破产的制度；中型企业及债权债务规模相对较小、法律关系清晰的大型企业所需的简易破产程序并举更好。①

二、小微企业破产制度供给困境

从法律文本层面分析，我国确实没有在立法中设计专门适用于小微企业破产的规则。② 这是小微企业无法得到破产制度供给的直接原因，具体而言，主要表现为以下三个方面：

（一）破产法适用范围的局限性

《企业破产法》第2条第2款关于"明显丧失清偿能力可能"的表述，但该条规定有两个限制条件，一是主体方面仍仅限企业法人，二是程序选择方面仅限于破产重整，即非法人企业组织不能利用破产法的重整功能。而对于同样具备拯救功能的破产和解程序而言，虽然《企业破产法》第95条未明确破产和解的申请主体是否包括非企业法人，但对比《企业破产法》第107条、第135条的条文表述，按照体系解释的一般逻辑及《企业破产法》的立法技术，其在"重整""和解""清算"三个章节中对适用主体采取相同限定，即仅限企业法人才能适用《企业破产法》相关规定。对照前述对小微企业的界定，《企业破产法》明显排除了如个人独资企业、合伙企业等为代表的非企业法人的适用可能，这些企业不仅符合小微企业的划型标准，也是

---

① 王欣新：《小微企业破产立法的重要意义和作用》，载《人民法院报》2022年9月8日。

② 徐阳光、宋宜甜：《小微企业破产的特殊性及其规则构建》，载《法律适用》2023年第3期。

"真正社会意义上的小微企业"，更是司法实践中迫切需要破产制度功能予以拯救或清退的"沉默的大多数"。诚然，将这些小微企业排除于破产法律规范适用范围之外具有当时立法层面的特殊考量，立法者对于是否应将《企业破产法》的适用范围扩大到其他非法人组织、个体工商户及特殊法人等问题上，仍担心放宽主体适用范围将使破产案件数量增多、不利于社会稳定，故仍持保守态度。① 但时移世易，当下这些虽符合小微企业的划型标准及特征的非企业法人已经成长为我国经济生活中数量庞大至不容忽视的主要市场主体，现行破产法律规范显然不应再将其拒之门外。

（二）破产制度功能对小微企业的非适配性

1. 破产立法缺乏对小微企业的识别标准

我国破产法律规范目前并无关于小微企业的识别规定，既无法判定申请破产的主体是否属小微企业，也缺乏进一步识别小微企业是否具备挽救价值、如何快速退出等的特殊制度安排，这显然不符合最高人民法院提出的关于"有效发挥司法对中小微企业的挽救功能""科学甄别、依法保护有挽救价值的中小微企业"。② 制度设计的基本前提是对适用对象的精准识别，且必须有相应的制度安排，以实现"使无生命力的小微企业得以快速清算，并对有生命力的小微企业进行重整，从而促进小微企业债务人重获新生"③ 的制度目标。

2. 破产拯救成本高昂

《企业破产法》的拯救功能体现为重整、和解两个程序，因其立法目的旨在帮助符合《企业破产法》适用对象的企业法人，且当时的立法背景仍是大型企业为主角的时代，故其在制度设计方面并不区分企业规模、类型等，而是所有企业一体适用。在这样的制度安排下，破产拯救功能的程序设计更加侧重于公平，其申请、受理、债权申报、破产管理、重整或和解方案审查通过等流程面面俱到，既严谨又烦琐，所耗费的金钱、时间等成本十分高昂。这对于债权债务关系复杂、财产状况不清的大、中型企业而言确有必

---

① 参见王欣新：《破产法》（第四版），中国人民大学出版社 2019 年版，第 26 页。
②《最高人民法院关于充分发挥司法职能作用助力中小微企业发展的指导意见》，载《人民法院报》2022 年 1 月 15 日。
③《小微企业破产法立法指南草案》，载联合国网站，http://undocs.org/ch/A/CN.9/WG.V/WP.174，2023 年 4 月 18 日访问。

要，但对于债权债务规模小、法律关系简单且财务状况清晰的小微企业而言，既无必要也无力负担。

3. 破产重整"清算化"倾向排斥小微企业主 [1]

有学者认为，现行企业破产法律规范对破产重整程序安排因受绝对顺位规则影响，已在事实上对企业主形成了"重整清算化"倾向，这一倾向同时体现于对企业主的权利排除和人民法院作出强制通过重整计划裁定两个方面，并与小微企业的本质特征、法律属性等存在不可调和的矛盾。[2] 由于小微企业具有经营权与所有权不可分性、企业权属不可流动性等特性，将导致小微企业在套用现行破产重整程序时，企业主主观上无法认同"清算化"重整将其与企业分离的做法；同时，小微企业与企业主在资产上高度混同、企业对企业主技艺、客源等因素的高度依赖也会造成意图通过重整挽救企业的目的在客观上无法实现。据此，破产重整"清算化"倾向导致既不能保留小微企业主经营权、出资等权益，又无法使小微企业资产流动从而实现重整成功之目的，事实上排斥小微企业及其出资人对破产重整的主客观适用可能。

4. 小微企业主缺乏适用破产程序的主动性

破产制度的生命力不仅在于拯救和清退功能，其"破产免责"功能同样也对陷入破产境地的市场主体具有吸引力，但从长期的司法实践来看，即使在"破产免责"功能已广为各类市场主体知悉的今天，多数濒临破产的小微企业主宁愿铤而走险或自生自灭，也不愿适用破产程序。究其原因，除当前破产制度对小微企业的非适配性外，也在于小微企业的特性决定了企业主在资产、债务方面与企业高度混同，如个人独资公司、合伙企业等；即使是有限责任公司形态，其囿于融资渠道有限，小微企业公司股东因个人担保等合同对公司承担无限责任。总而言之，大多数小微企业的企业主或成员无法受有限责任保护，当小微企业遇到困境时，企业主或股东难以通过普通破产制度实现破产免责，企业债务与个人债务的重叠将使得现有的破产制度形同虚设。[3] 小微企业既无法得到破产制度的任何实质帮助，又需要负担高昂的

---

[1] 韩长印：《中小企业重整的法理阐释与制度重构》，载《中国法律评论》2021 年第 6 期。

[2] 韩长印：《中小企业重整的法理阐释与制度重构》，载《中国法律评论》2021 年第 6 期。

[3] 徐阳光、宋宜甜：《小微企业破产的特殊性及其规则构建》，载《法律适用》2023 年第 3 期。

成本，显然不能使小微企业主主动适用破产程序解决其面临的难题。

（三）破产管理人制度对小微企业的非适配性

1. 破产管理人主导模式不适用于小微企业

当前我国《企业破产法》基本确立了破产管理人主导管理破产事务的原则，虽然实践中也存在允许债务人自行管理的情形，但这种情形相对较少，且大多数法院仍会选任破产管理人履行监督、管理破产事务的职责。客观来看，这种模式对于经营权、所有权相分离的大、中型企业而言利大于弊，但基于前述对小微企业本质属性的分析论证，当前破产司法实践中形成的破产管理人管理破产事务模式显然会使小微企业主丧失对企业的控制权，"小微企业主要是靠企业主个人的劳动技艺、市场与业务关系、融资信用维持，尤其是以技艺专业维持经营的个人企业经营者。因此，企业主在破产程序中出局可能会让企业失去运营和存在基础。"[1] 此外，联合国国际贸易法委员会在2021年第五十四届会议审议通过的《贸易法委员会小微企业破产立法建议》中明确提出了关于"重整程序中债务人留任机制""清算程序中债务人参与机制"的建议设想，并将该两项机制作为"小微企业及早适用破产程序"的激励措施，以进一步完善小微企业破产制度。结合上述小微企业的自身特性、学界观点以及联合国国际贸易法委员会的建议看，现行破产司法实践中形成的管理人主导管理、排除小微企业主的模式并不能适应小微企业对破产制度的功能需求。

2. 破产管理人费用较高

《企业破产法》对破产管理的模式设置不符合小微企业需求。虽然《企业破产法》第24条允许符合条件的个人担任破产管理人，但该规定在《企业破产法》的语境下，主要考虑的仍是具备一定规模的企业对破产管理人的需求，且设置有法院指定、征询社会中介机构意见两个前提条件。一方面，从破产司法实践经验看，法院更倾向于选择律师事务所、会计师事务所等机构担任破产管理人，这固然是基于"企业"作为破产主体、破产事务繁杂等因素的考虑，对于大、中型企业而言或许可以负担，但是对于营业收入、资产总额等本就远不如大、中型企业的小微企业来说，大多数无力支付破产管

---

[1] 王欣新：《小微企业破产立法的重要意义和作用》，载《人民法院报》2022年9月8日。

理人费用。另一方面，对于具备担当破产管理人资格的律师事务所、会计师事务所、破产清算事务所等社会中介机构而言，通过复杂的选任程序成为破产管理人管理破产事务，也是要耗费大量的时间、精力成本的，加之这些社会中介机构不是非营利组织，对于其可能承接的破产事务，其当然会基于自身利益出发，尽可能选择回报率高于投入成本的破产案件，因此，司法实践中往往会出现大型企业破产案件炙手可热、利润率较低的中小微企业乏人问津的状况，个人担任破产管理人的更为鲜见。究其原因，现行《企业破产法》在缺失对小微企业本质属性考虑的情况下，其设置的破产管理模式、相对高昂的管理人费用等，必然会给小微企业破产带来各种障碍。

三、构建小微企业破产程序的基点

"小微企业破产时产生的特殊问题，需要破产程序作出特别安排，而不是简单的程序简化所能够解决。"① 该观点是基于对小微企业自身属性的论证得出，同时，也得到了域外立法经验、我国司法实践探索的证明。因此，构建小微企业专门破产程序对我国破产司法实践极为重要。

（一）小微企业破产立法的现实需要

1. 小微企业对破产制度功能的需求

国家工商总局在 2014 年发布的《全国小型微型企业发展情况报告》中称，小微企业"已成为国民经济的重要支柱，是经济持续稳定增长的坚实基础"。② 但是，由于在经营管理、资金融措等方面的先天不足，以及对金融危机、新冠疫情等外部因素应对能力较弱，相比大、中型企业而言，小微企业抵御内、外部风险的能力更差，也更需要破产制度予以拯救或清退。主要发达国家如美国，已于 2019 年在其《美国破产法典》中专门补充制定了《中小企业重整法》；澳大利亚于 2020 年制定《2020 年公司法修正案（公司破产改革）》，也意图将破产制度修正为更适用于小微企业破产的特殊需求。此外，联合国国际贸易法委员会对小微企业也特别关注，在其制定的《贸易法委员会破产法立法指南》中，也专门撰写《小微企业破产立法建议》。上

---

① 贺丹：《中小微企业破产程序：制度设计难点与突破》，载王欣新、郑志斌主编：《破产法论坛》（第九辑），法律出版社 2015 年版，第 407 页。

② 徐阳光、宋宜甜：《小微企业破产的特殊性及其规则构建》，载《法律适用》2023年第 3 期。

述国外立法、修法等情况也印证了在当前经济形势下，特别是我国相继出台《中小企业促进法》《个人独资企业法》《合伙企业法》的背景下，已成长为各国经济重要支柱的小微企业必须得到破产法律规范的重视，亟待破产制度对具有挽救价值的小微企业提供法律支持，同时对抵御风险能力差的小微企业进行清算并解除其债务。

2. 设立小微企业专门破产程序的重要意义

不同于大、中型企业，陷入破产困境的小微企业面临许多特殊问题，这不仅是由于小微企业的概念难以统一、划型标准各异而产生的内部特殊性，如北京破产法庭、西安中院对小微企业所涉债务规模即有明显不同；也在于小微企业形态、经营管理模式、债务构成等方面与大、中型企业有着显著区别所导致的外部特殊性。这两个方面的特殊性决定了专设小微企业破产程序的必要性，同时，小微企业对经济发展的支柱作用和基础性地位已在世界范围内得到一致认可，"建立小微企业破产程序，是提升、完善我国营商环境的重要环节，是深入改革、健全市场经济体制不可或缺的法律保障"，[①]以此而言，解决小微企业对破产立法的需要，已不是单一的法律意义，从更广义的视野看，其经济意义、社会意义也极为重要。

（二）国内学界对于小微企业破产的研究

1. 以繁简分流视野解决小微企业破产需求

小微企业在经济、社会等方面的重要性已引起学界的广泛注意，现行破产法律规范不能满足小微企业的特殊需求也得到了理论界和实务界的普遍肯认，但采取何种方法破解这一难题，各界的观点并不一致。有观点认为，当前小微企业无法适用《企业破产法》的主要障碍是破产程序设计侧重于大、中型企业破产需要的单一性，因此只需在现行破产立法的基础上，补充制定一套程序简化、步骤减少、时限压缩的简易破产程序，并根据破产案件的繁简程度不同，繁案仍沿袭既有的破产程序路径，简单案件则适用简易程序即可。这一繁简分流方式对于当前破产法律规范所面临的种种难题的解决而言十分必要，随着经济社会的高速发展，实践中需要破产制度予以拯救或清退的企业不仅在数量上持续增加，企业规模、类型等也愈加多样，《企业

---

① 徐阳光、宋宜甜：《小微企业破产的特殊性及其规则构建》，载《法律适用》2023年第 3 期。

破产法》单一的制度设计已经不能满足不同企业的需要。有研究者认为，部分域外国家已采取"打补丁"方式，在其破产法制度中新增了简易程序，如日本将简易程序适用对象规定为"破产财产在 100 万日元以下的破产案件"，其程序简化性主要表现为"不设立检查委员会、一次性分配"等；德国简易破产程序内容主要包括"破产申请程序的接受、简化一般程序、简化破产财产分配制度等。"① 上述国家对简易破产程序的规定表现为两种模式：一是规定破产案件符合限定条件即可适用简易破产程序，通常以债权债务关系、债权人人数少、债务人财产状况等为标准；二是规定特定债务人群体的破产案件可以适用简易破产程序，对利益关系复杂的重整程序则不适用。② 这种在破产法基础上补充简易破产程序的繁简分流模式，我国部分地方法院已有不同程度的实践，也收到了较为显著的效果，但这并不意味着仅靠繁简分流模式即能解决小微企业的破产难题。

2. 结合小微企业业态特征专设小微企业破产程序

有观点认为，小微企业因具有企业主与企业自身资产、债务的高度混同性，故当前在破产实践中通行的"企业清算型"与"营业让与型"重整模式并不适用小微企业破产。以许士宦教授对"企业清算型"与"营业让与型"的定义而言，前者是将已宣告破产债务人仍具一定价值的资产进行变卖清算后分配给债权人；后者是将债务人仍然具备相当价值的主要产业进行变卖，或者将整个公司进行打包甩卖以使债务人"存活"。然而，小微企业破产与上述两种模式仍缺乏适配性，具体而言，如以拯救企业为目标，则必须考虑小微企业与企业主之间的紧密联系，当前一般破产程序中通行的"企业清算型"与"营业让与型"重整模式割裂了小微企业与企业主间的"共生关系"，将该模式机械照搬于小微企业破产拯救之中，只能是缘木求鱼。

因此，通过对比小微企业与大、中型企业的区别、联系等，应在一般性的简易破产程序之外，专设小微企业破产程序。这种观点的逻辑起点仍是以小微企业的本质属性为基础，通过论证处于破产困境中的小微企业所面临的不同于大、中型企业的特殊问题，进而认为一般性简易破产程序仍无法满足小微企业对破产制度"适配性"的要求，必须专设小微企业破产程序。这

---

① 徐建新主编：《破产案件简化审理程序探究》，人民法院出版社 2015 年版，第91 页。

② 王欣新：《破产法修改中的新制度建设》，载《法治研究》2022 年第 4 期。

种观点也得到了包括美国、英国等主要发达国家立法经验的验证，同时，联合国国际贸易法委员会甚至专门成立工作小组完成"小微企业破产立法指南"这一立法项目，也侧面印证了我国专设小微企业破产程序的必要性。

四、构建小微企业破产制度的具体模式

参考联合国国际贸易法委员会针对小微企业破产提出的立法建议，结合小微企业对破产立法高效、便利、低成本等特殊需求，其破产程序的具体模式设置应主要围绕适用范围、主体的划定，程序启动等展开，同时，还需要对小微企业破产重整、清算以及破产管理模式作出特别设计。

（一）小微企业破产适用范围及主体

1. 适用范围的划定

如何确定小微企业破产程序的适用范围，我国司法实践探索出的做法是以债务总额为标准进行划定，如北京模式确定的 1 亿元、西安模式的 5000 万元，这一模式的优点在于标准明确、可操作性强，但未对小微企业及其企业主个人负债原因作出区分，故仅以债务总额为标准仍失于笼统。前述列举的美国《小企业重整法》中尽管也使用债务总额为标准，但其要求至少 50% 的债务产生原因得为债务人的商业或经营活动。与上述仅以债务总额为标准的做法不同，阿根廷小微企业破产立法的适用范围将债务不超过最低工资 300 倍、无担保债权人和雇员不超过 20 人作为认定标准，其采取最低工资作为债务总额基准的做法值得借鉴。综合以上情况，应以"债权债务关系明确、财产状况清楚"为指导，把债务总额作为确定适用范围的主要依据，以最低工资为基准，由各地区结合其经济发展实际确定具体的债务规模。同时，还应对债务产生原因作出要求，以区分企业经营债务、企业主个人消费债务，即也应要求至少 50% 的债务为企业经营需要产生才可适用。

2. 适用主体的界定

美国《小企业重整法》将其适用主体确定为"从事商业或者交易活动，在申请提交之日或破产救济令下达之日总的非或有担保和无担保债务不超过 2725625 美元，并且其中不少于 50% 的债务产生于债务人的商业或经营活

动的人。"因此，符合条件的企业和个人均可申请适用第五分章。[①] 其对适用主体性质不作限定的宽松做法契合我国小微企业破产难的实质需要，但考虑到目前我国已有个人破产的立法举措，故我们在确定小微企业破产适用主体时不能机械照搬。现行企业破产法律规范将企业法人作为单一适用主体的做法是破产制度的主要堵点，国家统计、财税等部门针对我国企业的实际形态制定的划型标准也是司法实践探索中的主要依据，因此，在界定适用主体时，仍应把国家相关部门制定的企业划型标准以及有关法律规范作为依据。有观点提出增加企业主体分类标准作为适用主体的补充以解决目前小微企业面临的破产制度供给的司法困境，[②] 这实质是对《企业破产法》仅限企业法人规定的"扩容"，但仍未脱离企业这一基础对象的范畴，这一界定方法能够解决个人独资企业、合伙企业等为代表的小微企业无法适用破产制度的难题，也符合《中小企业促进法》等法律规范对小微企业的规定。

需要指出的是，有观点认为"个体户"也应纳入小微企业破产程序适用主体范围内，但"个体户"并非法律概念，也不符合《中小企业促进法》第2条关于小微企业的概念规定。此外，在个人破产法律规范即将出台的背景下，将"个体户"破产需求置于个人破产法律规范框架下解决更为适宜。

（二）小微企业破产程序启动

1. 小微企业破产程序的申请

《企业破产法》允许债务人和债权人申请破产重整、清算，这与大多数国家的破产法规定相同。一方面，联合国国际贸易法委员会提出的立法建议认为应赋予债务人、债权人以破产申请权利，除一般性规定"债务人现已或者将来全然无力偿还到期债务、债务人的负债超过其资产价值"外，还特别强调"应当允许符合条件的债务人可以在财务困境的早期阶段申请启动简易破产程序，而无需证明破产"，其目的仍是尽量帮助困境企业在最佳时机能够得到破产程序的支持。另一方面，在该目标之下，允许债权人作为破产申请主体也能够避免因债务人态度消极而导致的企业经营状况进一步恶化等损害债权人利益的可能发生。如果出现债权人申请清算、债务人申请重整的不

[①] 徐阳光、武诗敏：《我国中小企业重整的司法困境与对策》，载《法律适用》2020年第15期。

[②] 徐阳光、殷华：《论简易破产程序的现实需求与制度设计》，载《法律适用》2015年第7期。

一致情况，对二者的申请权矛盾应先保障债务人的重整申请权，同时赋予债权人异议提出权，以最大程度确保小微企业能够得到破产程序的支持、帮助。此外，申请阶段的披露义务应保持在最低限度，申请者应当提交包括债务人财产状况、债权债务关系等必要资料，并确保这些信息准确、可靠、完整。

2. 小微企业拯救价值的识别

对陷入破产困境的小微企业是否具有拯救价值如何识别，是小微企业破产程序的重点，这关系到整个破产程序的走向，也是影响小微企业破产程序实现高效率、低成本目标的关键因素。目前，较为统一的观点认为，小微企业的重整价值识别要素应包括行业地位和前景、资质和品牌价值、经营和管理状况等，[①] 通过这些要素识别困境企业是否具有重整价值，即判断债务人的继续经营价值是否能够大于清算价值。同时，这些要素也决定了是否能够吸引潜在的外部投资，以及债权人是否同意或支持企业重整。在司法实践中得以成功重整的案例表明，具备上述要素的小微企业往往能够招募到投资人，或者得到债权人让步，如广州中院发布的和某旅行社重整成功案例，债务人即具备上述要素中的行业地位、资质价值等，最终通过招募外来投资得以清算转重整成功。实际而言，这些要素确实不如大、中型企业所有的土地、机器设备、应收账款等直观，但小微企业"轻资产"属性决定了只能以既有价值作为识别要素。

3. 小微企业破产程序的启动

小微企业破产程序的特点在于具有高效、便捷的成本效益，这一效益首先应体现在程序启动方面。一般而言，决定是否启动破产程序实际是人民法院的审查权限，其审查内容一般包括申请主体、事项、管辖等，虽然最简洁的办法是依当事人申请即启动破产程序，但为防止滥用申请权利，法院审查启动仍有必要。因此，为兼顾高效便捷和防止权利滥用，法院在审查当事人提出的破产申请时，应尽可能在短时间内完成对管辖权以及债务人是否符合条件、启动标准等的审查工作。此外，法院还应对债权人提出破产申请、发出启动破产程序通知、当事人异议、驳回启动申请以及可能的惩罚滥用权利的申请人等作出分别处理。

---

① 石佳：《中小微企业重整价值的识别》，载《人民司法》2023 年第 5 期。

（三）小微企业破产重整规则设置

国内破产法学者认为，基于小微企业经营权、所有权"两权合一"，且权属缺乏流动性的法律特性，故必须紧紧围绕小微企业的本质属性，反思当前重整制度可能存在的漏洞进而构建新的重整规则。[①] 这一观点与其他研究观点和域外立法经验契合，总体来看，其逻辑基础均起自小微企业自身特性，虽在具体规则构建上有不同，但亦认可小微企业重整规则应是对现有重整制度的简化，即针对小微企业特殊重整需求构建简捷、高效的重整规则。

1. 构建简捷、高效的重整程序

小微企业破产程序对高效率、低成本的要求，应当通过压缩程序用时、减少程序环节等实现。但也有观点认为，诸如独任审理、电子送达、线上会议及表决、缩短时限等因可通过《民事诉讼法》《企业破产法》规定、破产审判信息化发展要求等一并解决，故事实上无法成为小微企业破产的专门规则。当然，地方性规则也没有权限在现行《企业破产法》之外创设专门的小微企业破产规则，有待立法层面对此作专门规定。[②] 这一观点值得借鉴，一方面，压缩程序用时在司法实践探索中已形成对现行法律规定的突破，如北京破产法庭制定的《中小微企业快速重整工作办法（试行）》中，对第一次债权人会议、重整计划的提请及裁定批准时限即突破了法定最短期限。因此，在压缩程序用时方面，确需以提高效率为目标，结合司法实践探索情况，对部分程序的法定时限进一步缩短。另一方面，在减少程序环节问题上，理论界以及国外立法经验多认为债权人委员会、债权人会议确需在小微企业破产程序中作出改变。首先，债权人委员会由债权人会议决定是否成立，考虑到实践中债权人普遍持消极对待态度，以及小微企业本身债权人人数较少、债权债务关系清楚的现实，为避免程序拖沓可能造成的成本损耗，应参考联合国国际贸易法委员会提出的立法建议，在小微企业破产程序中设立"视同认可"机制，对债权人委员会及债权人会议采取"非必要不设立债委会、不召开债权人会议"的做法。同时，还应考虑债权人利益因此受损的可能性，对特定案件、重大事项等必须进行表决的，要设置专门机制保障利

---

① 韩长印：《中小企业重整的法理阐释与制度重构》，载《中国法律评论》2021年第6期。

② 徐阳光、宋宜甜：《小微企业破产的特殊性及其规则构建》，载《法律适用》2023年第3期。

害关系人权益。

2. 重整挽救方式

普通重整程序的挽救方式主要依靠引入外部投资，但小微企业缺乏高价值资产，难以吸引潜在投资者的兴趣，这一缺陷在近年来金融危机、疫情冲击的背景之下尤为致命。各国对此采取了大体相同的应对策略，新冠疫情期间我国各级政府出台了一系列纾困政策，如减免或暂缓征缴、收取税收、行政收费、房租、银行利息等；美国小企业管理署为应对小企业在疫情期间的融资困难，在疫情之初即恢复发放经济损害灾难贷款；美国国会还专门为中小微企业的危机救助临时通过中小企业保护法案，将债务额上限由200多万美元提高到750万美元，以使更多陷入危机的小企业得到保护。[①]上述政府策略对濒临破产困境的小微企业更具参考价值，应构建对于具备重整价值或挽救可能的小微企业更加积极的挽救策略。具体而言，即在普通破产程序中引入战略投资做法之外，对于经重整价值识别体系认定确实具备挽救可能的小微企业，由法院、协同有关政府部门，共同对外协调政府投融资平台公司、社会公共服务机构对困境企业予以支持，对内帮助债务人组织债权人、职工等利益关系方开展债务重组谈判等。这一方法在国家政策、法律层面已有工业和信息化部《关于开展"十四五"中小企业公共服务体系发展规划预研究工作的通知》及《中小企业促进法》的鼓励、支持，司法实践中广东、浙江等地区法院、政府部门联合帮助困境企业减、缓、免税款、行政费用或招募投资、筹集资金等案例也愈加多见，因此，对陷入困境的小微企业提供更加丰富多样的挽救方式，既符合国家政策要求和法律意旨，也是当前世界银行宜商环境（BEE）评价指标和联合国国际贸易法委员会立法建议的内在要求。

3. 重整计划的通过

《企业破产法》对于重整计划的通过规定了两种形式：一是担保债权人组、税款债权人组、职工债权人组和普通债权人组过半数同意，且应占该组债权总额的三分之二以上；二是法院可以在不损害债权人权益的前提下强制批准重整计划。这两种形式兼顾了公平与效率，较为适合债权债务关系复杂的大、中型企业。但小微企业债务规模较小、债权人人数较少，有的甚至可

---

① 王佐发：《中小微企业危机救助的制度逻辑与法律建构》，载《中国政法大学学报》2020年第6期。

能并不存在担保债权、税款债权。有观点认为重整计划的强制批准可以破解"谈判僵局"以防重整价值减少或消失殆尽。^①结合小微企业的实际情况和"强裁"机制优势，有观点认为应从"中小企业债务人在未来一定时期内的预期可支配收入将全部用于清偿债权人"和"除非债权人同意，其根据计划获得的清偿不得低于清算下能够获得的清偿"两个方面把握中小企业案件的"强裁通过"。^②该观点符合小微企业的自身属性及其对破产程序的实质需求，因此，强制批准重整计划的做法应予保留。

关于债权人表决，由于重整计划的通过与债权人利益密切相关，目前如美国、韩国都保留了债权人表决程序，但将表决比例要求修改为简单多数决，因前文已通过设置"视同认可"机制避免债权人消极应对影响企业破产效率。即使增加研究者指出的小微企业重整语境下排除绝对顺位规则及清算地板规则的影响因素，强制批准重整计划仍应以部分表决组通过为前提，^③毕竟，在综合考虑小微企业重整价值识别、视同认可机制排除消极债权人等因素后，债权人表决情况仍是法院需要予以考量的重要因素，故此，保留债权人分组表决机制仍有必要。同时，对于债权人人数少或缺少担保债权人、税款债权人的情况，法院可以考虑不设债权人分组表决，以进一步提高程序效率。

（四）小微企业破产清算程序的设置

如前所述，《企业破产法》存在对小微企业制度供给不足的困境，这一问题不仅存在于破产制度的拯救功能发挥受限之中，也同样反映于小微企业有序退出市场方面。对小微企业实施破产清算主要面临以下问题：一是清算程序如何压降成本。一般而言，面临破产清算的小微企业多"无产可破"，这也是债务人、债权人甚至管理人均缺乏申请或参与意愿的原因。实践中解决该难题的通常做法是由相关基金垫付清算费用，这一做法的好处是能够避免因资金问题导致清算程序停滞，但仍会使那些已自知"无产可破"的债务

　　① 丁燕：《破产重整企业实施"债转股"的法经济学分析》，载《经济法学评论》2018 年第 1 期。
　　② 徐阳光、武诗敏：《我国中小企业重整的司法困境与对策》，载《法律适用》2020 年第 15 期。
　　③ 韩长印：《中小企业重整的法理阐释与制度重构》，载《中国法律评论》2016 年第 6 期。

人因担心债务增加而抗拒清算。为解决这一问题，司法实践探索的方法是法院协调压降诉讼费用、破产管理费用等，以尽可能减少破产企业的债务负担，提高债务人、债权人等相关利益方的积极性。

二是如何确保企业主"破产免责"。"破产免责"是破产制度清算中最为吸引债务人积极性的功能，在大、中型企业破产中深获困境企业投资人的肯认。但是，在小微企业破产语境下，由于小微企业与其企业主在资产、负债等方面的高度混同，故能否通过破产清算实现"破产免责"，是债务人、债权人共同关心的问题。前文已述及小微企业破产程序的适用范围应增加企业负债原因须为商业经营行为产生的条件，在此前提下，清算过程中亦应牢牢把握这一边界，确保企业主因企业经营行为而产生的负债能够与企业主相分离。需要注意的是，实践中可能出现的小微企业与企业主同时面临破产清算困境的情况，在此情况下，就需要法院统一小微企业破产程序与企业主自身所适用的个人破产程序协调处理。

（五）小微企业破产管理模式优化

1. 债务人自行管理模式的优先适用

我国《企业破产法》也规定有债务人自行管理模式，但小微企业因其在破产程序中的特殊需求，债务人在企业重整和清算程序中留任、参与是企业拯救或资产清算的关键一步。从这一角度出发，小微企业债务人自行管理的目的在于保护企业的营运价值、资产价值最大化以及债权人利益最大化，也是小微企业破产程序设立的目的之一。[①] 该观点的底层逻辑仍是基于小微企业在经营、管理等方面对企业主的高度依赖性，这同时也是联合国国际贸易法委员会在其立法建议中提出"债务人留任制度"以鼓励、激励小微企业及早申请破产的原因。为此，建议在小微企业破产程序中设立债务人自行管理模式优先适用规则，具体包括小微企业重整中债务人的留任以及清算中债务人的适度参与，即在企业重整中以债务人自行管理财产和营业事务的模式为优先，在企业清算中对资产变卖所需咨询建议、评估折价等方面允许债务人适度协助、参与。当然，正如联合国国际贸易法委员会在其立法建议中指出的那样，这同时也需要法院或管理人发挥监督管理作用，以防止权利滥

---

① 王佐发：《中小微企业危机救助的制度逻辑与法律建构》，载《中国政法大学学报》2020年第6期。

用、损害债权人利益等的发生。

2. 破产管理人选任方式适度优化

压降费用是设立小微企业破产程序必须关注的主要问题。目前，我国学界研究观点、司法实践探索形成的主要经验，几乎都是通过援助基金或司法救助方式解决，[①]这并不能解决小微企业破产管理人面临的根本问题。

基于小微企业对破产程序的特殊需要进行的压缩程序用时、简化程序步骤等针对性制度安排，能够通过减少破产管理人工作任务，进而实现压降费用、提高程序适配性等目的。域外国家如英国、日本的解决办法即是运用这一逻辑，在实现破产程序简便、成本降低的同时，也减少了破产管理人的工作量，有效提高了小微企业债务人、个人管理人的积极性。因此，小微企业破产具有债务规模小、债权债务关系相对清晰等特性，加之小微企业破产重整、清算采取的债务人留任、参与模式，这将使小微企业破产的工作量远小于大、中型企业破产。从小微企业破产压降管理费用的实际需求，结合国外相关立法的经验及国内司法实践的有益探索，建议优化当前破产管理人的选任方式，在明确小微企业管理人工作任务引导性、辅助性、监督性的前提下，鼓励符合条件的律师、会计师、清算师等个人注册成为个人破产管理人，对困境小微企业提供破产管理法律服务，具体包括引导小微企业债务人及早申请适用破产程序、协助制定重整计划、监督重整计划的执行情况等，从而实现小微企业破产程序更高效率、更低成本的制度目标。

[①] 任江波：《个人破产管理人制度面临多重挑战 温州公职管理人半年介入 23 案》，https://baijiahao.baidu.com/s?id=1686970549031763185&wfr=spider&for=pc，2023 年 4 月 21 日访问。

第八章 上市公司破产重整制度的完善

作为衔接资本市场与破产制度的重要桥梁，上市公司破产重整被誉为重整皇冠上的一颗明珠。基于激烈的市场竞争，即便是上市公司亦面临着陷入债务危机、被市场淘汰的风险。为避免进行退市、实施破产清算，近年来，越来越多的上市公司采取破产重整方式进行企业挽救，以化解债务问题、恢复持续经营与盈利能力。加之政策的大力支持，[①] 特别是自 2022 年 3 月 31 日沪深交易所分别发布实施《上市公司自律监管指引——破产重整等事项》以来，政府、监管机构、法院等各方主体对推进困境上市公司进入破产重整程序表现出更为积极的态度。可以说，上市公司破产重整是市场经济发展到一定程度的必然，但同时又牵涉着市场利益的重新分配，容易引发内幕交易、市场操纵、规避退市等违法违规行为，催生出诸多风险。在股票发行实行全面注册制的背景下，如何完善上市公司破产重整制度，保障上市公司破产重整的市场化、规范化和常态化，是完善破产制度需要重视的问题。

一、上市公司破产重整的基本情况及发展特征

根据相关证券网站以及上市公司公告数据统计，[②] 2019 年至 2022 年，在全国范围内，共 75 家上市公司申请或者被申请破产重整，其中，2022 年 21 家、2021 年 23 家、2020 年 17 家、2019 年 14 家；50 家上市公司被法院裁定受理破产重整申请，其中，2022 年 10 家、2021 年 18 家、2020 年 15 家、2019 年 7 家；49 家上市公司的重整计划被法院裁定批准，其中，2022 年 11 家（1 家系 2021 年受理重整）、2021 年 19 家（3 家系 2020 年受理重整）、2020 年 13 家、2019 年 6 家。

从以上数据可以看出，2020 年以来，无论是申请（被申请）破产重整

---

① 《国务院关于进一步提高上市公司质量的意见》（国发〔2020〕14 号）提出："支持上市公司通过并购重组、破产重整等方式出清风险。"

② 本章未单独注明来源的相关数据来源于巨潮资讯网。

的上市公司数量，还是法院裁定受理破产重整和批准重整计划的上市公司数量均明显增多，说明上市公司多元化退出渠道不断优化完善，对上市公司破产重整的认同和支持度不断提高，破产重整成为解决困境上市公司问题的重要途径，正趋向市场化和常态化。随着证券监管等政策的变革和调整，上市公司破产重整呈现出新的变化和特征。

（一）破产重整难度加大

从上市公司破产重整实践来看，虽然破产重整上市公司数量在增多，但是重整难度却在加大。近年来，随着预重整制度的运用，财产调查、清产核资、债权申报和审查、投资人招募等大量工作均在预重整阶段完成，使得重整期间被大幅度压缩。根据《企业破产法》规定，重整程序终止以法院批准重整计划为节点，但是只有重整计划执行完毕，才有可能摘星摘帽、消除退市风险。从这个角度来考虑，如果按照法院受理重整申请或者批准预重整之日起至重整计划执行完毕日计算重整耗时，2019 年、2020 年、2021 年平均耗时分别为 166 天、178 天、290 天，呈逐年上升趋势且 2021 年同比上升高达 63%[1]，反映出重整难度加大。主要原因在于：其一，上市公司的壳价值降低[2]。在审核制下，"壳资源"在上市公司"保壳"与投资人"借壳"的双重需求推动下，成为一种稀缺资源，然而随着股票发行注册制的全面推行，困境上市公司对投资人的吸引力下降。其二，破产重整新规压缩重整投资人的套利空间。《上市公司自律监管指引——破产重整等事项》对预重整等各关键环节的破产事项进行规范，对信息披露、重整投资人受让股份价格限制、股份锁定期、股票除权（息）处理等提出明确要求，在推动上市公司破产重整回归"恢复经营能力"本质的同时，也会加大上市公司实施重整的难度。其三，退市标准调整放大重整的风险。2020 年 12 月 31 日，上海和深圳证券交易所分别发布《股票上市规则（2020 年修订）》，退市标准更加多元、严格，退市进程大幅缩短，增加困境上市公司挽救的时间紧迫性，可

---

① 数据来源于 21 世纪资本研究院联合联储证券并购研究中心。

② 壳价值指"壳"所蕴含的各种权利和义务以及由于"壳"的稀缺性所衍生的价值，也就是指上市资格的稀缺性所带来的价值。与非上市公司相比，上市公司具有融资上的便利性，可以利用配股和增发新股等行为来募集资金，这种融资便利及其稀缺性就构成"壳"公司的主要价值之一。在借壳上市的情况下，买壳方可以规避我国对上市的一些苛刻条件和排队要求，节省初始上市成本。

能造成在重整关键时期面临退市或者虽然完成重整，但是经营状况未明显改善而退市的境况，影响上市公司破产重整效果。

（二）预重整运用普遍化

预重整与重整的有效衔接，可以在上市公司重整受理前置审批期间提前启动和完成重整方案制定、谈判等工作，为重整奠定基础，提升重整质效。因此，预重整在上市公司重整中的运用正在成为常态。以"预重整"为关键词，在巨潮资讯网对上市公司发布的公告进行检索，法院决定启动预重整的，2019 年 1 家、2020 年 7 家、2021 年 22 家、2022 年 17 家，数量明显增多。从被法院裁定批准重整计划的上市公司重整平均用时来看，2019 年 129 天、2020 年 92 天、2021 年 123 天、2022 年 67 天，下降趋势明显，这主要得益于预重整的运用。以 2022 年被法院裁定批准重整计划的 11 家上市公司为例，其中 7 家公司启动预重整，占比 63.64%，重整平均用时 36.86 天，最短的仅用时 25 天；4 家公司并未启动预重整，重整平均用时 120 天，最长的用时 288 天。对比来看，2021 年被法院裁定批准重整计划的 19 家上市公司中启动预重整的只有 10 家，占比 52.63%，在一定程度上拉长了重整期间，降低了重整效率。

（三）重整模式以经营保留为主

有关破产重整模式，理论上有多种划分方式，从经营业务角度考量，可以区分为经营保留和借壳上市两种类型。经营保留模式保留上市公司原有的经营业务和经营性资产，通过引入战略投资方资金、优化经营业务、完善公司治理结构等方式改善财务和经营状况，以实现持续经营和盈利的目的，而借壳上市模式的上市公司经营性资产及业务通常会被出售或者取代。如前文所述，在全面注册制下，借壳上市需求降低，导致上市公司壳价值缩水。为实现重生，更多上市公司倾向通过重整实现债务减免或者展期，然后积极发展主营业务，以恢复持续经营和盈利能力。加之对"炒壳"监管的加强，2019 年以后，经营保留逐步成为上市公司破产重整的主流形态。例如，在 2020 年被法院裁定批准重整计划的 13 家上市公司中，9 家采用经营保留的重整模式，占比 69.23%。

（四）管理模式以自行管理为主

不同的管理模式，意味着在重整期间对债务人财产与经营事务管理的主体不同，也意味着对重整企业的经营控制权的归属不同。[①] 根据《企业破产法》规定，债务人可以在管理人监督下自行管理财产和经营事务；《九民会议纪要》亦对重整程序中债务人自行管理条件作出规定。数据显示，在2019年至2022年被法院裁定批准重整计划的上市公司中，采用债务人自行管理模式的分别有1家、7家、11家、8家，占比分别为16.7%、53.8%、57.9%、72.7%，呈明显逐年上升趋势。我国的破产重整管理模式系以管理人管理为原则，但是从上市公司破产重整实践来看，债务人自行管理模式可以充分利用债务人了解自身经营业务和财务状况、专业知识和管理经验丰富等优势，有效提升重整成功可能和效率，更加具有合理性，这也是自行管理模式逐步成为主流的重要因素。

（五）社会中介机构担任管理人的占比逐步提高

根据《企业破产法》的规定，破产管理人可以由清算组担任，亦可以由社会中介机构担任。基于上市公司的特殊性和重要性，早期的上市公司重整特别是国有企业重整，主要由清算组担任管理人，且清算组以地方政府为主要组成人员，造成政府的管理人、行政服务、股东等多重身份发生严重混同，导致清算组职能履行以保护国有资产安全、维系上市公司"壳资源"、保护地方政府政绩利益为其首要目标指向。[②] 但是，随着上市公司破产重整制度的实践化发展和调整，上市公司重整的市场化程度越来越高，社会中介机构担任管理人的现象越来越普遍。从相关数据来看，在2019年至2022年被法院裁定批准重整计划的上市公司中，由社会中介机构担任管理人的分别有2家、6家、10家、6家，占比分别为33.3%、46.2%、52.6%、54.5%，呈逐年上升态势。不可否认，上市公司重整牵涉的利益范围更广、影响更大，离不开地方政府力量的支持，但是若政府偏离其角色定位，将动摇管理人的中立性与独立性要求，这是上市公司重整中需要注意的问题。

---

① 胡利玲：《中国破产重整制度的实践：现状与问题——基于对上市公司重整的观察》，在第10届东亚破产重组研讨会中的主题发言。

② 王毓莹：《论我国上市公司重整中的"府院失衡现象"及其协调》，载《法学评论》2022年第2期。

二、上市公司破产重整的主要问题

可以说，破产重整制度正式入法，是我国《企业破产法》的一个重大发展，但是并未基于与非上市公司的差异性给予上市公司重整特别关注，相关制度规定不完善，随之带来实践适用的难题。

（一）重整申请审查和受理的权力错位

与非上市公司重整不同，公众性、公开性突出的上市公司的重整同时受重整法律规定、上市规则、并购重组规则等限制，牵涉到破产法、证券法、公司法等法律协调，以及司法权与行政权的配置与衔接。然而，在现行"司法＋行政监管"的双轨制度框架下，司法权与行政权产生错位，阻碍上市公司重整的市场化、法治化发展。该问题在重整申请的审查和受理中表现尤为突出。根据《企业破产法》规定，我国实行破产程序受理开始主义，也就是说，只有法院对破产申请进行审查并予以受理，才能决定债务人进入破产程序。对申请重整而言，法院应当对上市公司是否具备重整价值和可挽救性进行审查。但是根据最高人民法院 2012 年出台的《上市公司破产重整纪要》要求，人民法院在裁定受理上市公司破产重整申请之前，须由上市公司所在地省级人民政府向中国证监会出具支持上市公司重整的函，住所地人民政府出具的维稳预案，并取得中国证监会的无异议复函和最高人民法院的批准。由此，法院通常依据政府对上市公司重整的前置审批作出受理裁定，现实异化为政府发挥着对上市公司是否具有重整价值和可挽救性判断的决定性作用。这种权力和功能的错位，以及司法权与行政权衔接的不畅，是造成上市公司重整诸多问题的根源。

（二）重整价值识别和判断的机制缺失

企业破产重整价值判断是建立在重整价值评估的基础上的，利益相关者（即判断主体）以其内在尺度和需要为标准和依据，进行的贯穿重整程序始终的动态的理性决策过程。[①] 不仅对上市公司，对所有企业的重整申请，法院都应当进行重整价值和挽救可能性的审查，这是启动重整程序的必要性

---

① 侯晶、王一冉：《上市公司破产重整价值判断的逻辑起点及体系框架》，载《西部财会》2016 年第 9 期。

和可能性标准[①]。但是实践中，如何对困境上市公司的可重整性进行识别和判断，面临重重困境。其一，受理阶段应否进行实质审查存在争议。破产重整的本质是实现需要或具有挽救价值的企业的再生，对上市公司亦是如此。从这个意义上说，法院对企业可重整性的审查无疑应当是实质审查，甚至应当是有学者提出的深度实质审查，这一点对上市公司重整更为必要。但在受理阶段，关于法院是否有必要进行实质审查、是否具备实质审查条件的认识并不统一，在一定程度上影响重整制度的实施。其二，识别标准和要素不明确。在重整价值识别被强调和重视的同时，相应的识别机制并未建立，识别标准和要素欠缺，成为影响企业重整的重要问题。特别是上市公司重整牵涉利益关系极为复杂，对其重整价值的识别需要对营运价值（主营业务存续、行业前景和行业地位、股权结构、公司治理结构、信用水平等）、无形资产、剩余资产价值、资本价值（"壳资源"）、社会公共价值等多元价值进行综合考量，哪些要素可以纳入识别体系并不统一和明确，造成重整制度适用困难。其三，法院识别能力客观受限。认定重整对象是否具有重整价值和挽救的可能性并非纯粹的法律问题，而是涉及相当的商业判断，这无疑对法官提出了较高的要求。[②]上市公司重整价值识别对法官的要求更高，通常来看，法官不具备这种专业能力。在这种情况下，如何利用听证或者引入第三方机构等方式补强法官的识别和判断能力，需加以研究。

（三）出资人权益调整的失序失范

出资人权益调整主要是指在破产重整程序中，对公司的现有股权结构如总股本、持股人、持股份额、持股比例进行相应调整，以清偿公司债务，优化公司治理结构，使公司获得重生，避免破产清算的措施。[③]从上市公司破产重整实践来看，绝大多数都涉及对出资人权益的调整，主要通过股权让渡、削减股份、资本公积金转增股本等方式进行。尽管有理论学说和法律规定的支持，但是出资人权益调整完全可能成为阻碍重整程序继续推进的

---

① 王富博：《破产重整制度的发展与完善——〈全国法院破产审判工作会议纪要〉的解读（二）》，载《人民法院报》2018 年 2 月 28 日。

② 参见贺小荣等：《破产管理人与重整制度的探索与完善——〈全国法院破产审判工作会议纪要〉的理解与适用（上）》，载《人民司法·应用》2018 年第 13 期。

③ 丁燕：《上市公司破产重整计划法律问题研究理念、规则与实证》，法律出版社2014 年版，第 75 页。

巨大障碍。^① 相对于出资人权益调整制度能够决定重整能否取得实质性成功的关键性作用，我国《企业破产法》仅有第 85 条、第 87 条两个条款简单提及，明显不相匹配，缺乏对出资人权益调整适用情形的界定、相关主体利益的平衡、调整方案公平与公正的审查标准等问题的详细规定，造成实践操作乱象。

（四）重整与重大资产重组程序的衔接困难

困境上市公司要想真正完成重整、消除退市风险，除债务重组、减免以外，通常离不开资产重组，即通过注入优良资产增强持续经营和盈利能力。但是基于上市公司重大资产重组需要证券监管机构的行政许可，在困境上市公司重建和再生的过程中，为规避因司法权与行政权在行使条件、实施程序等方面存在差异而产生的权力分离、程序分割影响，降低在司法重整程序中同步解决重组问题的难度，上市公司重整普遍走向"分段式重整"的道路，^② 即在先实施破产重整程序，后续再实施资产重组程序，前者由法院和债权人会议主导，后者由证监会和股东大会负责。^③ 这种方式将法院和债权人排除在资产重组可行性的判断之外，可能导致形式上完成的重整程序最终走向失败，给上市公司附加过重的制度性成本。之后，《上市公司破产重整纪要》确立最高人民法院与证监会的会商机制，成为解决重整与重组脱节问题的有益探索，并催生出舜天船舶重整案，开创上市公司重整与重大资产重组同步实施、有效结合的先河。遗憾的是，这样的案例在实践中寥寥无几，会商机制也不能完全解决司法权与行政权的衔接问题。前文提到，随着退市监管趋严，困境上市公司重建时间紧迫，重整与重组同步实施更具现实意义，在这种背景下，如何在司法制度内"一揽子"解决重整与重组衔接问题就显得尤为重要。

---

① 陈景善、李魏：《上市公司破产重整中出资人权益调整机制之完善》，载《上海政法学院学报（法治论丛）》2021 年第 4 期。

② 姜沅伯：《回归与超越——谈上市公司重整和重组的权力配置及程序衔接》，载《清华金融评论》2021 年第 3 期。

③ 现行《企业破产法》生效后的首例上市公司重整案——浙江海纳重整案，开创"分段式重整"方式，制定包括债权调整和偿付等内容，但不包括资产重组内容的重整计划，在法院裁定批准重整计划后，公司开始实施发行股份购买资产的重组行为。

（五）相关信息披露的普遍不足

信息披露是保障资本证券市场健康发展的制度基础，建立起有效的信息披露体系是保护投资者特别是中小股东权益的重要途径。当上市公司进入重整的非正常状态，其经营和资产状况均会发生根本性的变化，信息获取的不对称将影响整个重整进程，充分信息披露就更为重要。重整过程的价值衡量和利益平衡，必然与信息收集、控制、交换与选择有关，在相互对立的主体之间，保证信息充分、准确、对称的各种制度是消解利益冲突的重要手段。[①] 我国现行破产重整信息披露制度存在不少问题，影响着上市公司破产重整的效果和效率。主要表现在：其一，法院获得的披露信息相对较少。根据《企业破产法》的规定，法院作为披露对象，能够获得相关信息的渠道主要是申请重整时提交的相关证明资料，以及监督期届满时管理人提交的监督报告，集中在程序的开始和结束节点。相对于债权人、资本市场，对法院的信息披露明显不足，会在一定程度上弱化法院对重整程序的主导作用。其二，信息披露范围和要求不明晰。根据《企业破产法》的规定，债务人和管理人需要披露占有和保管的相关资料、重整方案等信息以及如实回答询问。但具体内容是什么并不明确，而且对上市公司重整信息披露是否有特殊要求亦无规定，导致信息披露随意性大、内容不完整等问题。其三、信息披露方式较为单一。主要采用发布公告、提供资料和回答询问方式，缺乏能够增强披露权威性、真实性和准确性的其他方式，为义务人规避披露义务留下空间。

三、上市公司破产重整的制度完善

当前，破产重整制度已经进入一个快速、全新的发展时期。特别是上市公司重整制度，作为上市公司成长、运行和发展的良好生态环境中不可或缺的组成部分，值得理论界与实务界给予充分关注。在经济社会发展新形势和政策调整新背景下，有必要从促进上市公司发展的角度，对上市公司破产重整制度进行完善，以推动资源优化配置、经济可持续发展及社会稳定。

---

① 杨忠孝：《破产法上的利益平衡问题研究》，北京大学出版社 2008 年版，第160 页。

（一）回归"法院主导＋政府支持"的权力配置关系

上市公司重整中政府的前置性审批程序屏蔽市场对重整价值的判断。[①]司法的中立性，决定着法院具备担任重整程序主导者的天然优势，理应享有重整程序的决策权、控制权和监督权，不但有益于重整的市场化、法治化发展，而且契合我国《企业破产法》的立法精神。因此，针对上市公司重整申请的审查和受理，应当明确法院主导和政府支持的角色定位，使双方权力复归、各司其职，限制政府对判断困境上市公司可重整性的过早介入和过度干预。上市公司重整前置审批是《上市公司破产重整纪要》根据上市公司特殊性作出的特别安排，虽然该文件具有司法解释性质，但是缺乏法律权威性、规范性和强制性，严格意义上来说，更多具有参考意义和指导价值。鉴于此，为矫正上市公司重整受理审查对司法轨道的偏离，优化司法和行政的权力配置，建议建立征询制度并纳入《企业破产法》规定，即法院认为有必要时，可以就困境上市公司是否具有可重整性特别是相关消极事由，向上市公司所在地人民政府、证券监督管理部门、行业主管机关、工商管理部门、税务部门、金融机构等征询意见，以获得对困境上市公司的深度了解。

（二）建立以持续经营和盈利能力恢复为核心的价值识别机制

破产重整是挽救困境上市公司的良药，既不能设置过高门槛，亦不能任意被纯粹的"保壳"、套利、维稳等特殊考虑工具化，造成过度消费资本市场的不良影响。因此，在上市公司重整申请受理前，应当进行实质审查，以实现高门槛受理与无识别受理之间的平衡，只是为准确识别上市公司重整价值，需要配套建立科学的识别机制。具体而言：

1. 厘定"可重整性"的判断标准

"可重整性"，简言之，就是具有重整的价值性和可行性。上市公司重整的前提是发生财务危机的企业存在重整的条件或必要，即上市公司具有"重整希望"。[②]一个企业存在的意义在于能够持续提供社会需要的商品和服务并且从中获取利润。在重整收益高于清算收益的基本前提下，只有经过重

---

① 王毓莹：《论我国上市公司重整中的"府院失衡现象"及其协调》，载《法学评论》2022年第2期。

② 雷兴虎、刘浩然：《论司法权介入重整视角下的债权人利益保护》，载《政法学刊》2017年第3期。

整，能够恢复持续经营和盈利能力，即具有营运价值，才具有进入上市公司重整程序的必要。这也是重整制度的本质要求。在全面注册制背景下，虽然上市公司的壳资源仍然具有一定价值，但是"可重整性"的判断应当从偏重壳价值向营运价值转变，除考虑解决债务问题和保留公司上市资格以外，更应当关注企业的可持续发展，否则即便形式上完成重整，也无法摆脱退市风险。

2. 明确"可重整性"的判断要素

如前文所述，判断上市公司是否具有"可重整性"，涉及营运价值、资本价值和社会公共价值等多重要素，需要法院以整体视角进行综合判断，在公平公正的基础上，最大程度保护相关主体的合法权益。而困境上市公司营运价值的大小决定着持续经营和盈利能力恢复的可能性大小和程度，是上市公司"可重整性"判断的关键和核心要素。故，在此予以详述。对困境上市公司是否具有重整营运价值，具体可参照以下标准进行判断：

（1）主营业务经营状况及能否存续。可主要通过经营模式、经营团队、经营管理等情况，衡量主营业务的市场竞争力，进而判断主营业务是否具有竞争优势，能否在市场竞争中存续和发展。

（2）行业前景和行业地位。通常来讲，符合国家产业发展战略和产业调整政策的企业发展潜力大，相应拥有较高的营运价值。可主要通过行业前景、市场状况、市场认可度和占有率、行业增速等情况予以判断。

（3）股权和治理结构及股东情况。清晰的股权和治理结构能够实现内部管理效益最大化，以较快速度恢复企业业务经营，在一定程度上可以提升重整营运价值。而股东特别是大股东、实际控制人给予的资源、资金等支持，对企业恢复经营能力具有重要意义，也是需要考虑的因素。

（4）政府态度及支持情况。与一般企业不同，上市公司特别是国有控股上市公司的发展，通常得益于政府的扶持。因此，如果在面临重整的情况下，能够得到政府的积极态度和大力支持，将是提高上市公司重整营运价值的重要砝码。

3. 优化"可重整性"的识别方式

为弥补法院对重整价值专业性判断能力的不足，目前相关规定明确，可以举行听证，但是听证程序不具有强制性和普适性，无法满足上市公司重整价值识别的实践需求。基于此，在听证、征询的基础上，为进一步降低法院对政府、证券监督管理部门意见的依赖性，防止利用重整逃避债务，建议借鉴俄罗斯、日本等相关国家的做法，建立上市公司"可重整性"调查制度，即法院认为有必要时，可以选任或者指定具有相关专业知识且无利害关系的专业人员担任调查员，对申请（被申请）重整的上市公司的业务、财务、资产、经营等状况和事项进行调查，为判断其是否具有营运价值提供支持。在修订《企业破产法》时，对调查内容、调查期限，以及调查员选任和权利义务等作出详细规定。

（三）注重出资人与其他各方利益的平衡协调

上市公司具有在资本市场融资的价值，所以即使是在资不抵债、股权价值为负值的情况下，其股权仍然可能以一定的市场价格转让。[①] 如果只有债务的减免，没有股权结构的调整，那么将难以改善公司的经营能力，重新恢复上市公司生机和活力。[②] 因此，根据重整情况，对出资人权益进行适当调整，是上市公司重整的一个重要问题。

1. 严格遵循绝对优先原则

就出资人权益调整而言，绝对优先原则体现在两个方面：一是在股权类别不同的公司中，在优先股股东享有股权的现有价值之前，普通股股东就不能得到或保留任何财产；二是在持反对意见的债权人得到全部清偿之前，出资人不能得到或者保留任何财产。[③] 在我国上市公司重整实践中，在未给予债权人全额清偿的情况下，重整计划为出资人保留较多权益的情况并不鲜见，不但违反《公司法》有关公司财产未清偿债务前不得分配给股东的禁止性规定，而且有损普通债权人的清偿利益。因此，建议在《企业破产法》中明确绝对优先原则。上市公司重整应当严格遵循绝对优先原则确定的清偿顺位，对出资人权益的调整应当以债权人利益保护为优先，债权人的利益损失不能大于出资人，出资人权益应当跟随债权人权益的调整而调整，且调整比例不能低于债权人权益调整比例。

2. 区分出资人权益调整的强制与非强制适用情形

出资人权益调整可以区分为强制调整与非强制调整两种情形。就前者而言，除《上市公司破产重整纪要》规定的控股股东、实际控制人及其关联

---

① 参见李成文：《中国上市公司重整的内在逻辑与制度选择》，中国法制出版社2012年版，第150~151页。

② 黄权伟：《上市公司重整中的股东权益调整》，载《商业时代》2014年第3期。

③ 丁燕、黄涛周：《绝对优先原则的重新审视》，载《东方论坛》2017年第1期。

方因滥用权力和过错而对其股权进行强制调整外，当上市公司处于资不抵债情况下，为推动重整程序顺利进行，基于引入战略投资人等必要，即使出资人不同意，也应当允许进行强制调整。在上市公司只是明显丧失清偿能力，资产仍然大于负债时，基于平衡各方主体利益的需要，也可以对出资人权益进行调整，该情形下的调整为非强制调整，应当充分尊重出资人的意愿，对出资人权益的调整应当建立在出资人与相关利益主体达成合意的基础之上。[1] 质言之，只要对上市公司挽救和债权人利益实现具有必要性和紧迫性，就应当允许进行出资人权益强制调整。

3. 审慎对待出资人权益调整方案强制批准

根据《企业破产法》的规定，法院经审查认为重整计划对出资人权益调整符合公平、公正标准的，可以对重整计划进行强制裁定批准。强制批准权本质是审判权、衡平权，[2] 为尽量防止外部干预、权力滥用等问题，法院应当审慎适用强制批准权。同时，明确出资人权益调整方案的公平、公正标准（实体 + 程序），以提供明确指引。其一，在贯彻绝对优先、过错责任原则的基础上，做到对股权的平等保护。"公平对待"所有投资人，不是一个简单地按相同比例调整的问题，而是一个寻求真实的出资人权益按照相同的比例和条件予以调整的问题。[3] 因此，出资人权益调整方案应当按照同种类别同等对待、不同类别差别对待的要求，根据个案情况合理确定股权调整方式或者比例，以平衡各出资人利益。其二，充分保障股东知情权。基于权益调整对出资人的重要影响，在表决前，应当将权益调整相关信息向股东全面公开、披露，保证信息对称，以使其对调整方案作出合理判断。其三，充分保障股东异议权。在强制批准前，法院应当组织听证，充分听取相关人员的意见，保证股东对出资人权益调整方案提出异议的权利。

（四）突破重整与重组的程序衔接壁垒

基于我国的现实基础，为保障上市公司监管和证券市场的正常秩序，

---

① 参见曹文兵：《上市公司重整中出资人权益调整的检视与完善——基于 51 家上市公司破产重整案件的实证分析》，载《法律适用》2018 年第 17 期。

② 武卓：《我国重整计划强制批准制度的完善路径》，载《中国政法大学学报》2017年第 3 期。

③ 邹海林：《破产法——程序理论与制度结构解析》，中国社会科学出版社 2016 年版，第 425 页。

即使全面推行注册制，由证监会对上市公司重大资产重组进行监管仍有必要，可以预见，相关行政许可在一定时间内并不会被取消。基于此，在对行政许可程序进行适当变通的基础上，将重组程序的时间节点往前推入重整程序，以程序的融合和同步，推动重整与重组的实质化一并实施。具体而言：其一，在上市公司拟进行资产重组的情况下，强制要求将资产重组方案纳入重整计划，为重整与重组程序的衔接奠定基础；其二，建立征询制度，对重整计划中涉及的需要证券监管机构行政许可的内容，在进行表决前，由法院向其书面征求意见，证券监管机构按照法定程序出具相关意见，出具肯定意见的，再实施表决和批准程序，法院裁定批准重整计划的，可不再进行行政许可程序，如此则可兼顾法院对重整的主导和证券监管机构对重组的监管；其三，明确证券监管机构否定重组的处理规则，如果证券监管机构出具否定意见，法院应当要求管理人或者债务人调整重整计划和资产重组方案，并再次向证券监管机构征询意见，同时确定一个期限，在该期限内若无法获得证券监管机构的肯定意见，法院应当终止重整程序。

（五）细化重整信息披露的相关规范

作为公众公司，对上市公司信息披露的完整性、全面性和准确性等要求必然更高、更严。相对于《证券法》《公司法》，《企业破产法》对信息披露的规定较为简单。特别是在破产重整程序中，上市公司重整信息披露主要是依据《股票上市规则》，多为程序性信息，且目的限于公司合规及投资者保护，与破产法并不兼容。因此，作为上市公司重整中的一个问题，在《企业破产法》修订时，需要对信息披露规范进行细化和完善。其一，强化对法院的信息披露。法院作为重整程序的主导者，履行职责的基本前提就是掌握足够、充分的信息。在重整申请阶段，除《企业破产法》规定的公司财产状况说明、债务清册、财务会计报告、职工安置预案等情况以外，还需要就之前与当前的经营情况、发展预期、行业地位等情况向法院进行披露；在重整计划执行阶段，为保证法院监督、协助和救济作用的发挥，除监督期满管理人向法院出具监督报告以外，应当将重整计划执行情况纳入信息披露范畴，明确相关披露规则，要求管理人或者债务人定期向法院报告计划执行进展情况。其二，扩展披露义务主体范围。现行《企业破产法》确定的信息披露义务主体主要是管理人和债务有关人员，在此基础上，建议参照《证券法》相关规定，将控股股东、除董监高以外的负有主要经营管理责任的管理人员、公司重要业务和岗位的员工等纳入信息披露的主体范围。其三，明确信息披露内容和要求。就披露内容进行列举式规定，详细对股权机构、债权债务情况、财务情况、资产情况、重整计划草案等明确列举，同时设置"其他情况"的兜底条款。就披露要求进行概括性规定，即全面、真实、准确，与重整程序及利益相关人员具有关联性，且对重整程序及利益相关人员具有重大影响。

第九章　金融机构破产制度的完善

《韩非子·观行》中有言："时有满意，事有利害，物有生死。"金融行业的蓬勃发展为我国经济的飞速发展奠定了基础，企业在经营过程中有盈有亏，有市场进入也必然有市场退出，金融机构作为市场主体亦不例外。"金融制度体系是将社会政治的需要贯穿于经济的中枢网络系统。"①金融机构信用体系的稳定对经济社会发展起到十分重要的影响。随着经济社会的发展，金融机构的经营方式与金融衍生产品不断增多，金融机构的范围不断扩大，亟须对金融机构破产退出制度进行完善。

一、完善金融机构破产制度的现实意义

世界经济一体化和金融全球化在让人们享受便利的同时也增加了不稳定性，加速了金融危机的传播和金融风险的蔓延，经营不善金融机构破产现象频发。国内已经出现不同类型的金融机构破产案例，加之近几年受疫情影响，市场投资信心受挫，亟须一个健康、有序的金融市场环境，完善金融机构破产制度不单是挽救困境金融机构的客观要求，更是防范化解金融风险、维护金融安全稳定的现实需求。

（一）规范金融机构市场退出

2008 年，源于美国的次贷危机迅速演变为全球金融危机，为化解风险，美国、英国、日本等国纷纷提高了对系统性金融风险的重视程度，通过金融机构的救助和处置机制、明确相关机构职责，完善金融机构破产处理法律框架、增设配套制度等相关方面的改革创立了各自的金融机构破产制度。我国虽然采取了系列拉动内需政策，但仍然受到了不小的冲击，经济增速开始放缓。这表明，在全球经济联系愈发紧密的今天，没有哪个国家能独善其身。

---

① ［美］马丁·舒贝克：《货币和金融机构理论》（第一卷），王永钦译，上海三联书店、上海人民出版社 2006 年版，第 8 页。

彼时，我国实践中已有海南发展银行被行政关闭、广东国际信托投资公司破产、南方证券公司关闭等金融机构退出市场的典型案例。由于没有认识到金融机构破产是正常的市场经济现象，金融机构破产制度发展严重滞后，因为缺乏明确的法律规范，海南发展银行长期未能结束清算程序，而在信托领域、证券领域的清理整顿也未能完全纳入法治化轨道，不利于金融市场的健康发展。因此，完善金融机构破产制度是金融机构市场退出的规范化、法治化、常态化的现实需求。

（二）防范化解金融风险

金融机构服务面对社会公众，辐射范围广，金融衍生产品多。在金融机构陷入经营困境之初，由于信息不对称，社会公众不了解内情，在危机爆发之后，容易造成公众恐慌并迅速蔓延诱发信任危机。加上金融机构之间的合作与跨业经营模式、金融系统支付方式的多样性与便捷性，拓宽了金融风险传播途径，使得风险加速传播。如果没有有效的金融机构破产退出机制，单纯依靠日常监管和事后救济，不能及时遏制风险扩散，难以维护金融安全。

为对金融市场实现权责集中、统一、协调监管，2023 年 3 月，中共中央、国务院印发了《党和国家机构改革方案》，决定在中国银行保险监督管理委员会基础上组建国家金融监督管理总局。因此，维护金融安全与稳定是深化落实金融改革的题中之义。

（三）依法清偿金融债权

金融市场交易活跃，内容复杂，比如金融借贷、投资理财、购买保险、股票交易等。从交易规模和额度来讲，购买金融产品或者金融服务的金融消费者情况不同，且相较于庞大的金融机构，金融消费者在信息掌握度、话语权、专业性等方面均处于较为弱势的地位，霸王条款和格式合同在金融消费领域屡见不鲜。一旦金融机构破产，这些债权人的利益如何保护、债权如何清偿，都需要制度来进行规范和保障。如海南发展银行案中，就出现了存款人爆发挤兑的现象，对经济社会的稳定产生了严重影响。因此，金融机构破产制度的完善是依法实现各类债权公平清偿的必然路径。

二、金融机构的界定和特殊性

完善金融机构破产制度，首先要明确适用市场退出制度的金融机构范围。金融机构破产不同于一般企业破产的原因在于金融机构本身的特殊性，《企业破产法》的一些程序设计并不契合金融机构破产需求，要提高制度可操作性，就必须厘清金融机构破产的特殊性。

（一）金融机构的范围和分类

目前，对金融机构的概念内涵缺乏权威明确的界定，所涉及的法律法规多以列举方式界定所调整的金融机构主体范围。由于不同法律文件的制定主体不一，各自所调整的经济社会关系暨所欲解决的现实问题并不一致，因此，虽然金融机构的外延大体相同，但这些法律规范对金融机构的界定和解释并不完全一致，具体范围上存在差异。[①]另外，随着经济、信息、科技的飞速发展，提供新型金融产品和服务的实体组织越来越多，哪些应当纳入金融机构的范围，理论界和实务界尚有争议。

虽然对金融机构难以给出明确定义，但通过总结不难发现，纳入破产法调整范围内的金融机构需要具备以下特征：（1）以营利为目的的企业法人；（2）以提供金融产品或金融服务为业务内容；（3）经营方式多为负债经营，对资金借贷依赖性大；（4）受国家金融监管机构监督管理。

根据中国人民银行制定的《金融机构编码规范》，我国金融机构根据其职能分为九类：

[①] 张世君：《中国金融机构破产的理论探索与制度构建》，法律出版社 2017 年版，第 13 页。

表 9-1　金融机构类别

类别	主体
货币机构	中国人民银行、国家外汇管理局
监管机构	中国证券监督管理委员会、中国银行业监督管理委员会、中国保险监督管理委员会[①]
银行业存款类金融机构	银行、城市信用合作社(含联社)、农村信用合作社(含联社)、农村资金互助社、财务公司
银行业非存款类金融机构	信托公司、金融资产管理公司、金融租赁公司、汽车金融公司、贷款公司、货币经纪公司
证券业金融机构	证券公司、证券投资基金管理公司、期货公司、投资咨询公司
保险业金融机构	财产保险公司、人身保险公司、再保险公司、保险资产管理公司、保险经纪公司、保险代理公司、保险公估公司、企业年金。
交易及结算类金融机构	交易所、登记结算类机构
金融控股公司	中央金融控股公司、其他金融控股公司
其他	小额贷款公司

其中，货币机构、监管机构、交易及结算类金融机构不以营利为目的，不属于破产法调整的企业法人，不能纳入金融机构破产主体范围。银行业金融机构、保险业金融机构、证券业金融机构、金融控股公司等符合破产法语境下的金融机构范围，但现行《企业破产法》第 134 条只是罗列了商业银行、证券公司、保险公司等传统金融机构，立法设计滞后、缺乏统一性，可操作性不强。

（二）金融机构的特殊性

相较于一般企业法人，金融机构的特殊性主要表现在：涉众性、高负债、高风险、专业性。

1. 涉众性

金融机构种类繁多，提供的金融产品和金融服务与人民群众日常生活密切相关，传统的金融机构如商业银行、证券公司、保险公司等，涉及的储

---

① 根据 2018 年 3 月国务院机构改革方案，将中国银行业监督管理委员会和中国保险监督管理委员会的职责整合，组建中国银行保险监督管理委员会，不再保留中国银行业监督管理委员会和中国保险监督管理委员会。根据 2023 年 3 月《党和国家机构改革方案》，在中国银行保险监督管理委员会基础上组建国家金融监管总局，不再保留中国银行保险监督管理委员会。

户、股民、客户人数众多。随着时代发展，新型金融机构、第三方支付平台的出现，进一步拓宽了金融服务的辐射范围和服务人群。

2. 高负债

金融机构的主要经营业务围绕货币资金开展。作为资金融通的中介，金融机构自持资金比例不高，有些甚至低于一般的工商企业，需要建立在自身信用基础上，依靠高杠杆实现规模增长。

3. 高风险

负债经营模式决定其内在经营结构较为脆弱，这种风险将贯穿经营活动的始终。以商业银行为例，银行的日常经营依赖于公众的信任，但信息不对等使得存款人无法知道自己的存款将被用到哪里，也无法知道存储的银行目前存在多少不良贷款，面临多少风险。一旦遇到支付不能可能会产生信任危机，引起公众恐慌，诱发金融风险。

4. 专业性

从行业角度来讲，金融机构涉及的专业领域包含金融、经济、投资、财务、风险管理等等，对工作人员有较高的行业准入门槛。从金融机构内部分类来讲，银行、证券、保险、资产公司、信托公司等各自存在特殊性，在日常管理、业务范围、服务对象等方面均有不同，金融机构具有较高的专业精细化程度。

三、金融机构破产制度的主要问题

我国金融机构破产制度存在的问题主要表现在立法、理念和制度三个层面。从立法上看，法律规定缺乏体系性，分散式立法引发实践中适用的混乱；从理念上看，市场化和风险意识缺失，行政干预过度，尚未完全摆脱计划经济色彩；从制度上看，监管主导型破产难以适应市场经济发展，行政监管与破产法律程序衔接不畅。

（一）立法缺乏系统性和针对性

目前，与我国金融机构破产相关的规定分散在《中国人民银行法》《商业银行法》《证券法》《保险法》《企业破产法》《金融机构撤销条例》等法律法规中，《企业破产法》第 134 条也只是为金融机构破产司法程序提供了依据，缺乏整体性与跨行业、跨部门的统筹。《企业破产法》在附则中 [1] 将商业银行、证券公司、保险公司明确列入金融机构破产主体范围，并授权国务院可以根据《企业破产法》和其他有关法律的规定制定实施办法。这种"原则＋授权"的模式在实践中由于缺乏配套制度支撑，可操作性不强。

纳入《企业破产法》调整范围的金融机构本质上是企业法人，但又不同于一般的企业法人，在适用破产制度时，存在诸多差异：一是价值目标侧重不同。普通企业法人适用破产程序主要是为了公平清偿债权债务、完成债务人企业的重整盘活或者清算退出、维护市场经济秩序；金融机构破产退出还肩负防范化解金融风险的责任，受到宏观调控政策的影响。二是适用程序不同。《企业破产法》规定，一般企业法人在破产程序的适用上有重整、清算、和解，商业银行等金融机构在破产程序适用上有重整和清算，没有和解程序。三是破产程序启动不同。一般企业法人经法院审查具备破产法规定的破产原因，由债权人或债务人作为申请主体；金融机构破产程序启动时需征得国务院银行业监督管理机构批准同意。在申请主体上，《企业破产法》规定国务院金融监督管理机构可以向人民法院提出重整或者破产清算的申请。四是债权人特征不同。金融机构的债权人个体债权金额差异大、债权人群体类型多、债权人分布更为广泛，在适用《企业破产法》规定的债权人会议制度存在客观障碍。金融机构因债权债务数量庞大，加上前述特殊因素，在破产程序上若机械适用《企业破产法》规定的表决制度，不仅实务操作困难，还会导致破产成本高昂。因此，金融机构破产必须更多考虑成本与效率的平衡，设计针对性的程序机制。

（二）退出机制市场化程度不高

2018 年以前，对银行、证券公司、保险公司的经营监管分别由银监会、证监会、保监会负责，后来随着金融机构跨行业经营成为趋势，分业监管的弊端日益凸显。有鉴于此，中央成立国务院金融稳定发展委员会，负责对

---

[1]《企业破产法》第 134 条规定："商业银行、证券公司、保险公司等金融机构有本法第二条规定情形的，国务院金融监督管理机构可以向人民法院提出对该金融机构进行重整或者破产清算的申请。国务院金融监督管理机构依法对出现重大经营风险的金融机构采取接管、托管等措施的，可以向人民法院申请中止以该金融机构为被告或者被执行人的民事诉讼程序或者执行程序。金融机构实施破产的，国务院可以根据本法和其他有关法律的规定制定实施办法。"

不同监管机构之间的活动进行协调，从宏观层面对金融机构进行监管。2018年3月，根据《国务院机构改革方案》，合并银监会、保监会，成立了中国银行业保险监督管理委员会。2023年3月，根据《党和国家机构改革方案》，组建国家金融监督管理总局，对监管机关的职权与责任进行重新调整和规范。

随着我国市场经济体制改革的逐渐深化，金融衍生品市场活跃、交易频繁，暴露出监管漏洞和盲区。一味采取行政救助保护与市场规律相悖，"输血式"的帮扶或者简单的兼并都不能真正发挥对困境金融机构的挽救功能，所以我国开始探索金融机构市场退出的法治化路径。囿于目前金融机构破产制度缺乏统一的顶层设计和配套机制，实践中金融机构破产处置不及时、不规范，多依靠行政权力干涉与接管，由央行对金融机构破产程序中的资金缺口进行兑付。监管不力以及金融机构股东、高管和实际控制人的违规经营造成恶劣后果，最终由国家信用兜底，这不利于我国金融机构的良性发展和金融市场的秩序规范。

（三）行政监管与司法程序衔接不畅

从实践中我国对金融机构的拯救手段来看，依赖于行政措施，虽然初衷是短期内化解危机，维护社会稳定，但从长远看，存在一些弊端：一是没有对行政监管机构与法院在金融机构破产退出制度中的权责边界进行明确；二是缺乏明确的程序性规范，进入破产程序前如何审查，进入破产程序后，如何对各类债权进行统计、清偿，债权人会议制度是否能在金融机构破产中得以运用均不得而知。

现阶段我国对金融机构的危机处置多采取行政接管方式。如果金融机构陷入严重经营危机、支付危机、偿付危机，监管机构接管；如果金融机构能够恢复正常经营，便终结接管程序。如果金融机构在接管期届满不能恢复正常经营，且经营情况持续恶化导致偿付能力严重不足，可将金融机构转入破产程序。在进入破产程序之前，监管机构会对金融机构容易引起社会恐慌的部分债务进行刚性兑付。结合《银行业监督管理法》《商业银行法》《证券法》《证券公司风险处置条例》《金融机构撤销条例》等法律法规，金融机构监管部门采取的风险处置手段均为行政措施，包括：责令及限制措施、接管、托管、重组、停业整顿。而从长远角度和国际趋势看，国家信用兜底金融机构破产债务并非长久之计，金融机构破产改革应当遵循市场化和法治化方向。

总之，目前我国立法缺乏统一的顶层设计，对困境金融机构采取何种行政措施没有明确的规范，导致实务中操作混乱，且前期行政监管措施穷尽挤压了金融机构适用破产重整的空间，延误进入破产程序的时机。另外，监管机构的接管程序与破产司法程序的有效衔接也缺乏具体规定，容易造成行政权与司法权职责边界不清、程序衔接不畅、拖延处置效率等问题。

四、金融机构破产制度的完善路径

完善我国金融机构破产制度，既要顺应国际化趋势，也要立足本国实际。首先，要明晰制度功能定位，更新金融机构破产理念；其次，要考虑金融机构破产的特殊性，为不同类型金融机构破产探索留足空间；最后，要立足我国国情，畅通行政监管与司法程序的衔接，协调市场与监管的关系，完善金融机构破产法律程序和配套制度建设。

（一）更新价值理念

完善我国金融机构破产制度，要从制度的功能定位和价值诉求出发，金融机构破产制度不同于金融监管制度、金融救助制度，应当是囊括"监管措施＋破产法律程序＋危机救助"的系统性制度，包含早期干预、事中处置、事后救助。为及早拯救困境金融机构、有效均衡各方权益，必须慎重把握破产条件审查、尊重市场经济规律，才能公平、及时清理债权债务，维护金融市场的健康、有序运转。

1. 衡平理念

由于破产制度不可能充分保护所有当事者权益，所以在制定破产法时需作出的一些关键政策选择涉及界定破产法的总体目标和在各项目标之间取得应有的平衡。[1] 衡平理念是对公平和正义的实质追求，为弥补法律的机械和漏洞而产生。金融机构破产制度调整的是金融债权人与债务人之间的关系，但因金融债权人群体众多、金融机构破产易引发信用危机、影响社会经济发展，所以完善金融机构破产制度要把握衡平理念，在保护金融债权人与债务人合法权益之间、不同群体债权人之间、债务人与社会经济发展之间综合考量，切忌顾此失彼。

---

[1]《联合国国际贸易法委员会破产法立法指南》，2004 年 6 月通过。

2. 审慎理念

金融机构破产会引发一系列经济影响和社会问题，比如信贷紧缩、股市下跌、信用风险升级、众多金融消费者的权益保障、职工的安置、社会稳定等。因此，金融机构破产制度必须坚持审慎理念。一是加强日常监管和风险监测，在金融机构陷入危机时及早干预，防止愈演愈烈；二是明确金融机构破产原因审查条件和标准，在进入破产程序前，监管机构要从相关方面综合研判；三是对债权清偿、职工安置和信访问题的解决提前准备好预案。

3. 市场理念

破产制度是市场经济发展的产物，为规范市场主体退出、助力市场经济的发展提供制度保障。完善我国金融机构破产制度应适应现代市场经济发展需要，尊重市场经济规律，淡化行政干预色彩。基于现有金融机构破产的实践案例，我国对困境金融机构存在监管不到位、行政干预过度、破产机制作用发挥不充分等问题。金融机构作为市场主体受市场经济规律支配，遵循优胜劣汰市场法则，陷入危机后依赖政府救助并非长久之计，也阻碍了金融机构破产制度的法治化进程。

4. 开放理念

金融机构破产制度为陷入困境的金融机构提供挽救或者退出渠道，对于金融机构及时止损、金融风险及时化解、营造健康、信任的投资环境具有不可或缺的作用。全球化程度的提高和效率的提高，并不必然带来更高的稳定性。[①]一些大型金融机构业务范围和部分资产涉及国外，随着我国国内市场开放程度日益提高，完善我国金融机构破产制度应秉承开放理念，顺应国际趋势，注重与国际接轨，为加快我国金融市场全球化进程提供制度和法律保障。

5. 预防理念

公众普遍认为，一旦有问题，大型综合性金融机构总能及时获得官方的支持。[②]例如，在一些金融机构违规高息揽储的时候，公众往往只关注利率高低，而忽略风险，认为在国家机构的监管之下，银行不可能出现危机。另外，监管机构本身对于金融机构的内控风险难以察觉，其身份职责的局限

---

① ［瑞士］艾娃·胡普凯斯：《比较视野中的银行破产法律制度》，季立刚译，法律出版社 2006 年版，第 181 页。

② ［瑞士］艾娃·胡普凯斯：《比较视野中的银行破产法律制度》，季立刚译，法律出版社 2006 年版，第 184 页。

也很容易让其不愿承认作为监管对象的金融机构走向破产。因此，金融机构破产预防理念非常重要，公众应提高风险意识和警惕性，监管机构也应完善风险评估标准，及早介入危机应对。

（二）完善立法规范

我国金融机构破产立法的分散性，限制了破产制度功能的发挥。从域外看，金融机构破产立法多从尊重金融机构的特殊性出发，兼顾统一性与差异性。以美国为代表的国家，虽然坚持金融机构破产与普通破产制度并行适用的模式，但并没有完全脱离传统的普通破产法而对金融机构破产绝对地实施单独立法。[①] 英国、日本通过制定单行法对不同类型的金融机构破产立法予以规定。《德国银行法》《德国破产法》《奥地利银行法》等对金融机构破产的原因、破产程序的启动、破产管理日的委任均作了特殊规定。[②] 综合考虑，应当对我国金融机构破产制度进行专门立法，在《企业破产法》增设金融机构破产专章，完善金融机构破产的一般性规则，用以协调不同金融机构破产单行法的适用，避免法律法规之间的冲突。

1. 将监管标准纳入破产申请审查范围

《企业破产法》第 2 条[③]对破产申请条件的规定比较笼统。金融机构负债经营模式决定对其破产申请条件的审查不能简单适用"资不抵债"标准，以最典型的银行业为例，负债经营是常见现象，并不是其一旦陷入经营困境就要马上退出市场。银行的资本充足率和流动性是判断银行经营状况的重要标准。如在美国，法律要求监管机构在 90 天内，关闭资本充足率低于 2% 的资本严重短缺的银行。[④] 监管标准包含对金融机构财务状况和其他风险评价指标。将监管标准纳入金融机构破产申请标准，既能发挥监管机构的专业优势，又能让法院在审查金融机构破产原因时更具有参照性，还能合理判断

---

① 张世君：《中国金融机构破产的理论探索与制度构建》，法律出版社 2017 年版，第 94 页。

② 巫文勇：《金融机构破产特定债务清偿制度比较研究》，中国政法大学出版社 2014 年版，第 83~88 页。

③《企业破产法》第 2 条规定："企业法人不能清偿到期债务，并且资产不足以清偿全部债务或者明显缺乏清偿能力的，依照本法规定清理债务。企业法人有前款规定情形，或者有明显丧失清偿能力可能的，可以依照本法规定进行重整。"

④ 刘仁伍：《金融机构破产的法律问题》，社会科学文献出版社 2007 年版，第 248 页。

金融机构是否具备重整价值，为适用重整、清算或和解程序提供依据。

2. 增设金融消费者类债权组

根据《企业破产法》规定，债权分类有：担保债权、职工债权、税款；债权、普通债权。除上述债权人以外，金融机构破产还涉及其他众多利益群体，如银行破产涉及大量存款类债权、保险公司破产涉及大量保险类债权。《商业银行法》规定，个人储蓄存款的本金和利息，应优先支付，清偿顺位在清算费用、职工工资和劳动保险费用后。[①]《保险法》规定，保险公司破产财产在清偿破产费用、共益债，并支付职工工资和各项社会保障费用后，应优先赔偿或者给付保险金。[②]《金融机构撤销条例》规定，个人储蓄存款的本金和合法利息的优先清偿顺位。[③]从上述规定来看，存款类、保险金等金融消费者债权享有优先性，应当增加此类金融消费者债权组，如银行破产增设存款类债权组，保险公司增设保险类债权组，并明确清偿顺位。由于储户人数多、分布范围广，现场表决成本高、实现难，建议在表决方式上采用"默示同意"表决规则。

2015 年 5 月 1 日施行的《存款保险条例》规定，由中国人民银行设立专门的存款保险基金管理机构对存款保险基金进行管理。存款保险实行限额偿付，最高偿付限额为人民币 50 万元。限额偿付制度限制了优先权的偿付范围，超出 50 万元的部分，依法从投保机构清算财产中受偿。在偿付范围内，存款保险机构取得该存款人对投保机构相同清偿顺序的债权。

3. 将预重整引入金融机构破产程序

预重整制度的定位是庭外重组与庭内重整的衔接，可以提前开展清产核资、债权申报与登记、资产评估、风险研判等工作，合理判断金融机构的运营和重整价值，提升重整效果。特别是对上市金融机构破产来说，预重整制度能够发挥更大作用。根据我国《证券法》《上市公司重大资产重组管理

---

①《商业银行法》第 71 条第 2 款规定："商业银行破产清算时，在支付清算费用、所欠职工工资和劳动保险费用后，应当优先支付个人储蓄存款的本金和利息。"

②《保险法》第 91 条第 1 款规定："破产财产在优先清偿破产费用和共益债务后，按照下列顺序清偿：（一）所欠职工工资和医疗、伤残补助、抚恤费用，所欠应当划入职工个人账户的基本养老保险、基本医疗保险费用，以及法律、行政法规规定应当支付给职工的补偿金；（二）赔偿或者给付保险金；（三）保险公司欠缴的除第（一）项规定以外的社会保险费用和所欠税款；（四）普通破产债权。"

③《金融机构撤销条例》第 23 条规定："被撤销的金融机构清算财产，应当先支付个人储蓄存款的本金和合法利息。"

办法》《公司法》《关于完善上市公司股票停复牌制度的指导意见》《上市公司筹划重大事项停复牌业务指引》等确立的，以不停牌、短期停牌为原则的停复牌规则①，如果上市金融机构进入破产程序，该金融机构股票在交易市场不停牌，即使停牌也是短期停牌，难以撑到重整程序终结。采用预重整制度能够提高重整成功率。

4. 细化金融机构管理人选任标准

在管理人选任上，现行《企业破产法》只有消极资格的限制，且机构和个人均可担任。金融机构破产案件的办理需要金融、财务、经济等专业性知识，应当对金融机构破产案件管理人的选任标准进行细化。②首先，在资格方面，明确个人不得担任金融机构管理人，必须由具有资质的机构担任；其次，在能力方面，明确要求金融机构破产管理人必须具备专业资质，具有从业经验等；最后，可以参照《证券风险处置条例》规定，由监管机构向法院推荐管理人人选。③金融机构破产对效率和专业的要求更高，在管理人的选择指定上应当更加慎重，由监管机构和法院共同负责，贯彻"非必要不更换"原则，管理人则应当接受监管机构、法院和债权人的监督。

（三）明确职能定位

1. 金融监管机构的职能

我国 2023 年开展的机构改革工作，推动了金融监管体系从"一行两会"迈入"一行一局一会"新格局。重新划定了金融监管机构的职能：中国人民银行专注于货币政策与宏观审慎监管，证监会专注资本市场以及上市企业的监管，国家金融监督管理总局专注于金融机构的监管并承担原中国人民银行的金融消费者保护和证监会投资者保护的职能，完整承担了机构监管和行为监管。

---

① 停复牌是在证券交易产品出现异常，或者围绕某证券有重大事项发生或即将发生时，由证券交易所申请、证券监管机关指令或者自行决定，强制暂停其交易，直至停牌期限届满或停牌事由消失，再恢复对该证券产品的正常交易。

② 有关金融机构破产管理人的选任，国际的通行做法是由一个专门的机构担任清算人，以保障金融机构破产清算的专业化程度。例如，美国的联邦存款保险公司、证券投资者保护公司，英国的银行保护协会等都具有专业化的破产清算职能。参见张世君：《中国金融机构破产的理论探索与制度构建》，法律出版社 2017 年版，第 119 页。

③《证券公司风险处置条例》第 40 条规定："人民法院裁定受理证券公司重整或者破产清算申请的，国务院证券监督管理机构可以向人民法院推荐管理人人选。"

金融机构破产涉及更多金融类专业性和技术性问题，因此应由金融监管机构进行主导，审核是否启动破产程序，法院负责程序上的裁定以及形式上的审查。在重整阶段，金融监管机构应对继续开展业务的金融机构进行监管，促进金融机构通过继续经营获取利润，有助于重整程序顺利完成，也有利于促进金融市场稳定，防止系统性风险发生。在清算阶段，金融监管机构主要协助开展债权确认、资产评估、破产财产分配等工作。

2. 人民法院的职能

在金融机构破产程序中，法院主要承担程序性职能和实体性职能。程序性职能主要表现在：裁定启动破产程序、财产和财产性权利保全、启动和终止重整程序、启动清算程序、审查财产分配方案、宣告破产、终结破产程序等。实体性职能主要表现在：对当事人权利义务的确认、变更、消灭，解决破产程序中的争议。

3. 行政权与司法权的协调

客观上讲，行政权的高效、灵活符合金融机构陷入危机时对"效率挽救"的需求，金融机构破产需要行政机关的介入。但金融机构破产的复杂性和专业性要求行政监管权和司法裁判权能够良性互动、优势互补。在我国现有金融机构破产制度中，基于监管机构与法院的不同性质，二者的职能分工不同，即监管机构主要是评估资产负债情况、寻求应对危机的解决方案、提出破产申请等，但是涉及破产程序时，应由法院负责裁决。在行政监管与司法程序的衔接上，可以考虑采取听证会、行政复议等程序加以弥补。

（四）完善配套制度

1. 建立早期干预制度

实践表明，金融机构经营状况的恶化通常是日积月累形成的，监管机构尽早介入采取矫正措施，能够及时止损。因此，建立早期干预制度，明确介入的时间节点，采取渐进式监管措施，能够降低金融机构的破产风险。早期干预制度应遵循及时介入和损失最小化两个基本原则。作为早期干预的主体责任人，监管机构应当适时掌握金融机构的不良资产比例，限制管理决策权。同时，应当设置早期干预的标准（积极方面）和强制干预的条件（消极方面），规定具体追责制度，倒逼高管层与监管机构关注金融机构资产负债情况，及时采取有效措施防止陷入困境。

2. 完善金融消费者保护基金制度

由于金融消费者在金融产品交易当中处于相对弱势地位，大部分金融消费者仅对金融机构业务有初步了解，普遍认为银行的背后是国家信用，很少意识到高息揽储背后的系列风险。为了保护金融消费者的权益，我国设立了金融消费者保护基金制度，分别由国务院成立中国证券投资者保护基金有限责任公司、中国人民银行成立存款保险基金管理有限责任公司、财政部成立中国保险保障基金有限责任公司，在金融机构遇到重大风险时，可以向金融消费者提供救助的法定基金。作为金融消费者的最后保障，应当进一步完善金融消费者保护基金制度，尽可能将金融机构破产造成的负面影响降到最低，维护整个金融体系稳定。

3. 推进金融监管机构改革

我国 2023 年实施的机构改革，将金融机构改革作为重点内容，组建了中央金融委员会和中央金融工作委员会，由国家金融监督管理总局取代原中国银行保险监督管理委员会，提升了对金融机构监管的统一性、规范性和有效性。为保障金融市场的长期发展，应当进一步加强对重点领域和薄弱环节的监管力度，推动服务实体经济金融政策落地，提升中小金融机构风险应对能力，优化房地产金融监管机制，预防金融机构破产，维护金融市场稳定。

第十章　个人破产制度的构建

从破产制度的发展历程来看，个人破产先于企业破产制度诞生，从某种意义上来说，企业破产制度是在个人破产制度的发展中孕育。当前，随着破产制度改革的不断推进，我国个人破产制度长期缺位带来的问题逐步凸显，尽快构建全国性的个人破产制度呼声持续高涨。自2019年以来，浙江、江苏、山东和广东等地陆续开启了对个人债务清理和类个人破产制度的实践探索，积累了大量有益经验，特别是2021年《深圳个人破产条例》的出台，标志着我国个人破产制度发展进入了新的阶段。但这些点状式改革探索难以构建体系化的个人破产制度，不能满足现实需要。如何在总结探索的基础上构建具有中国特色的个人破产制度，成为摆在破产制度改革路上的新课题。

一、构建中国特色个人破产制度的时代价值

在《企业破产法》出台之前，学界就有将破产法的适用范围扩大至自然人和非法人企业之呼吁，囿于当时市场经济发展程度不足、破产文化贫瘠和个人信用体系不健全等原因，个人破产始终未能正式入法，因此我国《企业破产法》又有"半部破产法"之称。随着我国市场经济的迅速发展，社会信用体系和个人征信系统的不断完善、个人财产登记制度的健全和破产保护理念的沁润，个人破产制度的构建有了现实的社会基础和理论基础。从当前我国市场经济发展程度、公民意识的转变和法治体系的运行来看，个人破产制度的构建具有划时代的意义，将助推我国社会诚信体系进一步完善。

（一）引领传统儒家文化的价值回归

1. 助推诚信文化的价值传承

孔子曰："人而无信，不知其可也。"长期以来，无论是社会活动还是商事活动中，道德与诚信都发挥着重要作用。随着诚信原则被确立为民法的基本原则，诚实信用的观念更加深入公民个人生活的方方面面。"欠债还钱""父债子偿"的观念还广泛存在于公众意识之中。受儒家文化中的重信

义、轻生死的价值取向影响，欠债不还被视为个人不诚信、不道义之举而被
社会所唾弃。①然而，个人破产并非违背诚信之举，恰恰相反，个人破产制
度"就是用法治对公民个人的道德与诚信进行衡量和评价，从而引领社会的
诚信价值观回归"②的理念体现。一方面，个人破产制度通过限制破产原因、
设定豁免财产、规范个人财产登记与申报等考验债务人诚信的制度，为其能
有序退出市场、重获新生提供制度保障；另一方面，通过失权复权和免责考
察期的设置等，让债务人在充分诚信的基础上予以复权。通过个人破产制度
的实施，还能为个人信用体系的建立提供重要的信息来源，从而为市场经济
的诚信机制的建设提供推动力。③

2. 传统忠恕文化的观念革新

忠恕文化在儒家传统社会由来已久，承担着协调人与人之间关系的社
会功能。④进入新时代，"80后""90后"甚至"00后"等新生代群体乐于通
过信用贷款等方式获得资金以改善生活，或作为资金原始积累的替代，或参
与商业经营，越来越多的群体具有陷入破产的风险，需要给予宽恕和重新开
始的机会。儒家思想讲求"忠恕之道"，正所谓"宽则得众"，唯有"宽"和
"容"，君子才可取得人心。⑤社会治理注重宽恕并非仅在古代社会被推崇，
在现代法治社会的法律体系中也占有一席之地，如《刑法》第 67 条规定了
自首者可以从轻处罚，《民法典》第 1125 第 2 款新增了继承宽恕制度等，都
是宽恕文化在法律中的具体体现。债务人被宣告破产，并在经过和解、重
整、清算等一系列法定程序之后，可能获得一部分债务的豁免和宽恕，将其
从繁重的债务中解脱出来重生，是宽恕行为在个人破产中的集中体现。宽恕
是个人破产制度得以实施和发展的文化保障，是引导债务人树立依法还债的
意识基础，是遵循法律规范清偿债务的重要导向。从个人破产制度实践探索

---

① 参见张善斌、钱宁：《论个人破产制度构建的痛点——公众法意识的转型》，载
《商业研究》2021 年第 2 期。

② 韩长印：《建立自然人破产制度正当其时》，载《人民法院报》2021 年 10 月
15 日。

③ 李子蔚、覃淮宇：《民法典理念下个人破产制度的利益平衡论析》，载《广西社会
主义学院学报》2019 年第 10 期。

④ 褚梦泽：《个人破产法律文化的内涵与建设路径》，载《财经观察》2021 年第
2 期。

⑤ 张善斌、钱宁：《论个人破产制度构建的痛点——公众法意识的转型》，载《商
业研究》2021 年第 2 期。

来看，各地都在努力实现破产宽恕、挽救和保护的目的。同时，对于不诚信的债务人不予宽恕，在免责方面予以限制，防止债务人从破产宽恕中不当获利，损害债权人利益，最大限度地消减公众法感情之中对个人破产制度的抵触情绪，[①] 使破产宽恕文化的观念深入人心。

（二）有助于实现共同富裕的社会主义阶段性目标

1. 个人破产制度与共同富裕目标息息相关

共同富裕要靠勤劳智慧来创造，也离不开具体法律制度的支撑和保障。个人破产制度的完善与社会主义共同富裕目标的实现息息相关，可以说，个人破产制度是共同富裕的底层制度，没有破产制度，就不会有市场决定资源配置，也不会有公平竞争与优胜劣汰的市场经济机制。[②] 破产制度能够给"诚实而不幸"的债务人以东山再起的机会，积极鼓励创业者大胆尝试、勇于创新。即使债务人陷入债务危机中，个人破产制度也将为其制造喘息机会，保障债务人及其家人的基本生活。因此，应当尽快构建个人破产制度，赋予个人破产申请的权利和能力，避免因债务负担过重导致社会整体贫富差距过大，真正实现共同富裕。

2. 个人破产保护是共同富裕的重要内容

《中共中央、国务院关于支持浙江高质量发展建设共同富裕示范区的意见》指出："推动有利于共同富裕的体制机制不断取得新突破，着力破除制约高质量发展高品质生活的体制机制障碍，强化有利于调动全社会积极性的重大改革开放举措。"调动全社会积极性支持国家重大改革，必须要有国家层面的政策性制度保障。从债权人的角度而言，给予债务人恢复偿债能力的机会，同时也是提供债权人自身债权得以实现的可能。个人破产制度为债权人和债务人之间就债务偿还搭建磋商平台，通过债务延期、有限债务免除等方式，调动债务人偿债的积极性，为债权人债权实现创造良好条件。从债务人的角度而言，通过构建个人破产制度，为过度负债的个人提供破产救济，以破产免责制度豁免一部分债务负担，避免债务人在财务和经济双重压力之下沦为需要社会救助的对象。

---

① 汤维建：《建立个人破产制度将推动市场经济诚信机制建设》，载《中国信用》2021 年第 10 期。

② 袁佩如、尚黎明、王溪勇：《个人破产是共同富裕的底层制度》，载《南方日报》2021 年 9 月 2 日。

（三）完善社会主义法治体系的重要使命

1. 个人破产制度是法治发展的必然要求

改革开放以来，市场经济和社会主义法治进程相辅相成，取得了显著的进展，特别是《民法典》的正式实施掀开了社会主义法治建设的新篇章，也标志着我国民事法律体系进入高度齐备、完善的新阶段。我国实行的是民商合一体制，并未制定统一的商法典，但民商合一的立法体例并不意味着我国对商事领域立法的削弱乃至于放弃，商事领域立法一直是我国社会主义法治建设的重要内容，《公司法》《个人独资企业法》等法律对大部分商事主体和相应的商事行为进行了规范。但是，在调整主体上，注重对于非自然人商事主体的规范和调整，对于作为商事主体重要组成部分的"个人"，则缺乏"特别"的法律调整。[①] 特别是"个人"在商事活动中，与其他非自然人商事主体存在着一个非常显著的区别，即"个人"作为商事主体，不能像其他商事主体那样通过解散、注销、破产等法定程序退出市场。因此，不论是从市场经济的实践需求出发，还是从商事立法的体系性考虑，制定"个人"退出市场的规则具有较强的现实意义。

2. 个人破产制度是社会保障体系的重要补充

虽然当前我国的医疗、失业、基本生活保障等社会保障体系已基本实现全覆盖，但对那些无法预见且又远远超出家庭资产储备和收入能力的巨额债务，特别是那些因天灾人祸而造就的个人难以承受的生活重担，社会保障体系与国家救助体系的作用有限。例如，由于我国对居民失业救济程度不足，加上近年来经济下行压力较大和受疫情影响的冲击，失业人员和倒闭的个体工商户等与日俱增，完全依靠政府临时救济，不能从根本上解决问题。用个人破产制度中的免责制度代替政府救济，从社会保障体系补充的层面对债务人进行免责与保障，[②] 是必要且有效的。

二、构建中国特色个人破产制度的基本原则

尽管个人破产尽快入法的呼声在我国已持续多年，但迟迟未能落地，

---

① 林欣宇、郑中炜、丁亮：《我国个人破产制度的构建——基于深圳市试点的样本分析》，载《现代商贸工业》2023 年第 9 期。

② 李子蔚、覃淮宇：《民法典理念下个人破产制度的利益平衡论析》，载《广西社会主义学院学报》2021 年第 5 期。

其中一个很重要的原因就是公众对个人破产制度的价值理解不够全面。反对者认为，允许个人破产本质上就是允许给债务人非法恶意逃债提供一条合法合理的途径，不仅会严重损害债权人的权益，而且背离了我国优秀的传统美德，容易造成社会的不稳定甚至是道德的滑坡。[①] 这种观点只看到个人破产对债务人单方面债务免责的效果，却忽略了个人破产制度的真正功能与价值。个人破产制度除了可以通过部分债务豁免挽救债务人以外，还可以实现债务平等清偿、规避恶意抢先执行，以维护社会稳定、促进经济发展。[②] 从国际角度来看，个人破产制度从来都是要打击和防范个人恶意逃债，并以挽救债务人与保护债权人双重目的为主，鼓励债务人重新振作并积极创造财富，实现破产效果和社会效果的统一。构建我国个人破产制度，应当在借鉴域外经验的基础上，充分考虑我国社会主义市场经济现状、破产文化等因素，确立符合我国现实国情的立法原则。

（一）诚信原则

诚信原则在民法中被称为"帝王原则"，在破产体系中，诚信是债务人通过破产程序获得免责的前提。个人破产制度保护的是诚实及善意的债务人。诚信是个人破产制度的启动前提和运行保障，贯穿制度始终。诚信原则设立的目标是债务人要诚信才能获得制度救济，债权人的利益才能获得保障。因为个人破产制度无论如何救济债务人，债权人的利益保护必须是首位的。因此，在个人破产制度中，必须要有一个诚信且高度配合的债务人，无论是程序前的申请、程序中的财产申报还是程序后的债务清偿与和解协议执行，都需要在诚信原则的引领下进行。因此，诚信原则主要分为：一是事前诚信。申请破产之前，债务人应当要向破产管理机构或者法院、债权人委员会等全面如实地申报财产，并作出相应的承诺。二是事中诚信。进入破产程序后应当遵守程序规定，配合管理人或者法院按照协议约定清偿债务以获得免责，若出现或者发现债务人出现恶意逃废债或者不公平清偿行为，破产主管部门需要立即终止破产程序，或者驳回申请。三是事后诚信。签订的债务协议履行完毕之后，债务人将获得免责，但是在免责期间，仍应当承受在一

---

① 李宏伟：《我国构建个人破产制度的现实困境与法治对策》，载《中州学刊》2019年第 9 期。

② 参见张东临：《个人破产制度构建的衔接问题》，载《河北企业》2022 年第 5 期。

定期限内免责考察，考察期间会产生失权效果，限制其参与社会经济活动的部分行为，作为支付破产免责的对价，在该考察期内，应当诚信遵守失权规定。

（二）和解优先

纵观世界范围内的个人破产制度，都是在确保债权人利益最大化的基础上为债务人提供重生机会。和解，就是以债权人同意免除债务人的部分债务等作为激励手段，实现有履行意愿但暂时缺乏足够履行能力的债务人，尽其最大努力和最大限度地自愿履行债务，通过找到债权人、债务人、第三方的共赢点来破解债务困局，[①]这也是和解相较于其他程序的优势所在。从实践上来看，和解方式是实现共赢的最好手段。所谓和解优先，就是指从债务人申请破产之前，可通过诉讼和解、执行和解和债务和解，让债权人与债务人、债权人与债权人之间达成债务清偿的共识。适用破产和解程序，个人经济权利不受限制，个人经营还能继续进行，能继续在社会中发展，有东山再起的可能，也有全部清偿债务的可能。优先选择和解程序，可以一定程度上打消债务人的抵触心理，让债务人能够更加积极而诚实地参与程序，对未来生活也能更有信心。

（三）人文关怀

现代社会更加注重关注人的自我价值实现和人文关怀。人不仅作为一种物质生命的存在，更是一种精神、文化的存在。[②]人类社会发展至今，基本物质需求早已不是个人追求的重心，更多的是人格的提升和作为人的价值展现。[③]无论如何，"人"都在程序运行或社会经济活动中居于核心或是支配地位，鉴于个人破产的立法初衷就是挽救与重生，那么给予足够的人文关怀，激励债务人在破产之后的生活中以积极的态度重新走入社会，从而激发其对制度和经济活动的推动力，是必要的。从人文关怀的角度，以免责、复

---

① 徐阳光、韩玥：《个人破产的三重控制机制：基于个人债务集中清理实践的分析》，载《法律适用》2022 年第 6 期。

② 杨巽迪：《人权保障视角下个人破产制度的价值证成与立法展望》，载《闽西职业技术学院学报》2023 年第 1 期。

③ 江辉：《探索个人破产无锡模式，持续优化营商环境》，载《法治周刊》2022 年第 12 期。

权和保留必要个人财产的方式，充分保护和挽救债务人，宽容失败，对身陷债务危机的个人进行关怀，从而稳定社会秩序。社会发展到今天，破产不再"有罪"，承认失败，鼓励重生，从而让诚实"不幸"、诚实"不慎"的失败人得到法律赋予其基本的人权保障，是个人破产在理论上最大的价值。[1] 大量经验表明，不给债务人需要的人文关怀和债务免责，一旦债务超过他的承受能力后，只会选择逃避，甚至失去生活的信心与勇气。在个人破产制度中引入人文关怀原则，在规则的设置方面考虑到债务人追求个人价值与社会价值的统一，促进其破产之后更加自由、积极、主动地发展，而不是由外力强制地发展，更有意义。一个国家成熟的标识，应当是对那些因不可抗力而导致的个人不幸能够有机会得到特殊的人文关怀，为他们设置一种公平的、可预期的个人破产解决机制，使其通过可预期的制度利用获得救济。[2]

（四）多元化解

个人破产制度与企业破产制度一样，属于私法领域调整的范围，其本质上还是当事人之间的经济纠纷与债务纠纷，对于纠纷多元化解十分必要。我国自古就有破产民间清偿的习俗，如"吾兰道沫"[3] "摊还法"[4] "立兴

---

[1] 张善斌、余江波：《论生存权保障视域下自由财产的范围》，载《河北法学》2023年第6期。

[2] 刘静：《信用缺失与立法偏好：中国个人破产立法难题解读》，载《社会科学家》2011年第2期。

[3] "吾兰道沫"又称"红本法""偿债宴"，是青海果洛藏族地区现存的破产清偿习俗。分为三个步骤：首先，发出"吾兰道沫"邀请函。债务人欠债后，经自己努力以及氏族部落帮扶后仍不能偿还清债务时，向各个债权人发出邀请函。接到邀请后不赴宴的债权人或者明确表示不同意的不能免除债务，只能继续清偿。其次，召开"吾兰道沫"宴会。债权人按时参加宴会后，在中间人的主持下，双方达成谅解。最后，分割债务人财产。一般依照占有债权的多寡分割财产，同时还有"先来先分"的次序认同。随着宴会的结束、财产分割的完毕，意味着债务人所欠债务得到了彻底免除。该法目前在青海地区仍然发挥作用。

[4] "摊还法"在一些地方也叫"打账法"，即债务人资不抵债时，将全部家产和盘托出，由各债权人"公议价目变卖，或共同管理，其清算亦归各债权人作主"，摊账完毕，债务人尽其所有也不能偿还者，债务从此了结。"摊还法"在福建、湖北、甘肃、河北等地部分地区流行，其适用基础在于，即便诉诸法律，也因债务人无财产可清偿债务而终结司法程序，因此便以民间方式私下协商解决。

隆字"① 等清偿方式。除此之外,我国很多民族地区,基于其民族文化的特点,在化解与债务有关的纠纷中形成了很多多元化解纠纷的特色习惯性民俗制度,如家族会议、寨老评理、约款议事等,丰富了我国多元化解纠纷的社会实践。虽然受风俗习惯、历史文化、地理环境等因素的影响,我国不同地区民间破产清偿习惯性制度具有较大的差异,但是其中均蕴含着一种价值理念,即通过互让达成债务清偿的共识,实现矛盾纠纷的实质性化解,这种根植于社会基层、不依赖国家强制力实施的习俗,可以以最小的社会治理成本,最大限度地化解社会矛盾,维护社会和谐稳定。② 民间破产清偿具有较强的"心理氛围"优势,相对于陌生的法官或者破产管理人,债务人在民间破产清偿的过程中,所寻找的"居间理事人"往往在当事人之间具有较强的社会威望、了解当事人之间的各种关系、洞悉当地文化和风土人情等多方面的优势,且该类人士,大多在乡邻之间从事了多年的纠纷调解工作,能够巧妙地运用各种调解规则和技巧,对顺利实现债务人和债权人之间的互让和解具有重要的作用。一般来说,这些"居间理事人"往往基于维护自身名望的考虑,会将该破产事务一管到底,如负责召集各债权人参加债务清理会议,主持达成破产的清偿计划,对债务人的财产分割等相关事宜进行监督和执行推动等。即便是在当前的法定破产程序过程中,法庭外的自行和解、破产重组仍然大量存在,其矛盾化解的关键就在于存在各方均信服的"居间理事人"。故在构建个人破产制度的过程中,应当充分借鉴当前自然人破产清偿的民间实践,从而走出一条符合中国特色和人情社会的个人破产道路。③

三、我国个人破产制度的实践探索

2019 年 4 月,台州中院出台《执行程序转个人债务清理程序审理规程(暂行)》,为全国首个个人债务清理审理规程,从此开启个人破产制度的新探索。2019 年 7 月,最高人民法院、国家发展和改革委员会、中国人民银

---

① "立兴隆字"是债务人再次兴隆时偿还债务的一种清偿习俗,民国时期流行于河北、江苏、江西、安徽等中原部地区。主要做法是,通过中间人说和,债务人"立兴隆字为债务停止契约",债权人对债务挂账停息,留给债务人一定时段的经营期限,期限最长至债务人死亡,等待债务人具备偿债能力后再偿还本金。

② 聂晶:《社会治理视域下我国破产清偿民间习俗的价值探究》,载《河北法学》2020 年第 6 期。

③ 杜伟淦:《突出破产拯救功能 优先引导重整和解》,载《南方日报》2022 年 8 月 10 日。

行等单位联合发文，就市场主体退出机制改革提出要求，自然人破产再次被呼吁入法。随后，东莞、温州、苏州等地关于个人债务清理的规范性文件接连发布，2021 年 3 月 1 日《深圳个人破产条例》实施，将个人破产制度的探索推上新台阶。近两年来，镇江、无锡、重庆、成都、北京、青海等地法院也纷纷启动探索试点工作，个人破产制度的探索逐渐呈星火燎原之势。

（一）浙江个人债务清理的模式

自 2018 年年底，浙江地区以温州、台州为代表的个人破产制度的探索便逐步展开，在具有个人破产实质功能的个人债务集中清理案件办理方面实现破冰。通过两年多的实践探索，2020 年 12 月 3 日，浙江高院发布《浙江法院个人债务集中清理（类个人破产）工作指引（试行）》，提出依法合规、鼓励探索、府院联动三条基本原则，在破产自愿、债务免除、诚信配合、破产财产确定等方面探索债务人债务集中清理模式。

2022 年，浙江法院共受理个债清理案件 835 件，审结 688 件。在已审结的个债清理案件中，共成功清理 216 件，成功清理率约三分之一；个债清理案件涉案债权人共计 5240 人，其中涉及金融债权人共 1788 人；共涉及执行案件 4185 件，涉执行标的金额 56.23 亿元。个债清理案件受理、审结量前两位均为台州、温州。

1. 法院执行程序的依赖性

浙江温州模式的个人债务集中清理，是在现有法院执行法律体系中完成的。[①] 执行程序是制度基石，破产理念是价值取向，在"终结本次执行程序"的基础上，通过清算程序进一步开展深度财产调查，在清算调查基础上，通过还款计划安排、第三人代偿以及债务减免等方式予以退出执行程序，以执行的手段达到个人破产的效果。

一是法律性质和制度依据上的执行依赖。在个人债务清理过程中需严格遵守执行程序的制度安排，经债务清理后，符合规程规定条件的，予以终结执行程序，不符合规程要求的，不予终结执行程序，恢复对其强制执行措施。二是债务清理的措施手段上的执行依赖。以温州为例，个人债务集中清理制度的启动不是直接依申请，而是要求债务人首先在法院具有执行案件，

---

① 沈芳君：《个人债务集中清理司法探索与个人破产立法设想——以浙江省为主要视角》，载《法治研究》2021 年第 6 期。

在执行案件中开展清理工作。通过终结执行制度，完善执行不能案件的退出机制。个人债务集中清理方案履行完毕的，参与个人债务集中清理程序的执行案件可以根据不同情形分别以执行完毕、终结执行等方式结案。执行完毕的事由可以是和解协议履行完毕，终结执行的事由可以是和解撤回执行申请或者和解长期履行。三是操作模式上的执行依赖。个人债务集中清理程序没有独立的流程系统，而是在法院内部的执行系统立"执清"案号，在执行系统中流转，借助执行查控系统进行清理，其本质上还是执行程序。部分案件可根据债务人的不同，由执行法官或者与破产法官联合办理。

2. 效果功能上的类破产性

虽然浙江温州模式的个人债务清理程序具备执行的依赖性，但执行制度仅是为保障生效判决的强制力和实现申请执行人的合法权益，在效果体现方面具有一定的破产前瞻性，与破产制度相衔接。首先，在制度外观上，具有个人破产制度中的独特内容，如管理人介入、府院联动工作合力、债务豁免、失权复权、庭外清理与庭内和解制度衔接等。其次，在程序设计上，设置了公职管理人，温州市政府印发的公职管理人会议纪要，规定了适用范围和选任程序。公职管理人制度的探索，不仅是温州地区对个人破产制度管理人选任的创新，也是政府介入推进破产制度的创新，[①] 由个人担任，政府职能部门机构进行管理。为更好地履行公职管理人职责，温州中院和市司法局还共同编制了公职管理人名册，确定具体名单和任职资格。最后，在配套制度上，引入预清理制度，探索推行庭外重组与庭内重整的衔接。个人债务集中清理程序中发现的个案问题，由当地政府牵头协调进行处置。对于一些较为复杂的清理程序，如债权人数量较多、债务金额较大或双方争议较大、矛盾突出的，则可以由当地政府部门进行预清理，并指定入选人民法院管理人名册的中介机构负责具体工作。预清理期间，人民法院破产部门还可以事先立"引调"案号，对政府主导的预清理阶段的相关工作进行法律指导和监督。

---

① 2019 年 8 月以来，温州中院先行出台《温州市中级人民法院关于个人债务集中清理的实施意见（试行）》，并在前期充分调研沟通的基础上，召开府院联席会议形成《企业金融风险处置工作府院联席会议纪要》。2020 年 4 月，召开府院联席会议形成《在个人债务集中清理工作中探索建立公职管理人制度》的府院联席会议纪要。

（二）深圳个人破产条例的模式

深圳个人破产制度是根据 13 部门《加快完善市场主体退出制度改革方案》，结合深圳实际情况，在吸收其他地区改革经验的基础上进行的深化。其作为个人破产制度建设在我国的破冰之作，其特点突出，成效明显。

1. 法律属性上的规范立法体例

《深圳个人破产条例》属于地方性法规，相较于法院系统内部的制度文件，效力级别更高，规范程度更强。立足于深圳特区经济发展特点和债务人组成结构，《深圳个人破产条例》既包括实体层面的破产原因、启动条件、破产财产范围等，程序层面的申请受理、破产清算、重整和和解的规范，还有管理层面的破产事务管理部门的成立和职责，规定了详尽的法律责任，包括刑事责任、行政责任等。完备的立法体例，是深圳在缺乏上位法依据的情况下，充分利用立法变通权制定的创制性法规，为我国个人破产制度的探索发挥了"立法试验田"的作用。

2. 深圳个人破产条例实施的实践样式

自《深圳个人破产条例》实施以来，截至 2023 年 6 月 20 日，深圳市中院已收到个人破产申请 1635 件，已立案审查 411 件，裁定受理破产申请 117 件。[①] 总体来看，申请数量较大，申请个人破产的债务人的平均年龄在 40 岁左右，程序的启动以债务人主动申请为主。破产原因主要是超前消费、借钱炒股及经营不善，债务规模一般在 100 万元以下，也有少部分 500 万元以下到 100 万元之间。

从程序的选择类型来看，大部分申请人选择债务清算，只有极少部分选择重整与和解。但从法院审查的情况来看，法院倾向于受理重整类及和解类的申请，而对清算类的申请大多予以驳回。

3. 深圳个人破产条例的创新之处

一是在主体适用的范围方面，确定为"自然人"。《深圳个人破产条例》第 2 条[②] 明确"自然人"作为个人破产的主体，也就是说，任何满足一定条件的自然债务人，只要符合破产申请条件，均可以向法院申请破产清算、重

---

① 以上数据来源于微信公众号"深圳市中级人民法院"，2023 年 6 月 21 日。
②《深圳个人破产条例》第 2 条规定："在深圳经济特区居住，且参加深圳社会保险连续满三年的自然人，因生产经营、生活消费导致丧失清偿债务能力或者资产不足以清偿全部债务的，可以依照本条例进行破产清算、重整或者和解。"

整或和解。《深圳个人破产条例》将个人破产的主体适用扩大至符合一定地区条件的"自然人",未将特殊的类"自然人主体"如农村承包经营户、个体工商户等排除在外。除债务人可主动提出破产申请外,债权人享有的债权到期单独或共同达到一定数额（50 万元）时,也可以向法院申请破产清算。

二是在程序适用方面,挽救债务人的价值理念凸显。受制于我国破产法的发展从企业破产法开始的特殊性,个人破产制度的探索以《企业破产法》为参考展开,在企业破产程序框架下探索,[①]在程序适用和选择上,更加倾向于保护和挽救债务人。《深圳个人破产条例》规定了庭外和解程序,允许当事人自行和解,也可以聘请调解员、调解组织等参与和引导调解。在免责的审批程序上,不少国家采用的是自然免责,即只要清算过后,债务人自然获得债务免责,但《深圳个人破产条例》采用的是由法院对债务人的免责申请进行审查,由法院裁定许可后进行免责,并设置考察期,同时鼓励债务人提高债务清偿率来缩减考察期,激励债务人积极偿还债务。

三是在破产免责方面,明确了对债务人免责财产的范围。免责财产制度设立的目的,在于保障债务人及其家人在破产后的基本生活权利。《深圳个人破产条例》中明确列举了免责财产的详细类别,且规定了豁免财产累计总价值不得超过 20 万元。这是深圳的个人破产制度基于其社会福利设计的总额,以防债务人因生活困难而成为社会不稳定因素。虽然在条例中没有规定居住权和必须居住房屋的保留,但也作了除外规定,对除外规定的价值判断则依赖于司法裁判。

（三）江苏个人破产制度的模式

睢宁、吴江两地法院在江苏高院的授权下,开展个人债务集中清理制度试点工作,对自然人的债务清理工作进行探索。

1. 明确了个人债务清理的适用主体

睢宁法院在 2019 年出台的《关于个人及非法人组织"执行不能"案件退出机制的实施意见（试行）》中规定,个人债务集中清理主要适用于无劳动力且年龄较大的老人、个体工商户、无经济基础的被执行人、生活困难的自然人。对商自然人优先适用程序。同时规定,以个人名义借款实际用于公

---

① 郭靖祎:《个人破产立法中的制度规则衔接问题研究》,法律出版社 2022 年版,第 28 页。

司经营或者为公司债务提供担保且该公司已经进入破产程序的自然人以及对合伙企业存在着无限连带责任的一般合伙人、对个人独资企业承担无限责任的投资人等三类人员可优先申请个人债务清理。

2. 设定了完备的个人债务清理路径

其一，对债务人无预期收入或者收入不足以维持其基本生活，又无财产可供执行的，经债权人会议通过后终结清理程序；其二，对债务人无预期收入或者收入不足以维持其基本生活，现有可供执行财产分配完毕的，经债权人会议通过后终结清理程序；其三，对债务人有预期收入且可以用于清偿债务的，债务清偿计划经通过并履行完毕后，裁定终结清理程序。对前两种情形终结清理程序的，自裁定终结个人债务清理程序之日起，所涉执行案件裁定终结对债务人的执行；以后一种情形终结清理程序的，自裁定确认债务清偿计划之日起，对所涉执行案件，以和解长期履行方式终结对债务人的执行。

3. 确定了自愿原则与诚信原则

江苏地区的个人破产制度的自愿原则是指个人债务清理的程序启动必须是依申请后，涉及债务清偿计划必须由债权人会议全体表决通过生效，其根本目的是充分保障债权人的利益。确立的诚信原则，是将该原则涵盖个人债务集中清理全过程，无论债务清理前、中、后，体现个人破产制度的核心价值观念即为"诚实而不幸"的被执行人提供救济、且债权人可以公平受偿，因此申请人必须是诚信的人，债权人亦有监督申请人诚信与否的权利。

四、我国个人破产制度的体系构建

浙江、江苏及深圳地区近几年的实践探索为我国个人破产制度的探索积累了宝贵的经验，已经形成了各具特色的破产文化和氛围，可以在一定地域内推广。但是，作为一项应当在全国范围内立法的制度来说，还需要全盘考虑体制、社会、经济、文化、法治、金融等各个层面，每个领域都还存在着掣肘之处，没有打通之前，仍有相当长的探索完善之路需要走，因此个人破产入法之路不宜操之过急，宜审慎前行。正如徐阳光教授所言："我国破产法治建设确实迫切需要推进国家层面的个人破产立法，但个人破产制度的建设必须与当前现实条件匹配，有赖于同步推进相应的文化环境和配套制度。"①

（一）个人破产制度的实体维度

1. 明确适用主体

我国商品经济的快速发展使得商个人和非商人的界限逐渐模糊，同时消费负债的规模日益庞大，个人破产制度对商个人和非商人区别对待，不仅违背债务人利益保护的平等性原则，也不利于和国际个人破产制度的接轨，因此，我国应当采用一般个人破产的立法模式。但有两个方面需要特别注意：

（1）个体工商户和农村承包经营户应当纳入个人破产主体范围。

对我国长期存在的以家庭为生产单位的个体工商户和农村承包经营户，是否应当纳入个人破产的主体范围，若纳入，则是以"户"的名义、家庭的名义，还是以个人名义破产，一直在学界都存在着不小的争议。② 虽然从一般的语义来讲，自然人和户以及家庭的概念都是不对等的，但是从《民法典》将该两种主体放在自然人的章节中规定来看，很显然，是认可将个体工商户和农村承包经营户作为民事法律拟制的特殊"自然人"。国家市场监管总局在对人大代表建议的答复中，对个体工商户的实质进行了明确的界定，即个体工商户的实质是以自然人的身份依照法律从事经营活动的市场主体，属性是自然人而不是企业组织。③ 个体工商户和农村承包经营户在参加民事诉讼时，一般也由其营业执照上登记的自然人或者实际经营的自然人作为原告或者被告。因此，个体工商户、农村承包经营户与其经营者的自然人属性和身份是不可分离的，它们不会脱离自然人而独立存在。④ 从《民法典》第56条规定来看，个人工商户和农村承包经营户的债务，最终都应当由实际参与经营的个人承担。鉴于我国的立法体系采用了民商合一的模式，个人破产制度的构建应当贯彻《民法典》，与我国民事法律体系确定的规则相一致，

---

① 徐阳光：《厘定不予受理规则 防止滥用个人破产程序》，载《人民法院报》2021年7月16日。

② 王东敏、翟雨桐：《落实个人破产制度还要走多远》，载《人民司法》2021年第20期。

③ 张维：《加快制定个体工商户破产保护制度》，载《法治日报》2023年3月8日。

④ 陈继东：《破产能力探析——兼论我国个人破产主体模式的立法选择》，载《全国流通经济》2021年第11期。

将个体工商户与农村承包经营户纳入个人破产制度的主体范围。

（2）农村居民应当纳入个人破产主体范围。

农村居民的收入结构往往较为复杂，生产经营收入受生产周期、自然环境和市场价格的影响较大，工资性收入多为外出打零工或者非固定性工作取得的按天结算的工资，不容易形成确定性和稳定性收入，个人信用信息或者财产登记缺失较多且财产与收入大部分都是以家庭为单位享有，如果将农村居民纳入个人破产领域，一方面对其破产原因的判断存在难度，另一方面由于个人财产与家庭财产的高度混同，导致在重整或清算程序的适用上往往也会存在较大困难。因此，有观点认为，农村居民应当排除适用个人破产。[1]虽然将农村居民纳入个人破产制度的领域存在理论和实践的操作难度，但从立法本意来看，农村居民不应当被排除在个人破产的主体之外。首先，随着我国城镇化的发展进程，农村居民进入城市生活、工作，同时保留农村户籍、宅基地、承包用地已成为普遍现象，如不将其纳入破产范围，则对债权人的利益有所损害。其次，在我国的法律体系中，平等原则是最基本的原则，从债务人的角度来说，农村居民应当得到平等的救济机会，从债权人的角度来说，农村居民的债权人也应当得到平等的公平受偿机会。最后，从域外立法来看，主体资格的限制主要集中在职业资格、消费行为、借贷活动上，土地承包经营权和宅基地使用权不属于职业资格，可以不进行限制。且目前进行个人破产制度试点工作的地区未排除农村居民的适用，法院已经审结的个人债务清理案和个人破产案中也不乏债务人为农村居民的。因此，无论从制度层面还是从实践层面，将农村居民纳入主体范围并没有足以让人信服的反对理由。

2. 明确启动原因

破产原因是债务人存在的、能够对其启动破产程序的根据。从程序上来说，准入规范是否科学，申请条件是否明确合理，对个人破产制度规范化运行至关重要，关系到社会公众的接受度及经济秩序的稳定度。从总体上来说，个人破产的原因与企业破产的原因一样，都是由于丧失清偿债务能力或者资产不足以清偿全部债务，但又有所不同，个人破产因为需要考虑后续生存问题，必须有免责的部分，还需要保留必要生活财产。因此，对个人来说，破产的原因与条件应当与企业有所区别，从而实现债权人与债务人双方

---

① 曹兴权：《雾里看花——自然人破产之争》，载《河北法学》2006 年第 3 期。

权益的保障。

浙江、江苏、山东、四川等地一般在规范性文件中采用"不能清偿到期债务，资产不足以清偿全部债务或者明显缺乏清偿能力"的概括性表述。仅《深圳个人破产条例》在第 2 条规定，自然人申请破产的原因是"因生产经营、生活消费导致丧失清偿债务能力或者资产不足以清偿全部债务"。实际上，资不抵债的形式多样，且还存在主观恶意情况导致不能清偿的情形，需要加以区分。因此，必须对申请破产原因进行明确，只有那些出于努力经营、积极生活但由于各种不能归责于个人主观原因导致的"不幸"才能获得破产救济。具体可以从以下两个方面进行规范：一是债务人陷入困境的原因需要明确为正常的生产经营和生活消费，同时为了更好地保障诚实不幸的债务人的权益，可增加因"不可抗力""重大变故"等事由进行兜底，在程序上由破产管理机构或法院进行合理判断；二是对"生活消费"进行限缩解释，防止因非法消费、恶意消费或过度消费形成负债后利用破产制度侵害债权人的合法利益。[①]

3. 框定免责范围

免责是个人破产制度的核心，[②]是债务人申请个人破产的终极目的所在，也是个人破产制度实现维护社会稳定价值的渠道之一。

（1）免责应当依申请。

从实质角度来说，一旦确定个人破产债务免除，势必会影响债权人的权利，同时，从美国、英国个人破产免责的相关规定及深圳、温州等地债务免除的实践情况来看，对债务人免责的同时，会失去部分参与经济社会的权利。因此，为平衡债务人与债权人的利益，实现个人破产立法的目的，个人破产免责必须是依债务人的申请进行，法院和破产管理机构不可以依职权进行。

（2）设置合理考察期。

在一定期限内对权利行使、行动自由和任职资格进行一定程度的限制，作为个人破产债务免除的支付对价，可以纠正不科学的债权债务理念和不谨

---

① 林静：《个人破产制度入法的规范路径研究——立足于〈深圳个人破产条例〉》，载《西部金融》2023 年第 1 期。

② 宋海鸥：《个人破产免责制度的中国建构：制度证成与方案设计》，载《南方金融》2022 年第 10 期。

慎的风险控制行为。《深圳个人破产条例》设置了三年考察期的要求。[①] 对于考察期应当设置多长时间，不同国家和地区都有不同的安排，差别比较大。妥善设置考察期，一方面，能对债务人进行惩戒和教育，扭转和改变债务人行为与观念，让其能够更加谨慎小心地参与社会经济活动；另一方面，也是增加债务人的破产成本，避免滥用破产申请权利。因此，从实践来看，考察期不宜过短，不应低于三年。对于债务人来说，隐忍三年换取债务免除，程序成本相对合理。但如果能够积极偿还债务或提前清偿债务，则可以在法院许可的情况下缩短考察期限。但考察期也不宜过长，当前社会发展日新月异，长时期限制债务人的生活消费、借贷和任职等，可能导致债务人"走向第二次人生"的积极性受挫，不利于免责制度的社会效用发挥。[②]

（3）明确不予免责的情形。

个人之所以能进入破产程序，是以诚信作为基本前提。在诚信要件的规制下，债务人必须如实申报财产，不得故意隐匿、减损可分配财产，还应当积极配合对财产情况的调查、监督与管理。违反上述任何一项义务的行为，都可能被认为不诚信，从而不得免除未清偿债务。[③] 一是从我国个人债务清理的实践和国际通行做法来看，债务人若是具有虚假破产、破产欺诈，恶意转移财产及虚构债务构成或者优先偿债等行为，法院可不予受理或驳回破产申请，并视情况移送犯罪线索，否则会损害债权人利益、破坏正常破产

---

① 《深圳个人破产条例》第 95 条规定："自人民法院宣告债务人破产之日起三年，为免除债务人未清偿债务的考察期限。"一般的债务人免责考察期为三年，期满后可免除清偿其剩余债务；但同时规定在债务人违反相应义务时可延长其考察期，延长期限不超过两年。还设置了不同的期限届满情形：第一，若债权人免除债务人全部剩余债务或债务人在考察期内清偿债务完毕，考察期自动结束；此时破产的前提性条件已经消失，不存在免责亦无需再继续考察。第二，若经过了一年考察期且清偿剩余债务达到三分之二以上，或者经过两年考察期且清偿剩余债务达到三分之一以上的，视作考察期限届满。此种规定目的在于尽可能地平衡债权人与债务人利益。一方面，即使进入考察期，债务人仍应当尽可能地清偿债务。倘若其能够遵守各项行为限制，并且偿还债务达到一定比例，可以提前结束其考察期。另一方面，确实有部分债务人的清偿能力有限，但若其能够在考察期内遵守各项行为限制，并偿还较低比例的剩余债务，例如，比例未达到三分之一但是经过三年考察期的情形，则法律可认定其为诚实而不幸的债务人，免除其清偿剩余债务。

② 宋海鸥：《个人破产免责制度的中国建构：制度证成与方案设计》，载《南方金融》2022 年第 10 期。

③ 参见最高人民法院民二庭课题组：《司法实践视野下自然人破产免责制度的构建》，载《法律适用》2022 年第 2 期。

秩序。二是对于劳动债权、应当支付的未成年人抚养费、无独立生活能力的成年人的扶养费、无经济来源收入的老人的赡养费等，或者因犯罪、行政违法而被处以的罚金、退赔违法所得和行政罚款等维护社会公共秩序运转的债务和因国家强制力引发的债务不可免责，以保障其他法律制度的正常运转。三是明确破产免责的撤销程序。在破产程序中，或者破产程序终结后，债权人、破产管理人、管理机构或法院一旦发现债务人存在不许免责事由，可启动破产免责的撤销程序，要求债务人履行清偿义务。在破产后，免责考察期结束前，债务人经济条件明显改善，足以清偿全部债务的，债权人可申请或法院依职权对债务人的免责予以撤销，保障个人破产制度适用的公平性。

（二）个人破产制度的程序维度

1. 个人破产和解程序

个人破产和解制度是指为避免破产清算，由债务人提出和解申请并提出和解协议草案，经债权人会议表决通过并经法院许可的解决债权债务问题的制度。[①] 从维护社会稳定及保护债权人、债务人的角度出发，相对于清算和重整程序，和解程序风险低、矛盾化解充分、司法投入较小，利于实现双方当事人利益最大化，是一种更加合理的解决个人债务纠纷的破产程序。

（1）和解程序适用优先性。

其一，和解程序能最大限度地保障债务人人格和权利损失。在普通人的概念中，个人破产意味着事业经营失败，也意味着失去社会地位和人脉关系，是对个人经济能力和社会能力的否定。从法经济学的角度讲，个人在社会经济活动中，都希望用最小的成本博取最大的利益。适用和解程序，用债务人未来一定时期内可预见的收入和财产对债务进行清偿，不会造成失权的后果，只要严格按照和解协议履行，其个人生活不会受到影响。相反，对清算程序而言，个人破产后，会同"失信人员"一样，在信用系统中添加个人破产记录，而这项记录在消除前，将严重影响债务人的正常经济生活。而和解制度除了在生活上限制不合理的过高消费外，其他不受影响。

其二，和解最有利于保障债权人的利益。尽管清算程序和重整程序对债务人的冲击最大，失权范围最广，但毕竟债权人让渡了部分债权或全部债权，这对于部分丧失劳动能力或者年龄偏大、未来可预见收入明显偏低及对

---

① 李永军等：《破产法》（第二版），中国政法大学出版社 2017 年版，第 204 页。

失权后果不敏感的债务人来说，仍然具备很大的吸引力。但和解程序建立在各方充分协商的基础上，可以有效激发债务人主动履行债务的积极性，提高债权人债权受偿可能性，更好地保障债权人的利益。

其三，和解能最大程度地节约破产成本。与企业破产相同，个人破产过程中需要政府成本包括公职管理人的投入、债务人破产费用的支出以及法院司法资源的参与。[①] 一旦个人破产立法落地并实施，势必会有大量的个人破产申请进入政府庭前程序和司法庭内程序。在当前案多人少矛盾并没有得到有效缓解的情况下，会进一步加剧法院审理个人破产案件的压力，审判质效能否得到有效保证有待考量，债务人与债权人的纠纷能否得到有效化解尚属未知。但和解程序可以自申请前开始，由政府破产管理机构参与和解，共同商议和解方案，方案通过的可能性更大，执行也更为便利，债务人和债权人的抵制心理也更弱。

（2）和解程序具体模式。

和解程序包含庭内和解和庭外和解。[②] 从深圳等地区的个人破产实践来看，目前和解程序主要在庭内实施。但与企业破产适用和解程序一样，很多债务人具备强烈的和解意愿，但申请破产和解后，发现问题根本无法解决，只能任由法院驳回申请，程序空转现象严重。从企业破产和解制度实践看，其作用式微，甚至引发程序"存废之争"。因此，在设置个人破产和解程序时，可以先从庭外开始，借助破产专门管理机构的职权开展和解。

其一，设置和解前置程序。和解前置程序，亦称庭外和解。司法资源与案件数量不匹配的矛盾并非我国独有，世界其他国家也曾经经历或正在经历同样的问题。为解决这一矛盾，一些国家设定了程序外的必经前置程序，即债务人在向法院申请破产程序前，必须先参加庭外前置程序。目前，国际上庭外前置程序较为典型的有：德国庭外债务清理协商程序，美国强制性咨询程序，英国的债务纾缓程序[③]，等等。这些前置程序都为缓解个人破产案件的过快增长、提高案件审理质效、防范化解风险作出了积极的贡献。因此，可以借鉴国际经验，在和解程序中前置庭外和解，所有个人破产案件都

---

① 蔡嘉炜：《个人破产立法与民营企业发展：价值与限度》，载《中国政法大学学报》2019 年第 4 期。

② 李景义：《论自然人经济主体与我国个人破产法律制度的构建》，载《开发研究》2013 年第 4 期。

③ 徐阳光：《英国个人破产与债务清理制度》，法律出版社 2020 年版，第 122 页。

必须经过破产专门机构组织的庭外和解，才具备进入庭内和解的条件。具体操作流程为：首先由破产管理机构受理破产申请，综合双方债务结构和还款意愿及可能性，在双方均同意的情况下制定债务清偿计划，促成双方达成和解；达成和解协议后，为了赋予和解协议强制执行力，可向法院申请认可和解协议效力，由法院出具裁定书；若在庭外没有达成和解，破产专门机构向法院转入庭内程序时，可以附随相关报告，法院根据庭内程序查明事实和当事人意愿，建议债务人和债权人选择合适的破产程序。

其二，明确和解阻却性事由。法院作出的认可和解协议的裁定书，债务人和债权人均应当遵守执行。若债务人恶意转移财物损害债权人利益、单方撕毁债务和解协议或拒不履行个人债务和解协议，债权人可随时将该情况向破产管理机构进行报告，由破产管理机构及时将债务人的不诚信行为更新至债务人信用系统中，并同时移交法院予以惩戒问责。并可通过行使撤销权，对债务人的不当处理行为导致的利益损失情况予以救济，特殊情形下还可以追究债务人的民事甚至刑事责任。若债务人不履行和解协议是出于不可抗力或不能完全归咎于债务人自身的客观原因，和解协议已明显不具备履行的可能性或必要性，则可以在破产管理机构的主导下重新达成和解协议，债权人也可以直接申请法院宣告债务人破产。

其三，畅通程序转化渠道。影响和解程序的原因主要有：一是债务人不同意和解；二是债务人的和解方案未获得债权人认可；三是法院裁定不认可和解方案；四是和解方案被撤销。出现以上原因，和解程序无法进行时，债权人与债务人可申请程序转换。转换时，和解程序中已进行的债务清偿和协商一致的事项继续有效。

2. 个人破产重整程序

个人重整是破产债务人拟订的以自己未来的薪金收入和其他合法收入清偿一定债务的计划草案，经债权人会议表决通过后作为免除其剩余债务条件的法律程序。[1]与清算程序相比，其失权范围较小，没有免责考察期，债务人可以在重整期间参加经营活动和自行选择劳动岗位，所获得部分收入依法向债权人清偿，有利于弥补债权人的损失。虽然重整程序的规定较为详尽，但在准入规则和适用条件方面还应当进一步完善。

（1）增加程序适用的启动主体。

---

① 殷慧芬：《论个人重整》，载《中国海洋大学学报》2012 年第 6 期。

从当前深圳个人破产案件办理的实践来看，个人破产重整程序主要是依债务人主动申请而启动，没有赋予债权人的申请权利，也没有赋予法院依职权启动的权利，重整程序的进入渠道较为单一。事实上，有相当部分债务人具备足够的工作能力和获得更高收入的能力，完全可以通过重整来解决债务问题，但由于希望获得清算免责，将来"轻装上阵"，仍然坚持申请个人破产清算，这实际是一种变相的鼓励"逃债"，虽然与本质上的逃废债不同，但若不加选择地允许此种情形的债务人进入清算程序，则势必会伤害债权人的权益导致其不同意重整计划的达成，导致重整程序变成"空中楼阁""名存实亡"。实际上，从《深圳个人破产条例》的规定和经验上来看，基于保护债权人的利益出发，已经在一定程度上赋予了法院依职权启动重整程序的权利。① 但若债务人自己不申请，若债务人符合重整条件，但不申请重整而申请清算，而在法律没有赋予债权人申请权和法院依职权启动权的情况下，只能对债务人适用清算并对其进行债务豁免，还可能引发其他不稳定因素，破坏破产文化，违背个人破产制度的设立初衷。基于自然人还有继续生存和发展的需要，法院在受理债务人的申请进入破产清算程序时，若发现债务人符合重整条件，可以在征得当事人同意的前提下转换为重整程序，也可以考虑依职权转换为重整程序。尽管个人破产程序有挽救债务人的价值功能，但无论发展到何种阶段，对债权人的保护始终应当而且必须是首位的，法院在发现债务人申请的破产程序明显对债权人不利时，如果任由债务人选择程序而法院不能依职权改变，要么该程序的设置形同虚设，要么明显会失去公正，这也是诚信原则对个人的必要要求。

（2）个人重整程序的合理分流。

在重整程序的繁简分流方面，是否需要分流，如何分流，目前各个国

---

① 《深圳个人破产条例》第106条第3款规定："债权人申请对债务人进行破产清算，债务人申请重整，人民法院认为符合重整受理条件的，应当裁定受理重整申请。"第107条规定："在人民法院裁定受理债权人对债务人的破产清算申请后至裁定宣告破产前，债务人也可以向人民法院申请重整。人民法院认为符合重整受理条件的，应当裁定转入重整程序。"也就是说，当债务人与债务人的申请程序不一致时，法院可以依职权决定进入重整程序。

家的规定都不一致①。从深圳的探索来看，条例中并没有对重整程序的分流进行规定，属空白状态，其他地区的债务清理程序也没有清晰的分流标准，都是法院在审理过程中根据案件需要投入相应的司法资源。但不同的债务人，在偿债能力、债务数额以及个人诚信度的持续度等方面必然会存在较大的差异。如有固定工作、固定收入的自然人比无固定收入的自然人各方面的偿债能力要更强一些；负债额度过大和负债额度较小的债务人，重整方案的计划与实施区别较大；个体工商户与农村承包经营户在破产能力、债务结构及偿债方式等方面必定存在差异。因此，若不加区分地适用同一种程序，要么因程序烦琐复杂造成一些债务简单、额度较小的债务人浪费程序成本、易引发当事人不满，要么程序设计较为简单，使债务结构复杂、债务额度大的案件过分拖延审理，造成案件积压，破产案件审理质效低下。因此，我国个人破产重整程序有必要按照债务结构、债务人主体身份或者债权额度进行繁简分流。对债务结构复杂、涉及农村承包经营户和夫妻共同债务区分等复杂主体以及债务额度较大的重整案件，适用普通型破产程序进行处理，其他简单案件则适用简易型程序处置。分流的标准主要采用债权额度和债务主体相结合。首先判断债务额度，若债务额度大，则优先适用普通型程序，债权额度不大但是债务结构复杂且主体复杂的，也优先适用普通型此程序，其他案件则一般适用简易型程序，起到繁简分流的作用。

（三）个人破产制度实施的管理维度

个人破产制度的顺利落地，仅靠法院一家之力无法实现制度构建之目的，必须依赖政府、信用机构、银行等主体的多方联动、信息共享，破产管理机构能够有效在前端介入和解与辅导，法院能够依托各部门的数据联动与共享，对债务人的破产原因、个人财产及债务状况作出高效、准确的认定，从而实现破产办理降成本、提速度和增效能。②

---

① 美国、日本及德国对个人破产重整程序做了程序的繁简分流，英国和我国《深圳特区个人破产条例》没有相关的规定。从上述三个国家对程序进行分流的依据来看，也不尽相同，美国和日本是依据个人负债的数额进行分流，德国是依据自然人的身份进行分流。

② 曹启选、景晓晶、叶浪花：《个人破产制度先行先试中的实践示范与体系构建》，载《人民司法》2022 年第 22 期。

1. 适当强化破产管理机构的行政职能

在企业破产案件办理过程中，府院联动机制发挥着重大作用。尽管在我国个人破产的实践中，市场化调节是其主要解决方式，过多的行政干预也为专家学者所反对，但也必须认识到，市场化单一手段处理特殊类型个人破产案件的局限性，需要借助政府力量。而且个人破产也会产生很多衍生的社会问题，只有借助行政手段进行调整，才能有效保障公共利益。因此，在推进个人破产制度市场化、法治化进程的同时，也必须将统一、规范的个人破产行政介入制度作为其中重要内容加以完善。

关于破产管理机构的职能，可以借鉴深圳破产事务管理署的成熟经验，从以下几个方面合理配置：一是对个人破产申请进行前端辅导，受理和登记个人破产申请，提供破产事务咨询、宣传个人破产知识、引导材料填报等。二是管理个人破产管理人队伍，确定个人破产管理人资质、建立管理人名册、监督管理人履职、拟定报酬管理办法等。三是行使破产事务调查权。自然人与企业不同，由于不存在会计账簿、财务报表披露，导致债务人与债权人之间的信息不对称，仅靠司法审判机关去调查、取证、判断，或者依赖债权人提供相应的线索，收效甚微。因此，应当赋予破产管理机构相应的调查取证权，配备一批专业技能人员和信息、资源去处理这些司法以外的行政事务。[①]

2. 建立债务人个人信用信息的共享机制

债务人资不抵债的情形如何核实，破产和解协议执行过程中的收入监督、重整计划的严格执行以及破产清算免责后的失权考察期，都依赖于债务人的信息共享机制来实施。但在当前社会环境下，受制于个人信息保护的需要和政府部门信用体系建设不够完备，数据"孤岛"现象还在很大程度上存在。因此，信息共享机制的建立应当全面整合个人的破产信息、信用信息等，并向司法机关、破产管理机构、管理人及债权人高效、实时、精准公开，实现多部门共享，打破"孤岛"现象。一是以破产管理机构为媒介，完善个人破产信息登记与公开制度，加强规则供给，打通信息归拢通道，提升信息共享集约化水平，[②]使破产管理机构和司法机关在公众的监督下开展个

---

① 高丝敏：《论个人破产"看门人"制度的构建》，载《法治研究》2022 年第 4 期。

② 参见赵强：《将个人破产制度置于信息公开阳光下》，载《深圳特区报》2021 年 8 月 24 日。

人破产工作，强化公众对个人破产的理解与认同，保障制度的运行。二是实现个人破产信息与政务大数据对接。在个人破产制度的构建过程中，利用现有系统成果，协同推进个人破产办理系统与银行、不动产登记、车辆管理等政务信息系统的互联互通，让破产信息能够在国家层面一经登记便可以多平台实时公开的联动效果，[①] 促进个人破产制度与社会信用体系建设。

（四）个人破产制度的风险防控维度

个人破产制度能否顺利实施，很大程度上取决于是否可以对制度实施的风险进行预判并合理规避。正如前文所说，长期占主导思想的儒家文化和对公众诚信的要求，是掣肘我国个人破产制度迟迟未能实施的重要原因。在个人破产制度的构建过程中，既要防范债务人的诚信风险，避免破产制度沦为债务人逃废债务的工具，也要消除债权人对破产程序适用的疑虑。

1. 明确个人破产中债务人的义务

由于个人破产相较于企业破产来说，缺乏相应的责任规范，且自然人债权债务关系的隐蔽性更强，隐匿财产、虚构债务等欺诈性不法行为的经济收益更为客观，更需要在立法中明确债务人的义务。

在破产程序中，债务人需要承担的义务包括：一是如实陈述破产原因和报告财产。在个人破产中，对于债务人真实的财产情况、债务状况及家庭成员等如实陈述的要求更高，且不限于债务人本人，应当延伸至债务人的配偶及关系亲密的近亲属。二是依法举证和积极配合管理人调查。在举证过程中，不得伪造证据和篡改证据，积极配合法院、管理人、破产管理机构的调查，不得故意隐藏证据，更不得出现以暴力、威胁等方式阻止作证。三是积极配合偿还债务。债务人应当竭尽全力偿还债务，或积极履行在和解、协商过程中达成的条件和作出的承诺，包括在行为考察期规范行为。除非有不可抗力的因素，债务人不能履行或怠于履行应当承担相应责任。特别是如果存在虚假破产行为，则予以严厉惩戒。

2. 建立内控外惩的防范机制

明确个人破产法律责任远远不够，必须有合理可行的制度机制保障。内部建立风险识别机制，外部程序启动有效过滤，是有力打击破产欺诈、防

---

① 白云：《个人征信体系中知情权与信息隐私权平衡的理念》，载《政治与法律》2018 年第 11 期。

止恶意破产逃废债务、确保破产制度行稳致远的有效制度保障。[①]结合深圳实践经验，建议从个人破产程序运行的内部防治、破产欺诈责任的外部威慑两方面共同发力，构建内控外惩的反破产欺诈机制。

在内部防控方面，可以在个人破产申请前，由破产管理机构主动对债务人进行面谈辅导，辅导时可征得当事人同意，将信息共享内容、行政监管程度与公众监督程序对债务人进行说明，倒逼债务人如实陈述破产原因、承担诚信义务和积极配合调查责任，从源头上防范虚假破产，提升公众对个人破产制度的信任度。在外部威慑方面，及时修订《刑法》有关虚假破产罪的构成要件和适用主体，明确虚假破产罪在自然人主体的适用范围、犯罪手段和客观行为，以刑罚做兜底性威慑。在内外部防控机制的衔接上，可以通过完善虚假破产的监督体系，建立破产管理机构对虚假破产线索的移交机制，将管理人、债务人、债权人和其他利害关系人在破产程序中的违法线索及时移送有关机关，追究相应责任。

3. 完善个人破产程序的过程监督

一是法院司法监督。法院受理破产申请后，若发现债务人不符合破产条件，应当裁定驳回破产申请，必要时对滥用破产权利、提供虚假证据的行为予以惩戒；若发现破产管理人存在没有勤勉忠实履职或是与他人恶意串通、妨害破产程序时，法院可视其行为性质予以处罚、责令纠正或更换破产管理人，对于情节恶劣触犯《刑法》的，依法追究其刑事责任。[②]二是债权人和公众监督。债权人和公众个人破产的信息披露制度、债权人对重大事项的听证以及债务人在履行偿债计划或在失权考察期期间，若发现债务人、管理人或其他个人与机构存在违法行为，均有权向司法机关、破产管理机构反映情况。三是检察机关的监督。检察机关是我国《宪法》规定的法律监督机关，个人破产程序的整个过程应当要接受来自检察机关的监督，既包括对债务人责任和违法行为的监督，也包括对相应责任的监督和债权人滥用债权人地位或共谋损害其他债权人或债务人利益的监督，当然包含对审判机关的法律监督。

---

① 丁海湖：《个人破产逃废债的防范》，载《人民司法》2022年第22期。
② 丁海湖：《个人破产逃废债的防范》，载《人民司法》2022年第22期。

第十一章 "执转破"制度的改革

民事执行制度与企业破产制度均具有实现债权功能，而二者在价值取向上存在明显差异，民事执行制度适用债权的个别实现，企业破产制度侧重债权的集中实现，这就对二者适用条件和对象提出了截然不同的要求。[①] 执行案件移送破产审查制度，即"执转破"制度，就是要将已经丧失清偿能力的企业，转出执行程序，导入破产程序，通过该制度实现程序转化，从根本上、实质性、一揽子解决涉案企业所有债务问题。完善"执转破"制度和推进"执转破"工作，对解决执行难顽疾、助力"僵尸企业"清理、构建市场主体退出机制、推动新发展阶段的经济高质量发展，具有十分重要的现实意义。近年来，最高人民法院通过司法解释、会议纪要等方式构造了"执转破"制度蓝本，全国各地法院积极探索，纷纷出台具体规范，完善了"执转破"制度操作细则，"执转破"工作在部分地区也取得了一定进展。但司法实践中，执行案件化解难、破产案件处置难的矛盾依然突出，"执转破"制度深入推进和适用仍存在诸多困难。

一、"执转破"制度的价值导向

破产制度与执行制度虽然都以实现债权、清理债务为程序目标，但在具体功能定位上存在有较大差异，选择适当的清偿程序，是保障债务公正、高效、有效实现的必然途径，"执转破"制度有着明确的破解执行难顽疾、完善市场退出机制、实现债权人利益均衡等方面的价值导向。

（一）破解执行难顽疾

多年来，"执行难"问题始终是困扰全国法院系统的一个顽疾，执行案件积压在一定程度上影响了生效裁判的兑现，致使司法公信力和司法满意度大打折扣。"执转破"制度作为化解执行难的一种有效手段，涉及企业或群

[①] 王欣新：《论"执转破"的发展方向》，载《中国审判》2020年第7期。

体性的执行案件中，由于执行程序采用"点对点"的清偿方式，难以实现债务人与全部债权人债权债务关系的协调解决。破产程序作为一种概括性的债权清理程序，可以集中涉企业执行案件，释放有限司法资源，提升执行效率，缓解执行工作压力，破解执行难顽疾，恢复司法公信力。

（二）完善市场退出机制

在市场经济背景下，企业发展遵循"优胜劣汰、适者生存"的竞争法则，破产制度是实现市场化资源配置的一种法律形式，可以利用市场力量实现资源配置，符合供给侧结构性改革的市场化目标，可以发挥引领市场资源配置的重要作用。[①]企业作为市场经济活动的主要参加者，集中了人、财、物等社会资源，其自由进入、有序退出，是市场经济健康发展的基础，会对社会资源的整体流动调整产生直接影响。"执转破"制度作为启动破产程序的一个重要入口，使不能适应市场竞争的商业主体有序退出市场，进而实现调整产业结构、淘汰落后产能、优化生产要素配置的目的。

（三）实现债权人利益均衡

执行程序建立在债务人有财产可供执行的基础上，贯彻普通债权"先到先得"的优先清偿原则，破产程序建立在债务人无法清偿全部债务或明显缺乏清偿能力的基础上，贯彻普通债权平等受偿原则。执行与破产的衔接发生在债务人无足额财产可供清偿的时候，债务清偿理念也随之发生转变。[②]企业破产的前提是债务人已经具备了破产原因，在此种场景下，对于有限资产的分配出现了根本性矛盾。为处置这种矛盾，出现了不同的解决方案。执行程序以保障单个债权人的权益为目的，而破产程序则更加注重债务人资产的透明性、债权人之间受偿的公平性以及终局性。另外，破产程序不仅仅是为了实现债权的平衡，还需要考虑到社会公共利益。当债务人无力清偿全部债务时，债权人可以请求法院将执行案件移送至破产审查程序进行处理，或通过清算程序，概括处置债务人全部破产资产，在保障包括职工权益、抵押权等优先性债权的基础上，促进全部债权人债务的公平实现；或通过重整与

---

① 邹海林：《供给侧结构性改革与破产重整制度的适用》，载《法律适用》2017年第3期。

② 徐阳光：《徐阳光：执行与破产之功能界分与制度衔接》，载《法律适用》2017年第11期。

和解程序，让更多债权人可以参与企业救治方案的拟定和实施，改善企业经营状况，化解企业债务危机，实现企业重生，提高债权受偿质量。"执转破"制度实现了执行程序和破产程序融合，综合考量所有债权人的利益，尽可能让各债权人的利益得以公平实现。

二、"执转破"制度运行的实践冲突

"执转破"制度是执行程序与破产程序的过渡管道和转换阀门，制度适用的通畅、高效、便捷是主要评价指标，但司法实践中"执转破"制度运行出现了诸多问题。

（一）制度设计与现实适用的效果落差

从"执转破"制度形成的历程来看，其制度设计目的发生了从最初的"解决执行难问题"到"规范企业破产"的转变。在"执转破"概念被正式提出之前，"执破衔接"概念在1998年《最高人民法院关于人民法院执行工作若干问题的规定（试行）》中首次被提出。2015年《民诉法司法解释》正式确立了"执行移送破产审查"相关制度，"执转破"作为一项法律制度以司法解释的形式被设计形成，囿于司法解释体例和形式的限制，此时对"执转破"制度的规定仍以原则性和概括性为主，但已经完成了制度框架的初创。2017年《最高人民法院关于执行案件移送破产审查若干问题的指导意见》专门规定了执行案件移送破产审查的程序、流程、步骤、方法、责任承担等具体问题，在运行规范层面对制度进行了细化和完善，形成了"执转破"制度完整的操作规程。截至目前，江苏、广州、福建、浙江、河南、陕西等省份陆续出台了"执转破"相关意见和办法，全国法院范围内"执转破"的规则体系已经基本形成。从"执转破"的发展历程不难看出，"执转破"制度因应对执行难而产生，并不断向破产规范化方面发展。

与制度设计层面的紧锣密鼓相呼应，在"执转破"制度确立后，各地开始大力推行执转破实践应用。浙江省2019年受理"执转破"案件1895件，2020年2898件，2021年3063件，[①] 2022年3249件，[②] 案件数量逐年攀

---

① 数据来自《2021年浙江法院企业破产审判工作报告暨十大典型案例》。
② 数据来自《2022年浙江法院企业破产审判工作报告暨十大典型案例》。

升；2019 年，深圳两级法院共移送执转破案件 305 件，同比上升 62%。^① 从这些区域"执转破"案件数量变化大体可以感受到，近期"执转破"案件受理数量有较大幅度的提升，但在制度设计的角度，目前"执转破"案件数量与"化解执行难题""规范企业破产"期待效果比较还有非常大的差距。

"执转破"制度牵涉到民事执行制度和破产案件审查两项主要法律程序，对"执转破"制度运行效果的考察，要分别从民事执行制度的"入口"和破产案件审查的"出口"两个方面分别进行。据统计，全国执行案件中无财产可供执行案件占比在 40% 至 50% 左右，其中约有 30% 为非个人债务执行。^② 从法律规定角度，这些被执行企业"执行不能"案件均具备破产原因，且数量庞大，相对而言，全国法院受理破产案件数量十分有限，"执转破"案件更少。根据 2020 年全国法院司法统计公报显示，全国法院以终结本次执行方式结案的首执案件占到全部首执案件结案的 48.36%。2018 年至 2021 年四年间，执行不能案件占比也已达到 40% 至 50%，已经对司法机关的执行效率、执行质量和执行效果产生了严重影响。近年来，全国法院首执案件数量在不断增长，但反观执行效果，每年执行完毕案件数量仅有数万件增量，而终本案件增量则是数十万级的，不难看出执行难给司法工作带来的严峻考验。^③ 按照 2017 年终本案件中执行不能涉企业案件的比例计算，2018 年至 2021 年终本案件符合"执转破"案件的数量均在 80 万件以上。但同期全国破产案件数量，2020 年破产审查案件和破产案件分别 19531 件和 13369 件，2021 年破产审查案件和破产案件收案数为 22660 件与 16187 件。从执行终本案件数量与"执转破"案件的数量对比看，"执转破"制度实际适用的比例并不高，"执转破"制度作用没有充分发挥。

（二）当事人申请与法院释明征询的态度反差

《民诉法司法解释》第 511 条将执转破启动程序限定为"申请执行人之

---

① 《服务营商环境，深圳破产审判这样做》，载深圳市中级人民法院网站，https：//mp.weixin.qq.com/s/Mwq01YPCC6OtqPO224O_3Q，2023 年 5 月 1 日访问。

② 《最高人民法院审判委员会专职委员刘贵祥在 2019 年 3 月 12 日十三届全国人大二次会议记者会上的发言》，载 http：//hhrxmp.epaper.rmzxb.com.cn/c/2019-03-12/2309001.shtml，2023 年 7 月 8 日访问。

③ 数据来自《2018 年最高人民法院全国法院司法统计公报》《2019 年最高人民法院全国法院司法统计公报》《2020 年最高人民法院全国法院司法统计公报》《2021 年最高人民法院全国法院司法统计公报》。

一或者被执行人同意"，^①同时赋予人民法院在"执转破"程序中的释明权和建议权。在这一过程中，人民法院只是一个间接"推手"，并没有直接启动"执转破"的权力。这与《企业破产法》当事人申请主义相一致，尊重市场主体的意思自治，同时规定当事人行使"执转破"程序同意权的主体只需要是申请执行人之一或被执行人即可，而没有要求必须全体申请执行人和被执行人均同意，这就极大地增加了执行法院通过行使建议权来启动"执转破"程序的可能性。但在司法实践中，申请执行人、被执行人对于执行移送破产均没有很高的积极性，执行移送破产申请审查数量仍然较少。

而法院为推进解决执行难工作、"僵尸企业"出清工作和破产审判工作，在向"执转破"潜在申请人进行释明和征询方面做了大量工作。2016年浙江高院出台了《关于执行程序与破产程序衔接若干问题的纪要》，其中第 2 条和第 4 条对执行人员的释明和征询义务作了更进一步的规定。^②江苏高院于 2018 年修订《关于规范执行案件移送破产的若干规定》，强化了法院的征询和审查义务。^③深圳法院以"执转破"常态化开展，要求"执转破"模式中的释明和征询提前进行，并将移送破产的执行案件作为年度执行考核的激励项目。法院与潜在申请人之间截然不同的态度，体现出"执转破"制度各参与方不同的需求导向。

（三）"执转破"制度适用区域的现实差异

破产审判的发展程度与当地市场经济繁荣程度成正比，正是当地经济社会发展所带来的企业主体良性出清需要，进一步推动了破产制度生长。因此，目前全国各地"执转破"制度发展程度也与国内经济社会发展的地域特点保持着高度一致性，即沿海地区与内陆地区"执转破"案件数量的不

①《民诉法司法解释》第 511 条规定："在执行中，作为被执行人的企业法人符合企业破产法第二条第一款规定情形的，执行法院经申请执行人之一或者被执行人同意，应当裁定中止对该被执行人的执行，将执行案件相关材料移送被执行人住所地人民法院。"

② 2016 年浙江高院出台《关于执行程序与破产程序衔接若干问题的纪要》，第 2 条、第 4 条分别规定了"执行通知书中的释明"与"启动执破衔接工作后的释明和意见征询"。

③《江苏省高级人民法院关于规范执行案件移送破产的若干规定》第 3 条规定："执行部门在向申请执行人发送受理案件通知、向作为被执行人的企业法人（以下简称被执行人）发送执行通知时，应该同时告知民事诉讼法司法解释关于在执行程序中执行案件移送破产审查的规定。"

平衡。据统计，2020 年浙粤苏三省新收破产案件位居全国前列，三省新收破产案件总数约占全国的 49%。2022 年，浙江省法院共受理"执转破"案件 3249 件，占破产案件受理数量的 81.6%。2018 至 2020 年三年中，河南省共受理"执转破"案件仅有 413 件。[①] 我国东部沿海地带市场经济建立较早，民营经济较为发达，企业良性出清机制需求巨大，正是"江浙粤"地区对于相关司法服务和保障的需求推动了当地法院对执行与破产衔接机制的早期探索，为全国推行"执转破"制度提供了实践样本支撑。这些地区"执转破"制度运行也因起步早、经验足，较全国其他地区而言更趋于规模化和常态化。但实践中，先进区域的"执转破"制度探索也衍生出诸如"经营保护型""程序前移型""监督管理型"的异化情形，[②] 对执行制度与破产制度的协同推进造成阻碍。

反观西部地区，2021 年西藏自治区受理破产审查案件共 6 件，青海省受理破产审查案件共 7 件，宁夏回族自治区受理破产审查案件共 12 件，受理破产审查案件的数量非常少，"执转破"案件的绝对数量也相对较少，仅为先进地区的百分之一，破产案件受理数量差异非常明显。这不仅与经济发展水平的限制、企业数量的差异有关，同时也受"执转破"制度本身实用性和可操作程度的影响。从执行与破产的价值理念差异来说，企业一旦突破了破产条件临界点，债务的个别清偿应当被概括集中清偿所取代，从而实现债务的公平有序实现。[③] 作为解决执行难的手段之一，"执转破"制度推行的地域差异将给人民群众法律获得感带来巨大落差。

三、"执转破"制度运行的阻塞障碍

"执转破"制度跨越民事执行与企业破产两项法律制度，其既是民事执行制度的出口，又是企业破产制度的入口，其对制度设计的双向兼容性有更高要求。客观来说，"执转破"制度在解决执行积案化解难题、破产立案难题、企业出清退出难题等方面起到了积极的融冰作用，但司法实践中制度构

---

① 数据来自河南省高级人民法院清算与破产审判庭庭长李红芬在《河南法治发展报告（2022）》出版发行暨依法治省与法治化营商环境研讨会的专题报告。

② 朱福勇、仇金：《"执转破"启动职权主义的普适》，载《重庆大学学报（社会科学版）》2023 年第 2 期。

③ 白田甜、景晓晶：《"执转破"衔接机制的优化原则与实践完善》，载《法律适用》2019 年第 3 期。

造与制度适用、参与主体的积极性、制度区域运行差异等突出矛盾，折射出
"执转破"制度运行阻塞，这其中的原因是多方面的。

（一）"执转破"启动主体的顾虑

根据《民诉法司法解释》第 511 条规定，"执转破"制度启动程序采用
"当事人申请"主义，同时强调人民法院程序中的释明权和建议权。但事实
上，申请人对申请启动"执转破"程序存在很多顾虑，包括具有财产处置优
先权的申请执行人、无财产处置优先权的申请执行人、无财产处置执行权在
内的所有执行案件申请人和被执行人都缺乏启动"执转破"的意愿。[①]

一是从债权受偿利益角度而言，"何种方式能够最大限度地实现债权"，
这是债权人司法程序选择的现实依据。对于普通债权人，破产案件立案烦
琐、耗时长、成本高，同时启动破产程序的企业往往资不抵债，经过多起执
行案件的查控处置，名下已无可供执行的财产，启动破产程序所付出的时间
与金钱成本与可预期实现的债权利益相比差距甚远。甚至对于一般债权人来
说，还随时会面临"为他人作嫁衣"的风险，债权受偿比例面临稀释，可受
偿财产利益减少，影响到申请执行人推动"执转破"启动的积极性。二是从
成本方面考量，不少申请执行人对破产程序的了解程度不高，仅凭名称或者
表面粗浅的了解，认为破产案件普遍专业要求高、处理难度大，需要专业人
员的参与协助，债权人自身要付出较高的经济和时间成本。在执行程序中，
绝大多数的执行事务均由法院完成，债权人甚至无需预支案件执行费，经济
成本远低于破产程序。同时，"基本解决执行难"如期实现后，执行案件高
效办理、推进快速，基本上均能在六个月内结案，如果债务人有财产可供执
行，债权人的利益往往能够得到高效快速实现。三是从债权是否继续存续方
面考虑，执行财产分配完毕后，尚未执行到位的债权，在发现被执行人的其
他财产时，可以申请恢复执行，债权仍存在未来受偿的可能性。依照法律规
定，按照重整计划或和解协议减免的债务，自重整计划或和解协议执行完毕
时起，债务人不再承担清偿责任，债权人失去对该部分债权受偿的可能性。
破产清算程序中，可供分配财产清偿完毕后，破产程序终结，企业主体资格
注销，债权人再无实现债权权益的可能性。债权人将在破产程序中丧失部分

[①] 参见王哲锋、杨华：《"执转破"启动机制法律问题研究》，载王欣新、郑志斌主编：《破产法论坛》（第十九辑），法律出版社 2020 年版，第 1353~1364 页。

甚至全部债权受偿的可能性。

从企业经营的角度来讲，一是债务人企业通常对企业经营抱有信心，不愿承认或面对企业经营危困局面，对盘活企业的希望心存执念，不会轻易申请执行移送破产审查；二是债务人企业作为被执行人，在企业经营濒临绝境，所负债务难以清偿，往往早已官司缠身，企业所有者通常也自身难保，无暇关注企业是被执行还是被破产，被执行企业消极不作为，怠于申请执行移送破产审查；三是部分企业股东未全面履行出资义务，担心在破产程序中被追收认缴出资，或因存在抽逃出资、违规抵押、违规借款等问题，害怕追究个人责任，拒绝申请执行移送破产审查。

（二）"执转破"适用范围限制

《执转破指导意见》明确规定"执转破"适用主体是企业法人，相较于《企业破产法》的适用范围，排除了合伙企业、个人独资企业等企业法人之外其他组织参照适用效力。司法实践中，合伙企业、个人独资企业等非企业法人申请移送破产审查的情况时有发生，[①]但按照《执转破指导意见》规定，执行法院不能将案件移送破产。在解决"执行难"和"破产程序启动难"的背景下，对于"执转破"适用范围限制并不符合现实要求。

（三）执行破产部门衔接不力

实践中，执行程序和破产程序间的联动程度较低，衔接机制尚不完善。法院内部不同职权部门之间的沟通和配合是"执转破"程序有效运转的基础保障，具体来说，涉及同一或不同法院之间执行、立案、破产部门彼此的协作联动，三者彼此的地位分别对应着"执转破"程序的前端、中端和后端。即执行部门为前端，主要负责前期意思表示的收集、材料的整理和程序的启动工作；立案部门负责中端，起到三者之间的桥梁和纽带作用；破产审判部门系后端，关系到执行案件经审查后是否能够启动破产程序，进而实现执行

---

①《合伙企业法》第92条规定："合伙企业不能清偿到期债务的，债权人可以依法向人民法院提出破产清算申请，也可以要求普通合伙人清偿。合伙企业依法被宣告破产的，普通合伙人对合伙企业债务仍应承担无限连带责任。"按照《最高人民法院关于个人独资企业清算是否可以参照适用企业破产法规定的破产清算程序的批复》（法释〔2012〕16号）规定："在个人独资企业不能清偿到期债务，并且资产不足以清偿全部债务或者明显缺乏清偿能力的情况下，可以参照适用企业破产法规定的破产清算程序进行清算。"

积案的化解这一目的。三者或者更多部门串联起"执转破"程序的运转，上述部门的各自地位和彼此协作配合的重要性可见一斑。目前，"执转破"在程序设置以及如何衔接上仍存在疏漏，尤其表现在对当事人权利保护方面存在诸多不足。

（四）各地适用制度标准差异明显

"执转破"制度在立法上存在空白，《民诉法司法解释》条文制定过于简单化、原则化，因此"执转破"制度诞生到完善更多依赖于各地司法实践的先行探索，同时"执转破"实践的规范性指引也多来自地方法院结合自身实际所制定的规范性文件，从而导致"执转破"案件在不同地区办理中的差异较大。其中最为突出的问题便是在程序适用标准上的不统一，直接导致类案在不同地方处置情况不一，当事人合法权益无法得到平等的保护，也不利于"执转破"程序长期的良性发展。具体来看，一是在意思表示要件上，《民诉法司法解释》仅规定了"经申请执行人之一或者被执行人同意"，对表示同意的意思表示形式未予明确，最高人民法院曾明确该"同意"仅限于"书面明确同意"，[①] 部分地方却有所突破，将"无异议、不表达不同意"视为"同意"，肯定了默认的同意效力。[②] 二是在移送审查起因要件上，《民诉法司法解释》和《执转破指导意见》以《企业破产法》第 2 条作为执行案件移送破产审查的条件，如此设计并无不当，但执行程序和破产程序毕竟在法院内部由不同部门负责，彼此的司法职能分工不同，让负责执行的执行法官自行判断被执行人是否具备破产的条件存在一定困难，导致各地法院只能结合自身实践经验，制定相关的移送条件参引，并对移送的条件予以不同的规定。三是受理的破产案件类型上，《民诉法司法解释》并无明文规定，通过分析《执转破指导意见》第 20 条，最高人民法院应是对破产制度作广义解释，即执行案件可以破产清算、破产和解、破产重整方式移送破产审查，但地方法院将"执转破"移送仅限定为移送破产清算，不包括破产重整和破产和解。[③] 此外，《民诉法司法解释》就"执转破"适用条件只规定了适用对

---

① 罗书臻：《大力推进执转破工作开展推动破产工作法治化专业化制度化——最高人民法院民二庭负责人就〈关于执行案件移送破产审查若干问题的指导意见〉答记者问》，载《人民法院报》2017 年 2 月 7 日。
②《浙江省高级人民法院关于执行程序与破产程序衔接若干问题的纪要》第 4 条。
③《广东省高级人民法院关于执行案件移送破产审查的若干意见》第 3 条。

象、意思表示和移送审查起因三个要件，部分地方法院还设置了例如"能够支付破产费用"①"涉及被执行人的执行案件或关联案件众多、执行标的额较大"② 等其他条件，一定程度上，也造成了"执转破"案件受理标准的不统一，导致各地受理"执转破"案件数量的巨大差异。

四、"执转破"制度的改革路径

目前，在法律制度层面，"立审执"后进入破产程序并不存在障碍，但在实务操作中，执行不能案件转入破产程序的比例很低。这其中固然有制度机制仍需优化的问题，但在更深层次约束"执转破"机制广泛应用的原因，却是法官、当事人对司法案件"立审执"模式的习以为常，以及对破产常态化、普遍化的认识不足。因此，要大力推行"执转破"机制，必须按照"立审执破"一体化格局重塑司法流程，强调执破融合，在理念上引导法官、当事人改变固有观念，使破产制度从"场外替补"变为"正式队员"，切实发挥破产制度化解矛盾纠纷的重大价值。当然，要打造"立审执破"一体化格局不仅需要理念更新，还需要立法、制度与配套等多方面的支撑。

（一）"执转破"制度双向立法

《民事强制执行法（草案）》作为民事执行专门立法，其中对执行移送破产法律效果、依职权移送破产等涉及"执转破"制度的内容进行了规定，虽然《民事强制执行法（草案）》尚未通过，但在执行程序中规定"执转破"制度已经成为理论界和实务界的共识。同时可以看到，执行立法中对"执转破"制度的规定，依然停留在"执行"层次，对"执转破"制度的审查、移送、处置等内容并不涉及。

瑞士等域外国家的立法经验说明，"执转破"制度的集中统一立法，能够促进制度适用与运行，在解决执行难、破产难的现实背景下，对"执转破"制度的统一立法具有强烈的现实需求和法治意义。"执转破"程序衔接的统一立法，可以明显提升程序转换的流畅性和司法流程的高效性，我国对执行程序立法时，应当予以借鉴，注重考虑将"执转破"程序衔接并进行合并统一立法。目前，我国"执转破"制度立法层级显然与其重要的制度地位

---

① 《广东省高级人民法院关于执行案件移送破产审查的若干意见》第 6 条。
② 《江苏省高级人民法院关于规范执行案件移送破产审查的若干规定》第 3 条。

不相符,《民诉法司法解释》《执转破指导意见》中关于"执转破"制度的相关规定需要以立法的形式加以明确和固定。

建议"执转破"制度采用双向的立法模式,分别在《民事强制执行法》和《企业破产法》予以规定。其中,《民事强制执行法》要系统、全面、具体地规定"执转破"制度适用的范围、标准、移送程序、异议程序等前端移送相关内容;《企业破产法》主要对接收、审查、异议救济程序、部门协助等内容进行规定。通过统一全国范围的法律适用,推动我国"执转破"制度广泛、深入推进,减少因立法缺失导致的各地"执转破"制度适用差异。

(二)"执转破"制度具体机制改革

1. 统一"执转破"制度适用主体

目前,"执转破"制度的适用主体仅限于企业法人,对于可以参照适用《企业破产法》的一些主体并未纳入调整范围。司法实践中,也存在一些法院依据此规定驳回当事人执行转破产申请的情形。"执转破"制度的入口过于狭窄,将很多案件排除在破产程序之外,使得相关案件数量不多,"执转破"制度使用率不足。为了消解执行积案,应当扩大执转破的适用主体范围,建议将合伙企业、个人独资企业等主体纳入"执转破"制度的参照调整范围内,使其与《企业破产法》的适用主体相一致。但同时,也应当注意这些特殊主体与一般企业法人适用"执转破"制度的区别,参照适用相关制度时注重个别主体的差异性。

2. 扩大"执转破"制度启动主体

鉴于申请执行人与被申请执行人对"执转破"制度主动申请的消极,需要进一步扩大申请主体的范围。通常公司高管更加了解公司的经营状态,更能判断公司是否符合破产条件,应厘清《民法典》第 70 条、《公司法》第 187 条和《企业破产法》第 7 条相关条款的关系,进一步明确董事申请破产的法律依据。[①] 参照美国破产制度关于加深破产责任的判例,[②] 增加被执行企业公司高管在满足企业破产条件情况下申请移送破产的责任,规定公司相关责任人存在故意利用法律程序阻碍、拖延符合条件企业进入破产程序的,应

---

① 参见张旭东:《有限公司清算义务人范围问题研究》,载《南大法学》2022 年第 2 期。

② 参见许德风:《破产论坛——解释与功能比例的视角》,法律出版社 2015 年版,第 115~119 页。

当依法承担相应法律责任，形成对债务人与相关责任人督促"执转破"申请的作用。

关于法院依职权启动"执转破"制度，目前只有我国台湾地区仍保留了依职权启动"执转破"的相关规定，但该条款从未启用。部分专家、学者、法官呼吁建立"执转破"当事人申请启动与法院职权启动的"二元"启动模式，但归根到底破产制度属于私法领域，应当尊重当事人意思表示，尊重当事人对权利的自行处置，对此持异议态度的专家、学者亦不在少数。[①]因此，不建议法院作为"执转破"的直接启动主体，要防止司法权力过度扩张对当事人权利的侵犯和强制执行向"强制破产"的转化。

3. 设置"执转破"制度公示程序

在"立审执破"一体化理念指导下，增加破产案件申请人积极性，不必拘泥执行案件移送破产审查的传统认知，只要与执行相关的利益群体申请破产的意愿得到强化，与执行相关破产案件被申请立案，就达到了化解执行难题、实行概括清偿的目的。《执转破指导意见》规定"执转破"制度申请主体为执行程序的债权人和债务人，不包括执行程序以外与企业相关联的其他利益主体。根据《企业破产法》第7条的规定，[②]可以将执行程序以外的债权人纳入"执转破"制度的申请主体，这些主体可能比已经在执行程序中的申请执行人更积极推动企业破产。应当将执行程序以外债权人作为潜在的执行移送破产申请主体，建立执行立案告知程序，让执行程序以外与企业相关联的其他利益主体了解被执行企业的实际经营、财务状况，通过申请债务人破产的方式，让更多相关利益群体参与执行移送破产审查程序，以实现对债权的公平清偿。

4. 规范"执转破"案件移送程序

一是建立执行案件均应告知当事人有权申请"执转破"的制度。在案件进入执行程序之时，应明确执行人员有义务告知当事人有关申请"执转破"的法律程序，释明"执转破"程序的利弊。为便于操作，减少执行人员

---

① 徐阳光：《如何完善执破衔接机制》，载法治网，http://www.legaldaily.com.cn/zt/content/2022-11/30/content_8804290.htm，2023年7月8日访问。

②《企业破产法》第7条规定："债务人有本法第二条规定的情形，可以向人民法院提出重整、和解或者破产清算申请。债务人不能清偿到期债务，债权人可以向人民法院提出对债务人进行重整或者破产清算的申请。企业法人已解散但未清算或者未清算完毕，资产不足以清偿债务的，依法负有清算责任的人应当向人民法院申请破产清算。"

工作负担，可以向当事人发放申请执行案件移送破产审查权利告知书。二是建立及时征询当事人关于"执转破"意见的机制。要进一步强化执行人员及时、主动征询的"义务"，执行人员要根据执行案件情况，对符合条件的案件，要通过说明告知或当面谈话的方式告知"执转破"相关法律规定，对申请执行人和被执行人问询是否申请企业破产的意见。申请执行人之一或被执行人同意申请破产的，执行人员要协助其完成相关程序的申请，及时移送破产审查。三是规范"执转破"案件内部审批程序。在执行案件的审查过程中，要设立初审、复审、最终移送程序。初审由执行法官提出初步意见，再提交执行合议庭评议，最后经破产审查合议庭审查决定是否转入破产程序，从而保障移送案件质量，最大限度保护申请执行人的利益。为提高审查程序效率和法律适用的统一性，可以建立执行破产联合合议庭，打破"执转破"制度法律适用层面的"隔阂"，真正实现执破融合。

5. 完善"执转破"制度相关配套

一是畅通府院联动机制。"执转破"制度涉及多个程序过程、多种利益群体、多元财产类型，需要处置包括债权审查、清产核资、资产处置、财产分配、制定重整计划草案、招募投资人等在内的多类型事务，这些实体性工作涉及面广、外部性强，并牵涉城乡规划、不动产管理、职工社保、工商、税务、信用管理等大量行政管理事务，需要政府部门的大力支持和通力配合。法院要与政府部门建立常态化府院联动机制，防范化解因"执转破"制度可能出现企业处置风险、职工信访风险、金融风险等系统性风险，保障破产制度的顺利实施。二是积极适用快速审理机制。在畅通移转"通道"的同时，更要注重破产制度自身的便捷性和高效性，进一步提升破产制度的"性价比"，以提升当事人适用"执转破"制度的积极性，可以借鉴民事案件的繁简分流和速裁程序，构建破产案件快速审理机制，以实现简案快审、繁案精审，压缩时间成本和费用成本，赢得当事人对破产制度的"青睐"，不断提升"执转破"制度的适用率。对于无产可破、债权债务关系明晰的"执转破"案件，应当优先适用快速审理机制，从时间成本上吸引当事人的选择。三是加快破产信息化建设。"执转破"制度的高效运行对信息化高度依赖，便捷的信息共享、信息流传、智能办理是压缩办理周期、保证办理质量、节省工作成本的有效方式。建立执行与破产的衔接系统，实现破产后受理裁定可网络送达执行法院、自动中止执行、解除保全、财产查控、宣破后终结执行程序等功能，化解因破产财产处置产生的各种纠纷。提升破产审判的便利化、智能化，实现繁简案件自动分类、审限管理、资金监管、通过平台公开透明指定管理人等功能，推动破产审判系统与政务系统的对接，便捷化办理税务申报、测算及缴纳、工商变更与注销、财产查询处置、社保信息查询等相关事项。

"执转破"制度通过巧妙的制度设计，完成了对不同功能程序的有效衔接，传递出不同债权实现的融合观念，作为破产制度的对外延伸，是架构完整破产制度的重要内容。但从现实中可以看出，民事执行程序的对象更多集中在公民个人债务执行，要继续延伸破产制度的适用范围，找寻债务的最终归宿，个人破产制度的建立迫在眉睫。

第十二章　跨境破产制度的改革

跨境破产是指在破产程序中，债权人、债务人或破产财产分散在不同的国家，或由外国法支配破产债权的分配等含有涉外因素的破产。[①] 跨境破产法律关系相当复杂，往往涉及不同国家之间破产程序并存、法律文书效力认定、税收债权性质认定等问题，牵扯着不同地域债务人与债权人等各方当事人的利益。随着"一带一路"合作的稳步推进，我国同世界的经贸往来愈加频繁，跨境投资规模与数量呈现大幅增长态势，如何公平高效地处理企业跨境投资所引发的跨境破产案件成为一个重要问题。与域外的跨境破产制度相比，我国跨境破产相关规定还比较粗疏，已经无法满足日益增长的现实需要。而如何在国家自主性与国际统一性的关系中，有效处理各国破产制度的关系，切实保障各方合法权益，亟待我国跨境破产制度作出回应。

一、我国跨境破产制度的现状

各国破产制度的产生和发展，均与其政治、经济、法律和社会文化、历史等紧密相关，立法必然存在差异。因此，跨境破产涉及的国际层面协调困难重重。经济全球化背景下跨境破产案件的客观存在，推动我国跨境破产制度在立法、实践等方面不断发展。

（一）我国跨境破产立法现状

我国关于跨境破产的相关规定可以追溯到二十世纪八十年代。为解决跨境破产问题，广东省先后出台《广东省经济特区涉外公司条例》《深圳经济特区涉外公司破产条例》，积极回应当时跨境破产领域迫切需要解决的问题，但没有认可境外破产程序的效力及其程序代表人的身份权利，《深圳经济特区涉外公司破产条例》第5条明确否认外国破产程序在我国具有域外效力。1993年，上述两个文件被废止，我国跨境破产处于立法空白时期，但

[①] 张媛：《跨国破产法律制度研究》，吉林大学出版社 2021 年版，第 9 页。

司法实践中的探索一直未停止。在 1999 年的广东国际信托投资公司破产案中，在无法律明文规定的情况下，通过与香港特别行政区的司法合作，有关破产的裁定获得香港高等法院的承认，这是我国第一件获得境外承认效力的破产案件；2001 年，佛山中院承认意大利米兰法院作出的 E.N.Groups.p.a. 股份集团公司破产判决在中国的法律效力，这是我国法院对域外法院破产程序效力的首次承认。① 为更好地处理司法实践中的跨境破产问题，《审理企业破产案件的规定》明确指出，我国破产程序对于境外财产具有效力。随后，《企业破产法》第 5 条首次以法律形式明确我国跨境破产的域外效力，但仅涉及司法文书效力认定和财产问题，已经无法适应日趋复杂的跨境企业发展情况。如 2016 年的韩进海运破产案中，大量案涉业务和财产在我国境内，但因为我国破产制度的不完备，韩进海运的破产管理人向 43 个国家和地区申请承认与协助韩国的破产程序，却没有向我国人民法院提出申请，引起了我国学者的激烈探讨。②

《破产审判会议纪要》提出，确定跨境破产案件的管辖权，积极参与、推动跨境破产国际条约协商与签订，协调好外国债权人利益与我国债权人利益的平衡，探索互惠原则适用新方式等。2019 年，最高人民法院发布《关于人民法院进一步为"一带一路"建设提供司法服务和保障的意见》，提出探索主要破产程序和主要利益中心地制度的适用。2021 年，《最高人民法院与香港特别行政区政府关于内地与香港特别行政区法院互相认可和协助破产程序的会谈纪要》发布。随后，最高人民法院与香港律政司分别发布《关于开展认可和协助香港特别行政区破产程序试点工作的意见》（以下简称《认可和协助香港破产试点意见》）和《内地破产管理人向香港特区法院申请认可和协助的程序实用指南》。这些跨境破产规则充分吸收国际跨境破产理念，可以为《企业破产法》修改提供经验借鉴，但是其适用范围局限于香港一地，效力无法辐射至其他国家和地区，在实践中适用较少。

---

① 参见刘蓓：《跨境破产法律适用问题研究》，载《哈尔滨学院学报》2018 年第 5 期。

② 参见石静霞、黄圆圆：《跨界破产中的承认与救济制度——基于"韩进破产案"的观察与分析》，载《中国人民大学学报》2017 年第 2 期；张可心：《外国破产程序在中国的承认与协助制度——基于韩进海运破产案的思考》，载《人民司法》2017 年第 19 期；刘瑶：《中国跨境破产国际合作的法律问题研究——以韩进破产案为例》，载《中国海商法研究》2018 年第 3 期。

（二）我国跨境破产实践现状

在《企业破产法》颁布之前，我国的跨境破产问题已经显现。在广东国际信托投资公司破产案中，其在域外有多家全资或参股公司，虽然最终获得香港高等法院的承认，但是由于我国立法不完善，导致清算组追收其他境外财产时陷入困境。《企业破产法》及后续一系列司法性文件对解决跨境破产司法实践问题具有积极意义，但从具体效果看并不理想：一是跨境破产案件数量较少。截至 2021 年，我国破产程序被域外法院承认的案件有 6 件，其中，美国 2 件、新加坡 1 件、我国香港特别行政区 3 件；[①] 我国法院承认域外法院破产程序的案件也为 6 件，其中，意大利 1 件、法国 1 件、德国 2 件、新加坡 1 件、我国香港特别行政区 1 件。[②] 截至 2022 年 12 月 7 日，我国与 150 个国家、32 个国际组织签署 200 余份共建"一带一路"合作文件。2022 年，我国对外全行业直接投资 1465 亿美元，较上年增长 0.9%，其中，我国境内投资者共对 160 个国家和地区的 6430 家境外企业进行了非金融类直接投资，累计投资 1168.5 亿美元，较上年增长 2.8%。[③] 从我国跨境破产

---

① 参见王静：《跨境破产承认与协作的新探索——以全国首例新加坡高等法院认可我国主程序及管理人身份案为视角》，载《人民司法·应用》2022 年第 16 期。我国香港特别行政区高等法院于 2001 年承认广东省高级人民法院审理的"广东国投案"、2019 年承认上海市第三中级人民法院审理的"华信案"、2020 年承认广东省深圳市中级人民法院审理的"年富案"；美国新泽西州破产法院于 2014 承认浙江省海宁市人民法院审理的"尖山光电案"、美国纽约南区破产法院于 2019 年承认北京市朝阳区人民法院审理的"洛娃案"；新加坡高等法院于 2020 年承认江苏省南京市中级人民法院审理的"舜船发展案"。

② 广东省佛山市中级人民法院于 2001 年承认意大利米兰法院作出的伊恩（E.N.Groups.p.a.）股份集团公司破产判决、广州市中级人民法院于 2005 年承认法国普瓦提艾商业法院宣告的百高洋行（Pellis Corium Pelcor）破产案、湖北省武汉市中级人民法院于 2012 年承认德国蒙特巴地区法院的"科勒博士诉斯豪斯（Dr.Koehler & Seehaus）"破产判决、深圳市中级人民法院于 2021 年裁定认可"森信公司"香港破产程序、厦门海事法院于 2021 年承认新加坡航运公司西河公司的司法管理人身份、北京市第一中级人民法院适用法律互惠原则承认德国亚琛地方法院作出的莱茵公司破产裁定。参见曹启选、叶浪花：《我国跨境破产的实践发展和路径探索——以全国首例香港破产程序认可和协助案的审理为视角》，载《法律适用》2023 年第 3 期；夏先鹏、余怡璇：《厦门海事法院裁定承认新加坡两公司管理人的身份地位》，载《人民司法》2022 年 23 期；《全国首例适用法律互惠原则承认外国破产程序案裁定》，载 http://www.nxzfw.gov.cn/zfxt/yasf/202303/t20230308_697778.html，2023 年 5 月 25 日访问。

③《2022 年我国对外全行业直接投资简明统计》，载 http://www.mofcom.gov.cn/article/tongjiziliao/dgzz/202302/20230203384450.shtm，2023 年 4 月 18 日访问。

互相承认的案件数量来看，与"一带一路"背景下我国跨境投资企业和资金日趋增长的趋势明显不符。二是我国承认跨境破产案件较少援引《企业破产法》。《企业破产法》与《民事诉讼法》属于同位阶法律，且《企业破产法》第5条对《民事诉讼法》第289条外国破产裁判的审查作了补充规定。根据特别法优于一般法的原则，应优先适用《企业破产法》相关规定对域外破产裁判予以审查。但实践中，在我国承认域外法院破产裁决的6个跨境破产案件中，大多是根据《民事诉讼法》关于涉外程序的规定和互惠原则进行审查，仅在森信公司案中，深圳中院裁定认可香港破产程序援引了《企业破产法》，并适用《认可和协助香港破产试点意见》。

二、我国跨境破产制度存在的问题

虽然《企业破产法》规定跨境破产制度距今已有十七年的时间，但是相对于域外跨境破产制度，我国跨境破产制度起步晚、发展慢，存在不少问题，导致跨境破产的司法实践困境。

（一）司法协助立场较为保守

跨境破产司法协助的本质是支持域外破产程序在本法域内产生效力，允许域外法院管辖债务人在本法域的财产和事务。在跨境破产域外效力上，存在属地主义和普及主义原则之争，属地主义认为一国的破产程序仅限于本国范围内债务人的财产，而普及主义认为一国的破产程序效力及于债务人所有的财产，包括在别国的财产。属地主义的优势在于可以有效保护本国债权人的合法权益，以避免域外破产程序的诉讼风险，但劣势也非常明显，即属地主义之下可能存在不同国家的平行破产程序，破产费用增加，且彼此之前互不承认效力，为债务人转移、隐匿财产提供了条件，而且不利于跨国企业的破产重整。普及主义的优势在于通过一个破产程序能够对债务人在不同国家的财产进行公平、高效的统一分配，缺点是实现难度较大：破产程序启动会涉及诸多利益纠纷，没有国家愿意主动放弃对当地财产的控制权；基于制度差异，本国债权人参加他国破产程序可能存在对域外法律不够熟悉或者对是否能够受到公正待遇有所担忧等问题。从我国《企业破产法》第5条规定看，我国破产程序对域外的破产财产与相关法律主体产生普遍拘束力，即我国采用的是绝对的普及主义立场。① 这种在域外破产程序效力承认上相对谦抑的理念和保守的态度，必然会受到他国的同等对待。由此可见，我国目前的跨境破产立法模式较为落后，在跨境破产司法合作中会受到不利影响。

（二）事实互惠标准过高

互惠原则是国际法中的一项基本原则，具有两大本质属性，即激励支持和对等报复。我国《企业破产法》第5条对跨境破产要求依照缔结或者参加的国际条约，或者按照互惠原则进行审查。但截至目前，我国尚未加入任何跨境破产国际公约，所以在司法实践中，往往以秉持"事实互惠"的原则进行审查。从国际上来看，为了凝聚最大程度的共识，《联合国跨境破产示范法》和《欧盟破产程序条例》并未要求认定涉外破产程序效力需要遵循互惠原则，表现出极大的"利他主义"倾向。② 美国、英国等西方国家也吸收国际文件相关精神，摒弃事实互惠原则，积极打破地域主义壁垒，推动跨境破产案件向更加有助于互利合作的方向发展。事实互惠的高标准要求导致我国无法主动互惠，而是被动地遵循他国对我国的互惠先例，这必然降低域外破产程序在我国获得承认并执行的可能性，对于我国开展跨区域司法合作十分不利。

（三）承认与执行对象过于狭窄

我国将跨境破产承认与执行对象限定为"破产案件的判决、裁定"，但是在司法实践中，破产相关法律文书样式较多，调解书、支付令等文书亦有被域外法院承认的需求。一些学者指出，可以将《企业破产法》第5条中所规定的"判决和裁定"作广义的解读。但其扩张程度有限，在司法实践中难以有效执行，比如在北泰汽车工业控股有限公司破产案中，临时清盘人向北京一中院申请承认香港高等法院作出的清盘命令，最高人民法院作出的〔2011〕民四他字第19号复函明确指出，对涉案清盘命令应不予承认。承认与执行对象范围狭窄，也是导致司法实践中我国多以《民事诉讼法》和互惠原则承认域外法院破产裁判效力，而鲜有依据《企业破产法》第5条承认外

---

① 范志勇、徐阳光：《我国跨境破产制度的规范评析与完善路径》，载《福建师范大学学报（哲学社会科学版）》2021年第2期。

② 陈龙：《论境外破产程序的域内效力》，载《上海法学研究》2021年第9卷。

国破产程序的案例的原因之一。[①]

（四）具体操作程序缺失

从域外来看，美国、欧盟、日本等国家均建立有相对完善的跨境破产制度，如美国以《联合国跨境破产示范法》为蓝本，在《美国破产法》第15 章专门对跨境破产作出规定，其中对跨境破产程序的目标、管辖法院、申请人或发起人、程序启动、对涉外破产程序的承认与司法救济等进行了详细规定，这为跨境破产顺利开展提供了法律依据和程序规范，有利于司法实践的操作。反观我国，目前缺乏明确具体的跨境破产程序以匹配日益增多的跨境破产案件，《企业破产法》第 5 条仅对跨境破产作了原则性规定，诸如《破产审判会议纪要》之类的文件仅具有参考性，内地与香港的跨境破产文件也仅限于试点地区与香港特别行政区的破产案件。具体程序的缺失，导致司法实践中对域外跨境破产协助的申请大多采取消极态度。也无怪乎有学者说，我国法院在跨境破产案件上的消极态度与我国作为世界第二大经济体的地位严重不相称。[②]

三、我国跨境破产制度的完善

世界范围内，对各国影响力比较大的跨境破产制度文件是《联合国跨境破产示范法》和《欧盟破产程序条例》，全球已有美国、日本、新加坡等48 个国家 51 个法域通过了以《联合国跨境破产示范法》为基础的立法，而《欧盟破产程序条例》是全球唯一具有法律拘束力的区际跨境破产法律性文件，对欧盟区域内的跨境破产立法具有重要影响。域外跨境破产制度在跨境破产案件管辖模式、破产程序效力认定程序与救济、信息共享机制建设等方面都有较为完善的规定，对我国跨境破产制度发展具有一定的借鉴意义。

（一）采用有限普及主义下的平行破产模式

随着我国对外开放的深入，中国经济已逐步融入世界经济发展大潮之中。从国际视野看，《联合国跨境破产示范法》《欧盟破产程序条例》作为影

---

① 参见范志勇、徐阳光：《我国跨境破产制度的规范评析与完善路径》，载《福建师范大学学报（哲学社会科学版）》2021 年第 2 期。
② 石静霞：《论香港法院对内地破产程序的承认与协助：以"华信案"为视角》，载《环球法律评论》2020 年第 3 期。

响力较大的世界或区域性跨境破产规则，均采用了有限的普及主义，即在债务人主要利益中心的法域内管理债务人的全球破产，同时又考虑到当地公共政策或利益相关者的关切，也允许同时进行地方诉讼。[①] 有限的普及主义可以为本国法院自由裁量留下灵活空间，在充分考虑本国及相关主体利益的情况下，有限度地对域外破产程序进行承认和协助。在模式方面，《联合国破产跨境示范法》《欧盟破产程序条例》均实行跨境破产的平行程序，即以"主要利益中心"作为核心判断准则启动跨境破产主程序，在域外债务人有营业场所时可以启动从破产程序，现代破产法治发达国家的跨境破产立法均建立在平行模式的根基之上。[②] 平行破产模式能够有效协调债权人利益保障与主权原则二者之间的矛盾，降低国家之间破产司法合作的沟通成本，提升跨境破产效率。作为世界第二大经济体，为了更加公平高效地保护债权人和债务人利益，我国应当充分吸收上述国际规则相关理念，结合我国实践经验，采用有限普及主义的平行破产模式。从《认可和协助香港破产试点意见》看，我国在跨境破产试点中采用以认可或协助香港破产程序为原则，以不予认可或协助为例外的制度，并首次使用了"主要利益中心"的概念，在无相反证据情况下，推定债务人注册地为主要利益中心，并将主要办事机构所在地、主要财产所在地、主要营业地等作为识别要素。这说明我国已经关注到世界发展趋势，遵循有限的普及主义理念，并允许平行破产程序，这能够为跨境破产制度修改提供较为充分的实践经验。

（二）适用推定互惠的审查方式

虽然我国《企业破产法》依然秉持互惠原则作为跨境破产承认与协助的前提，但因与跨境破产国际合作的主流理念不相符，在一些政策性文件中已经开始有所转变。2015年《最高人民法院关于人民法院为"一带一路"建设提供司法服务和保障的若干意见》提出，我国法院可以考虑先行给予"一带一路"沿线国家当事人司法协助，积极促成形成互惠关系。2017年，

[①] 丁燕：《破产法律文化和破产法的变革》，人民出版社2022年版，第238页。
[②] 参见范志勇、徐阳光：《我国跨境破产制度的规范评析与完善路径》，载《福建师范大学学报（哲学社会科学版）》2021年第2期。

中国—东盟大法官论坛通过的《南宁声明》明确"推定互惠"的标准。[①] 这说明我国虽依然秉持事实互惠原则，但在具体要求上已经向更加宽松的推定互惠方向转变。推定互惠意味着在互惠审查时，除申请国存在拒绝承认我国破产程序的先例外，对与我国有跨境破产司法合作意向的国家推定为存在互惠关系，若以后该国法院拒绝承认我国破产程序，推定互惠关系即时解除。[②] 推定互惠的审查方式可以有效避免僵化"事实互惠"产生的跨境破产困境，对加强我国跨境破产司法合作，特别是依据国际条约或者区域性双边或多边协定推定存在互惠关系，承认或执行域外法律文件提供了理论基础，符合目前日益增多的跨境破产司法协助现实需要。如在我国与德国无相互承认及执行破产程序的国际条约及事实互惠的情形下，北京一中院承认德国亚琛地方法院作出的破产裁定，这对推动我国跨境破产制度发展、优化营商环境具有重要价值。对于对方国家在互惠关系期间因法律变更、拒绝施惠等不符合互惠原则的，则可以停止与对方的互惠关系，除非随后对方国家重新给予互惠承认，否则不再认定双方存在互惠关系。

（三）扩张承认与执行的对象范围

跨境破产案件承认与执行的核心价值在于对不同地域范围内破产财产进行保护、管理、处分和分配。在司法实践中，为了防止债务人转移、藏匿资产，或进行个别清偿，破产管理人需要他国法院的协助，才能积极调查、追回债务人的资产，平等保护债权人和债务人的合法权益。若承认的对象仅限于破产判决、裁定，将无法避免破产程序终结前的个别清偿和转移财产等行为。[③] 从《联合国破产跨境示范法》的规定看，其中向法院申请承认的他国程序涉及破产法律下的司法程序、行政程序以及临时程序。《美国破产法

---

① 《南宁声明》第 7 条明确："区域内的跨境交易和投资需要以各国适当的判决的相互承认和执行机制作为其司法保障。在本国国内法允许的范围内，与会各国法院将善意解释国内法，减少不必要的平行诉讼，考虑适当促进各国民商事判决的相互承认和执行。尚未缔结有关外国民商事判决承认和执行国际条约的国家，在承认与执行对方国家民商事判决的司法程序中，如对方国家的法院不存在以互惠为理由拒绝承认和执行本国民商事判决的先例，在本国国内法允许的范围内，即可推定与对方国家之间存在互惠关系。"

② 朱伟东：《试论我国承认与执行外国判决的反向互惠制度的构建》，载《河北法学》2017 年第 4 期。

③ 参见王欣新、王健彬：《我国承认外国破产程序域外效力制度的解析及完善》，载《法学杂志》2008 年第 6 期。

典》对承认和执行对象的审查更为宽松，其中第 1517 条规定，外国管理人只需要提供符合条件的证据，若没有明显违反本国公共秩序之情形，法院应尽快承认外国破产程序。承认外国破产程序后，将自动冻结债务人在美国的资产。[①] 我国应充分吸收域外先进经验，将承认对象范围扩大为整个外国破产程序，包含判决、裁定、禁止令、扣押令等等，从而更好地加强国际间的司法协作，保护债权人的合法权益。对于外国法院请求的，不符合我国国家主权安全、社会公共利益或者法律基本原则的事项，可以拒绝承认和执行。

（四）操作流程的细化

在程序启动方面，应由当事人申请启动，申请人可以是外国法院、破产管理人或者委托的中国律师等，明确管辖法院、申请材料的内容、申请应当载明的事项、法院受理的条件等。在申请审查方面，我国法院在对域外破产程序效力进行审查时，应当注意是否存在拒绝承认我国破产程序的先例、域外法院是否具有管辖权、破产程序是否合法、是否具有不予承认或协助的情形等等。在主从程序选择方面，对于经审查符合主要利益中心标准的，应当启动我国破产程序并确定我国破产程序为主程序，其他在先程序主动转为从破产程序；经审查不符合主要利益中心标准的，可根据国际惯例有选择地承认外国破产程序为主程序。在救济措施方面，《联合国破产跨境示范法》规定，法院承认外国破产程序后，为了更好地保护债务人资产或债权人利益，在申请提出后至法院对申请作出决定之前可以采取临时救济措施[②]，《认可和协助香港破产试点意见》第 9 条对临时救济措施也作了规定[③]。在完善跨境破产制度时，可将救济措施分为承认后的正式救济措施和认可前的临时救济措施，可以借鉴域外经验，规定一些可以采用临时救济措施的具体情形，如中止破产债务人相关诉讼、执行行为，对价值存在减损风险的财产进

---

① 参见丁燕：《破产法律文化和破产法的变革》，人民出版社 2022 年版，第 245 页。

②《联合国破产跨境示范法》中规定的临时救济措施有：（1）停止对债务人资产的执行；（2）对于因自身特质而易于贬值的财产，可委托外国代表或由法院指定的另一人管理或变卖；（3）中止对债务人任何资产进行转让、质押或作其他处置的权利；（4）就债务人的资产、事务、权利、债务或责任事项提供对证人的讯问、收取证据或传送信息；（5）根据接案国法律可给予的其他救济方式。

③《关于开展认可和协助香港特别行政区破产程序试点工作的意见》第 9 条明确："在人民法院收到认可和协助申请之后、作出裁定之前，香港管理人申请保全的，人民法院依据内地相关法律规定处理。"

行保值处理，中止对债务人财产的处置等。在加强司法合作方面，跨境破产的突出特点就是债权人或者破产财产可能分散于世界各地，加强司法合作有利于更好地进行破产财产分配和保护当事人的合法权益。在跨境破产案件中，若没有有效的信息交流与合作，就很难实现高效的破产案件处理。欧盟的电子司法门户网站已经与大多数成员国的破产登记系统实现互联，[①] 美国、加拿大、英国等国家利用电话会议等技术手段确保跨界破产国际合作。我国完善跨境破产制度时，要强化信息交流，可以充分利用视频电话会议强化各国跨境破产信息沟通，并在全国企业破产重整案件信息网等平台上建立通道，方便国内外法院之间、国内外管理人之间以及相关利益主体之间的信息化沟通联络，进而便捷地开展跨境债权申报、召开债权人会议、表决破产计划和重整程序等。做好平行破产程序的协调工作，一方面，要做好域外与本国破产程序之间的协调工作。国际惯例是在不影响本国破产程序启动的前提下可以承认外国破产程序，即本国破产程序应具有优先地位，若已承认外国破产程序，本国破产程序则应当受到一定程度的限制，在救济方面外国破产程序应与本国破产程序一致。另一方面，要做好外国破产程序之间的协调工作。应以主要破产程序为核心，优先于从破产程序，若外国破产程序均属于从程序，应当以获得承认的先后顺序来确定优先权，本国司法机关也可根据需要进行调整，以确保多个外国从破产程序之间的协调。

---

① 黄圆圆：《"一带一路"倡议下的跨界破产合作及中国的因应》，载《武大国际法律评论》2018 年第 2 期。

第十三章 破产管理人制度的改革

破产管理人制度如何改革，是当前破产法理论界与实务界普遍关注的一个重要问题。就其改革方向而言，应当从立法理念、基本原则、思维基点等方面进行调整与转换：一是从"偏重保障管理人制度实施之形式公平"，向"致力于保障管理人制度实施之实质公平"转换；二是从"单纯强调制度的公平优先"，向"兼顾效率与公平"转换；三是由"制约权力、防止腐败、保护法官"之指定管理人方式的思维基点，向"维护破产程序推进之顺利、保障破产法公平与效益的双实现"转换。[①] 破产管理人制度由名册制度、选任制度以及对管理人的监管、保障、激励等多个制度分支构成，应以前述改革方向为指引，对破产管理人制度的各制度分支进行整体性审视、配套性规划，给予体系性改革与完善，通过各制度分支之间的有效衔接，真正实现破产管理人制度的预期功能与价值。

一、破产管理人名册制度改革

设置管理人名册管理制度，是各国破产法制度针对破产管理人行业群体的管理、培育之通行做法。[②] 现行破产管理人名册制度存在两个方面的突出问题：一是在客观上切分了破产管理人的执业地域界限，在实质上限制了破产管理人群体在全国范围内的执业自由与良性发展；二是《指定管理人规定》及各地名册管理制度实践，未针对管理人专业化发展问题制定标准的培育、评定、选任机制，导致现行管理人名册制度难以为破产个案中的管理人选任工作，提供满足差异性能力需求的针对性制度供给。

---

① 参见王欣新：《管理人制度的发展与创新》，载王欣新、郑志斌主编：《破产法论坛》（第十五辑），法律出版社 2019 年版，第 16~17 页。

② 参见种林：《破产管理人选任制度：中欧比较研究》，载《政法论丛》2015 年第 4 期。

（一）激活资源集聚的制度属性

基于现行法律制度，破产管理人的选任工作应依据地方名册制度开展。对于选任机制的改革，地区法院在实践上出现了两种不同思路：一是在现行管理人名册制度框架内进行改革试点；二是取消管理人名册制度、直接面向市场开展管理人选任工作。其中，为了破除名册制度对于选任制度的地域限制，扩大管理人备选范围，江苏地区部分法院曾尝试取消管理人名册制度，通过面向全国公开招募中介机构等方式，进行市场化选任机制探索。[①] 但就实践效果而言，取消管理人名册的弊端过于明显：一是已建立的名册管理、考核制度成果将受到冲击。名册制度系《企业破产法》确立，虽不完善，但已经达成了一定的制度共识，并且在全国范围内的长期实践中形成规模，直接取消将会造成极大的制度资源浪费。二是会造成破产程序中公正与效率两种价值的失衡。脱离名册制度的个案选任工作，往往需要人民法院另行组成专门的评审委员会，[②] 并针对个案开展选任工作，这样不仅会降低个案选任效率，还将加剧"案多人少"矛盾。

应当注意的是，管理人名册制度本质上属于一种人力资源集聚机制——如果把参与破产经济活动的管理人比作"鱼儿"的话，那么管理人名册制度就是破产管理人参与破产活动的"制度鱼塘"——将"鱼儿"引入"鱼塘"培育，则有利于掌握破产管理人群体的整体情况，及时调控破产管理人行业的发展方向。

与此同时，管理人名册制度本质上还是一种人力资源分配引导机制——通过将具备不同执业能力的破产管理人纳入名册制度管理，即通过"鱼塘养鱼"之方式，有利于为破产管理人群体提供针对性制度养分供给，

[①] 参见夏正芳、李荐、张俊勇：《管理人选任机制实证研究——以江苏法院管理人选任机制改革实践为蓝本》，载王欣新、郑志斌主编：《破产法论坛》（第十五辑），法律出版社 2019 年版，第 85~86 页。

[②] 在尝试取消名册制度实践中，设立专门评审委员会是替代名册制度开展选任工作的通行做法。其中，评审委员会的参评委员多为业务部门领导或者骨干法官，平时承担着较重的办案任务。而取消名册制度，就需要在每个案件中单独开展评审程序，而评分选项内容众多，对每一份申报方案分项打分，无疑会给担任评委会委员的法官增加了额外的工作量。参见夏正芳、李荐、张俊勇：《管理人选任机制实证研究——以江苏法院管理人选任机制改革实践为蓝本》，载王欣新、郑志斌主编：《破产法论坛》（第十五辑），法律出版社 2019 年版，第 88 页。

避免市场发展本身的恣意性，引导、帮助破产管理人队伍按照国家需要、社会需要、市场需要之方向良性发展。

此外，还可以将破产管理人名册制度升级为破产个案选任事前审查机制。如果对其进行改良升级，将"鱼塘"升级完善为"分类鱼塘""活水鱼塘"，那么其本身就具备了对管理人能力进行分类识别甚至引导提升之功能，在一定程度上可以简化个案的管理人选任审查工作流程，大幅提高破产程序之效率，并在此基础上进一步活化破产管理人的竞争环境。

综上分析，在《企业破产法》的修改乃至破产制度的发展变革中，管理人名册制度仍应作为重要制度构成予以保留，并着眼于其资源集聚、引导的制度属性，从激发破产管理人市场竞争活力、强化其对破产管理人竞争实力映射功能的角度出发，进行改革优化升级。

（二）映射破产管理人行业竞争实力

设立破产管理人名册制度之初衷系保障破产管理的专业化，但各地不一的名册设置，难以实现管理人队伍的健康稳定发展。因此，有必要对破产管理人名册制度进行动态化升级，发挥"鲇鱼效应"，导入有序的竞争机制，完善激励晋升、退出淘汰机制，衔接高效的选任规则，促进破产管理人整体服务水平上升，确保每一名管理人能够在适宜其能力的赛道上快速成长、逐步晋升，帮助每一起破产案件能够快速精准地匹配到能够满足个案高效稳妥处理之能力需求的破产管理人，推动破产管理市场的持续向好发展。

1. 推行全国统一名册制度设计标准

（1）破除管理人名册地域限制。现行基于地域编制的管理人名册模式设计[1]，虽然在短期内可以照顾各地的经济发展实际，但是缺乏跨地域执业的制度渠道，也就限制了破产管理人的跨区域执业与竞争，并不利于破产管理人行业的长远发展，极易产生发展的两极分化，即经济相对落后地区的管理人市场发展不健全不充分，而经济相对发达地区的管理人市场过于饱和。这样不仅阻碍了经济相对落后地区吸收经济发达地区破产工作经验成果，而且也限制了经济相对发达地区破产管理人群体对外市场的延展性发展。

---

[1]《最高人民法院关于审理企业破产案件指定管理人的规定》第2条第1款规定："高级人民法院应当根据本辖区律师事务所、会计师事务所、破产清算事务所等社会中介机构及专职从业人员数量和企业破产案件数量，确定由本院或者所辖中级人民法院编制管理人名册。"

欲打破现行破产管理人地域化隔绝之枷锁，就需要构建可以覆盖全国范围的破产管理人名册制度体系，即在全国范围内推行统一的名册编订、管理体系，从制度设计上统一破产管理人跨区域流动的执业许可、评价方式。在破产管理人的执业评价标准上，明确破产管理人统一的入册、晋级标准，为针对不同能力的破产管理人群体进行分级管理奠定制度基准，将名册制度打造成破产管理人市场竞争结果的映射系统，从而鼓励、引导中介机构或个人破产管理人积极参与市场竞争，强化并珍视自身执业能力的累积提升。

而就构建全国性名册制度的主管机关而言，为保持制度发展的连贯性，可暂由最高人民法院牵头构建全国性管理人名册制度体系。而就破产管理人的履职保障、长远发展而言，设立专门破产管理机关负责全国性名册制度的构建工作更为适宜。

（2）由上到下分类分级管理。标准的统一，意味着易理解、落实的高效率。就中央层面的宏观管理人名册分类制度设计而言，应呈现一定的统领性、原则性，为全国范围内的破产管理人执业成果提供统一的评价标准。但同时，还要给各省、市进一步落实完善留下一定的空间，确保地方在落实上能够兼容、呈现当地的破产工作实际，并有效映射当地破产管理人的真实破产管理能力及水平，进而为全国范围的体系构建提供有力的根基支持。

关于名册制度的宏观设计思路，可参照部分法院"根据案件难度对应设置管理人级别分类"之实践做法设计，[1] 即先根据经验以案件的概括性难易程度为基准作初步区分，并根据不同难度的案件类型对应设定管理人分级。鉴于我国国土面积广阔但区域经济发展不平衡之基本国情，宏观上初步将破产案件划分为"重大""普通""简单""小微"四档类别较为适宜。再对应这四档案件分类，分别设定四级管理人等级，各级管理人据此晋级、降级或者淘汰退出名册。一级管理人系代表最高能力之资质，允许其担任这四类破产案件的管理人；二级管理人可以担任除"重大"案件之外的其他三类破产案件的管理人；三级管理人只能担任"简单""小微"这两类破产案件的管理人；四级管理人则只能担任"小微"破产案件的管理人。

（3）通过"打分制"兼容地方实际。地方经济发展水平存在差异，各地疑难复杂破产案件数量不一，不同区域破产管理人的规模发展与经验积累

亦不相同，如果只简单推行宏观的统一分类标准，而不能有效兼容并承载地方实践情况、不能有效反映当地管理人的真实管理能力与水平，则会导致各地标准"看似一致、实则不一"之情况。因此，在地方落实统一名册制度时，应当进行一定的区域分类校准，以实现同一级别下，个别破产管理人的具体能力情况得以纳入全国视野，获得更为客观、精准的体现，以实现管理人名册制度有效映射管理人个体真实情况之功效。如此打"组合拳"，方能实现名册内破产管理人的跨区域评价、管理，进而推进破产管理人市场的去地域化。

关于地方分类校准的方法，各地可以在对标前述四类管理人基础分级之上，结合使用"打分评价"之方式完成。具体的操作方法为：可由几个经济较为发达的省市牵头，结合地方破产审判实践经验，分别总结概括拆分出"重大""普通""简单""小微"四类破产案件本身的一般性特征，以及相对应实现妥善管理效果所需的管理人能力因素，匹配对应分值，实现"重大""普通""简单""小微"四类破产案件区间中的二次细分。

之所以由经济较发达省市牵头制定"分值区间"与"打分规则"，是基于经济较发达地区破产案件特别是重大、疑难案件基数较大，实践经验积累更为丰富等因素考虑，这样更有利于确保"分值区间"与"打分规则"的客观性与前瞻性。而其他地区则应对照经济较发达省市所形成的"分值区间"与"打分规则"，立足当地经济发展水平以及破产案件的基本情况，对当地的四类破产案件计分区间进行二次细分。如此，不仅可以实现全国不同地区对破产管理市场评价规则、标准的统一化，还有助于各省市的管理人名册制度对照标准客观量化当地破产实际，为管理人跨区域执业提供能力要求参考与指引，以实现分类集聚管理人资源之功效，并为后续具体破产案件选任的高效化推进打下坚实的制度基础。

2. 推动管理人名册动态化管理升级

所谓管理人名册动态化管理，系在对破产管理人进行分类分级的基础上，完善管理人入册、晋级、降级、淘汰等机制，通过为破产管理人规划设计成长路径之方式，打造一整套引导破产管理人群体成长、晋升的"天梯"系统，即破产管理人可以通过不断的有益办案积累，在"天梯"系统中逐级攀登晋升；未良好执业甚至出现违法、违纪情况者，则及时对其作出晋升停滞、级别降低甚至退出名册制度等相对应的"梯落"惩罚。

（1）个案考核与年度考核相结合。在破产程序推进过程中，破产管理人需要面对、处理的，不仅是无力清偿到期债务的债务人和债权人之间的矛盾，还有挽救困境企业、保护劳动者债权等多方面的冲突。这就要求破产管理人必须具备过硬的专业技能及良好的职业品德。进入管理人名册，就意味着个人或者中介机构获得了国家认可的破产管理人执业许可。从各国破产管理人管理实践来看，就业务水平与执业品行两个方面予以考察，并据此决定是否予以颁发执业许可，是通行做法。① 但仅从许可或入册的角度评价破产管理人之业务水平、执业品行，尚不足以支撑对破产管理人之动态管理。对破产管理人之业务水平、执业品行的评价，应伴随破产管理人之执业流程与执业生涯，及时给予反馈，赋予相应的制度奖惩。意即，除执业许可外，还需设定伴随性评价及奖惩反馈机制。

在我国的破产司法实践中，已经有部分法院尝试用个案考核与年度考核相结合的方式，解决对破产管理人业务水平、执业品行伴随性评价与奖惩反馈性评价问题。其整体设计思路分三步：一是考核方式上系微观个案考核与宏观年度考核相结合。二是微观个案考核着眼于反映破产管理人个案办理的质量和效率，即"业务水平"；宏观年度考核则着眼于反映破产管理人年度执业过程中的职业操守、工作绩效等方面的综合表现，即"业务水平 + 执业品行"。三是设置个案考核与综合考核的奖惩反馈评价基准，如将个案考核结果划分为"不合格""合格""良好""优秀"四个档次，将综合考核结果划分为"不称职""基本称职""称职""优秀"四个档次。② 不论从逻辑脉络还是实操流程来看，前述设计思路与管理人名册动态化管理需求均有

---

① 例如，在美国，除具备律师协会成员、注册会计师的执业身份外，要成为破产执业者，还需要达到一定学历、获得一定的学分甚至受到学院校长推荐等严苛条件；在英国，除需要通过破产考试联合会组织的年度考试外，还需要申请并满足相关执业许可机构关于相关工作经验要求才予准许；而在法国，其硬性条件除具备法学、经济学等专业背景，通过实习资格考试并积累三年至六年的从业经验之外，还要求破产管理人应当有良好的声誉与品德，不得受过破产法领域内的任何职业处分。参见种林：《破产管理人选任制度：中欧比较研究》，载《政法论丛》2015 年第 4 期。

②《深圳市中级人民法院破产案件管理人考核办法（试行）》第 3 条规定："管理人的考核，采取个案考核和年度考核相结合的方式进行。"第 4 条规定："个案考核是对管理人办理具体破产案件的量化考核。年度考核是对管理人每一年度内办理破产案件的综合考核。"第 6 条规定："个案考核注重工作质量和效率，考核结果应当能够反映管理人办理该案件的效果。年度考核注重考评管理人在履行职责过程中执业操守、执业能力、工作表现、工作绩效的综合表现，考核结果应当能够反映管理人的整体素质和水平。"第 10 条规定："个案考核结果分为不合格、合格、良好、优秀四个等级……"第 15 条规定："年度考核结果分为优秀、称职、基本称职和不称职四个等级……"

高度契合性，可作为宏观评价体系借鉴参照；而针对具体评价方法而言，可参照前述"由上到下分级分类＋'打分制'区域校准地方实际"之思路再行细化。

（2）配套主体考核职责。考核主体的配套设置上，基于对破产管理人履职监管保障问题的复杂性和体系性，[①] 可以设计为"行政机关＋司法机关"的双主体考核模式。具体为：一是在个案考核上，由破产案件的办理法院进行个案评价，并向辖区内对口专门破产管理部门反馈。[②] 个案评价工作可与法院个案报酬确定权的行使结合进行。二是除办理法院个案考核外，可设立针对破产管理人的投诉制度，由破产案件所在地的专门破产管理部门接收针对破产管理人的投诉，并根据投诉的实际情况、数量进行评判，以弥补对破产管理人行政监管之不足。三是在年度考核上，因其内容性质完全属于行政管理的范畴，法院不宜过度介入参与，由专门破产管理机关根据破产管理人每年度个案评价、社会投诉情况等因素，综合评定。

（3）动态呈现考评结果。名册制度动态化管理升级实现的关键有二：一是将前述两种考核的结果作为决定管理人攀爬"名册天梯"的核心标准，以此决定晋级、降级甚至退册，实现考核结果与名册管理动态化对应关系，将考核评价结果转化为破产管理人群体间的竞争压力；二是搭建好、利用好信息共享电子平台，及时将考评结果面向全国范围内公示，方便专门破产管理机关对破产管理人队伍的跨区域管理，同时为人民法院、债权人、债务人等相关主体在跨区域选任管理人时，了解外地破产管理人的职业履历及晋级、奖惩情况提供支撑。

综上分析，管理人名册动态化管理升级，在流程上体现为"个案考核——综合考核——动态呈现——晋级降级"。

二、破产管理人选任制度改革

按照现行制度设计，破产个案中的管理人选任方式，系以随机指定为

---

① 对破产管理人履职的监管与保障问题，不应仅由人民法院负责，而应设立专门破产管理机关牵头负责，构建完善的管理人履职保障体系。关于该观点将于本章第三部分详细论述。

② 如果被个案评价的是跨省市的破产管理人，则依旧向对口破产管理局反馈，并由对口破产管理局向被评价破产管理人所在地的破产管理局移交评价意见。

原则，以直接指定、竞争、推荐为例外。[①] 随机指定的选任方式，在形式上可以为选任程序的公平公正提供保障，但仅依靠这种形式，难以为破产个案选任"能力适格"破产管理人提供实质公平之保障。特别是面对影响民生稳定、高社会舆情风险、债权债务关系复杂、利益博弈激烈等因素的复杂破产案件时，不考虑个案具体情况，而盲目采取随机方式选任管理人，则极易出现因管理人能力不匹配而案件办理效果不佳的情况，导致地方经济社会震荡。实践中，也有部分法院为了克服上述弊病，构建了专门的破产管理人选任委员会，在个案中进行针对性选任，[②] 但这无形中耗费巨大的人力与时间成本，最终将影响破产案件的高效推进。

（一）依托名册制度动态化改革

如前文所述，动态名册管理制度兼具破产管理人资源集聚以及针对管理人的管理能力初步审查功能。在探讨破产管理人制度改革问题时，之所以先讨论名册制度改革问题，其原因就在于名册制度系破产管理人制度之构建根基、逻辑中轴，破产管理人的选任等其他制度分支均应以动态名册管理制度为核心。就选任制度的牵引效能而言，前述名册制度的核心指向，就在于将管理人的市场竞争水平及时映射，即通过名册制度解决管理人竞争力之比较筛选问题，将选任中的竞争对比工作剥离出来，进而提高破产个案的选任效率。

在法院的个案破产管理人选任工作中，应当充分利用名册制度动态化改革成果。在当前的选任实践中，如果采用竞争方式选任破产管理人，法院往往还需要组成专门的评审委员会进行审查，但是在管理人名册动态改革升级后具备映射名册管理人能力功能的前提下，则可以直接省略组建评审委员会进行评审选任的程序，由破产案件合议庭直接参照名册改革中的案件分类评分细则，套用当地的细化"打分"评价标准，针对个案进行打分初评，并以对应分值计算情况，发布针对何种级别的破产管理人及相关特定能力的分

[①]《最高人民法院关于审理企业破产案件指定管理人的规定》第20条规定："人民法院一般应当按照管理人名册所列名单采取轮候、抽签、摇号等随机方式公开指定管理人。"

[②] 参见夏正芳、李荐、张俊勇：《管理人选任机制实证研究——以江苏法院管理人选任机制改革实践为蓝本》，载王欣新、郑志斌主编：《破产法论坛》（第十五辑），法律出版社2019年版，第85~86页。

值要求。

（二）以随机选任方式为原则

从操作流程与实践效果上来讲，即使依托名册制度动态化升级改革，通过竞争方式选任破产管理人的弊端仍然突出：一是从判断技术上讲，于个案中选任破产管理人这一判断技术，属于"商业判断"而非"价值判断"，并非人民法院司法权所熟悉并予以处理的专业领域，即使人民法院通过复杂的竞争选任程序选任出了破产管理人，被选任管理人之破产事务的管理能力及相关实力能否满足个案需求，并未形成确定答案，仍然处于一个待验证状态。二是从程序效率上讲，如果采用竞争方式进行选任，还需要经历公告发布、资料申报、讨论评估等程序与环节，既浪费司法资源，又增加中介机构负担。三是从实践效果上讲，竞争方式不能排除法院以追求竞争低价为导向，出现"低价者当选"而非"善任者当选"的尴尬情况，这样既不利于破产个案妥善推进，亦不利于管理人行业的良性发展。而反观随机选任方式，在动态名册制度改革的基础上，其现有缺陷将得到有效弥补，优势将被显著放大。

在当前的实践中，大部分存在管理人履职能力难以胜任情况的破产案件，所采用往往是随机选任方式。[①] 从逻辑上讲，采用随机方式选任破产管理人，对于名册内的破产管理人而言，人人机会均等，此即随机方式之形式公正保障之来源；而要确保随机选任的实质公正，还需额外增添随机选任的前提条件，即"不论名册内管理人履职能力高低差别，均可胜任所有破产案件"。但是，问题就在于现行名册并不能对不同能力的破产管理人进行区分，即"名册内管理人履职能力能胜任所有破产案件"这一充分条件并不存在。而在构建前述动态化管理人名册制度的情况下，运用随机方式选任破产管理人的弊端得以消除，优势得以凸显：一是对于破产管理人的能力与实力识别问题，可以通过管理人名册制度实现，且破产案件合议庭只需要采用"打分制"方式对破产个案进行评估，即可实现个案难度与所需破产管理人能力、可随机摇号管理人范围的对应锁定。二是采用随机方式，不需要再另外开展评审申报资料、现场陈述、讨论研究等程序性工作，可直接参照司法鉴定程

---

① 姚志坚、薛枫、蒋伟：《完善破产管理人的实践探索》，载王欣新、郑志斌主编：《破产法论坛》（第十五辑），法律出版社 2019 年版，第 110 页。

序的开展方式，交由法院的司法技术部门来组织开展。这样既保证了合议庭对破产案件审理裁断的专注力，节约了破产程序所耗费的司法资源，同时也能保证选任程序开展的高效性与公正性。

就具体操作方法而言，人民法院在受理破产案件后，应由承办合议庭针对破产案件作出初步的难度识别评估，据此明确、公布所需要的管理人级别及对应分值区间情况，然后通过专门的选任信息发布平台①面向全国范围发布公告。有参选意愿的在册社会中介机构或者个人应当按照公告要求，在相应期限内通过信息平台向公告法院报名，报名日期截止后再由承办合议庭圈定入围摇号名单，随机摇号选任。②当然，在入围摇号的条件限定上，还需要考虑在册管理人已收案件的饱和情况，通过设定存量机制来配合随机选任，对于在册管理人中的中介机构，如果在随机摇号时，已有一定数量以上尚未结案破产案件的，则应限制其申报选任资格。

（三）允许利害关系人推荐重整管理人

现行破产制度将指定管理人的权力限定于人民法院，而不允许相关利害关系人指定或推荐管理人。这样的制度设计对于破产清算程序并无明显问题，而对于主体参与众多、利益博弈激烈的破产重整程序，可能会带来不良影响。破产企业是否具备重整价值，如何实现重整效益，本质上都属于"商业判断"的范畴，与人民法院行使司法权所实现的"价值判断"分属不同领域，在重整管理人的选任判断上，利害关系人所具备的"商业判断"能力，或许比人民法院的"价值判断"更加符合重整企业利益。在重整程序中能够得到推荐的管理人，通常情况下系预重整过程中已经实际参与相关工作的辅助机构③，基本上对拟进入破产程序的企业情况以及相关债权人都有了较为深入的了解，加之有利害关系人支付辅助机构参与前期破产事务处理的各项费用，如果不允许利害关系人推荐而另行选任破产管理人，既是对利害关系

---

① 该专门选任信息发布平台在数据管理上应当与动态化管理人名册制度实时连接，以掌握在册中介机构及个人的实时数据更新状态，应具备对报名主体信息与公告要求是否匹配进行自动审查、筛选之功能。

② 如果仅有一家在册社会中介机构或者个人在规定时间内报名，经承办合议庭对相关信息形式审查后，可直接指定。

③ 因预重整并非法定程序，中介机构参与预重整程序中时尚不能被称之为破产管理人。鉴于此，部分地区法院称参与预重整的中介机构为"辅助机构"。

人利益的轻视，也会影响整个重整程序的推进效率。因此，允许利害关系人推荐重整管理人，进而扩充破产重整程序中管理人的选任渠道，显得尤为必要。

三、破产管理人履职保障改革

在民法典时代的语境下，破产管理人的履职保障机制如何改革，如何完善，应当立足于引领破产管理人行业发展的视野去探讨。从破产管理人履职活动开展的轨道来看，前述管理人名册制度的动态化升级改革以及与之相配套的选任制度改革，基本锚定了破产管理人群体参与破产管理市场竞争的框架。关于破产管理人履职保障的相关改革与完善措施，应当与前述管理人名册制度的动态化升级改革以及配套选任制度改革形成呼应，以追求系统组合效应为导向予以考虑。

（一）设立专门破产管理机关

就有效保障破产管理人履职而言，设立专门破产管理机关是重中之重。

1. 设立专门破产管理机关的必要性

（1）人民法院难以提供有效履职保障。作为破产程序的推动者和具体事务的操盘手，破产管理人虽然享有调查债务人财产状况等法定职责，但限于其普通市场主体的身份属性，在履行相关职责，特别是寻求相关权力机关配合与帮助时，往往会遭遇各种障碍和困难。例如，在涉及需要了解房屋土地权属登记、破产企业相关税收等情况时，部分行政主管部门的工作人员对破产法律制度不清楚，对破产管理人行业的工作性质及社会功能不了解，难以为破产管理人针对破产企业资产的查询、维护、变现和处置等工作提供有效行政服务。而基于《企业破产法》关于"管理人向人民法院报告工作"[①]等法律制度设计，在遭遇履职困难时，破产管理人也只能通过向法院报告的方式寻求协调解决。但是限于"被动性""中立性"等权力属性，司法权本身的正常运行，还需要获得行政权的配合与执行。人民法院并不具备实现调配、整合社会资源及社会动员的能力，难以为破产管理人高效履职提供强力协调保障。

[①]《企业破产法》第 23 条第 1 款规定："管理人依照本法规定执行职务，向人民法院报告工作，并接受债权人会议和债权人委员会的监督。"

（2）破产管理人协会难以提供有效履职保障。地方性的管理人协会在维护管理人权利、规范管理人工作程序、组织破产业务学习培训、自律监督等方面付出了很多努力，取得了令人瞩目的成绩。但破产管理人协会终究只是行业自律性社团法人组织，其在自身发展及对破产管理人培育等方面均存在局限性。其中最明显的问题就是，现在已经成立的各地管理人协会，主管部门可谓五花八门，有的是人民法院，有的是司法局，有的则是其他政府部门。规则的有效推行，除需要被贯彻人意志普遍的认可与尊重外，最重要的是需要一定的强制力予以保障。而破产管理人协会即使能够在行业内部推动一些行业标准和行业自治准则的制定，且不说适用地域范围的大小，单论其规则执行的强制力，就有先天不足之缺陷。行业自治准则在缺乏强制力的情况下，难以成为破产管理人执业规则，补充不了实践中的行业监管。此外，最为关键的是，破产管理人协会同样面临着需要主管行政机关支持帮助，方能有效发挥效用的问题。

（3）设立专门破产管理机关是必要路径。近年来，随着破产案件的日渐增多，破产案件中诸如企业风险处置、资产变现、职工安置、税费减免等影响破产管理人履职的行政事务性问题频频发生，本应处于中立地位的人民法院，为了有效推进破产程序，不得不采取主动与地方党委、政府进行沟通、协调的方式，争取相关部门的配合，也由此诞生了"府院联动"机制。"府院联动"机制为增强破产管理人的履职保障、有效化解破产案件衍生社会问题提供了新的法治化思路，即设立专门的破产管理机关，围绕市场主体破产工作依法行使相关行政权力，统筹协调与破产程序推进有关的行政事宜，保障包括破产管理人良好履行职责在内的相关破产活动顺利进行，以此实现破产制度下相关行政权力内部之间的常态化协调与高效化衔接。目前，就设立专门破产管理机关的必要性问题，已经引起全国人大常委会重视，[①]且已在我国个人破产的改革试点中得到尝试。[②]

2. 专门破产管理机关的机构职能设置

（1）专门破产管理机关的设立方式。如何设立专门破产管理机关，观点较多，各不相同。有观点主张专门破产管理机关应直接隶属于国务院，也

---

① 2021年，全国人大常委会发布《对检查企业破产法实施情况报告的意见和建议》明确提出，要进一步完善府院联动机制，研究探索建立政府破产管理机构。

② 2021年3月1日，深圳市破产事务管理署挂牌，作为深圳市司法局的直属机构运转，是我国首家个人破产事务管理机构。

有观点主张应在国家市场监督管理总局下设破产管理局。立足我国当前破产管理人队伍的实际构成情况，应将专门破产管理机关设置为司法部下属机构。相关数据显示，2019 年至 2020 年，江苏、浙江、河南、河北四省的破产管理人队伍中，律师事务所占比例最低为 67.08%，最高为 73%。从这些占比数据不难看出，在司法部下设专门破产管理机关，有利于快速整合对于律师队伍的管理经验，缩短相应行政管理经验积累周期，还能够以对律师破产管理人的管理为切入点，以点带面，快速构建完善对整个破产管理人的管理体系。

（2）专门破产管理机关的职权设置。一是行使破产事务行政管理职能。例如，负责行使对破产管理人的行政管理职权[①]、统筹协调处理破产社会衍生问题、动态化管理破产管理人名册制度、管理与维护破产专项基金。二是引导帮助破产管理人行业协会的发展。专门破产管理机关应充分发挥其主管机关作用，引导破产行业协会的发展壮大，帮助指导破产管理人行业协会开展相关社会性事务，例如，搭建经验交流平台、颁行维护行业纪律等。三是牵头搭建破产事务信息互通共享平台。就破产管理事务的现代化发展而言，建立横贯税务、银行、不动产等各部门互通共享的网络数据查询终端，意义重大。专门破产管理机关基于行政权属性及其所负载的保障破产事务顺利进行的职责使命，应当有效推动信息化平台的搭建与完善工作，确保破产管理人高效履职，有力推动破产程序高效顺利进行。

（二）设立全国破产管理人协会

破产管理人协会虽然属于行业自治性组织，但在规范破产指引规程及管理人履职方面具有重要意义，可以通过行业内部的软约束机制，与专门行政管理机关形成有效合力。就全国破产管理人协会的构建而言，如前所述，应由专门破产管理机关牵头负责。在尚未成立专门破产管理机关的情况下，建议先由司法部发挥引领作用，通过逐步整合地方各级律师协会与破产管理人协会及相关会员的方式，搭建全国破产管理人协会的组织框架；通过制定全国性的监督管理措施，用统一的规范标准，督促监督各地分会及协会会员高效履行职责、积极承担社会责任，助力破产管理人向着队伍的专业化、工作的规范化和管理的科学化等目标稳步发展。

---

① 如受理投诉、依职权调查、行政处罚等。

在具体职能设置上，对全国破产管理人协会的功能预期为：一是强化行业内部的专业指导，以促进管理人执业水平提高为导向，通过举办多种类型活动的方式[1]全面提升管理人队伍的整体素质。二是构建统一的行业自治、执业规范标准体系。与前述破产管理人名册制度动态化升级相结合，引导、鼓励、支持各级行业协会参与到对应级别管理人名册制度的管理工作中去，落实、完善破产管理人入册、考评、淘汰机制，提升破产管理人的责任意识，从供给侧推动破产管理人行业的改革。三是发挥分散破产管理人履职风险"软约束机制"能效。在专门破产管理机关的领导与指导下，通过管理、运行破产专项基金等配套激励机制，发挥破产管理人权利维护、保障效能，分散、降低破产管理人相关履职风险。

（三）完善管理人履职标准

履职义务与标准，是保障破产管理人履职的方向性制度供给。关于破产管理人应如何履职，其履职活动应达到怎样的标准与效果，现行法律制度仅设定了"勤勉尽责，忠诚执行"[2]之原则性义务要求。在指引破产管理人处理繁杂的破产管理事务活动时，鉴于指导性不足，难以成为保障破产管理人职责履行的有力抓手，亦无法为监管破产管理人、惩戒其失职行为提供标准支撑。如何进一步细化与完善，增强其标准之指引性与明确性，尤为重要。

1. 细化"勤勉尽责"义务

关于"勤勉尽责"义务之于破产管理的内涵指向，从文字含义的角度来讲，包含"勤奋、努力""多劳、尽心"等意义，有较强的职业操守、道德要求之意味；从法理的角度来探究，其本质上是一种"注意义务"，系要求破产管理人应当本着专业、认真、审慎、合理、积极之态度，以高于普通人的注意力，去处理相关破产管理事务，尽最大的能力来实现破产财产的最

---

[1] 例如组织邀请各高校破产法方向的专家学者和破产审判经验丰富的法官开展各类授课培训，通过解读破产司法政策、破产审判机制、探讨破产审判热点难点问题等形式，提高管理人的理论水平。

[2]《企业破产法》第 27 条规定："管理人应当勤勉尽责，忠实执行职务。"

大价值。① 而立足于破产管理人之法定职责②，"勤勉尽责"义务之于破产管理的外延指向，主要有以下几个方面：一是审慎接管，例如，接管债务人印章、账册、文件、资料时，应做审慎周全准备，做好记录，妥善保存。二是认真审调，即认真审查破产债权、调查债务人财产情况。三是专业管理，以专业态度做好对内对外破产管理工作，如审慎选择委托提供相关服务的专业人士，尽心处理各种诉讼、仲裁活动，依法变价和分配破产财产等。四是及时报告，即及时向人民法院、债权人会议等主体报告工作、通报信息。

2. 细化"忠诚履职"义务

"忠诚履职"义务本质上属于一种道德义务，强调应忠诚于自身工作职责，切实以各破产相关人利益为目标，不得利用职务之便谋取不当利益。至于破产管理的外延指向，一般指以下几个方面：一是不得与债务人从事自我交易；二是不得收受贿赂，获取某种秘密利益或所允诺的其他好处；三是不得通过债务人开展非法竞争；四是不得将债务人秘密泄露给他人；五是不得基于私益目的使用债务人财产、信息和商业机会等。③

3. 增添"高效办理"义务

随着新时代破产管理市场的不断发展，破产管理业务的新需求、新标准也随之增长。就破产管理人制度的变革方向而言，"效率"价值之重要性日渐凸显。"高效办理"，亦应作为破产管理人的履职标准之一，补充到对破产管理人的监管保障机制中来。对公正与效率的追求是永恒的，二者之间此消彼长的矛盾也是永恒的，如何兼顾公正与效率，需要找准平衡点。要求破产管理人高效办理破产事务的同时，基于权利义务的对应统一，可借鉴美国破产法制度中的"附条件的准司法豁免制度"，在设立破产管理人的"商业判断"（Business Judgment）规则之基础上，允许破产管理人享有并行使"衡

---

① 参见吴长波：《变革中的破产法：理论与实证》，知识产权出版社 2012 年版，第 84 页。

② 《企业破产法》第 25 条规定："管理人履行下列职责：（一）接管债务人的财产、印章和账簿、文书等资料；（二）调查债务人财产状况，制作财产状况报告；（三）决定债务人的内部管理事务；（四）决定债务人的日常开支和其他必要开支；（五）在第一次债权人会议召开之前，决定继续或者停止债务人的营业；（六）管理和处分债务人的财产；（七）代表债务人参加诉讼、仲裁或者其他法律程序；（八）提议召开债权人会议；（九）人民法院认为管理人应当履行的其他职责。本法对管理人的职责另有规定的，适用其规定。"

③ 参见张小炜、尹正友：《〈企业破产法〉的实施与问题》，当代世界出版社 2007 版，第 88 页。

量管理某项破产财产的成本及利益的斟酌权"①，保障破产管理人在开展破产管理事务过程中，得以实现"高效办理"与"高质办理"之间的价值协调。从义务外延指向来看，"高效办理"义务是指，对于价值较小且变现较为困难的财产，即"变现投入远大于变现产出"，此时破产管理人应当放弃该财产。

（四）完善责任惩戒体系

仅有标准而缺乏相应惩戒手段，就会导致标准成为一纸空文，难以落实。《企业破产法》虽然规定了对破产管理人失职的追责条件，② 但过于笼统的原则，难以为实践中针对管理人失职行为的监管、惩治提供有效支撑，③ 应结合前述细化后的履职标准及相关履职保障主体职责，进行体系性完善。

1. 民事责任维度

作为从事专业经济活动、提供专业管理服务的市场主体，围绕其正常的执业权利与职责，匹配科学的民事责任追究体系，有利于增强破产管理人的底线意识，保障破产管理人行业沿着市场化、法治化与现代化的脉络良性发展。现行制度仅从结果维度设定了责任要件，即"给相关主体造成损失"，而归责原则、担责方式等方面均存在空白，应从以下三个方面予以完善：一是明确以违反应达到的履职标准为客观要件，之所以在前文中要对"勤勉尽

---

① 所谓商业判断规则，本是指美国公司法上的一个概念，即如果有充分理由证明公司的交易活动是在公司的权力范围之内的，且经营管理者经合法授权并按诚信原则谨慎行使，是可以免除公司经营管理者的责任的。在 In the Matter of Consolidated Industries Corp 一案中，联合工业公司提起重整程序，寻求对本公司的救济，但由于重整失败，该案由重整程序转换为清算程序。该公司的母公司 Endoris 公司认为债务人领导层聘用的工作人员存在玩忽职守的现象而债务人管理层却继续留用，导致联合工业公司的重整未获成功，Endoris 公司认为托管人应当对债务人的工作人员和管理人员提起诉讼，恢复因他们的行为而导致的财产损失。但托管人发现情况不属实而不予起诉。Endoris 公司向法院提起两项动议，第一项动议是请求法院授权该公司追回财产，第二项动议是请求法院更换管理人。法院认为托管人无需对任何存在诉因的破产财产提出上诉，托管人有依商业判断标准对如何管理财产和提起诉讼作出决定的权利，除非该决定是"不合理"的。参见胡冰：《破产管理人制度研究——以中美法律比较为中心》，复旦大学 2010 年硕士学位论文。

②《企业破产法》第 130 条规定："管理人未依照本法规定勤勉尽责，忠实执行职务的，人民法院可以依法处以罚款；给债权人、债务人或者第三人造成损失的，依法承担赔偿责任。"

③ 欧阳婷：《浅析我国破产管理人运行机制的缺陷与完善》，载《知识经济》2017年第 22 期。

责""忠诚执行"两项法定义务予以细化，并增添"高效办理"义务，除为破产管理人履职活动提供更为精准指引之目的外，还在于为相关责任追究提供具体比照标尺。应当将违反"勤勉尽责""忠诚执行""高效办理"这三项义务的外延指向，作为判定破产管理人承担民事责任的客观前提之一。二是明确以过错责任为原则的主观要件。即只有破产管理过程中对违反法定义务在主观上存在过错时，方能责难破产管理人，且仅能要求其承担与其过错相对应的责任。这样，既是对破产管理人勤勉尽责、忠诚高效履职之督促，同时也能防止破产管理人因畏惧担责而消极处理破产企业事务之情况出现。三是明确破产管理人的责任实现方式。实践中，破产管理人多由社会中介机构担任，为提高破产管理人的内部协作力以及破产管理人团队负责人的监管责任心，在要求破产管理人对外承担责任时，应要求先由中介机构对外承担责任，事后再进行内部追责。

2. 行政责任维度

现行制度中，因破产管理人的行政主管机关缺位，对破产管理的行政处罚权似乎也由人民法院来行使。[①] 针对破产管理人行业设立专门的破产管理机关后，应当围绕专门破产管理机关对破产管理人的行政管理权限内容，来完善行政责任体系设置。一是从维护破产管理人行业发展秩序出发，结合专门破产管理机关职权及管理人名册动态化改革需求，针对在册中介机构及其负责人、个人管理人，增设除罚款外的警告、暂停执业、责令退册、固定期限内禁止执业等行政处罚措施；二是根据破产管理人履职过程中违反相关职责所造成的不良影响及过错程度，设定警告、罚款、暂停执业、责令退册、固定期限内禁止执业等具体处罚措施的对应行为条件；三是将行政处罚结果应用于破产管理人的个案考核、年度考核、名册晋级降级工作中，形成行政管理闭环，确保行政管理效能。

3. 刑事责任维度

就破产管理人刑事责任追究体系而言，当前制度框架下，仅有《企业破产法》的宣示性规定[②]，尚无《刑法》的专门规定。有没有必要针对破产管理人的履职行为设定专门的刑事规制条款，目前仍存在争议，未有定论。

---

① 按照《企业破产法》第130条规定之内容，对破产管理人罚款的权力主体是人民法院。

②《企业破产法》第131条规定："违反本法规定，构成犯罪的，依法追究刑事责任。"

从司法实践需求来看，较之完善对破产管理人履职的民事责任规制、行政责任规制需求，完善刑事责任规制之需求似乎也并不强烈。但基于破产制度现代化、法治化的发展方向，实现破产管理人履职保障体系的完整性与科学性的角度而言，建议借鉴部分外国立法经验，增设诸如破产受贿罪、贪污破产财产罪、挪用破产财产罪等罪名，待经司法实践验证后，进一步予以完善。

四、破产管理人报酬制度改革

对报酬的追求，是驱动管理人积极参与破产管理市场竞争的核心动力。关于破产管理人的报酬保障，在司法实践中暴露出一些问题，其中最为突出的是"无产可破"案件[①]的报酬保障问题，此问题堪称是破产管理人执业之"兜底"问题。此外，如何更加科学地、有激励导向地计付破产管理人报酬，各地法院基于当地司法实践所进行的实操探索，值得总结借鉴。

（一）完善"无产可破"案件报酬保障制度

无法取得合理报酬，已然成为破产管理人在清算程序终结时的常态。[②]破产程序本身可以用于检测破产企业是否存在欺诈经营、失职管理等情况，所以对于"无产可破"案件来说，得以有序开展推进，有其积极的社会价值。[③] 解决"无产可破"案件之报酬保障问题，尤为重要。

1. 构建"无产可破"案件法律援助制度

延续前述名册制度动态化改革以及设立专门破产管理机关等管理人履职保障制度改革思路，为将"无产可破"案件纳入法律援助轨道增添了实现可能性。如前文所述，将专门破产管理机关下设于司法部，其目的之一就在于高效整合律师资源，其中包括法律援助制度。"无产可破"案件法律援助制度的构建，可按以下步骤展开：

一是在人员储备上，为提高法律援助效率，可以市一级辖区作为援助

---

① 所谓"无产可破"，是指企业债务人没有可供清偿的流动资产、固定资产和债权凭证，难以支付破产费用的情形。参见霍敏：《破产审判前沿问题研究》，人民法院出版社2012年版，第111页。

② 王欣新：《破产管理人制度立法完善问题研究》，载《法治论坛》2010年第4期。

③ 在破产监管人国际协会所出具的报告中，也专门强调和倡导各国要出台相应的政策和制度保障体系，以让企业的破产程序在面临"无产可破"情形时，得以能顺利进行。参见王欣新：《破产管理人制度立法完善问题研究》，载《法治论坛》2010年第4期。

统筹范围，从辖区内的入册管理人中，按照事先自愿报名的方式建立"无产可破"案件破产管理人法律援助数据库。法律援助数据库应当联动管理人名册动态化管理成果，具备显示入库管理人的业务能力之服务功能。

二是在启动程序上，如果法院受理企业破产申请后，初步判断案件存在"无产可破"的情形，则可结合案情研判情况，依托辖区法律援助数据库，在相应能力区间内，通过摇号方式选任法律援助管理人；如果法院受理企业破产申请，按照"有产可破"的情形选任管理人后，管理人却在清算过程中发现存在"无产可破"情况时，管理人可向法院申请由正常执业变更为提供法律援助。

三是在报酬计付上，基于法律援助的公益性，"无产可破"案件法律援助之报酬计算，应当按件分档定额发放，具体报酬标准应当由专门破产管理机关结合各地经济发展水平等因素统一制定，而不宜再由法院根据个案具体情况计算报酬数额。只要法律援助管理人完成了破产管理工作，就可以按照法律援助的标准申领全额法律援助经费补贴。

四是在激励引导上，为确保法律援助破产案件的数量与质量，可以将援助若干"无产可破"案件数量作为破产管理人名册晋级标准，进一步强化破产管理人申报法律援助的积极性。

2. 设立专项破产管理人报酬基金

设立专项破产管理人报酬基金来解决"无产可破"案件的报酬问题，是已经部分地区实践验证具备可行性的应对机制。在未来的破产制度发展中，仍可作为一种有效对策，予以沿用。

在过去的破产审判实践中，共形成了三种管理人报酬基金模式：一是由政府财政拨款建立报酬基金。该种模式需要当地政府拥有充足的财政资金，来确保管理人报酬基金的正常周转，所以仅限于经济发达地区，例如，深圳和浙江。二是从管理人报酬中提取部分比例资金，作为报酬基金。此种模式产生于"有产可破"案件较多而"无产可破"案件较少的地区。三是由政府财政拨款和管理人报酬提取部分比例资金共同保障报酬基金。相较而言，第三种模式因基金来源渠道较为多样，可持续性与抗风险能力更强，可以作为通用模式在全国范围内推广。

为强化破产管理人报酬基金使用的科学性，避免资金浪费，应当对破产管理人报酬基金增加一些管理使用规则，以保障破产管理人报酬基金使用上的科学性、公正性。一是在管理主体上，可由专门破产管理机关牵头，联合法院、监察委员会、财政部门共同成立破产管理人报酬基金委员会，公正行使报酬基金的日常管理、拨付等权力；二是在激励导向上，欲申请使用报酬基金，应当要求破产管理人举证证明出现"无产可破"情况系不能归责于自身履职原因，即其已经履行了勤勉尽责、忠诚执行等义务，以防止破产管理人消极怠工、松懈怠惰；三是在信息公开上，可结合破产事务信息互通共享平台建设，定期公示报酬基金使用、拨付情况，确保破产管理人报酬基金运用流程与运用结果上的公开性，严防报酬基金滥用、乱用情况发生。

（二）优化管理人报酬计付方式

1. 科学厘定管理人报酬计取基数范围

近年来，多地法院针对管理人报酬计付问题，专门出台了规定指引。其中，为统一辖区内各级法院对破产管理人报酬计取范围的适用标准，多数法院围绕《管理人报酬规定》第2条所规定的"债务人最终清偿的财产价值总额"之外延指向作文章。一是明确相关税、费排除在"债务人最终清偿的财产价值总额"之外，如深圳中院、平顶山中院[1]；二是按照破产清算、破产和解、破产重整、关联企业实质合并破产等程序类型，就"债务人最终清偿的财产价值总额"进一步进行针对性细化，如东营中院[2]；三是将担保权

---

[1]《深圳市中级人民法院管理人报酬确定和支取管理办法（试行）》第4条第2款规定："债务人最终清偿的财产价值总额，是指处置债务人财产最终获得的可用于偿付破产费用、共益债务及破产债权的财产总值，不包括拍卖、变卖、过户破产财产行为所支出的税、费。"《平顶山市中级人民法院管理人报酬确定与收取管理办法（试行）》第4条第2款规定："……处置债务人财产最终获得的可用于偿付破产费用和破产债权（含建筑工程优先债权）的财产总值，不包括拍卖、变卖、过户破产财产行为所支出的税、费。"

[2]《东营市中级人民法院关于企业破产案件管理人报酬的规定》第5条规定："在重整案件中，以投资价款及其他资产的变现价值为债务人最终清偿的财产价值总额。债权人选择债转股、信托计划、资管计划、以资抵债等以股权或资产作为偿债方式的重整案件，以债权人选择上述偿债方式对应的清偿值作为债务人最终清偿的财产价值总额。"第6条规定："在和解案件中，债务人最终清偿的财产价值总额参照重整案件的标准确定。"第7条规定："关联企业实质合并破产的案件，根据关联企业的数量、实质合并后最终清偿的财产价值总额、管理人勤勉敬业程度等综合考量确定管理人报酬。实质合并破产的案件，以实质合并后最终清偿的财产价值总额计算管理人报酬，各关联企业的案件不再单独计算管理人报酬，但债权人会议另有决议的除外。"第8条规定："管理人在履职过程中，主动按照企业破产法第三十一条、第三十二条、第三十三条、第三十五条、第三十六条规定追回的财产，应计入债务人最终清偿的财产价值总额。"

人优先受偿的担保物价值或工程款债权人优先受偿的建设工程变现价值排除于"债务人最终清偿的财产价值总额"之外，但允许破产管理人附条件地向相关受益人收取报酬，如重庆五中院[①]；四是将管理人执行职务的费用这一类"成本型"费用从管理人报酬中单列出来，实报实销，如重庆五中院[②]。上述实践探索，对于破产管理人报酬计取基础确定的细致化与科学化，以及积极履职、高效履职的引导力构建上，提供了有益思路。在构建全国范围内的动态化破产管理人名册制度及选任制度的情况下，应科学总结前述地方经验效果，匹配形成全国统一之计取标准，为破除破产管理人执业地域限制提供合力协助。

2. 合理优化破产管理人报酬支付方式

破产案件管理事务繁杂，破产管理人履职周期较长，如何科学合理地支付破产管理人报酬，为破产管理人得以勤勉尽责、忠诚高效履行其管理职务提供充分经济保障，是当前破产制度实践及未来破产制度改革均需重点关注的问题。从破产管理人市场的发展方向与竞争情况来看，管理人团队职业化已经成为一种趋势，职业化的团队需要有较为稳定的报酬收入为支撑，如果报酬收入不稳定，将会严重影响职业化团队的履职积极性与发展稳定性，甚至影响破产程序社会价值的良好实现。以北京破产案件情况为例，破产案件的平均审理周期长，破产管理人接管企业、确认债权、变价财产的周期

[①]《重庆市第五中级人民法院破产案件管理人报酬确定和支付办法》第 4 条规定："担保权人优先受偿的担保物价值，不计入债务人最终清偿的财产价值总额。根据《最高人民法院关于审理企业破产案件确定管理人报酬的规定》第十三条的规定，确定并支付该部分管理人报酬。"第 5 条规定："工程款债权人优先受偿的建设工程变现价值，不计入债务人最终清偿的财产价值总额。管理人对前款建设工程的维护、变现、增值以及工程款的收取和支付等工作付出合理劳动的，有权向工程款债权人收取适当的报酬。管理人与工程款债权人就上述报酬数额不能协商一致的，参照《最高人民法院关于审理企业破产案件确定管理人报酬的规定》第十三条的规定确定。"

[②]《重庆市第五中级人民法院管理人执行职务费用的管理办法（试行）》第 2 条规定："本办法所称管理人执行职务的费用，是指管理人履行企业破产法第二十五条规定的职责，所支出的必要费用。管理人执行职务的费用从债务人财产或破产财产中支取。管理人执行职务的费用不包括管理人报酬以及管理人聘用工作人员的费用。"第 4 条规定："管理人执行职务过程中产生的下列费用为管理人执行职务的费用：（一）管理人租用办公场地产生的费用；（二）管理人执行职务产生的办公费用；（三）管理人执行职务产生的差旅费；（四）管理人执行职务产生的其他必要费用。"第 5 条规定："管理人租用办公场地的费用，包括管理人租用办公场地所产生的租赁费、水电费、物管费等费用，凭发票等有效票据据实报销。"

长，部分破产管理人报酬长期无法保障，干得越多、赔得越多的情况较为突出。管理人报酬长期无法保障，甚至会引发更多的破产欺诈行为，影响破产制度功能的发挥。[①] 为有效解决上述问题，各地法院开启了进一步优化、细化法定之分期付款方式的探索路径，相关经验值得借鉴深化：一是确立以分期为原则的报酬计取方式，如新乡中院[②]，规定限于"案情简单、审理周期较短"之破产案件，才可以通过一次性方式计取。二是根据破产清算、破产重整、破产和解等案件类型，细分分期付款条件，如重庆五中院[③]，要求结合案件程序的实际与节点，允许破产管理人分期计取报酬。三是进一步细化上浮管理人报酬的条件，如深圳中院[④]，以提高良好履职破产管理人的报酬

---

① 2017 年至 2019 年，北京一中院所受理的 95 起破产案件部分情况如下：平均审理周期为 543 天，从案件受理到召开第一次债权人会议平均需要 86 天，再到破产管理人分配财产则需要花费 490 天。参见北京市第一中级人民法院清算与破产审判庭课题组：《关于健全完善管理人制度的调研报告》，载《人民司法·应用》2019 年第 16 期。

②《新乡市中级人民法院关于企业破产案件管理人报酬的规定（试行）》第 17 条第 2 款规定："在确定报酬收取时间时，根据案件审理进度、资产变现、投资人招募和管理人履行职务等情况，分期向管理人支取。案情简单、审理周期较短的案件，可以在案件终结后一次性向管理人支取。"

③《重庆市第五中级人民法院破产案件管理人报酬确定和支付办法》第 10 条规定："破产清算案件，原则上管理人在本院裁定终结破产程序时一次性收取报酬。破产事务尚未处理完毕的，在处理完毕前，管理人报酬收取金额一般不得超过所确定报酬总额的 80%。案情疑难复杂需多次分配破产财产的破产清算案件，在每次分配破产财产时，管理人按比例分次收取管理人报酬。"第 11 条规定："破产重整案件、破产和解案件，本院裁定批准重整计划、裁定认可和解协议时，管理人可以收取一次管理人报酬，收取比例不得超过全部报酬数额的 50%。剩余报酬原则上在重整计划、和解协议执行期间根据债权受偿情况，分阶段按比例分期支付。"

④《深圳市中级人民法院管理人报酬确定和支取管理办法（试行）》第 11 条规定："符合下列条件之一的，可以按照最高人民法院和本院的规定上浮管理人报酬比例：（一）案情特别疑难、复杂，管理人投入了大量人力、物力；（二）案件具有重大影响，处理结果获得上级法院或党委、政府高度认可；（三）债权人会议或债权人委员会高度认可管理人工作，同意提高管理人报酬；（四）管理人为案件员工安置、维护稳定、财产清收做出重大贡献；（五）本院认为案件处理效果特别突出应当上浮报酬的其他情形。"

上限。四是针对不良履职情况，设置降低报酬机制，如东营中院[①]，以紧密管理人履职尽责效果与报酬计取之间的应对关系，强化人民法院行使报酬确定权对破产管理人积极履职的激励导向。五是与破产援助基金相结合构建补偿制度，如青岛中院[②]，以此保障破产管理人的工作成本，防止破产管理人亏本执业。

---

①《东营市中级人民法院关于企业破产案件管理人报酬的规定》第 13 条规定："管理人在履职过程中，存在以下情形的，人民法院可以酌情降低管理人报酬：（一）利用管理人身份或地位为自己或他人谋取私利的；（二）接管企业后，破产企业发生安全事故，管理人存在故意或者重大过失的；（三）管理人工作不力或对案件处理不当，引起矛盾激化、产生信访事件的；（四）履行职责时，因故意或者重大过失损害债权人合法权益的；（五）因管理人怠于履行职责，造成债务人财产损失，损害债权人利益的；（六）管理人消极怠工，使案件长期不能结案的；（七）管理人不配合人民法院工作的；（八）人民法院认为确应降低报酬的其他情形。"

②《青岛市中级人民法院管理人报酬确定和使用管理办法（试行）》第 5 条规定："管理人已尽勤勉与忠实之责，仅因债务人最终清偿的财产价值总额过低或未发生债务人的清偿等非管理人自身的原因，导致管理人报酬过低，按照《青岛市破产案件援助资金管理使用办法》第十条规定，在破产援助资金范围内，予以一定金额的补偿。"第 30 条规定："管理人报酬虽不足以支付管理人工作成本，但债权人、债务人的出资人、政府主管部门或其他利害关系人对管理人报酬低于管理人工作成本的差额已予补偿或部分补偿的，破产援助资金对已补偿的部分不再补偿。"

第十四章　破产制度与其他法律制度的衔接

长期以来，破产涉税、刑破衔接等问题一直是影响破产程序顺利推进的难点。随着绿色原则的法典化，环境污染修复也成为新时期破产制度应当给予正视和回应的课题。这其中，既有税收征收权等行政权力与破产债权的碰撞冲突，也有环境修复债权等民事权利与其他破产债权的纠缠比拼。民法典时代破产制度的变革应当理顺破产法与相关法律之间的衔接，重新丈量破产法、破产债权、破产程序的边界。

一、破产制度与环境保护制度的衔接

环境保护是新时代社会主义经济发展过程中需要格外重视的问题之一。随着环保理念的日渐深化以及民众环境意识的逐步提高，环境污染已然成了当前社会越发不能被容忍的问题。但企业在出现环境污染事故后，如果面临破产困境，其修复、治理生态环境的责任如何处理，我国《企业破产法》并未给予直接回应。

为切实有效贯彻"绿色发展"原则，针对企业出现环境污染事故后所面临的环境修复问题，《民法典》第1234条专门增添了"环境修复债权"这种新型债权类型。[①] 该法条所针对的系正常经营中且有能力负担"环境修复债权"的企业，并未涵摄步入破产困境的企业。"环境修复债权"对于环境保护工作的良好开展、环境污染的修复均有重大意义，应当结合生态环境损害赔偿制度，就环境修复债权的申报、优先保护、表决程序等方面，进行破产制度下环境修复债权保护体系的完善。

---

① 《民法典》第1234条规定："违反国家规定造成生态环境损害，生态环境能够修复的，国家规定的机关或者法律规定的组织有权请求侵权人在合理期限内承担修复责任。侵权人在期限内未修复的，国家规定的机关或者法律规定的组织可以自行或者委托他人进行修复，所需费用由侵权人负担。"基于该条规定所指向的请求性权利给付内容，称其为"环境修复债权"。

（一）现行立法对环境修复债权的保护缺失

1. "环境修复债权"入典沿革

2015 年 1 月 1 日施行的《环境保护法》规定，出现污染环境情况导致损害的发生的，应当依照《侵权责任法》相关规定处理侵权责任的负担问题；但当时的《侵权责任法》针对环境污染责任仅规定了"损害赔偿"这一种责任形式，未明确规定"环境修复"之责任形式。2015 年 6 月 1 日，最高人民法院出台《关于审理环境侵权责任纠纷案件适用法律若干问题的解释》，针对环境污染问题增加了"恢复原状"这一要求损害者承担治理污染和修复生态的责任。2021 年 1 月 1 日，《民法典》正式施行，针对环境污染后环境治理、生态修复问题的"环境修复债权"，才作为环境侵权行为的衍生救济方式，为法律制度正式认可。

2. 现行行政保护配套制度

2017 年 12 月 17 日，为完善实践中对于污染治理、环境修复问题的行政制度供给，中共中央办公厅、国务院办公厅颁行《生态环境损害赔偿制度改革方案》，该方案将"环境有价，损害担责"作为工作原则之一，从"赔偿范围""赔偿义务人""赔偿权利人""开展赔偿磋商""加强生态环境修复与损害赔偿的执行和监督"等多方面着手，构建了一套保障环境修复的制度体系。实践中，也涌现出了多起环境修复案例，大量的环境污染事件归入该制度轨道予以处理化解。

3. 破产制度对环境修复债权的保护存在缺失

不论是《民法典》关于环境污染责任的条文规定，还是生态环境损害赔偿制度的整体设计，均是以"企业造成环境污染后，仍能正常经营，且有经济条件履行所签订协议之环境治理、修复义务"为基础，并未考虑到"企业在污染环境后，又陷入破产困境等非正常状态"时，在破产程序中已形成的环境修复债权应如何处理的情况。跌入破产困境的污染企业即使与政府相关部门达成了相关生态修复协议，形成了环境修复债权，但在破产程序中如何处理前述协议、债权，如何实现修复生态环境之目的，仍缺乏破产制度上的对应性安排。这样的保护缺失可能会导致生态环境损害赔偿制度中关于修复、治理受污染环境的目标，在污染环境企业步入破产程序时落空。

（二）环境修复债权的破产制度保护必要性

1. 坚持"污染者负担"原则

"污染者负担"原则指向的是如果出现环境污染事故，相关环境治理、修复的责任归属问题，其核心要义为"谁污染谁治理，谁污染谁负责"，即要求企业自行承担污染环境的相关责任，而非由国家承担改善、修复受污染环境的责任。1972 年，经济合作与发展组织在颁行国际经济与环境政策指导原则时，形成了"污染者负担"原则，该原则迅速被各国形成共识，并被多国法律移植。[①] 企业的环境污染行为直接导致了环境污染，其环境污染行为与环境被污染的结果之间具有直接因果关系，不论基于社会道义还是法律规定，因企业环境污染行为造成的后续修复责任，理应由污染企业承担，即使污染企业进入破产程序，亦不能免除该责任。若不如此，破产程序则会成为污染企业及其法定代表人、股东逃避环境修复责任的避风港，使得"生产营收——资源滥用——环境污染"的恶性循环被放大，环境资源保护政策、制度被架空。

2. 实现公平正义理念

众所周知，如果由国家直接进行污染环境治理修复，其所支付费用的本质为国家税收，这就意味着污染企业的不法行为及所造成的环境污染恶果，最后转嫁给了全体公民来负担，这违背"公平正义"的基本要求。经济发展与环境保护两个"命题"并非因果关系，因为经济发展是满足人民群众日益增长的物质文化需求的根本路径，而环境保护则事关人民群众日益增长的物质文化需要的保有与优化，究其二者的本质而论，谁究竟是谁的代价，可能也仅是法律意义上的主观评判。[②] 尽管如此，环境修复问题确实比经济发展问题更刻不容缓，因为环境问题事关公民的环境权[③] 这一基本人权。企业破产前造成的环境侵害结果具有长期性和难修复性，不仅严重损害广大人

---

① 王江：《环境法"损害担责原则"的解读与反思——以法律原则的结构性功能为主线》，载《法学评论》2018 年第 3 期。

② 曹明德：《生态法新探》，人民出版社 2007 年版，第 134 页。

③ 公民的环境权，是指经过法律确认的公民对环境所享有的不可侵犯权利。包括了三个方面的内容：一是在安全舒适的良好环境中生存和发展的权利，具体包括通风权、采光权、宁静权、清洁空气权、清洁水权等；二是参与和监督环境管理的权利；三是取得保护和赔偿的权利。参见王明远：《环境侵权救济法律制度研究》，中国法制出版社 2001 版，第 147 页。

民群众在环境权益上的满足感，而且也会破坏未来发展的生态基础。基于此，在破产制度上，妥善处置环境修复债权，很大程度上就是在维护公民的利益，同时也是对于公平正义理念的现实维护。

3. 推动企业可持续发展

在我国大力推行可持续发展战略的时代背景下，保护环境也成为企业这一市场主体应尽的社会义务、法律义务。[①] 在相当一段时期，许多企业以追求经济发展为第一要务，不讲节制搞生产，导致各种污染物肆意排放。构筑和完善对环境修复债权的破产保护体系，能够有效增加企业在正常生产经营中对环境保护的重视程度，而不敢任意破坏环境。

（三）破产制度对环境修复债权的保护完善

《企业破产法》应从环境债权的破产申报、优先保护、表决等三个方面予以体系性完善。

1. 完善环境修复债权的申报程序

（1）以落实生态环境损害赔偿制度为前提。《生态环境损害赔偿制度改革试点方案》在推行之初就明确规定：通过试点逐步明确生态环境损害赔偿范围、责任主体、索赔主体和损害赔偿解决途径等，形成相应的鉴定评估管理与技术体系、资金保障及运行机制，探索建立生态环境损害的修复和赔偿制度，加快推进生态文明建设。在 2015 年至 2017 年期间，中央就已经选择了部分省份开展生态环境损害赔偿制度改革试点工作；在 2018 年伊始，生态环境损害赔偿制度在全国范围内开启实践探索。截至 2020 年，全国范围已初步形成了责任明确、途径畅通、技术规范、保障有力、赔偿到位、修复有效的生态环境损害赔偿制度。[②] 各地生态环境损害赔偿制度工作已经常态化展开，相关典型案例也不断涌现。

破产程序并非万能的，尤其是面对复杂的社会问题时，需要破产程序与其他社会制度相结合，才能良好应对。环境修复问题就是这种复杂社会问题的典型代表。就制度供给而言，《民法典》第 1234 条所规定的环境修复债权，系从民事法律之侧面进行供给，生态环境损害赔偿制度则从行政环保制

---

① 《公司法》第 5 条规定："公司从事经营活动，必须遵守法律、行政法规，遵守社会公德、商业道德，诚实守信，接受政府和社会公众的监督，承担社会责任。"

② 详见《生态环境损害赔偿制度改革试点方案》第一部分"总体要求和目标"内容。

度的侧面提供了良好依托。在民法典时代，对环境修复债权的破产保护完善理应依托生态环境损害赔偿制度展开，以此形成制度合力，有效处理化解破产程序所面对的环境修复问题。

（2）以货币衡量化为支撑明确申报节点。对于破产债权的成立时间节点，我国《企业破产法》以破产申请受理为准。[①] 作为民法典时代的新型债权，环境修复债权得以纳入破产程序之时间确定节点，应当结合当下生态环境损害赔偿制度开展实践情况予以确定。《生态环境损害赔偿制度改革试点方案》明确："……生态环境损害发生后，赔偿权利人组织开展生态环境损害调查、鉴定评估、修复方案编制等工作，主动与赔偿义务人磋商。"据此，在发生企业环境污染事故后，相关政府部门、机构应当及时开展调查，并就修复、治理内容进行鉴定评估，通过鉴定评估，环境修复债权的行为给付就可以被"货币化"衡量。

基于以上生态环境损害赔偿制度的相关要求，可被纳入破产保护的环境修复债权，应当具备两个条件：一是申报前提——实现货币可衡量，即在污染企业进入破产程序前，其与政府相关部门、机构所确定的环境修复债权，应当经过鉴定评估，修复、治理行为可以用货币衡量，且需明确具体债权数额。二是明确节点——依法破产申报之时，即污染企业进入破产程序时，由申报主体进行申报，于此时结合环境修复债权的履行情况，再行明确破产程序中环境修复债权的具体数额。

（3）明确环境修复债权的申报责任主体。环境债权的申报是环境债权纳入破产法保护的关键核心。[②] 生态损害赔偿制度中对于赔偿权利人的设置要求为：试点地方省级政府经国务院授权后，作为本行政区域内生态环境损害赔偿权利人，可指定相关部门或机构负责生态环境损害赔偿具体工作。据此，应明确前述"相关部门或机构"为环境修复债权的债权申报人，其目的有二：一是"相关部门或机构"在文义表达虽然处于模糊状态，但在各地生态损害赔偿制度落实中得以明确具体，积极推进环境污染生态修复工作，本身就是"相关部门或机构"的具体职责，"相关部门或机构"也更加了解具体情况，便于进行破产债权申报。二是"相关部门或机构"如果未进行破产债权申报，则后续修复的工作协调、资金统筹工作则很可能由该部门或机构

---

① 范健、王建文：《商法学》，法律出版社 2014 版，第 410 页。
② 张钦昱：《企业破产中环境之保护》，载《政治与法律》2016 年第 2 期。

负责，其也更具有及时进行破产债权申报的动力。

需要说明的是，除申报职责之外，以具备申报条件为界，确定实现货币衡量的环境修复债权后又产生的其他修复费用，应当由前述相关部门或机构负责统筹，不宜再纳入共益债权或破产费用进而从破产财产中优先予以清偿，据此与前述设计形成制度闭环，引导相关部门或机构切实贯彻生态损害赔偿制度、积极有效申报环境修复债权。

2. 明确环境修复债权的优先保护层级

环境法强调的是环境生态效益，破产法更多追求的是经济效益。应当理顺二者追求价值的优先层级，缓解冲突带来的消极影响。比较分析而言，基于环境保护的重大意义及社会公共利益属性，在破产制度修弥中，应补充环境保护优先原则，并以此为主轴调和破产法与环境法之间的冲突。

（1）环境债权中仅赋予环境修复债权优先保护。在传统民法理论中，以侵害客体为标准，可以将环境债权分为环境人身损害债权与环境财产损害债权。而从侵害客体的从属关系来看，环境修复债权，其行为指向系对受污染环境的修复，故其本质上应属于环境财产损害债权的衍生债权——只有对土地等自然资源、生态环境产生污染，才可能会产生后续清理污染、修复环境的现实需求。

从债权内容的指向来看，环境财产之债仅涉及特定时空、区域内的单独个体的财产权益，虽涉及环境利益，尚不能上升至囊括甚至代表社会公共利益之程度。而环境修复债权则因其所蕴含的"代内利益"与"代际利益"，[①] 散发着强烈的社会公共利益之属性气息。据此在环境债权内部的分类对比中，应仅赋予环境修复债权优先保护。

（2）环境修复债权的优先保护级别应高于税收债权。《企业破产法》第113条规定，债权清偿顺序中第一顺序为职工债权，第二顺序为企业所欠的社保和税款，第三顺序为普通债权。从司法实践来看，环境修复债权在第三顺序，即为普通债权。破产清偿顺位体现的是立法者对于各种利益保护的平衡考虑。只有在满足前一顺位的债权后，后一顺位的债权才能获得清偿。环境修复债权作为新型且重要的破产债权，其优先保护级别应高于税收

---

① 代内公正是指这一时代内的所有人理所应当享有环境资源和享受清洁、良好环境的权利；代际公正则意味着当代人要充分考虑到后代的生存情况，并在此基础上自觉约束自己，追求可持续的发展。参见孙要良：《生态文明建设的两个公平维度》，载《中国特色社会主义研究》2013年第4期。

债权。具体理由为：首先，从权力效能来说，税务机关权力的行使更具有强力性——其能够通过纳税人税收自主申报等各种正常工作手段，提前了解企业的财务状况，进而采取预防措施应对；其次，从救济途径上来说，税务机关享有依法查封、扣押企业等权力，有多种容易实现债权之手段，保障税收债权不落入破产程序。而环境修复债权的债权人，虽然同为政府机关部门，但其权力强制力上明显弱于税务机关。同时，目前澳大利亚、奥地利等国家已经出现了从立法上取消或限制税收优先权等趋势；[①] 而环境债权代表了"经济法与社会法的兴起和繁荣"[②]，事关国家生态环境的健康发展，事关社会经济的可持续发展。因此，在破产制度的完善中，应将环境修复债权置于优先于税收债权的保护地位。

（3）环境修复债权的优先保护级别应劣后于劳动债权。劳动债权之所以被设定为优先保护级别，其背后的法理在于该类型债权关乎弱势群体利益保护问题。基于劳动者"先付出劳动，后获取报酬"的对价交换关系，结合劳动者"受雇佣、听指挥"的工作角色地位，导致劳动者普遍属于弱势群体。保护弱势群体的利益，事关维护社会发展的稳定大局。邓小平同志曾经强调："中国的问题，压倒一切的是需要稳定。没有稳定的环境，什么都搞不成，已经取得的成果也会失掉。"[③] 稳定劳动者的情绪，对于企业破产过程中堵点、难点问题的解决具有重要作用。与环境修复债权比较来看，劳动债权具有更多的人文关怀属性、更浓厚的社会稳定意义。因此，就环境修复债权的优先保护级别而言，其应劣后于劳动债权。

3. 完善环境修复债权的表决程序

（1）构建代表环境修复利益的债权人委员会制度。在目前的法定债权人委员会制度规则中，将成员人数明确固定为9人。从债权人代表的指向利益导向出发，现行债权人代表制度的设计中，并无针对环境修复债权人的利益代表的特殊设计。《企业破产法》的债权人委员会制度对劳动债权人存在保护倾向。对于环境修复债权人，也可参照将有环境利益的代表加入到债权人委员会中，以保障环境修复利益得到充分的保护。

（2）针对污染企业重整完善债权人表决形式。鉴于环境污染类型的特

---

① 王欣新：《破产法学》，中国人民大学出版社 2008 年版，第 161~162 页。

② 吕忠梅：《环境法新视野》，中国政法大学出版社 2019 年版，第 47 页。

③ 邓小平：《邓小平文选（第三卷）》，人民出版社 1993 年版，第 284 页。

定性以及环境污染治理修复工作的长期性、复杂性，应尽可能保证由污染企业推动修复治理工作开展。如果污染企业陷入破产困局，则应秉持"能救则救"的态度，助力具备拯救可能性的污染企业通过重整程序获得重生。具体到破产重整领域，《企业破产法》对重整方案表决问题并无特殊制度保护，环境修复债权人只能以普通债权人的身份进行投票表决，这样，其对决定重整方案的通过与否缺乏足够的影响力。故应针对重整方案债权表决组分类进行修改，增设一类环境债权组，并要求重整方案必须经环境债权组通过方可确定。

二、破产制度与税法制度的衔接

实践中，破产涉税问题难以协调与解决，是影响法院受理、审理破产案件的重要问题。[①] 不论是破产清算，抑或是破产和解与破产重整，涉税问题存在于破产程序推进的全流程。由此产生的"税破衔接"问题，也直接关系到破产程序开展之公正与效率价值能否实现问题。如何将税收征收机关对于税收征收权力之行使与人民法院公正高效推进破产程序进行法治化并轨，如何将税收征管规则与破产制度进行法治化适配等问题的解决，需要从税法与破产法冲突根源出发，并引用科学的理论来审视与思考。

（一）税法与破产法的冲突根源

就发展历程而言，税法与破产法各自独立发展，不论是立法目的，还是规制导向，一直以来鲜少产生交叉或重叠。1993 年施行的《税收征管法》系基于"加强税收征收管理、保障国家税收收入、保护纳税人合法权益、调整征纳关系，改善税收征管环境，促进税收征管法制化、科学化、规范化"[②]之社会需求而制定，虽经 1995 年、2001 年两次修改，但并未与当时的《企业破产法（试行）》在制度运行上产生牵涉或碰撞。

时隔十四年，《税收征管法》《企业破产法》才正式在历史时空上汇合。2007 年 6 月 1 日，《企业破产法》开始施行，就其历史使命而言，意在终

---

① 王欣新、徐阳光：《中国破产法的困境与出路——破产案件受理数量下降的原因及应对》，载王欣新、郑志斌主编：《破产法论坛》（第九辑），法律出版社 2015 年版，第 47 页。

② 马原、回沪明主编：《税收征收管理法及配套规定新释新解》，人民法院出版社 2003 年版，第 39~43 页。

结"政策性破产时代"，为我国构建"市场化破产体系"开辟法治道路；[①] 而其施行之初的时代任务系推进四项制度建设和三大配套机制建设，清理国有"僵尸企业"，推动破产制度由政策性破产平稳过渡到市场化破产。而自2007年6月1日开始，虽然税法与破产法在历史时空上产生了交互，但限于当时破产企业多为国有"僵尸企业"、案件总体数量不多，有政府背景的清算组参与所带来的政府支持力度大、协调力度强等因素，税法与破产法在制度上并未出现激烈冲突。

而随着2018年7月19日国务院成立推进政府职能转变和"放管服"改革协调小组，特别是《优化营商环境条例》出台以来，优化营商环境进程不断深化、社会市场主体法治意识不断提升、破产管理人队伍不断壮大，破产案件数量激增。从这段时期开始，破产程序推进中涉税问题的尖锐性与重要性逐渐显露，对于破产涉税问题研究也呈爆发式增长。[②]

不难发现，税法与破产法在法律制度体系设置上的衔接与协调不畅是近年来税法与破产法衔接上产生矛盾的重要原因。

（二）调处"税破衔接"问题的理论指引

鉴于税法与破产法分属不同的法律领域，调和、弥补二者的衔接空缺，需要引入超脱于税法与破产法本身的制度视角之外，科学的、足以满足当前甚至今后一个时期社会经济发展需要的理论视野。"领域法学"与"课税特区"是科学调处"税破衔接"问题的重要理论指引。

1. "领域法学"理论

有别于以调整对象和调整方法为标准划分部门法的传统分类研究，"以问题为中心，旨在汇集多种法律手段、综合地解决复杂社会条件下产生的社会问题"[③] 是"领域法学"理论的研究主张。税法是调整国家与社会成员之间的税务行政关系，[④] 从其外部形态以及政府权力特征来看，是一种具有行政

---

① 陆晓燕：《"市场化破产"的法治内蕴》，法律出版社2020年版，第23页。

② 在中国知网以"破产""税"作为篇名关键词搜索相关主题文章，2018年7月19日至2023年6月17日近五年期间的各类文章共有32篇（其中论文31篇，会议、报纸1篇；2019年1月1日发表的文章为30篇），2007年6月1日至2017年7月18日十年期间的各类文章仅有14篇（其中论文12篇，报刊文章2篇）

③ 刘剑文：《论领域法学——一种立足新兴交叉领域的法学研究范式》，载《政法论丛》2016年第5期。

④ 王书瑶：《赋税导论》，经济科学出版社1995年版，第252页。

性的特殊经济关系;① 而破产法一般被认为是私法制度,② 有学者旗帜鲜明地主张"必须将破产法当做私法来起草,反映和体现私法的基本精神"。③ 以传统公、私法域两分之视角来看,税法似乎公法属性更为浓厚,破产法的私法特质则更为强烈;处理二者的衔接问题,似乎又变成了公法与私法两个法域之间的对撞、协调问题。如按此研究和审视之逻辑出发,锁定"税破衔接"问题的焦点难免会被放大。而如果以"领域法学"理论下"问题"和"领域"为定位进行审视,处理"税破衔接"问题之焦点指向则会被进一步聚准:一是需要整合什么样的力量来解决"问题";二是需要适配什么样的规则来衡平"领域"中各种利益、关系之博弈。

2. "课税特区"理论

"课税特区"理论系基于"课税禁区"理论延展而来。广义上的课税禁区将关于"人民的最低生存所需的所得不得课税"扩展至"纳税人再生利益之保障",即"不得'绞杀'人民投入经营和生产的经济动机"等财产权保障要求。④ 基于"课税禁区"对于纳税人保护映射不足以及未涵摄征税权力可进入但需特别调整等讨论不足的问题,徐阳光教授提出了"课税特区"理论:为保障纳税人的正当权益,征税机关应当慎入或者"禁入"原有税法规则应当作出特别调整的领域。⑤ 按照"课税特区"理论之指向,关于"税破衔接"问题,应从以下三个方面处理:一是税法应当重视和保护破产企业"再生利益"等正当权益;二是强调对破产企业征税"妥当性"的考量,避免滞纳金征收、罚款收缴等问题加剧企业重生压力;三是针对破产程序就征税权行使规则作出适当调整。

(三)破产制度与税法制度的衔接完善

破产制度与税法制度衔接有其本身的复杂性,其解决需要借助"领域法学""课税特区"理论指引,从权力协调、规则设置等多重维度予以完善。

---

① 徐孟洲、徐阳光:《税法》(第五版),中国人民法学出版社 2015 年版,第 9 页。
② 徐阳光、范志勇、徐战成:《破产法与税法的理念融合及制度衔接》,法律出版社 2021 年版,第 5 页。
③ 李永军:《重申破产法的私法精神》,载《政法论坛》2002 年第 3 期。
④ 参见黄士洲:《税课禁区与纳税人权力保障》,载刘剑文主编:《财税法学前沿问题研究:经济发展、社会公平与财税法治》,法律出版社 2012 年版,第 166 页。
⑤ 徐阳光、范志勇、徐战成:《破产法与税法的理念融合及制度衔接》,法律出版社 2021 年版,第 10 页。

设置专门破产管理机关，可以从权力协调保障维度进行完善，已于本书"破产管理人制度改革"部分进行了详细论述，本部分着重从衔接规则设置方面开展讨论。

1. 构建税法与破产法的衔接规则

（1）明确征税机关的破产债权申报职责。人民法院在受理破产申请后，对债务人享有债权的债权人，应当于法定期限内向人民法院申报债权。代表国家对破产企业征收税收债权的税收征收机关，在法律并无特别规定的情况下，与民事债权人一起参与债权申报程序，在法律解释论上似乎也并无相悖之处。但从部分地区的破产程序推进实践来看，征税机关不主动申报、不配合申报却成了部分地区"府院联动"机制协调解决的重点问题。单就破产企业欠税之事实，与民事债权债务关系相较而言，在形式上符合债的形式，仅是征税机关与民事债权人的"公私"属性不同；基于法定职责之统一性，及时行使征税权，既是税收征收机关的法定权力，亦是其必须履行之职责。

构建征税机关破产债权申报机制：一是设立通知程序，鉴于征税机关管理对象系普遍的社会纳税主体，可考虑由破产案件的受理法院或其指定的破产管理人，于法定期限内通知征税机关申报税收债权。二是明确逾期申报后果，鉴于税收债权系国有资产，应允许逾期申报的征税机关在破产财产最后分配前补充申报；基于破产财产分配的效率与稳定，此前已进行的分配，不再对其补充分配。

（2）滞纳金在进入破产程序后适用停止计息原则。兼具补偿性和惩罚性双重功能，税收滞纳金既是逾期缴纳税收情况下针对国家税收利益受损的补偿，也是针对应承担逾期纳税责任的纳税人的一种经济性惩罚。[①] 根据"课税特区"强调对破产企业征税"妥当性"的考量之导向要求，对于承载税收滞纳金惩罚性功能的部分，不应再纳入破产程序作为破产债权处理。对此，最高人民法院持认可态度：破产案受理前的滞纳金属于普通破产债权，

---

① 参见最高人民法院中国应用法学研究所：《人民法院案例选》（2020 年第 11 辑），人民法院出版社 2021 年版，第 130 页。

破产案件受理后的滞纳则不属于破产债权范畴。[①]

（3）限缩破产程序中的征税权力行使。为保障税收征收工作的良好开展，现行法律制度赋予了征税机关针对欠税纳税人采取保全措施和强制执行的权力。[②] 虽然现行破产制度有关于"破产申请受理后有关债务人财产的保全措施应当解除，执行程序应当中止"[③] 之规则设计，但其中的"保全措施""执行程序"能否涵摄税收征收机关之征税权力，需要形成一定共识。结合前述征税机关破产债权申报机制构建，匹配设立破产债权审查、表决机制，实现限缩破产程序中征税权力行使之效果。一是明确破产管理人的税收债权审查职责，即征税机关所申报的税收债权，应当经破产管理人登记、审查，破产管理人应将相关债权信息编制表格，供利害关系人查阅；二是设置异议处理程序，当管理人对征税机关申报的债权不认可时，应当书面向征税机关说明理由、依据，征税机关对管理人书面审查意见有异议的，应于法定期限内向破产案件承办法院提起债权确认之诉；三是明确征税机关表决权，应要求征税机关以债权人身份参加债权人会议，依法行使表决权，而不得通过运用行政权力之方式实现破产债权。

2. 完善对破产程序中的税收优惠减免立法

（1）将新生税款纳入破产费用保护。对于破产程序推进过程中所产生的新生税款应如何保护、如何清偿问题，现行《企业破产法》规定不明。在各地破产审判实践中，部分将新生税款纳入破产费用、共益债务范畴处理清

---

①《最高人民法院关于税务机关就破产企业欠缴税款产生的滞纳金提起的债权确认之诉应否受理问题的批复》中规定："税务机关就破产企业欠缴税款产生的滞纳金提起的债权确认之诉，人民法院应依法受理。依照企业破产法、税收征收管理法的有关规定，破产企业在破产案件受理前因欠缴税款产生的滞纳金属于普通破产债权。对于破产案件受理后因欠缴税款产生的滞纳金，人民法院应当依照最高人民法院《关于审理企业破产案件若干问题的规定》第六十一条规定处理。"

②《税收征管法》第40条规定："从事生产、经营的纳税人、扣缴义务人未按照规定的期限缴纳或者解缴税款，纳税担保人未按照规定的期限缴纳所担保的税款，由税务机关责令限期缴纳，逾期仍未缴纳的，经县以上税务局（分局）局长批准，税务机关可以采取下列强制执行措施：（一）书面通知其开户银行或者其他金融机构从其存款中扣缴税款；（二）扣押、查封、依法拍卖或者变卖其价值相当于应纳税款的商品、货物或者其他财产，以拍卖或者变卖所得抵缴税款。税务机关采取强制执行措施时，对前款所列纳税人、扣缴义务人、纳税担保人未缴纳的滞纳金同时强制执行。个人及其所扶养家属维持生活必需的住房和用品，不在强制执行措施的范围之内。"

③《企业破产法》第19条规定："人民法院受理破产申请后，有关债务人财产的保全措施应当解除，执行程序应当中止。"

偿，^① 甚至有地方"府院联动"机制明确将新生税款纳入破产费用处理。^② 从法条文意解释来看，基于破产债权的法定定义^③，包括税收债权在内的所有破产债权均受"于破产申请受理前产生"之基本设立条件，而新生税款系于承办法院受理破产申请后并于破产程序推进的过程中产生，故而不应纳入破产债权下的税收债权之范畴。此外，有学者指出，新生税款与破产程序前产生的税收债权性质存在根本不同——新生税款系为全体债权人之利益而产生，往往以破产财产的保值、增值与保障债务人企业持续经营能力为目的，其与全体债权人利益以及债务人重生利益结合得更紧密。^④ 综上分析，实践中将新生税款纳入破产费用保护之做法值得肯定。

（2）完善破产财产变价环节税收减免。交易双方依法履行完成申报纳税程序，是我国大多数产权转移手续办理工作之前置条件，破产程序推进中相关财产的变价实现，亦应遵循这一税法"领域"要求。横跨至破产法"领域"，对于通过向社会公开拍卖等方式实现破产财产变价所产生的相关税费应否缴纳、应否减免等问题，财政部、国家税务总局曾就大连证券相关破产工作下发通知，明确对相关增值税、营业税、城建税、土地增值税、印花税等施行免征。^⑤ 该通知的免征导向意义重大，但限于其系针对个案的意见，并不具备普遍适用性。从"课税特区"之理论视角来看，破产财产变价缓解税收减免，其实质系破产企业征税"妥当性"的考量问题。限于税收基本制

---

① 刘宏、毛江东：《新生税收在破产程序中的整体主义解释——以优化营商环境为视角》，载《人民法院为服务新发展阶段、贯彻新发展理念、构建新发展格局提供司法保障与民商事法律适用问题研究——全国法院第 33 届学术讨论会获奖论文集（下）》，人民法院出版社 2022 年版，第 1783~1784 页。

② 温州市中级人民法院、温州市地方税务局《关于破产程序和执行程序中有关税费问题的会议纪要》中第二部分"破产程序和执行程序中债务人所欠税（费）款受偿顺序规定"第 4 条规定："在破产程序中因处置债务人财产所产生的相关税费属于《企业破产法》第四十一条破产费用中的'管理、变价和分配债务人财产的费用'，依法由债务人财产随时清偿，税务机关无需另行申报债权。"

③《企业破产法》第 107 条第 2 款规定："债务人被宣告破产后，债务人称为破产人，债务人财产称为破产财产，人民法院受理破产申请时对债务人享有的债权称为破产债权。"

④ 徐阳光、范志勇、徐战成：《破产法与税法的理念融合及制度衔接》，法律出版社 2021 年版，第 60 页。

⑤ 内容详见财政部、国家税务总局于 2003 年 5 月 20 日印发的《关于大连证券破产及财产处置过程中有关税收政策问题的通知》（财税〔2003〕88 号）。

度"只能法律调整"①之特性，各地"税破衔接"实践上虽有尝试，但在立法层面不明确的情况下，也鲜有突破，故应完善破产财产变价环节税收减免问题。

（3）完善破产重整的税收减免。"课税特区"理论要求，"再生利益"系破产企业的正当权益，税法应当重视、保护破产企业的"再生利益"。就司法实践情况来看，对于以帮助企业"涅槃重生"为价值追求的破产重整程序而言，因税费负担太重而导致重整失败，并非罕见情形。②为缓解破产重整程序中的税费负担问题，近年来，财政部、国家税务总局以及部分省、市、自治区先后制定了一些与企业破产有关的优惠政策，但总体而言还存在适用范围较为狭窄、受惠程度较低的问题，现实中绝大多数的破产企业难以满足享受优惠所要求的条件。③与前述破产财产变价环节税收减免问题类似，针对破产重整问题设立专门的税收减免原则、规则，也是应关注并完善解决的问题。

三、破产制度与刑事法律制度的衔接

破产程序与刑事程序的衔接涉及"刑民交叉"的问题。对于"刑民交叉"问题，有学者指出，所谓的"刑民交叉"并不比"刑民关系"具有更多含义——"刑民交叉"并不具有特定之机能与作用。④"刑民交叉"问题之所以被提出，是因为实践中存在大量涉及民事违法行为是否构成犯罪的案件需要进行定性讨论。而剥离违法犯罪认定问题，所抽离出的破产程序与刑事制度的现实碰撞，本质上是破产程序运行过程中与刑事司法程序运行的"交

---

①《立法法》第 11 条规定："下列事项只能制定法律：（一）国家主权的事项；（二）各级人民代表大会、人民政府、监察委员会、人民法院和人民检察院的产生、组织和职权；（三）民族区域自治制度、特别行政区制度、基层群众自治制度；（四）犯罪和刑罚；（五）对公民政治权利的剥夺、限制人身自由的强制措施和处罚；（六）税种的设立、税率的确定和税收征收管理等税收基本制度；（七）对非国有财产的征收、征用；（八）民事基本制度；（九）基本经济制度以及财政、海关、金融和外贸的基本制度；（十）诉讼制度和仲裁基本制度；（十一）必须由全国人民代表大会及其常务委员会制定法律的其他事项。"

② 徐阳光、范志勇、徐战成：《破产法与税法的理念融合及制度衔接》，法律出版社 2021 年版，第 123 页。

③ 滕春红：《对破产企业几个涉税政策的分析和建议》，载《中国国际财经（中英文）》2017 年第 18 期。

④ 张明楷：《刑法学中的概念使用与创制》，载《法商研究》2021 年第 1 期。

错"问题。

（一）以涉非法集资类罪名的破产案件为研究视角

企业在破产程序中所面临的刑事风险，大体可以分为破产欺诈类、非法集资类和生产经营类三类。其中，破产欺诈类案件多见于虚假破产罪；非法集资类的犯罪则多见于非法吸收公众存款罪、集资诈骗罪等案件；生产经营类的刑事风险则多见于重大责任事故类以及企业在经营过程中发生的故意或过失类犯罪。[①]

1. 破产欺诈类犯罪一般不牵涉"刑破衔接"问题

实施破产欺诈类犯罪，牵涉企业是否符合破产条件的认定问题。犯罪嫌疑人的动机往往是借非法侵占企业财产、违规分红、虚假交易等手段非法转移企业财产，以实现"假破产，真逃债"的不法目的。需要注意的是，认定破产欺诈类案件的核心问题在于，需要在破产审查中发现存在破产欺诈犯罪情况，如果不能发现并识别确实存在破产欺诈犯罪情况，则应按照正常破产程序予以处理。故在涉破产欺诈类犯罪因素的破产程序中，其逻辑前提系要先予解决破产欺诈类罪名如虚假破产罪的侦查、识别问题，故此种类型的探讨仍属于刑事法律制度范畴，而非"刑破衔接"范畴。

2. 重大责任事故类犯罪不影响破产程序正常推进

如果企业涉嫌构成生产经营类犯罪，例如发生重大责任事故，确实可能会因赔偿问题导致"资不抵债"而陷入破产，但依据现行刑法规定，此类罪名的非难主体仅限于企业直接责任人，而不包括企业单位本身。[②]在这种情况下，重大责任事故类犯罪之认定审理一般不影响破产程序正常推进。

3. 非法集资类犯罪极易面临"刑破衔接"问题

在大规模的民间融资过程中，债务人企业一旦出现资金链断裂等资金状况恶化情况，无法满足债权清偿诉求，一方面，会加剧企业资不抵债、丧失还款清偿能力困境，最终无可避免走向破产程序；另一方面，限于非法集

---

① 李慧慧：《破产案件中刑民交叉问题研究》，载《荆楚学刊》2021年第2期。
②《刑法》第134条第1款规定："在生产、作业中违反有关安全管理的规定，因而发生重大伤亡事故或者造成其他严重后果的，处三年以下有期徒刑或者拘役；情节特别恶劣的，处三年以上七年以下有期徒刑。"

资类犯罪的非难主体包含单位的规定，^①大概率会发生破产程序与非法集资犯罪审理的碰撞与协调问题。^②

综上分析，深入探讨刑破衔接问题，应以涉非法集资类罪名的破产案件为核心视角。

（二）司法实践中刑破衔接的主要问题

《企业破产法》及相关司法解释，并未对破产程序与刑事程序交错时相关问题如何处理，予以明确规定。但实践中，基于妥善处理实践需求，司法机关在参照相关司法解释等规定的基础上，形成了"先刑后民"及"刑民并行"两种模式。"先刑后民"模式^③，指在民事诉讼过程中，如果存在涉嫌刑事犯罪可能性时，应当裁定中止审理，由侦查机关对相关犯罪事实予以调查，在查证属实的情况下由人民法院先行审理刑事案件部分，待刑事案件部分审结后，再对相关民事争议部分进行审理。"刑民并行"模式^④是指，若民商事案件不是必须以相关刑事案件审理结果为依据，则通过刑民并进协同处理。具体到破产程序中，若涉刑财产能够与破产财产进行区分，则可以同时开展破产程序与刑事程序。这两种刑破衔接模式，虽然为刑破衔接实践提供了指引，但其存在的问题也应当引起必要的关注与思考。

---

① 《刑法》第 192 条规定："以非法占有为目的，使用诈骗方法非法集资，数额较大的，处三年以上七年以下有期徒刑，并处罚金；数额巨大或者有其他严重情节的，处七年以上有期徒刑或者无期徒刑，并处罚金或者没收财产。单位犯前款罪的，对单位判处罚金，并对其直接负责的主管人员和其他直接责任人员，依照前款的规定处罚。"

② 马更新：《界限与协同：破产程序与刑事程序适用顺位辨析》，载《北京联合大学学报（人文社会科学版）》2020 年第 1 期。

③ "先刑后民"模式的法律渊源始于最高人民法院于 1998 年 4 月 21 日出台的《关于在审理经济纠纷案件中涉及经济犯罪嫌疑若干问题的规定》第 11 条，并在后续的民商事审判过程中被广泛采用。后最高人民法院、最高人民检察院、公安部于 2014 年 3 月 25 日联合出台的《关于办理非法集资刑事案件适用法律若干问题的意见》以及最高人民法院 2020 年 12 月 29 日修正的《关于审理民间借贷案件适用法律若干问题的规定》中第 5 条、第 7 条中又再次予以强调。

④ "刑民并行"模式系最高人民法院于 2019 年 11 月 14 日发布的《全国法院民商事审判工作会议纪要》中正式提出。该会议纪要要求，人民法院在审理民商事案件时，如果民商事案件必须以相关刑事案件的审理结果为依据，而刑事案件尚未审结的，应当裁定中止诉讼，待刑事案件审结后，再恢复民商事案件的审理。如果民商事案件不是必须以相关的刑事案件的审理结果为依据，则民商事案件应当继续审理。

1. 现行衔接模式与破产程序不够兼容

"先刑后民""刑民并行"两种模式虽然为解决"刑民交叉"提供了指引，但因为"先刑后民"模式的司法解释依据系将民事程序限定为民事诉讼程序或者民事执行程序，"刑民并行"模式中法院裁定中止诉讼的依据是《民事诉讼法》第153条第5项[①]，该条规定适用于诉讼案件，而依据《民诉法司法解释》第295条规定[②]，破产程序的性质系非诉程序，故从法律适用上看，破产程序之程序性质，与该两种模式的参照依据存在制度兼容性不足问题。

2. 破产程序效益价值目标实现受限

《企业破产法》兼具私法和公法的双重属性，既要着眼于清偿债权债务等基本民商事法律问题，还要着力于解决企业破产程序推进过程中相关社会公平问题，实现高效与公平这两项价值目标。[③] 若坚持"先刑后民"的原则，一概将刑事案件审结作为破产程序开展之前提条件，那么对于因此未进入破产程序的企业，则会造成其难以通过破产清算程序清偿债务或破产重整程序恢复经营能力，从而导致集资参与人[④] 之外的其他合法债权人无法及时维护其自身权益；而对于已经进入破产程序的企业，启动刑事程序对受损金额、赃款赃物的审查则往往会与破产债权、破产财产之核定产生交织，破产债权确认及财产分配工作不得不为刑事调查作让步，严重影响破产程序的效率。

---

① 《民事诉讼法》第153条规定："有下列情形之一的，中止诉讼：（一）一方当事人死亡，需要等待继承人表明是否参加诉讼的；（二）一方当事人丧失诉讼行为能力，尚未确定法定代理人的；（三）作为一方当事人的法人或者其他组织终止，尚未确定权利义务承受人的；（四）一方当事人因不可抗拒的事由，不能参加诉讼的；（五）本案必须以另一案的审理结果为依据，而另一案尚未审结的；（六）其他应当中止诉讼的情形。中止诉讼的原因消除后，恢复诉讼。"

② 《民诉法司法解释》第295条规定："对下列情形提起第三人撤销之诉的，人民法院不予受理：（一）适用特别程序、督促程序、公示催告程序、破产程序等非讼程序处理的案件；（二）婚姻无效、撤销或者解除婚姻关系等判决、裁定、调解书中涉及身份关系的内容；（三）民事诉讼法第五十七条规定的未参加登记的权利人对代表人诉讼案件的生效裁判；（四）民事诉讼法第五十八条规定的损害社会公共利益行为的受害人对公益诉讼案件的生效裁判。"

③ 王欣新：《破产法前沿问题思辨（上册）》，法律出版社2017年版，第7页。

④ 根据最高人民法院、最高人民检察院、公安部于2019年1月30印发的《关于办理非法集资刑事案件若干问题的意见》第10条关于"集资参与人，是指向非法集资活动投入资金的单位和个人，为非法集资活动提供帮助并获取经济利益的单位和个人除外"之规定，在非法集资类犯罪中，为非法集资活动投入资金的单位和个人，不再称之为"被害人"，应称其为"集资参与人"。

此外，刑事程序不同于民事程序救济机制，刑事案件的受害人一般系通过刑事追缴、退赔程序获得权利救济。然而破产案件中的债务人企业除对于集资参与人具有退赔义务外，对于其他债权人同样负有民事上的清偿义务，若在破产财产与赃款赃物区分不清的情况下，让集资参与人与债权人分别归入两种不同性质之程序轨道分别受偿，显然也不符合高效价值目标之实现。

3. 未统一受害人债权认定和救济标准

根据最高人民法院、最高人民检察院、公安部于 2014 年 3 月 25 联合发布的《关于办理非法集资刑事案件若干问题的意见》第 5 条① 以及最高人民法院于 2014 年 10 月 30 日发布的《关于刑事裁判涉财产部分执行的若干规定》第 10 条之规定，② 实践中，凡列入非法集资类案件的债权都应按"息冲本"③ 之方式计算核定。除此之外，对不涉及刑事犯罪中的债权一般按照民间借贷的规则计算本息，即：本金总额加上利息总额的"本加息"模式。对比分析可知，两种不同的计算模式，将对最终债权的数额认定产生巨大影响。而现行"刑破衔接"模式，在涉破产企业与非法集资犯罪相"交错"时，究竟该如何认定，并未给予统一答案。

在非法集资犯罪中，往往涉及大量的金钱往来。根据物权法法理，货币属于特殊种类物，享有"占有即所有"之特殊物权变动规则，因此涉刑款项一经交付即归债务企业所有，除非相关款项通过专门账户保管等特定方式

---

① 《最高人民法院、最高人民检察院、公安部关于办理非法集资刑事案件若干问题的意见》第 5 条规定："关于犯罪数额的认定问题"规定："非法吸收或者变相吸收公众存款构成犯罪，具有下列情形之一的，向亲友或者单位内部人员吸收的资金应当与向不特定对象吸收的资金一并计入犯罪数额：（一）在向亲友或者单位内部人员吸收资金的过程中，明知亲友或者单位内部人员向不特定对象吸收资金而予以放任的；（二）以吸收资金为目的，将社会人员吸收为单位内部人员，并向其吸收资金的；（三）向社会公开宣传，同时向不特定对象、亲友或者单位内部人员吸收资金的。非法吸收或者变相吸收公众存款的数额，以行为人所吸收的资金全额计算。集资参与人收回本金或者获得回报后又重复投资的数额不予扣除，但可以作为量刑情节酌情考虑。"

② 《最高人民法院关于刑事裁判涉财产部分执行的若干规定》第 10 条规定："对赃款赃物及其收益，人民法院应当一并追缴。被执行人将赃款赃物投资或者置业，对因此形成的财产及其收益，人民法院应予追缴。被执行人将赃款赃物与其他合法财产共同投资或者置业，对因此形成的财产中与赃款赃物对应的份额及其收益，人民法院应予追缴。对于被害人的损失，应当按照刑事裁判认定的实际损失予以发还或者赔偿。"

③ 所谓的"息冲本"，是指债权人收取的所有款项无论是利息还是本金都从其出借的本金中予以扣减。

进行区分，否则难以被认定为集资参与人财产。但上述处理方式缺乏明确的法律支撑。此外，涉及非法集资犯罪的破产企业往往资金流向混乱，将企业取得的赃款汇入企业自身账户、企业法定代表人、股东或高管等私人账户的现象十分普遍，若相关自然人与债务企业共同被认定构成非法集资类犯罪的，其相应的财产是否可以纳入破产财产一并处置，亦无明确规定。

（三）"刑破衔接"的体系性完善

1. 原则上以"刑破并进"为主

当涉嫌非法集资犯罪的债务人企业具备破产原因，破产案件与刑事案件交错时，应坚持二者并行推进为原则，同时启动刑事程序与破产程序，分别开展非法集资犯罪侦查活动及审查债务人企业的破产申请。因为就两种程序间的相互影响而言，破产程序推进过程中的大量工作集中于破产财产分配之前，如果在破产财产最终分配前，刑事案件部分能够及时审结，那么对破产程序的总体推进影响不大。如果在破产财产最终分配前，刑事案件部分未能及时审结，那么其对破产程序的主要影响，就在于破产财产与企业犯罪所得存在混同、刑事案件部分对混同财产部分如何认定的问题。当"刑破交错"时，应当先行判断破产财产与企业犯罪所得财产是否混同，以决定破产程序是否需要等待刑事判决结果。若破产财产与犯罪所得财产不存在混同，则破产程序应当继续向前推进。如果判断存在混同情况，则可以考虑采取对该部分债权暂缓认定，通过破产财产分配时预留资金的方式予以协调，在提高破产程序效率的同时，充分保护相关债权人的合法利益。

2. 将受害人债权纳入破产程序清偿

（1）并轨申报程序。如前所述，集资参与人的财产在刑事程序中应通过追缴及退赔机制予以返还或赔偿，而民间借贷债权人则应当通过申报破产债权的方式救济其权利。从程序推进的效率出发，如果在刑破衔接问题上，不对集资参与人与民间借贷债权人的申报程序并轨统一，则很难实现操作上的"刑破并进"。关于申报程序并轨的问题，在证券领域已经有了相关规则可予借鉴。根据 2009 年 5 月 26 日出台的《最高人民法院关于依法审理和执行被风险处置证券公司相关案件的通知》第 5 条规定："证券公司进入破产程序后，人民法院作出的刑事附带民事赔偿或者涉及追缴赃款赃物的判决应当中止执行，由相关权利人在破产程序中以申报债权等方式行使权利；刑事判决中罚金、没收财产等处罚，应当在破产程序债权人获得全额清偿后的剩余财产中执行。"虽然该条规定仅针对证券公司进入破产程序时被害人的权利救济问题，但其所表达的刑破衔接机理与申报程序并轨思维，具有很好的启发意义。实践中，已有部分省市参照前述通知规定精神，允许受害人在破产程序中申报债权。①

（2）分步认定分配。关于债权如何认定分配，各地的做法不一，根据广东地区的做法，②依据债权特点分步进行。一是启动破产程序后，先判断赃款、赃物能否特定化，以判断单个集资参与人是否能够依照破产取回权③之规定，取回特定赃款、赃物，即如果集资参与人能够举证证明特定财物属于自己，包括特定化的赃款、赃物在内，应允许集资参与人依法通过管理人取回。二是经判断，无法特定化的赃款、赃物，但能够与其他破产企业财产相区分，由于其不属于破产企业的财产，也应当从破产财产中分离出来，并借鉴破产财产分配制度，④按照特定的受偿比例，在已申报集资参与人之间参照"集体取回"之方式再分配，实行特定集体的公平清偿。三是赃款、赃物不能与其他破产企业财产进行区分，即在客观上出现了集资参与人财物与破产企业财产相互混同之情况，基于证明不能之法律后果，应将集资参与人

---

① 例如《浙江省高级人民法院民事审判第二庭关于在审理企业破产案件中处理涉集资类犯罪刑民交叉若干问题的讨论纪要》第5条、《四川省高级人民法院关于审理破产案件若干问题的解答》中债权申报与审查部分第13条。

②《广东省高级人民法院关于审理企业破产案件若干问题的指引》第121条规定："破产案件受理后，针对债务人财产生效刑事裁判的执行应当中止。生效刑事判决对债务人处以罚金、没收财产的，执行法院可以持判决书向管理人申报债权。"第122条规定："生效刑事判决认定债务人返还受害人赃款、赃物，破产案件受理前，赃款在刑事程序中已经特定化、赃物与破产财产区分的，受害人可以向管理人主张取回。破产案件受理时，刑事程序并未以查封、扣押等措施将赃款特定化，赃物无法与破产财产区分的，受害人可以赃款、赃物的价值向管理人申报债权并主张优先受偿。破产案件受理时赃物与破产财产可以区分，因管理人或相关人员执行职务导致无法区分，受害人主张债务人赔偿赃款、赃物的价值并作为共益债务处理的，人民法院应予支持。"

③《企业破产法》第38条规定："人民法院受理破产申请后，债务人占有的不属于债务人的财产，该财产的权利人可以通过管理人取回。但是，本法另有规定的除外。"

④ 对于无法区分的被害人债权人财产，可以参照四川高院在《关于审理破产案件若干问题的解答》中关于"债权申报与审查"部分第13条问答所述，将其纳入破产财产一并处理。对于在破产程序中尚未终结的刑事程序所涉及的财产，管理人可以参照《浙江省高级人民法院民事审判第二庭关于在审理企业破产案件中处理涉集资类犯罪刑民交叉若干问题的讨论纪要》第8条的规定，对于以下三类财产拟定附条件的分配方案：（1）解除刑事查封、冻结措施后交由企业破产程序分配的财产；（2）刑事诉讼程序终结后追回的财产；（3）不属于涉集资类犯罪赃款赃物，依法发还的债务人企业合法财产。

债权纳入普通债权，引导集资参与人与普通债权人按照同一权利顺位申报债权、主张权利。

（3）扩充担责主体。由于债务企业因资金流混乱，所吸收的刑事赃款除债务企业账户外，实践中还可能存在相关赃款汇入了企业法定代表人、股东、高管等自然人账户内，相关自然人与债务人企业共同被认定为构成经济犯罪之情况。浙江省高级人民法院民事审判第二庭《关于在审理企业破产案件中处理涉集资类犯罪刑民交叉若干问题的讨论纪要》第3条提供了一种解决路径：若"企业股东及高管"个人财产与企业财产高度混同的，可以将企业财产与上述个人财产合并处置。这种思路可予以借鉴。

3. 集资参与人债权数额应按"息冲本"规则认定

对于未列入集资参与人的普通民间借贷债权人，应按民间借贷规则计算本息，而对于集资参与人以及又被纳入破产案件的重合部分债权人，应当以刑事判决确认的退赔金额进行确认和适当调整。原因如下：一是若统一以民间借贷标准认定利息，则无形中架空了刑事判决的既判力。《破产法司法解释（三）》第7条[1]明确规定，对于已生效法律文书确定的债权应当予以确认。二是在既有刑事判决认定受害金额的前提下，计算和调整受害人债权的利息缺乏法律依据，并且无形中加大了破产管理人审核债权的难度以及造成矛盾冲突，增加了破产成本，降低了破产程序的效率。三是集资参与人在刑事执行程序中仍享有追赃退赔的权利，其权利在法律层面已有救济途径，某种程度已实现实质公平，这也是法律制度对于利益的衡平。

---

[1]《破产法司法解释（三）》第7条规定："已经生效法律文书确定的债权，管理人应当予以确认。管理人认为债权人据以申报债权的生效法律文书确定的债权错误，或者有证据证明债权人与债务人恶意通过诉讼、仲裁或者公证机关赋予强制执行力公证文书的形式虚构债权债务的，应当依法通过审判监督程序向作出该判决、裁定、调解书的人民法院或者上一级人民法院申请撤销生效法律文书，或者向受理破产申请的人民法院申请撤销或者不予执行仲裁裁决、不予执行公证债权文书后，重新确定债权。"

第十五章　破产检察监督制度的改革

2019 年 3 月，第十三届全国人民代表大会第二次会议关于最高人民检察院工作报告的决议，明确了检察机关刑事、民事、行政和公益诉讼"四大检察"法律监督职能，为进一步改革检察监督工作机制指明了发展方向。2021 年 2 月最高人民检察院修改《民事诉讼监督规则》，其中规定检察机关对民事审判程序中审判人员违法行为的监督包含破产程序，首次通过司法解释明确破产检察监督问题。同年 8 月，中共中央印发《关于加强新时代检察机关法律监督工作的意见》，从中央层面加强顶层设计，进一步完善检察监督机制。这就要求检察机关树立以人民为中心的监督理念，针对破产监督等短板持续发力，不断提升法律监督效果。虽然部分地区专门就破产检察监督进行了试点，但是尚未形成常态化监督机制，相关改革需要进一步深化。

一、破产检察监督的实践探索

随着司法体制改革不断深入，检察机关转换以刑事为重点的监督理念，推动法律监督向包括刑事、民事、行政、公益诉讼监督在内的全面性监督发展。而且，在检察监督的具体实现过程中，不再局限于诉讼案件中围绕实体内容的事后监督模式，逐步倾向于向预防性监督、程序性监督、非诉讼监督拓展。[1] 在这种背景下，加之破产制度的重要性日益凸显，破产监督越来越受到检察机关的重视。

新时代国家法治体系的现代化实践，为检察机关履行法律监督作用开辟了新的赛道，检察权的发展趋向从"管理型"向"保障型"转变。[2] 对破产检察监督而言，目前，在全国层面上，《民事诉讼监督规则》只是简单提到民事审判程序包括破产程序，并未规定详细的破产监督规则。基于这种情

---

[1] 汤维建：《民事检察监督应当把握好六个"度"》，载《人民检察》2015 年第 2 期。

[2] 苗生明：《新时代检察权的定位、特征与发展趋向》，载《中国法学》2019 年第 6 期。

况，不少地区的检察机关积极探索，制定有关破产检察监督的规范性文件，细化操作规程，为破产检察监督的本地实践提供依据，推动破产检察监督规范化发展。截至 2023 年 2 月，全国各地以检察机关为主体发布的有关破产检察监督的主要规范性文件 6 份。① 从发布时间来看，2020 年以后的发布频率大幅增加。从文件效力层级来看，3 份为省级检察院发布、2 份为市级检察院发布、1 份为省级检察院部门发布。从发布主体来看，3 份为法院与检察院共同发布、2 份为检察院与当地破产管理人协会共同发布、1 份为检察院单独发布。

整体上看，这些规范性文件效力层级较低、相关规定较为原则，不利于指导破产检察监督实践。从目前破产检察监督制度的现实运行情况来看，主要呈现以下几个特点：

（1）目的一致性。各地开展破产检察监督的目的，在其出台的规范性文件中均有所体现，虽然表述存在差异，但是均强调：发挥检察机关对破产程序的法律监督作用，使当事人的合法权益得到公平保护，确保破产程序通畅运行，协力优化法治化、市场化、国际化营商环境。简单来说，就是"增强协调联动、加强破产监督"，并强调对优化营商环境、服务保障供给侧结构性改革等方面的意义。

（2）覆盖全面性。综合来看，虽然各地破产检察监督实践探索的侧重点有所不同，可能会突出破产程序的某个环节或者阶段，且与相对应的联动主体紧密相关，但是监督内容基本覆盖破产程序的全流程。通常来讲，检察机关单独出台的规范性文件，直接体现出检察机关对破产程序的法律监督职能，能够更加广泛地涵盖破产立案审查、破产资产处置等整个流程；与法院联合时，更注重防范逃废债及虚假诉讼的发生，强调对各类主体的公平保护；与管理人协会联合时，主要是对破产管理人选任、破产财产清收、管理人勤勉尽责等进行监督。

---

① 包括吉林省长春市检察院、长春中院于 2017 年 9 月发布的《关于破产程序法律监督的若干意见（试行）》，浙江省人民检察院第六监察部、浙江省破产管理人协会于 2020 年 5 月发布的《关于建立破产债权申报中虚假诉讼线索移送处置工作机制的会议纪要》，广西壮族自治区检察院、自治区高院于 2020 年 8 月发布的《关于破产程序法律监督工作机制的若干意见（试行）》，江苏省检察院于 2020 年 8 月发布的《加强破产案件检查监督工作的指导意见（试行）》，上海市人民检察院第三分院和上海市破产管理人协会于 2021 年 6 月发布的《加强破产案件办理的配合协作机制》，以及河南高院、河南省检察院于 2023 年 1 月发布的《关于加强协作防范和打击假借破产逃废债的意见》。

（3）方式单一性。发现破产检察监督的启动线索，以提高介入可能性，是破产检察监督的关键。这就要求检察机关通过落实民事调查核实权、列席债权人会议等破产程序中的各项协调会议等多元方式，在关键节点及时介入，采取检察建议等措施，实现对破产程序的全流程、全环节、常态化、实质化监督。然而，事实上，在对破产程序的具体监督中，更多是仅针对破产程序性问题的形式监督，方式、范围相对比较单一，且以出具检察建议为主，导致破产检察监督的实际效果不够理想。

二、破产检察监督遵循的原则

破产检察监督本质上作为检察权的分支，是检察权在法律监督层面对于破产法律运行，尤其是破产司法活动进行监督的具体职能表现。[①] 破产检察监督要求检察机关全流程参与破产程序，对破产程序相关的全部事务采取多元方式进行监督，应当遵循全面性、公益性、谦抑性的原则。

（一）全面性原则

所谓全面性原则，是指检察机关在对破产程序进行监督时，应当做到全视野监督、全过程监督和全方位监督的有机统一。全面性原则是破产检察监督的法治要求。首先，检察机关的监督是对破产程序整体进行是否存在违法情况进行监督，而不是对某一程序环节或者某一具体的裁定、判决进行监督。破产检察监督应当以整个破产程序是否符合债权人利益最大化的判断为指引和方向。其次，检察机关的监督应当贯穿破产程序的始终，从破产审查阶段开始到破产终结裁定作出，对整个过程的法律运行情况进行监督。最后，检察机关的监督应当是针对所有破产程序参与人的全方面、多角度的监督，既包括对债务人违法行为的监督，也包括对债权人滥用债权人地位或共谋损害其他债权人或债务人利益的监督，当然也包括对审判机关的监督。

（二）共益性原则

共益性是指通过破产进行债务整理，在考虑债权人利益保护的同时，也要兼顾其他参与各方的利益，对所有合法权益进行统筹协调保护。破产程序中的利益关系纷繁复杂，而且不同利益主体都想要利用破产制度维护自己

---

① 陈瑞华：《论检察机关的法律职能》，载《政法论坛》2018 年第 1 期。

的利益。这就要求有关破产的制度设计应当对债权人所代表的各方利益进行分类保护，既体现对不同利益群体的区别，又确保利益平衡。如果同时通过破产重整程序对企业的存续提供法律支持，其受益者将不仅仅是该企业的现有债权人，还包括社会公众。但对某一方利益的保护必然伴随对其他相关方权利的限制与牺牲，例如，重整程序在满足公共利益保护要求的同时，其实限制了部分债权人的利益。破产制度会对各方权益进行较大幅度的调整，破产的过程就是各权利主体进行博弈较量的过程，最终由冲突矛盾转向利益平衡。因此，在破产程序甚至破产检察监督中，应当统筹考虑各方利益，以期实现均衡保护各方利益的目标。基于此，应当以破产保护理念为出发点与落脚点，将共益性原则作为破产检察监督的重要原则。

（三）谦抑性原则

谦抑亦即介入的适当性，是指在破产程序中检察权的行使应当审慎，避免因权力的扩张滥用而损害检察公信力。[1]事实上，检察机关过当介入破产程序不仅能够影响检察公信力，而且容易拖延甚至是中断破产程序进程。破产程序最优的实现方式是在尽可能短的时效内完成对财产的处置和公平分配，较低的破产效率会影响对社会资源的高效重新配置。检察机关对破产程序启动监督，可能影响破产程序中执行权、管理权与审判权的权力架构。在此过程中，如果说法院相当于裁判员的话，那么检察机关的法律监督则是裁判的监督者，更应当秉持谦抑性原则。范围适中、程度适度、尽可能降低对程序的影响和干扰，是检察机关对破产程序启动监督应当恪守的界限。谦抑性原则具体表现在正当性、必要性、适度性三个维度。

1. 正当性

在破产程序中，检察机关行使监督权、采取监督手段及适用监督程序均需严格依法进行。既有法律法规或者规范性文件对破产程序监督作出明确规定的，应当严格依照相关的启动、终止程序开展监督，并且应当以有助于促进监督目的的实现为基本遵循。在启动破产检察监督时，不仅应当精准把握监督时机，而且应当规范介入程序，做到启动适时、依法监督。

2. 必要性

必要性是指检察机关启动破产监督的紧迫性。对破产程序的监督不能

---

[1] 罗倩：《检察建议谦抑性的回归》，载《福建法学》2014年第1期。

仅依靠债权人自力救济，正是因为债权人不能有效监督，才导致债务人财务状况恶化的情形未被及时发现，从而不得不通过破产程序解决债权债务问题。对破产程序的监督也不能仅依靠法院公力救济，作为债权人自治与法院强制的平衡产物，破产程序发展成为在法院监督下的债权人自治程序。[①] 正如前文所述，作为国家法律监督机关，检察机关的地位显示出其他机构不能比拟的公信力，如果检察监督介入破产程序，将打破破产程序中现有的、固定的监督格局。检察机关职能所具有的最后保障性，决定其启动应当遵循严格的原则和条件，不必要运用检察监督解决破产程序中的一切问题。检察机关的介入既要达到权利救济目的，亦不能放任监督权的任性扩张。在全局利益衡量的前提下，无法通过其他监督、救济方式排除违法时，破产检察监督才能启动。

3. 适度性

适度性要求检察监督权的行使，不得超越法律规定的职权范围影响权利人正当行使和处分权利，检察机关应严格遵守法律为其设定的范围和边界，做到不越位、不替代。[②] 如果不能根据现有线索对是否需要介入检察监督作出明确判断，则需要在全面收集相关证据、核实相关信息、了解破产进程的基础上，审慎统筹处理。

三、破产检察监督的改革进路

根据《民事诉讼法》的规定，检察机关对民事诉讼活动实行法律监督，包括对生效裁判的监督、审判程序违法行为监督以及执行监督，三者相互结合，构成了现有的民事检察监督体系。[③] 但破产程序与普通民事诉讼程序并不相同，除审判活动外，还涉及债权人自治行为、破产管理人管理行为和行政机关履职行为等，现行检察监督制度并未根据破产程序的特殊性，对监督内容、监督流程、监督方式等作出特别调整，造成实践困境，应当进一步完善。

---

① 李永军：《破产法的程序结构与利益平衡机制》，载《政法论坛》2007 年第 1 期。

② 江国华：《司法规律层次论》，载《中国法学》2016 年第 1 期。

③ 陈晓君：《破产程序检查监督的重点内容》，载《中国检察官》2023 年第 5 期。

（一）完善破产检察监督法律规范

《民事诉讼监督规则》第 98 条规定，将破产程序纳入民事诉讼法规定的审判程序，明确检察机关可以对破产程序中的审判违法行为进行监督，该条是检察机关对破产程序进行监督的最直接的司法解释依据。但生效裁判和审判程序只是破产程序中的部分内容，破产程序牵涉众多权利主体的权利保障和义务主体的责任承担，检察机关开展监督不应仅局限于生效裁判和审判程序两个方面，而应当涵盖整个破产程序（包括重整、和解之后企业的信用修复、企业继续经营期间的事务协调监督等），监督的对象也不应局限于人民法院。虽然目前检察监督介入破产程序有法可依，但对破产程序监督的直接法律依据即《民事诉讼监督规则》，仅为最高人民检察院发布的司法解释，且现有规定较为笼统、可操作性不强，检察机关开展破产监督缺乏完整、系统的法律规范支撑。建议《企业破产法》修改时，完善与检察监督衔接的相关规定，明确破产检察监督的对象、范围、条件、方式等内容。

（二）明确破产检察监督范围

检察监督应当覆盖破产程序全流程，确定检察机关启动检察监督的必要节点，厘定破产程序中检察监督权与裁判权的边界，并且向破产程序的前后进行延伸，将监督范围扩大到与破产程序紧密联系的立案、诉讼、执行程序，针对破产事项、关键环节等形成有效监督。具体包含以下方面：

1. 对破产事务的常规监督

对破产事务的常规监督是破产检察监督的基本内容，其反映在破产流程中主要有两方面的内容：一是对破产审理事务的监督；二是对破产管理人破产事务管理的监督。这要求检察机关根据常规职能，对破产程序中法院作出的裁判文书进行法律监督，同时对法律授权由管理人作出的具有决定性的事务管理文件进行常规法律监督，而对通过债权人会议决定事项的程序性文书只进行程序性审查。当然，如果完全区分文书和文件系依职权作出的，还是程序性文件，则检察机关应当常态化参加债权人会议或相关事务的协调会。

2. 对关键环节的重点监督

检察机关对破产程序中的关键事项、重点环节采取有效监督措施，是保证监督效果的重要要求。一是对破产程序中的审计、评估、拍卖等程序同步跟踪监督；二是在审计、评估报告等文件结论出现明显偏离市场价值的情况下，要求相关人员作出说明。同时，建立行政机关履职监督机制，对破产涉税务、注销登记等可能涉及请求行政机关进行的事项进行双重监督，既监督管理人履职的及时性，也监督行政机关的行政行为，如果行政机关对权利人的合法请求怠于履行职责，损害债权人利益的，应当由检察机关通过发送司法建议等方式，予以提醒纠正。

3. 对审判违法行为的监督

检察机关对破产程序中审判人员违法裁判行为的监督是检察监督的重要内容，主要包括对破产审判过程中违法利用审判权的行为进行监督提示，甚至追究责任；对滥用审判权造成当事人权利损害而无法救济的事项进行法律支持。例如，如果发生审判机关滥用权力造成违法受理破产案件、终止或终结破产程序、裁定批准或者终止重整计划、和解协议等情况，当事人可以寻求检察机关的法律救济。

4. 对破产犯罪的监督

检察机关依照职权对破产违法犯罪的监督，属于检察机关刑事监督范畴。除虚假破产行为及妨碍破产清算的行为外，虚假诉讼行为也是经常与破产程序产生联系的违法行为。破产案件出现虚假诉讼、逃废债行为的风险较高，这是由破产程序对债权统一处置的性质决定的。一方面，在破产申请被受理后，债权人不需要通过诉讼程序来确认债权，如果债务人即将进入破产程序，债权人不通过诉讼而是通过申报债权的方式确认债权可以节省大量时间及一大笔诉讼费用；另一方面，实践中，管理人在债权申报确认程序中对证据的审查比不上严格的诉讼审查，债权人可能通过和债务人双方串通取得虚假的诉讼文书来申报债权，这对管理人的债权审查工作造成极大困难。面对涉嫌虚假诉讼的债权申报，管理人往往通过提起再审、对债权暂缓确认，同时向法院报告或移送公安机关处理涉嫌犯罪线索的方式进行处理。此种方式耗时耗力，非常低效。上述原因导致对部分债权的审查长期悬而不决，甚至会影响到破产程序的正常推进。在极端情况下，管理人会面临被债权人追究履职不当责任的风险。建议建立检察机关债权审查机制，对潜在的债权人申报、管理人确认债权、破产撤销权之诉等虚假诉讼频发的环节进行重点监督，对违法人员产生震慑效果，有效防范虚假债权。

（三）丰富检察监督介入破产程序的方式

检察机关应当充分运用多元化监督方式保障破产程序的顺利推进。在启动方式上，应当在现有的民事检察监督方式基础上，逐步拓展检察机关介入破产程序的便捷途径。

1. 依职权监督

对涉及损害国家利益、公共利益等情形的，检察机关可依职权启动破产监督。检察机关可以发挥大数据法律监督平台作用，加强线索发现、比对研判、综合分析等能力，实现精准监督。发现具体的监督事项，检察机关可根据事项类型，分别依照检察建议、监督提示的形式进行办理。与普通民事案件相比，破产案件的审理周期具有特殊性，对具体问题的监督往往会影响同类其他事项甚至是整个破产程序的进程。因此，检察机关在进行监督时应当迅速响应、快速办结。同时，在监督函处理期限上，破产监督也要与其他监督有所区别，尽量缩短破产监督周期，简化处置程序。

2. 依申请监督

破产程序参与人、利害关系人认为破产程序中法院作出的生效法律文书、管理人的履职行为、行政机关的行政行为、相关单位协助的行为等对其权利造成损害的，可以向检察机关申请启动抗诉等法律监督程序。例如，就虚假诉讼的监督而言，发现有效线索后，检察机关应当启动个别调查程序，对虚假债权审核的程序和债权形成所依据的基础证据详尽调查，根据调查结果分别采取提起抗诉、申请再审方式改变裁判结果，同时将违法线索移送公安机关进行后续处理。

3. 受邀介入监督

在破产审判中，法院可邀请检察机关派员参加管理人选任、听证会、债权人会议等，支持法院破产审判工作。在现有的审判监督实践中，虽然各地均有邀请检察机关列席债权人会议的情况，但是基于法律未对检察机关列席相关会议的程序作出统一规定，导致实践中的做法不一。因此，应当进一步对检察机关列席会议时提出问题的反馈、办理等程序予以规范、明晰。

4. 提起民事公益诉讼和参与公益协商

检察机关对涉及损害国家利益和公共利益的事件，可以在法定范围内履行公益诉讼职能或者代表国家和权益受损方参与公益协商。不同于民事、行政领域的公益诉讼，破产程序作为涵盖数量庞大的绝大多数债权人的概括执行程序，更应当将损害债权人利益的私力救济行为作为公益诉讼的客体。此种侵权行为往往是隐秘发生的，如果普通债权人不能够及时发现其利益受到侵害，作为法定监督机关的检察机关从专业性上更能够妥善处理。

附录1：域外破产制度简介

一、英国破产制度

（一）法庭内外结合的公司拯救程序

英国的公司拯救程序可分为法庭内的公司拯救程序和法庭外的公司拯救程序。其中，法庭内的公司拯救程序主要指管理程序和公司自愿整理程序，法庭外的公司拯救程序主要是指伦敦规则。

1. 管理程序

当债务人出现财务困境时，债权人可向法院申请管理程序，法院会任命一个破产管理人采取各种措施帮助公司恢复正常经营。[①] 该程序中，破产管理人要以挽救公司生存为首要目标处理公司日常事务，并在综合考虑所有债权人利益的基础上制定重整方案。重整方案经债权人会议表决通过及法院批准的，即进入执行阶段。[②] 若管理人发现公司拯救无望，也应尽力变卖公司资产后清偿债务，使债权人获得比清算更有利的清偿结果。再不济的，也应当保证对担保债权人或优先债权人进行清偿。[③] 此外，在进入管理程序后，公司受自动冻结制度的保护，可以在一年内对抗所有债权人的债权请求。

2. 公司自愿整理程序

该程序简称"CVA程序"，是指公司为避免进入清算，自愿与债权人达成延缓或减免部分债务的协议。该程序可与管理程序或清算程序同时进行，也可在两程序之前或之后进行，还可独立进行，但通常是和管理程序配合使

---

① 蒋海玲：《简论英国破产法中的公司拯救制度》，载《晟典律师评论》2007年辑刊。

② 张海征：《英国破产重整制度及其借鉴》，载《政治与法律》2010年第9期。

③ 张海征：《英国破产重整制度及其借鉴》，载《政治与法律》2010年第9期。

用。① 公司自愿整理程序启动以董事提交材料为要件，无需经过法院审批。程序启动后，董事或被任命的管理人要尽快起草整理方案并提交至债权人会议和股东会进行表决。整理方案经多数债权人通过后即对所有债权人产生效力，后进入执行阶段。在执行过程中，管理人负责监督整理方案实施，并定期向相关方报告整理方案的实施情况和进展。公司自愿整理失败的，监督人有权申请公司进入清算程序。与管理程序采管理人主导模式不同，自愿整理程序采债务人主导模式，程序开始后，债务人公司董事仍可继续控制公司，经营管理公司财产。在该程序中，债务人可获得一个延期偿付期，一般为28 天，最长可以延长至两个月。② 整个程序中，法院的参与度非常小，和法院唯一相关的联系是法院对当事人提交的文书进行备案"。③

3. 伦敦规则

伦敦规则因创立之初主要适用于伦敦的大银行而得名，主要适用于债权人为银行的大公司债务人。当债务人不能按期还款时，所有的银行债权人会坐在一起共商重整方案，研究达成一个延期还款协议，并约定一个免于对债务人追讨的自动冻结期间。在自动冻结期间内，所有银行均不得要求债务人还款，也不得擅自针对债务人发动破产程序。④ 如果债务人在重整过程中还需要更多资金，也可以继续融资，但新投入的运营资金属于优先债权，要优先于先前存在的债权受偿。

（二）专门的破产管理机构和公私兼具的破产管理人

1. 专门的破产管理机构

英国破产服务局（也有译为"破产管理署"）是英国政府为向民众传递经济信心而专门设立的破产事务行政管理机构，其工作宗旨是支持陷入财务困境之人、解决财务不法行为及最大限度地实现债权人债权。破产服务局隶属于商务和贸易部，总部设在伦敦，大约有 1700 名员工，其主要职能包括

---

① 齐砺杰：《破产重整制度的比较研究——英美视野与中国图景》，中国社会科学出版社 2016 年版，第 92 页。

② 杜军：《中、英企业破产拯救制度的比较研究》，载《法律适用》2017 年第21 期。

③ ［英］费奥娜·托米：《英国公司和个人破产法》，汤维建、刘静译，北京大学出版社 2010 年版，第 86 页。

④ 王晓星：《英国公司拯救制度简议》，载《当代经济》2009 年第 11 期。

管理破产和债务减免令，调查清算中的公司事务，报告董事的不当行为，在无私人破产执业者的案件中担任受托人或清算人，从国家保险基金中发放遣散费，提供破产和裁员的权威信息，就破产和裁员相关问题向商务和贸易部部长和其他政府部门和机构提供建议，代表商务和贸易部调查和起诉违反公司法和破产法的行为以及其他刑事犯罪。① 此外，破产服务局还建立有专门的个人破产登记系统，负责对英格兰和威尔士地区的个人破产案件信息进行登记备案，公众可在该系统中按照名称或交易名称对个人破产案件信息进行查询。但是备案期通常只有三个月，在破产案件结束三个月后，相关信息即会被删除。②

2. 官方接管人机构

作为破产服务局的组成机构之一，官方接管人机构的运行目的是将破产程序置于官方监督之下。官方接管人由国务大臣依法任命，同时又是有破产案件管辖权的法院的固定人员。由于英国的破产程序种类丰富，官方接管人扮演的角色也随着程序不同而有所变化。但总体来说，官方接管人既负责收集破产财产，又负责进行破产原因调查，且在未任命破产执业者的案件中担任管理人或清算人。③

3. 私人破产管理人

英国的私人破产管理人被称为"破产执业者"，只能由自然人担任，且入职要求较为严格。首先，申请者必须具备一定的教育背景和实践经验，还要通过专业资格考试（只有破产从业联合会的会员才有资格参加考试），④ 并获得指定机构的授权。其次，与破产案件存在利害关系的、尚未免责的、曾因职务行为遭受处罚的人均被排除在外。最后，在获得破产执业资格之前，申请者还必须提交一张保险公司为正当履职承担连带责任和严格责任的保单，⑤ 以保证其在被授予资格后能公正、勤勉履职。申请人取得从业资格的，

---

① 参见英国破产服务局网站：https：//www.gov.uk/government/organisations/insolvency-service/about#responsibilities，2023 年 6 月 11 日访问。

② 参见英国破产服务局网站：https：//www.gov.uk/search-bankruptcy-insolvency-register，2023 年 6 月 11 日访问。

③ 参见英国破产服务局网站：https：//www.gov.uk/contact-official-receiver，2023 年 6 月 11 日访问。

④ 种林：《破产管理人选任制度：中欧比较研究》，载《政法论丛》2015 年第 4 期。

⑤ ［英］费奥娜·托米：《英国公司和个人破产法》，汤维建、刘静译，北京大学出版社 2010 年版，第 209 页。

有效期只有三年，期满符合一定条件的还可以续约。实践中，担任破产执业者的多为律师。此外，为加强对破产执业者的服务、监督和管理，英国还建立有管理人名册制度，会定期对名册进行更新和维护。

（三）灵活多样的个人债务清理程序

英国现行个人破产法律法规主要是《1986 年破产法》《2016 年英格兰和威尔士破产规则》《苏格兰 2016 年破产法》《苏格兰 2016 年破产条例》。但是，《2016 年英格兰和威尔士破产规则》仅适用于英格兰和威尔士地区，《苏格兰 2016 年破产法》和《苏格兰 2016 年破产条例》仅适用于苏格兰地区。① 在此，仅对适用范围更大的英格兰和威尔士地区的个人债务清理程序进行介绍。

1. 个人破产清算程序

个人债务人负债金额超过 5000 英镑且到期不能清偿的，可以向破产服务局申请破产清算，由工作人员统一审查后决定是否颁发破产令，也可由债权人直接向法院申请对债务人进行破产清算。② 破产令颁发后，债务人可在十二个月之后获得自动免责，其绝大部分未清偿的债务都将被豁免，但诸如罚款、人身侵权产生的债务、家事法院判决需要支付的费用、破产令颁发后产生的新债务、自 2004 年 9 月 1 日之后的所有到期的学生贷款等部分债务不能被豁免，③ 且免责并不影响有担保的债权人实现债权，保证人仍需承担清偿责任。

2. 债务舒缓程序

该程序是法定的法庭外债务清理的程序，其核心内容是通过收入测试进行债务豁免。资产总额不超过 1000 英镑、车辆价值低于 1000 英镑、无担保债务低于 20000 英镑、剩余收入不超过 50 英镑的债务人可申请适用该程序，但过去两年内有低价交易或偏颇清偿行为的债务人不能申请适用该程

---

① 徐阳光：《英国个人破产与债务清理制度》，法律出版社 2020 年版，第 49 页。
② 债权人申请破产的，除需证明无担保的债权总额之外，还需证明已向债务人就每一项债务都发出了法定追债书进行追讨。
③ 徐阳光：《英国个人破产法立法及其实践概要》，载徐阳光、张婷主编：《破产法茶座（第四卷）》，法律出版社 2020 年版，第 201~202 页。

序。[①] 债务人想要适用该程序，必须通过特许的中介机构向破产服务局提出在线申请。中介机构会对债务人的信息进行审查，以确定债务人是否具备适用该程序的资格，并分析该程序可能会给债务人造成的影响。但是否颁发债务舒缓令最终由官方接管人审查决定。债务舒缓令一经颁布，债务人可在一年后免除大部分无担保债务。

3. 个人自愿整理程序

该程序的核心是债务人每月用剩余收入在三至五年期限内清偿债务，期满未能清偿的债务则直接被豁免，因此特别适合有固定收入的职工。[②] 相关统计信息显示，自《2002 年英国企业法》对个人自愿整理程序的规定进行部分调整之后，该程序适用率显著提高，已经成为替代破产最重要的程序。[③]

二、美国破产制度

（一）根植于宪法的破产法典

虽为判例法国家，美国却拥有具体详尽的成文破产法。美国现行破产法主要由《美国联邦法典》的第 11 编和《联邦破产程序规则》组成。其中，《美国联邦法典》第 11 编规定了破产案件的实体内容，常被称为《美国破产法典》；《联邦破产程序规则》主要规定了破产案件的审理程序。作为联邦制国家，美国联邦和各州都有立法权，但因《美国联邦宪法》第 1 条第 8 款第 4 项规定"国会拥有制定全国统一的归化条例和破产法的权力"，所以，《美国破产法典》适用于全美境内，是世界上较早根植于宪法的破产法典。多年来，《美国联邦宪法》和《美国破产法典》都历经多次修订，但破产立法权在联邦宪法中的位置仍岿然不动。《美国破产法典》不仅早已成为美国经济发展的助推器，更因其先进的立法理念和灵活丰富的破产程序成为很多国家制定和修改破产法时的有力借鉴。受美国破产法联邦化的影响，英美法系与大陆法系国家大多都把破产法的立法权和司法

---

① ［英］伊恩·拉姆齐：《21 世纪个人破产法》，刘静译，法律出版社 2021 年版，第 177~179 页。

② 徐阳光：《英国个人破产与债务清理制度》，法律出版社 2020 年版，第 137~139 页。

③ ［英］伊恩·拉姆齐：《21 世纪个人破产法》，刘静译，法律出版社 2021 年版，第 156 页。

管辖权统一归于中央或联邦。①

（二）独立的破产法院和专业的破产法官

1. 独立的破产法院

由于《美国联邦宪法》规定破产立法权独属于联邦，所以破产司法权也属于联邦司法范畴——美国的破产案件管辖权专属于联邦地区法院，地区法院可以将破产案件及争讼移交破产法院审理。②作为破产案件的审理机构，破产法院是联邦地区法院的下级单位，接受地区法院的领导，当事人就破产法院的判决、命令提起的上诉，也由地区法院进行审查。③但破产法院在财政、适用法律和人员上均具有独立性④。经过多年发展，全美现共有94家破产法院。

2. 专业的破产法官

破产法官由联邦地区法院任命，是联邦地区法院的人员，专门负责破产案件的审理工作。在任命前，要充分考察其教育背景、工作经历、科研成果等情况，大部分人在被任命前都有丰富的商事或破产执业律师经验。到2019年时，全美已有349名破产法官。⑤由于破产法官并非基于《美国联邦宪法》第3条产生，所以并不拥有终身任职资格，其任期仅有十四年。在配套措施方面，每名破产法官都配备有法官助理和书记员，法官助理主要协助法官做好庭前准备、撰写判决，书记员则负责立案、缴费或信息管理。⑥案件管理由法院内设的总书记员办公室负责，其职能包括收案、通知、处理申请书、法庭记录、处理案情事务等。⑦

3. 破产法官的职能

破产法官可以审理、裁决所有的破产案件，但仅能就破产的核心争讼

---

① 李曙光：《宪法中的"破产观"与破产法的"宪法性"》，载《中国法律评论》2020年第6期。

② ［美］查尔斯·J.泰步：《美国破产法新论》，韩长印等译，中国政法大学出版社2017年版，第377页。

③ 李曙光：《美国破产法院综述》，载《法制资讯》2013年第10期。

④ 李曙光：《美国破产法院综述》，载《法制资讯》2013年第10期。

⑤ 陈夏红：《破产法庭的联想：从美国到中国》，载澎湃新闻2019年2月8日。

⑥ 吴在存：《美国破产法律制度考察见闻》，载《中国审判》2018年第20期。

⑦ 张勇健、钱晓晨、杨以生：《美国破产法若干问题聚焦》，载《法律适用》2010年第9期。

（如债务人财产清理变现和债权债务关系调整等）作出终局裁判。对于非核心事项，破产法官无权作出终局裁判，只能在进行听审后，就案件事实认定和法律适用向联邦地区法院提出建议，再将案件交由地区法院重新审查，后由地区法院作出终局裁定或判决。① 破产法官除进行裁判工作外，还要把握案件的整体进度和方向，有时也可以指导当事人修改破产方案或引导当事人调解，还可以提示当事人某些需要关注的事项或就某一事项设定明确期限。②

（三）专门的破产管理机构及双轨制管理人

1. 破产管理署

为使破产行政事务有序进行，保护破产程序中的公共利益不受减损，美国于 1986 年开始建立专门的破产管理机构——破产管理署。美国破产管理署设在联邦司法部下，独立于联邦破产法院，主要职能是管理破产事务和破产管理人，对管理人进行政策和法律上的指导，并对破产制度的总体运行情况进行把控，必要时还会对托管人进行帮助，以确保破产程序合法合规及破产程序高效运转。破产管理署设有分支机构，每个分支机构都设有一名联邦托管人，还会根据需要另行配备助理。

2. 联邦托管人

作为破产管理署各项工作的具体执行者，联邦托管人由司法部长任命，现已遍布全美所有的司法辖区。出于保护公共利益的需要，联邦托管人还可以配备一名甚至多名助理。③ 联邦托管人和助理的任期都是五年，二者都是独立的国家公务人员，在破产案件中处于中立地位，不代表任何一方当事人及破产法院的利益，独立履行职能。在正式履职中，"联邦托管人主要负责监督破产案件的管理，确保案件不滞留在破产法院"④。具体说来，联邦托管人主要负责：确定、培训、管理、监督私人破产托管人，⑤ 监督破产过程，

---

① ［美］查尔斯·J.泰步：《美国破产法新论》，韩长印等译，中国政法大学出版社 2017 年版，第 379~380 页。

② ［美］罗伯特·莱恩：《美国破产法及其实践的司法视角》，叶俊丽译，载徐阳光、张婷主编：《破产法茶座》（第二卷），法律出版社 2017 年版，第 107~108 页。

③ 贺轶民：《美国联邦托管人制度的启示》，载《法学杂志》2010 年第 5 期。

④ ［美］道格拉斯·G.贝尔德：《美国破产法精要》，徐阳光、武诗敏译，法律出版社 2020 年版，第 6 页。

⑤ 此处的监督是一种全面监督，既包括实体方面监督，也包括程序方面监督。

代表国家处理破产企业涉税收、医保、养老、职工安置、消费者保护等公共利益问题，提出破产改革相关建议，移交涉破产犯罪相关线索，参与破产程序及相关衍生诉讼。[①]

3. 私人托管人

与联邦托管人相对应，私人托管人完全基于私人信托产生，以私人身份履职，履职过程中仅需考虑委托人的利益，其主要职责是收集变现破产财产、审查债权证明、提供破产相关信息、作为破产财产代表起诉和应诉、终止或确认待履行合同等。

私人托管人有严格的从业资格限制。首先，申请人必须具备高度专业性。《美国破产法典》第321条规定，"破产托管人必须有能力执行托管人职责"，因此，联邦托管人办公室会从个人受教育程度、融资经验、沟通能力、个人品行等方面对申请人进行详细审查。私人托管人可以由个人担任，也可以由公司担任，但自然人须在破产案件所在的司法区或者相邻司法区有住所或办公室，公司必须由公司章程或法律授权，且至少在案件所在司法区或相邻的司法区设有办公室。[②] 此外，为保证私人托管人能公正履职，任何与债务人有直接或间接联系及与债务人、债权人、股东有重大利益冲突的人都不能担任私人托管人。

4. 私人托管人报酬制度

《美国破产法典》第326条规定，"以破产财产价值为基础分档累积收费，如在清算和重整案件中，托管人向债务人外的利益相关方分配或归还的金额不超过5000美元的，报酬率在25%以下，5000美元到50000美元之间的，报酬率为10%，50000美元到1000000美元之间的，报酬率为5%，1000000美元以上的，报酬率不超过3%"[③]。若案件中有多名私人托管人的，其获得的累计报酬总额也不得超过单个托管人的最高报酬限额。此外，为保护托管人领取报酬的合法权利，美国还规定了临时报酬制度，规定破产救济令作出后每隔120天（法院允许的情况下，可以不受该期间限制），托管人、监督人、债务人律师或被雇佣的专业人员都可向法院申请支付临时报酬（一般为一次，法院允许的情况下可更频繁申请），以防止托管人长期拿不到应

---

① 贺小荣、费汉定、郁琳：《美国、加拿大破产法律制度与司法体制的变革与发展》，载《人民法院报》2017年11月24日。

②《美国破产法典》，李曙光审定，申林平译，法律出版社2021年版，第95页。

③《美国破产法典》，李曙光审定，申林平译，法律出版社2021年版，第95页。

有报酬。[①] 私人托管人在经法院批准后可以聘请无利害关系的律师、会计师、评估师、拍卖师等其他专业人员协助履行职责，但专业人员的报酬须经法院批准后从破产财产中支出。[②] 为保证私人托管人忠实履职，美国还规定了托管人保险制度，要求私人托管人在当选后 7 日内及正式履职前，必须向法院提交一份以忠实履职为条件且受益人为美国的履职保证金。[③]

（四）小企业重整

为激发小企业申请重整的积极性，提高重整效率，美国于 2019 年颁布了《小企业重整法》，作为《美国破产法典》第 11 章重整程序中的第 5 附章。但是，《美国破产法典》原有的针对小企业债务人的规定仍得以保留，所以想要适用第 5 附章小企业重整程序的债务人必须在提出重整申请时主动选择适用该章程序并按照规定提交相应的资料，否则将继续适用原有的小企业案件规定。

小企业重整程序主要通过以下手段达到精简程序、缩短时限、降低成本的目的：（1）严格限制适用主体。适用该程序的债务人的债务数额不得超过 2725625 美元，[④] 且至少有 50% 以上的债务是因为商业或者经营活动产生。（2）债务人单独披露信息的义务被免除。（3）债务人提交重整计划的时限被缩短至 90 日。（4）法院要在破产救济令正式作出后 60 日内举行进度讨论会商议重整问题。（5）除非法院基于特定事由，否则一般不得任命债权人委员会。（6）取消强制批准中对同意组别梳理的要求。[⑤]

（五）预重整

预重整制度主要规定在《美国破产法典》第 11 章和《联邦破产程序规则》中。其中，《美国破产法典》第 1121 条（a）款关于"债务人可以在提交启动自愿破产案件的申请时一并提交重整计划"的规定是美国预重整制度

---

① 刘平等：《赴美培训破产托管人制度情况的报告》，载《山东审判》2013 年第 2 期。
②《美国破产法典》，李曙光审定，申林平译，法律出版社 2021 年版，第 99~100 页。
③《美国破产法典》，李曙光审定，申林平译，法律出版社 2021 年版，第 95 页。
④ 新冠疫情期间，美国曾一度通过《新冠病毒援助、救济和经济保障法案》将债务总额从 2725625 美元提高到了 7500000 美元，但后又恢复至原有规定。
⑤ 徐阳光、武诗敏：《我国中小企业重整的司法困境与对策》，载《法律适用》2020 年第 15 期。

的基础。根据法律规定，预重整计划草案必须在提起正式重整申请前就完成制定，且一般由债务人在规定期限内提交。仅当债务人未在规定期限内提交的，其他利益相关方才可提交。在预重整期间，不会任命临时管理人，仍由债务人对企业进行管理经营，因此，该种模式也被称为"占有中的债务人"模式。

信息披露是美国预重整制度立法的关键点。《美国破产法典》第1125（a）条规定，债务人须在合理可行的范围内，向债权人提供足够详细的信息，以保证利益相关方在充分了解企业发展状况及财务信息的基础上，对预重整计划作出理性的判断。关于债务人披露的信息是否充分，则由法院结合案件的复杂性、额外信息对债权人及其他利益相关方能带来的好处等综合考虑。

预重整计划草案的表决是另一个重要问题。关于表决权的主体，《美国破产法典》第1126（a）条规定，只有债权人和权益主体才有权表示接受或拒绝预重整计划。当债权人或权益主体是国家时，则由财政部部长代表国家作出是否接受的决定。[①]关于表决的期限，一般被限定为25天。在表决程序中，《美国破产法典》第1126条（b）款规定了"禁反言"制度，即"债权人或权益主体在重整程序启动前已经表示接受或拒绝重整计划的，仍被视为已经接受或拒绝计划"[②]，能有效避免提起重整申请后对草案进行重复表决的问题。

（六）和解前置型个人破产程序

美国个人破产制度与企业破产制度一同规定在《美国破产法典》之中，广泛适用于所有债务类型的自然人。适用于个人的破产程序包括《美国破产法典》第7章清算程序、第11章重整程序、第12章规定年收入的家庭农场主或渔业主的债务调整程序、第13章固定收入的个人的债务调整程序。

1. 经济状况审查制度

为明确衡量债务人是否属于"诚实而不幸的债务人"，进而确保有清偿能力的债务人尽可能清偿债务，避免破产救济被滥用，美国于2005年引入了经济状况审查（也有译为"收入测试"）制度。其具体做法是，将债务人

---

①《美国破产法典》，李曙光审定，申林平译，法律出版社2021年版，第510~511页。
②《美国破产法典》，李曙光审定，申林平译，法律出版社2021年版，第513页。

收入与其所在州家庭情况（主要是家庭成员人数）相近的家庭收入的中位数进行比较，再预估债务人每月必要的支出，最后以债务人收入减去每月必要支出后的剩余数额，判断债务人的偿还能力。① 若剩余数额较高，债务人则直接被排除在破产免责之外。但是，为保护低收入群体利益，收入低于本州收入中位数的债务人可免于经济状况审查，社保金等保障债务人生活的必要支出也不计算在"收入"之内。②

2. 信贷咨询

信贷咨询是指通过制定合理预算、控制开支和限制借贷等方式建议和指导消费者财务管理，促进债务人和债权人达成债务管理计划的一种程序，是一种典型的庭外债务清理模式。③ 该程序是美国个人破产庭内处理程序的强制性前置程序——所有申请个人破产的债务人在提交破产申请前 180 日内都必须向非营利性预算和信贷咨询机构进行咨询并获得相关预算分析。非营利性预算和信贷咨询机构会给债务人提供咨询服务，"但很多情况下会从简单的咨询发展为重新协商，信贷咨询顾问经常斡旋于债权人和债务人之间，促进双方就有关信贷条款重新协商"④，其最理想的结果是达成一个折中的还款计划（通常被称为"债务管理计划"），要求债务人在三至五年内全额偿还未清偿的债务，债权人一般会在利率、费用、期限等方面给予债务人救济。⑤ 此外，信贷咨询程序中，非营利性预算和信贷咨询机构会为债务人提供财务管理指导，帮助债务人在破产程序结束之后重新进入信用市场时作出理性、明智的决定。⑥

---

① ［美］道格拉斯·G. 贝尔德：《美国破产法精要》，徐阳光、武诗敏译，法律出版社 2020 年版，第 35 页。

② ［英］伊恩·拉姆齐：《21 世纪个人破产法——美国和欧洲比较研究》，刘静译，法律出版社 2021 年版，第 102 页。

③ 刘冰：《论我国个人破产制度的构建》，载《中国法学》2019 年第 4 期。

④ ［美］杰森·J. 吉伯恩：《个人破产法比较研究》，徐阳光、李丽丽译，法律出版社 2022 年版，第 22 页。

⑤ ［美］杰森·J. 吉伯恩：《个人破产法比较研究》，徐阳光、李丽丽译，法律出版社 2022 年版，第 23~25 页。

⑥ 殷慧芬：《消费者破产制度研究》，上海交通大学 2008 年博士学位论文。

三、日本破产制度

（一）两分的清算和重整程序

在日本，"破产"仅指破产清算，"倒产"指广义上的包括重整在内的破产。日本现行倒产法律主要由《日本破产法》《日本民事再生法》《日本公司更生法》三部法律组成。其中，《日本破产法》规定的是清算程序，《日本民事再生法》和《日本公司更生法》规定的都是重整程序。依据适用对象的不同，日本的清算和重整程序可以分为两套程序。

1. 一般清算程序和特别清算程序

一般清算程序规定在《日本破产法》中，适用于企业和自然人，流程与我国的清算程序基本相同。区别在于，一般清算程序中，破产财产分配方案无需经过债权人会议表决通过，管理人在将拟定的破产分配方案提交法院和进行公告后，债权人即可领取分配财产。[①] 特别清算程序仅适用于已经解散的股份有限公司，内容主要规定在现行《日本公司法》中。特别清算程序的启动方式非常灵活，可以由法院依职权启动，也可以由法院依申请决定启动。在特别清算程序中，债权人不通过破产分配受偿，而是依据经债权人会议表决和法院批准的协议受偿。[②] 同时，在特别清算程序中，法院可以选任具有相关知识的专业人员组成调查委员协助处理相关调查事宜，并对特别清算行为进行监督。[③]

2. 民事再生程序和公司更生程序

民事再生程序以帮助债务人实现经济再生为目标，可以适用于自然人和法人，但更多适用于中小企业。该程序只能由法院依当事人申请决定启动，且债务人必须在指定期间内向法院提交再生计划，计划被法院批准后产生效力。债务人再生申请被驳回、再生程序被废止、再生计划未被批准或被

---

① ［日］山本和彦：《日本倒产处理法入门》，金春等译，法律出版社 2016 年版，第 3 页。

② ［日］山本和彦：《日本倒产处理法入门》，金春等译，法律出版社 2016 年版，第 3 页。

③ 王栎雯：《公司特别清算制度探讨》，载《现代商贸工业》2016 年第 1 期。

撤销的，经法院裁定或当事人申请，可直接转入清算程序。[①] 公司更生程序通常适用于股份公司中的大企业。该程序采管理人模式，法院关于该程序的裁定一经作出，公司的业务经营及财产管理处分权即转由更生管理人掌握，所有债权也不得再私下偿还，涉及公司财产的相关诉讼程序自然中止。[②] 公司更生程序中，债务人或更生管理人原则上应在程序开始后一年内提交更生计划，计划经多数债权人表决通过且经法院批准后正式生效，进入执行阶段。更生计划执行完毕或计划中三分之二以上债权已经清偿的，视为更生计划目的已经实现，更生程序随之终结。[③]

（二）民间倒产 ADR 程序

日本的倒产 ADR 程序种类十分丰富。依据程序中主导者的不同，倒产 ADR 程序可以分为司法型 ADR 程序和民间 ADR 程序。着重对民间 ADR 程序进行考察介绍。

1. 事业再生 ADR 程序

该程序肇始于产业经济省于 2007 年通过的部门规章，其核心思想是让中立的第三人参与企业重整，帮助陷入财务困境且有挽救价值的企业实现重生。该程序由司法部和经济产业省公认的专家主导，主要适用于大中型企业，且以非公开方式进行。债务人想要适用该程序的，必须向事业再生实务家协会提出申请，协会审查后认为债务人确有重整希望的，才会受理并启动程序。程序开始后，协会会与债务人联名向对象债权人发出通知，要求其立即停止行使债权，并决定在两周内召集债权人会议，还会从专家库中随机抽取专家进行居中调解并协助债务人制订重整计划。[④] 重整计划表决采取"一票决"的方式，全体债权人一致书面同意重整计划的，重整计划才能通过。若债权人不同意重整计划，则直接转入法庭内重整程序。[⑤]

---

① ［日］山本和彦：《日本倒产处理法入门》，金春等译，法律出版社 2016 年版，第 161 页。

② 施建辉、季俊东：《日本的公司更生制度》，载《外国经济与管理》1999 年第 2 期。

③ ［日］山本和彦：《日本倒产处理法入门》，金春等译，法律出版社 2016 年版，第 183~205 页。

④ 李伟群、山本宽：《日本破产程序中私的整理制度评述》，载《公司法评论》2013 年卷。

⑤ 王康：《我国预重整制度的归位运行》，载《上海法学研究》集刊 2021 年第 9 卷。

2. 信贷咨询

信贷咨询是个人倒产中的 ADR 程序。该程序中债务人会在信贷咨询机构专业人员的帮助下拟定债务清偿方案，若方案经过债权人同意且获得法院批准，那么债务人就按照方案内容偿还债务。适用该程序，债务人必须有自发偿还债务的意思，且其三年内的收入足以偿还债务，债务产生亦与企业经营无关。[①]

（三）种类丰富的个人破产程序

日本的个人倒产制度包括法庭内倒产处理程序和法庭外债务清理程序。其中，法庭内倒产处理程序包括个人清算程序和个人再生程序，法庭外债务清理程序包括特定调解、信用咨询程序。

1. 个人再生程序

该程序的核心是制定一个再生计划，免除债务人的部分债务，债务人分期偿还剩余债务以实现事业或经济的再生。依据债务人类型和债务类型的不同，个人再生程序又可细分为小规模个人再生程序、工薪者再生程序。小规模个人再生程序适用于债权总额不超过 5000 万日元且未来能持续或重复取得收入的债务人。该程序中，法院可依申请或依职权选任一名或多名个人再生委员，代替管理人履行调查债务人财产和收入状况、协助法院评估再生债权、协助债务人拟定再生计划等职责。[②] 工薪者再生程序适用于有固定收入且收入较稳定的债务人，在工薪阶层、退休职工中适用较多。[③] 该程序中，债务人过去近两年的收入扣除其最低生活成本（含所得税、社保及维持债务人和其被扶养人的必要生活费用）后，剩余数额即为债务人在接下来的三年清偿期内需要清偿的债务数额。特殊情况下，债务清偿期也可延长至五年。[④] 此外，日本还针对无力清偿住宅资金贷款债权的债务人专门规定了住宅资金贷款债权特别规则，以帮助因购买、建造、改良住宅而贷款并约定以

---

① ［日］山本和彦：《日本倒产处理法入门》，金春等译，法律出版社 2016 年版，第 39 页。

② ［日］山本和彦：《日本倒产处理法入门》，金春等译，法律出版社 2016 年版，第 165~166 页。

③ 雷思凡：《日本个人再生程序对我国个人破产法的启示》，载《安徽警官职业学院学报》2021 年第 6 期。

④ 参见［日］山本和彦：《日本倒产处理法入门》，金春等译，法律出版社 2016 年版，第 170~171 页。

分期付款形式偿还债权的债务人实现重生，但该"住宅"必须是债务人所有，且住宅二分之一以上的面积专门用于债务人个人居住需求。[①]

2. 特定调解

该程序属于司法型 ADR 程序，既适用于自然人，也适用于法人。该程序的本质是和解，其核心内容是债务人在调解委员的帮助下，与债权人就债务金额、偿还日期等达成和解，重新计算利息，并约定在三至四年期间内清偿剩余债权。

四、印度破产制度

（一）被寄予厚望的破产法

印度现行破产法是 2016 年颁布的《破产与清算法案》。"该法是一部涉及破产和清算的综合性法案，适用于印度全国，旨在解决破产法律体系统一性较差、不良资产处置及破产清算低效、信贷市场及营商环境较差三大问题"[②]，其目标是简化破产程序，提高破产效率。后随着实践中不断暴露出的问题，印度又先后三次对法案内容进行修订。

新法采企业破产与个人破产合并立法的模式，规定商人和商人以外的民事主体均可申请破产，且设置了债务追收法院专门审理自然人破产案件。在程序设计上，为自然人债务人提供了重整、破产、重生三种债务清理路径，其核心内容是破产免责须作为债务人最后的救济手段，只有当债务人与债权人协商后仍不能清偿债务的才可以适用；对于债务负担特别沉重、难以"重新开始"的债务人，国家要适度给予其"喘息空间"，以帮助其获得全新开始。

（二）双轨制破产处理程序

为提高破产效率，2016 年《破产与清算法案》创设出了一套适用于所有类型企业的一般破产处理程序和一套仅适用于小微企业的快速破产处理程序。

---

① ［日］山本和彦：《日本倒产处理法入门》，金春等译，法律出版社 2016 年版，第 175 页。

② 郑联盛、艾鹭、胡滨：《印度〈破产法〉与企业破产清算处置研究——兼论对中国破产法律体系改革的启示》，载《金融监管研究》2020 年第 4 期。

一般破产处理程序适用于所有类型的企业。当债务金额达到 1000 万卢比（约为 875400 元人民币）以上时，[①] 债权人和债务人均可提出一般破产申请。[②] 一般破产处理程序因法院的裁定而启动，法院会同时签发令状宣布延期偿付，禁止债权人请求债权，并禁止债务人擅自处分公司财产。在该程序中，法院会任命临时破产管理人，负责管理公司事务、制定管理计划。若债权人委员会未通过破产方案或法院未批准破产方案，则由法院宣布债务人直接进入清算程序。[③] 一般破产处理程序对时间有严格限制，通常要在破产申请受理之日起 180 天内完成，仅在特殊情况下才可延长期限，且最长不能超过 330 天（包括所有的延期和诉讼期间）。

快速破产处理程序仅适用于小微企业，旨在快速解决小微企业的破产问题，有严格的适用条件限制："1. 符合 2013 年印度《公司法》定义的小公司；2. 印度商务部 2017 年所界定的初创企业（合伙公司除外）；3. 在上一年度资产总额不超过 1000 万卢比的未上市公司。"[④] 在快速通道破产程序中，破产时限减半，所有程序必须在 90 天内完成，只有在特殊情况下才可继续延长。

（三）破产专业化情况

1. 破产审判专业化

2016 年《破产与清算法案》实施后，印度借助新法实现了破产审判的专业化。现在，印度的破产案件由国家公司法法院和债务追收法院专门审理。其中，国家公司法法院专门负责审理公司和有限合伙人破产的案件，以法人的注册办事处所在地为依据行使管辖权；债务追收法院负责审理个人破产及普通合伙企业破产的案件。二者分属于不同的审判条线。

2. 破产事务管理机构专业化

印度破产委员会是专门管理破产事务的行政机构，其设立宗旨是为了

---

① 2020 年 3 月 24 日，印度发布通知将启动破产程序的最低债务金额从原来的 10 万卢比增加至 1000 万卢比。

② 印度新破产法将债权细分为金融债权人、业务债权人、公司债权人三类，不同债权人在提起破产申请的条件、需要提交的材料、所享受的权利方面均有所区别。

③ 上海春天律师事务所：《简论印度破产程序》，载微信公众号"上海春天律师事务所"，2020 年 7 月 20 日。

④ 郑联盛、艾莺、胡滨：《印度〈破产法〉与企业破产清算处置研究——兼论对中国破产法律体系改革的启示》，载《金融监管研究》2020 年第 4 期。

加强对破产执业者的规范和对破产程序的监督。破产委员会不仅负责管理破产执业群体（包括破产执业者的准入、登记及退出管理），还具有立法、行政和类司法的功能[1]。同时，破产委员会还负责规范和监督破产执业机构和金融信息机构，并对个人破产的相关情况进行登记备案。

3. 破产案件信息化

2016 年《破产与清算法案》颁布后，印度政府要求新建立的金融信息机构负责组建一个信息网络，负责"依法收集、整理并存储债务人的财务、违约、信用登记及担保信息，并根据需要对债务人的信息真实性进行验证"[2]，以减少破产程序中因信息不对称导致的权益受损问题。

---

[1] 陈夏红：《印度新〈破产法〉新在哪里》，载《法制日报》2016 年 7 月 13 日。

[2] 郑联盛、艾莺、胡滨：《印度〈破产法〉与企业破产清算处置研究——兼论对中国破产法律体系改革的启示》，载《金融监管研究》2020 年第 4 期。

附录 2：全国破产法庭设立情况表

设立顺序	法庭名称	成立时间	所属法院	所在区域
1	深圳破产法庭	2019年1月14日	深圳市中级人民法院	广东省深圳市
2	北京破产法庭	2019年1月30日	北京市第一中级人民法院	北京市
3	上海破产法庭	2019年2月1日	上海市第三中级人民法院	上海市
4	天津破产法庭	2019年12月19日	天津市第二中级人民法院	天津市
5	广州破产法庭	2019年12月20日	广州市中级人民法院	广东省广州市
6	温州破产法庭	2019年12月28日	温州市中级人民法院	浙江省温州市
7	重庆破产法庭	2019年12月31日	重庆市第五中级人民法院	重庆市
8	杭州破产法庭	2019年12月31日	杭州市中级人民法院	浙江省杭州市
9	济南破产法庭	2020年4月15日	济南市中级人民法院	山东省济南市
10	青岛破产法庭	2020年4月22日	青岛市中级人民法院	山东省青岛市
11	南京破产法庭	2020年6月12日	南京市中级人民法院	江苏省南京市
12	厦门破产法庭	2020年8月18日	厦门市中级人民法院	福建省厦门市
13	苏州破产法庭	2020年12月18日	苏州市中级人民法院	江苏省苏州市
14	成都破产法庭	2021年4月9日	成都市中级人民法院	四川省成都市
15	海口破产法庭	2021年12月27日	海口市中级人民法院	海南省海口市
16	长春破产法庭	2022年日6月22	长春市中级人民法院	吉林省长春市
17	武汉破产法庭	2022年9月29日	武汉市中级人民法院	湖北省武汉市

附录 3：宜商（营商）环境评价部分指标考察内容

破产框架力度指数指标考察内容		
	三级指标	四级指标
破产框架力度指数	破产程序的便利启动指数	债务人是否有权提出清算和重组申请
		债务人是否有权提出清算和重组申请
		破产程序启动标准是债务人不能按期偿还债务或是资不抵债
	债务人资产管理指数	债务人或其破产代表是否有权决定继续履行对债务人继续经营至关重要的合同
		债务人或其破产代表是否有权解除对债务人负担过重的合同
		偏颇交易行为是否可以被撤销
		不公允的交易行为是否可以被撤销
		债务人或其代表能否获得新融资
		新融资债权是否具有优先权
	重整程序指数	有权对重整计划草案进行表决的债权人
		债权人是否被划分为不同类别，不同类别是否单独投票，每个类别中的债权人都受到平等对待
		持异议的债权人在重整中能否获得与清算时相同的金额
	债权人参与指数	债权人是否有权任命、批准或拒绝破产管理人
		债权人是否有权批准债务人出售大额资产
		单个债权人是否有权在破产程序期间获取债务人的相关信息
		债权人是否有权反对或者拒绝其他债权人就相关债权作出的决定

破产程序法规的质量考察内容		
三级指标	四级指标	五级指标
法律和程序标准（共13项指标）	破产程序启动前和启动程序(共5项指标)	公司管理层在破产前的责任和义务、庭外重组机制、正式重组程序的开始、正式清算程序的开始、正式破产程序的开始
	清算和重整程序(共5项指标)	通知债权人及债权申报、重组计划如何投票表决、重组计划投票方式、对重组计划持反对意见的债权人保护、重组到清算程序的转换
	破产管理人专业知识(共3项指标)	资格要求、取消资格的情形、选任和罢免机制
资产和利益相关者（共11项指标）	债务人资产管理(共6项指标)	自动中止、自动中止的例外情形和救济、待履行合同继续履行、负担过重合同或资产的拒绝履行、偏颇性清偿和不对等交易行为的撤销、破产程序启动后获得新融资的可能性及优先清偿权
	债权人参与指数(共5项指标)	债权人代表、债权人信息请求、担保债权优先权、职工和环境债权优先权、职工债权特别制度
特别程序（共5项指标）	小微企业(共3项指标)	特殊程序的可适用性和适格性、程序转换、债务清偿
	跨境破产(共2项指标)	跨境破产法律框架的存在及对外国破产程序的承认、与外国法院和代表人合作的法律框架
破产程序制度和基础设施的质量指标考察内容		
三级指标	四级指标	具体考察内容
数字化和在线服务	电子法庭(共6项指标)	在线申请、电子付费、法官和律师的案件电子化管理、破产管理人的案件电子化管理、电子拍卖、网上听证
	破产程序服务交互性和信息公开(共4项指标)	与外部系统的交互性、破产案件判决的公开、破产程序的公开、破产从业人员登记信息的公开
公务人员和破产管理人	破产法院或破产法官的专业化(共2项内容)	在经济体最大的商业城市，存在专门的破产法院或专门处理破产事务的商业法院的法官、庭室、合议庭
	破产管理人的专业技能(共2项内容)	申请破产管理人的专业资格要求、是否对破产管理人进行专门培训

附录 4：各地预重整规定分析表①

地区	规定形式	启动时间	启动主体	辅助机构选任	是否中止执行	预重整期限(月)
北京	专章规定	破产申请后、法院裁定受理前	法院决定	法院指定		3+1
上海	单独文件	进入重整程序前	法院决定	提名，协商不成法院指定		
重庆	单独文件	破产申请受理前	登记备案	不指定	协商暂缓执行	
河南	专章规定	进入破产程序前		竞争、推荐		
陕西	专章规定	受理重整申请前	法院决定	法院指定	明确不具有中止执行、解除保全、冻结担保债权的行使等效力	5+1
深圳	专章规定	破产申请后、法院裁定受理前	法院决定	推荐+法院指定	应当中止	
温州	单独文件		属地政府	属地政府	协调暂缓采取	6+3
杭州	单独文件	重整申请审查期间	法院决定	评审小组(法院、主要债权人、债务人、属地政府)	应当中止	3+3
诸暨	单独文件		法院决定	评审小组(法院、主要债权人、债务人、属地政府)	商请暂缓执行	3+3

① 根据规定制定的先后顺序排序。

地区	规定形式	启动时间	启动主体	辅助机构选任	是否中止执行	预重整期限(月)
广州	专章规定	破产申请后、法院裁定受理前	法院决定	推荐，推荐不成法院指定		3+1
潮州	单独文件	破产申请后、法院裁定受理前	法院决定	法院指定	应当中止	3+2
清远	专章规定	重整程序启动前	法院决定	推荐+法院指定		3+1
韶关	单独文件	重整程序启动前	法院决定	推荐+法院指定		6+3
云浮	专章规定	受理重整申请前	法院决定	推荐+法院指定	应当中止	3+1
泉州	单独文件	破产申请后、法院裁定受理前	法院决定	法院指定	可以中止	3+1
厦门	单独文件	申请破产重整前		法院指定		
合肥	单独文件	破产申请受理前	登记备案	法院指定		5+2
北海	专章规定	破产申请后、法院裁定受理前	法院决定	法院指定		
河池	专章规定	破产申请受理前	法院决定	推荐，推荐不成法院指定		
海口	专章规定	受理重整申请前	法院决定	推荐+法院指定	应当中止	3+1
郑州	单独文件	破产申请后、法院裁定受理前	法院决定	法院指定	应当中止	3+3
周口	单独文件	破产申请后、法院裁定受理前	法院决定	法院指定	应当中止	3+3
鹤壁	专章规定	申请审查期间	法院决定	法院指定		

地区	规定形式	启动时间	启动主体	辅助机构选任	是否中止执行	预重整期限(月)
焦作	专章规定	进入破产程序前	法院决定	推荐+法院指定		3+1
洛阳	单独文件	破产申请后、法院裁定受理前	法院决定	推荐+法院指定	应当中止	3+2
南阳	单独文件	申请破产重整前		法院指定		
平顶山	单独文件	重整程序启动前	府院联席会议决定	工作专班公开招募		3+2
濮阳	专章规定	重整程序启动前	法院决定	推荐+法院指定		3+1
三门峡	单独文件	申请审查期间	法院决定	推荐+法院指定	商榷中止或暂缓执行	3+1
商丘	专章规定		法院决定	推荐+法院指定	执转破应当中止	3+3
新乡	单独文件	裁定受理重整申请前	法院决定	法院指定	应当中止	3+1+1
信阳	单独文件	破产申请后、法院裁定受理前	法院决定	推荐+法院指定	应当中止	3+1
佳木斯	单独文件	裁定受理重整申请前	法院决定	法院指定	申请，经申请执行人或担保债权人同意，本院认为确有必要，应当中止	3+1
齐齐哈尔	单独文件	破产申请后、法院裁定受理前	法院决定	推荐+法院指定		6+3
衡阳	单独文件	破产申请后、法院裁定受理前	法院决定	推荐+法院指定		3+1
长春	单独文件	受理重整申请前	法院决定	推荐+法院指定		3+1
宿迁	单独文件	破产申请后、法院裁定受理前	法院决定	推荐+法院指定	应当中止	3+1

地区	规定形式	启动时间	启动主体	辅助机构选任	是否中止执行	预重整期限(月)
南京	专章规定	裁定受理重整申请前	法院决定	推荐+法院指定		
苏州工业园区	单独文件	破产申请后、法院裁定受理前	法院决定	推荐+法院指定		3+1
苏州吴江区	单独文件	破产申请后、法院裁定受理前	法院决定	推荐+法院指定		3+1
苏州吴中区	单独文件	破产申请后、法院裁定受理前	法院决定	法院指定	请求暂停	6+3
大连	单独文件	破产申请后、法院裁定受理前	法院决定	推荐+法院指定		6+1
沈阳	单独文件	破产申请后、法院裁定受理前	法院决定	协商+法院指定	应当中止	3+3
银川	单独文件	破产申请后、法院裁定受理前	法院决定	法院指定	应当中止	6个月，可适当延长
济南	单独文件	破产申请后、法院裁定受理前	法院决定	法院指定	协商中止	3+1
青岛	单独文件	受理重整申请前	法院决定	协商+法院指定		3+3
威海	单独文件	受理重整申请前	备案登记	推荐，推荐不成法院指定		3+1
枣庄	单独文件	受理重整申请前	法院决定	法院指定		3+3
淄博	单独文件	破产申请后、法院裁定受理前	法院决定	法院指定	执转破应当中止	3+1
晋中	单独文件	受理重整申请前	法院决定	竞争、推荐		3+1

地区	规定形式	启动时间	启动主体	辅助机构选任	是否中止执行	预重整期限(月)
沂州	单独文件	破产申请受理前	备案登记	协商聘任	协商暂缓执行	3+1
成都	单独文件	破产申请后、法院裁定受理前	法院决定	推荐+法院指定	应当中止	3+2
德阳	单独文件	破产申请后、法院裁定受理前	法院决定	协商+法院指定		3+1
广元	单独文件	破产申请受理前	登记备案	法院指定		6+3
凉山	单独文件	破产申请后、法院裁定受理前	法院决定	推荐+法院指定		3+1
眉山	单独文件	破产申请后、法院裁定受理前	法院决定	推荐+法院指定		6+1
攀枝花	单独文件	破产申请后、法院裁定受理前	法院决定	协商+法院指定	积极协调	3+2
遂宁	单独文件	受理重整申请前	法院决定	法院指定	应当中止	3+1
自贡	单独文件	破产申请后、法院裁定受理前	法院决定	协商+法院指定	商榷中止或暂缓执行	3+1
天府新区	单独文件	破产申请后、法院裁定受理前	法院决定	协商+法院指定	商榷中止或暂缓执行	3+1
资阳	单独文件	破产申请后、法院裁定受理前	法院决定	推荐,推荐不成法院指定	商请暂停执行	3+2
南华	单独文件	破产申请后、法院裁定受理前	法院决定	协商+法院指定		3+3

附录 5：各地实质合并破产规范指引对比表

地区	申请人	举证责任	管理人指定	相关起算点
陕西省高级人民法院破产案件审理规程(试行)	破产管理人、债权人、债务人	申请人：法人人格高度混同且难以区分、损害债权人公平清偿利益	采取指定联合管理人或者核心控制企业管理人为管理人的方式	按照债务人与关联企业各自进入破产程序的时间分别确定止息日
深圳市中级人民法院审理企业重整案件的工作指引(试行)	关联企业成员、关联企业成员的出资人、债权人、已经进入破产程序的关联企业成员的管理人	债务人、管理人、出资人：法人人格高度混同，损害债权人公平受偿利益的初步证据 债权人：能够证明存在合理理由信赖其交易对象并非单个关联企业成员、单独破产损害其公平受偿利益的证据		重整计划草案提交期限重新起算
北京市第一中级人民法院关联企业实质合并重整工作办法(试行)	关联企业成员、关联企业成员的债权人、已经进入破产程序的关联企业成员的管理人	申请人：法人人格高度混同且难以区分、损害债权人公平清偿利益的证据	重新指定关联企业的管理人	解除权、撤销权、止息日自对相应关联企业成员的破产申请受理之日起计算
东营市中级人民法院关联企业实质合并破产案件审理规程	关联企业、关联企业的债权人、已经进入破产程序的关联企业的管理人	债务人、管理人：关联企业发展过程中形成、构成混同的证据以及收集整理的混同证据	对拟适用实质合并破产的案件指定同一管理人	

参考文献

一、著作

［1］王卫国:《破产法》,人民法院出版社 1999 年版。

［2］王欣新:《破产法》,中国人民大学出版社 2019 年版。

［3］韩长印:《破产法学》(第二版),中国政法大学出版社 2016 年版。

［4］李永军、王欣新、邹海林、徐阳光:《破产法》(第二版),中国政法大学出版社 2017 年版。

［5］韩长印主编:《破产疑难案例研习报告(2021 年卷)》,法律出版社 2022 年版。

［6］李永军:《破产法——理论与规范研究》,中国政法大学出版社 2013 年版。

［7］许德风:《破产法论——解释与功能比较的视角》,北京大学出版社 2015 年版。

［8］王利明:《民法总则研究》,中国人民大学出版社 2012 年版。

［9］徐阳光:《英国个人破产与债务清理制度》,法律出版社 2020 年版。

［10］李曙光、郑志斌:《公司重整法律评论》(第一辑),法律出版社 2011 年版。

［11］邹海林:《破产法——程序理念与制度结构解析》,中国社会科学出版社 2016 年版。

［12］陈夏红:《破产法札记》,法律出版社 2021 年版。

［13］王欣新:《破产法前沿问题思辨》,法律出版社 2017 年版。

［14］汪世虎:《公司重整中的债权人利益保护研究》,中国检察出版社 2006 年版

［15］汤维建:《破产程序与破产立法研究》,人民法院出版社 2001 年版。

［16］王欣新:《破产法原理与案例教程》(第二版),中国人民大学出版社 2015 年版。

［17］何旺翔:《破产重整制度改革研究》,中国政法大学出版社 2020 年版。

［18］陆晓燕：《"市场化破产"的法治内蕴》，法律出版社 2020 年版。

［19］谢俊林：《中国破产法律制度专论》，人民法院出版社 2005 年版。

［20］杨忠孝：《破产法上的利益平衡问题研究》，北京大学出版社 2008 年版。

［21］齐砺杰：《破产重整制度的比较研究——英美视野与中国图景》，中国社会科学出版社 2016 年版。

［22］王艳华：《破产法学》，郑州大学出版社 2009 年版。

［23］沈达明、郑淑君：《比较破产法初论》，对外贸易教育出版社 1993 年版。

［24］许士宦：《债务清理法之基本构造》，我国台湾地区元照出版公司 2009 年版。

［25］陈计男：《破产法论》，我国台湾地区三民书局 2004 年版。

［26］李曙光主编：《中华人民共和国企业破产法制度设计》，人民法院出版社 2006 年版。

［27］胡利玲：《困境企业拯救的法律机制研究——制度改进的视角》，中国政法大学出版社 2009 年版。

［28］杨临萍：《供给侧结构性改革司法实践——破产重整与和解最新理论及实务》，法律出版社 2020 年版。

［29］邹海林、周泽新：《破产法学的新发展》，中国社会科学出版社 2013 年版。

［30］张婷、胡利玲：《预重整制度理论与实践》，法律出版社 2020 年版。

［31］张媛：《跨国破产法律制度研究》，吉林大学出版社 2021 年版。

［32］吴长波：《变革中的破产法：理论与实证》，北京知识产权出版社 2012 年版。

［33］张小炜，尹正友：《〈企业破产法〉的实施与问题》，当代世界出版社 2007 年版。

［34］徐阳光、范志勇、徐战成：《破产法与税法的理念融合及制度衔接》，法律出版社 2021 年版。

［35］史尚宽：《债法总论》，中国政法大学出版社 2000 年版。

［36］梁慧星：《民法总论》，法律出版社 2001 年版。

［37］张文显：《法学理论前沿论坛》（第二卷），科学出版社 2003 年版。

［38］柯芳枝：《公司法论》，我国台湾地区三民书局 1997 年版。

［39］苏永钦：《民事立法与公私法的接轨》，北京大学出版社 2005 年版。

［40］邹建平：《诚信论》，天津人民出版社 2005 年版。

［41］杜万华主编：《中华人民共和国民法典实施精要》，法律出版社 2021 年版。

［42］刘得宽：《民法诸问题与新展望》，中国政法大学出版社 2002 年版。

［43］张文显：《二十世纪西方法哲学思潮研究》，法律出版社 1996 年版。

［44］范健、王建文：《商法学》，法律出版社 2014 版。

［45］李适时主编：《中华人民共和国民法总则释义》，法律出版社 2017 年版。

［46］刘俊海：《新公司法的制度创新：立法争点与解释难点》，法律出版社 2006 年版。

［47］李培进：《企业破产法的理论与实践》，中国政法大学出版社 2011 年版。

［48］邹海林：《破产程序和破产法实体制度比较研究》，法律出版社 1995 年版。

［49］巫文勇：《利益平衡视角下的金融机构破产特定债务优先清偿法律制度研究》，中国政法大学出版社 2014 年版。

［50］巫文勇：《金融机构破产特定债务清偿制度比较研究》，中国政法大学出版社 2014 年版。

［51］李飞：《当代外国破产法》，中国法制出版社 2006 年版。

［52］李国光主编：《新企业破产法理解与适用》，人民法院出版社 2006 年版。

［53］董胜：《大胆突破：中国企业破产成为现实》，吉林出版集团有限责任公司 2010 年版。

［54］朱少平、葛毅编：《中华人民共和国破产法——立法进程资料汇编（2000年）》，中信出版社 2004 年版。

［55］吴合振：《企业破产清算》，人民法院出版社 2002 年版。

［56］齐明：《中国破产法原理与适用》，法律出版社 2017 年版

［57］徐建新主编：《破产案件简化审理程序探究》，人民法院出版社 2015 年版。

［58］丁燕：《上市公司破产重整计划法律问题研究理念、规则与实证》，法律出版社 2014 年版。

［59］李成文：《中国上市公司重整的内在逻辑与制度选择》，中国法制出版社 2012 年版。

［60］张世君：《中国金融机构破产的理论探索与制度构建》，法律出版社 2017 年版。

［61］丁燕：《破产法律文化和破产法的变革》，人民出版社 2022 年版。

［62］刘仁伍：《金融机构破产的法律问题》，社会科学文献出版社 2007 年版。

［63］郭靖祎：《个人破产立法中的制度规则衔接问题研究》，法律出版社 2022 年出版。

［64］卜璐：《消费者破产法律制度比较研究》，武汉大学出版社 2013 年版。

［65］王欣新、郑志斌主编：《破产法论坛》（第九辑），法律出版社 2015 年版。

［66］曹明德：《生态法新探》，人民出版社 2007 年版。

［67］王明远：《环境侵权救济法律制度研究》，中国法制出版社 2001 版。

［68］王欣新、郑志斌主编：《破产法论坛》（第十五辑），法律出版社 2019 年版。

［69］吕忠梅：《环境法新视野》，中国政法大学出版社 2019 年版。

［70］马原、回沪明主编：《税收征收管理法及配套规定新释新解》，人民法院出版社 2003 年版。

［71］王书瑶：《赋税导论》，经济科学出版社 1995 年版。

［72］刘剑文主编：《财税法学前沿问题研究：经济发展、社会公平与财税法治》，法律出版社 2012 年版。

［73］最高人民法院中国应用法学研究所：《人民法院案例选》（2020 年第 11 辑），人民法院出版社 2021 年版。

［74］徐亚农：《破产审判的温州探索》，法律出版社 2018 年版。

［75］浙江省律师协会编：《破产疑难案件实务应对》，法律出版社 2017 年版。

二、译著

［1］［美］查尔斯·J. 泰步：《美国破产法新论》，韩长印等译，中国政法大学出版社 2017 年版。

［2］［美］艾伦·沃森：《民法体系的演变及形成》，李静冰、姚新华译，中国法制出版社 2005 年版。

［3］［德］马克斯·韦伯：《法律社会学》，康乐、简惠美译，广西师范大学出版社 2005 年版。

［4］［美］亨利·汉斯曼：《企业所有权论》，于静译，中国政法大学出版社 2001 年版。

［5］［日］石川明：《日本破产法》，何勤华、周桂秋译，中国法制出版社 2000 年版

［6］［日］佐藤孝弘：《董事勤勉义务和遵守法律、公司章程的关系——从比较法的角度》，载《时代法学》2010 年第 3 期。

［7］［日］山本和彦：《日本倒产处理法入门》，金春等译，法律出版社 2016 年版。

［8］［美］大卫·G. 爱泼斯坦、史蒂夫·H. 尼克勒斯、詹姆斯·J. 怀特：《美国

破产法》，韩长印等译，中国政法大学出版社 2003 年版。

［9］［美］《美国破产法典》，李曙光审定，申林平译，法律出版社 2021 年版。

［10］［英］卡尔·恩吉施：《法律思维导论》，郑永流译，法律出版社 2004 年版。

［11］［英］费奥娜·托米：《英国公司和个人破产法》，汤维建、刘静译，北京大学出版社 2010 年版。

［12］［英］伊恩·拉姆齐：《21 世纪个人破产法》，刘静译，法律出版社 2021 年版。

［13］［美］约瑟夫·斯托里：《美国宪法评注》，毛国权译，上海三联书店 2006 年版。

［14］［美］约翰·罗伯茨：《美国联邦法院 2022 年终报告》，黄斌、杨奕译，载《人民法院报》2023 年 1 月 13 日。

［15］［美］罗伯特·莱恩：《美国破产法及其实践的司法视角》，叶俊丽译，载《破产法茶座》（第二卷），法律出版社 2017 年版。

［16］［美］道格拉斯·G.贝尔德：《美国破产法精要》，徐阳光、武诗敏译，法律出版社 2020 年版。

［17］［美］杰森·J.吉伯恩：《个人破产法比较研究》，徐阳光、李丽丽译，法律出版社 2022 年版。

［18］［美］大卫·G.贝尔德等：《美国破产法》，韩长印译，中国政法大学出版社 2003 年版。

［19］［美］杰伊·劳伦斯·韦斯特布鲁克等：《商事破产：全球视野下的比较分析》，王之洲译，中国政法大学出版社 2018 年版。

［20］［美］塔尔科特·帕森斯：《社会行动的结构》，张明德、夏遇南等译，译林出版社 2008 年版。

［21］［美］马丁·舒贝克：《货币和金融机构理论》（第一卷），王永钦译，上海三联书店、上海人民出版社 2006 年版。

［22］［瑞士］艾娃·胡普凯斯：《比较视野中的银行破产法律制度》，季立刚译，法律出版社 2006 年版。

［23］自然人破产处理工作小组：《世界银行自然人破产问题处理报告》，殷慧芬、张达译，中国政法大学出版社 2016 年版。

三、论文

［1］梁伟：《中国语境下破产法经济调节功能的变迁》，载《广西大学学报（哲学社会科学版）》2018 年第 2 期。

［2］谢国儿：《中国古代"破解执行难"之法制探析》，载《人民法院报》2018 年 4 月 20 日。

［3］周保华：《破产倒闭优胜劣汰——沈阳市试行企业〈破产规定〉的调查》，载《中国经济体制改革》1986 年第 3 期。

［4］柳正权：《重视文化对于法律实施的作用》，载《人民日报》2012 年 6 月 27 日。

［5］蔡劲松：《以文化自信自强谱写中国式现代化文化长卷》，载《人民论坛》2022 年第 22 期。

［6］谢红星：《发现"法典化"传统的法理：价值、进路与限度》，载《东岳论丛》2021 年第 11 期。

［7］雷磊：《法典化究竟意味着什么？》，载《法制与社会发展》2023 年第 2 期。

［8］金锦萍：《论法典化背景下我国社会保障法的体系和基本原则》，载《法治研究》2023 年第 3 期。

［9］何勤华：《"法典化"并非立法的最终归宿》，载《上海法治报》2021 年 12 月 24 日。

［10］徐国栋：《罗马破产法研究》，载《现代法学》2014 年第 1 期。

［11］赵磊：《民法典时代的商法体系化》，载《人民法院报》2020 年 7 月 30 日。

［12］赵万一、赵舒窈：《后民法典时代民商关系的立法反思》，载《湖北社会科学》2019 年第 10 期。

［13］韩长印：《破产理念的立法演变与破产程序的驱动机制》，载《法律科学》2002 年第 4 期。

［14］陈夏红：《破产法七十年：从政策工具到法治缩影》，载《法人》2019 年第 10 期。

［15］徐阳光：《认真对待破产法》，载《月旦财经法杂志》2016 年第 1 期。

［16］刘冰：《〈民法总则〉视角下破产法的革新》，载《法商研究》2018 年第 5 期。

［17］李涛：《〈民法总则〉中破产制度的重构——基于"商事思维"视角的分

析》，载《汕头大学学报（人文社会科学版）》2019 年第 5 期。

［18］王利明：《深刻把握民法典的基础性法律地位》，载《人民日报》2020 年 7 月 8 日。

［19］张文显：《中国步入法治社会的必由之路》，载《中国社会科学》1989 年第 2 期。

［20］姚明斌：《民法典体系视角下的意思自治与法律行为》，载《东方法学》2021 年第 3 期。

［21］齐明、焦杨：《破产体系构建的功能主义指向及其市场依赖》，载《当代法学》2012 年第 5 期。

［22］张善斌、钱宁：《论破产法修订应考量的几个重要关系》，载《宁夏社会科学》2022 年第 4 期。

［23］孙宪忠：《中国民法典总则与分则之间的统辖遵从关系》，载《法学研究》2020 年第 3 期。

［24］王建文：《论我国商事权利的体系化构建》，载《当代法学》2021 年第 4 期。

［25］樊涛、陶冉：《〈民法典〉背景下商法规范的创设路径》，载《河南财经政法大学学报》2022 年第 1 期。

［26］李建伟：《民商合一立法体例的中国模式》，载《社会科学研究》2018 年第 3 期。

［27］王艳华：《〈破产法〉的"剧场化"解说——以债权人为核心看〈破产法〉的疑点与困惑》，载《中国商法年刊（2007）》。

［28］王欣新：《破产法修改中的新制度建设》，载《法治研究》2022 年第 4 期。

［29］黄忠：《论民法典后司法解释之命运》，载《中国法学》2020 年第 6 期。

［30］潘玮璘、蒋太仁：《破产程序中民事裁定的扩展适用》，载《商事审判指导》2020 年第 1 辑。

［31］刘颖：《论破产法中合同规则体系的完善》，载《中国法律评论》2021 年第 6 期。

［32］许德风：《破产法基本原则再认识》，载《法学》2009 年第 8 期。

［33］王利明：《论民事权益位阶：以〈民法典〉为中心》，载《中国法学》2022 年第 1 期。

［34］李永军：《论民法典上"自然人"的概念》，载《苏州大学学报（哲学社会科学版）》2020 年第 4 期。

［35］聂卫锋：《法典化与〈法国商法典〉的最新发展》，载《国家检察官学院学报》2013 年第 2 期。

［36］魏磊杰：《论民法典的保守性》，载《甘肃政法学院学报》2011 年第 5 期。

［37］陈金钊：《民法典意义的法理诠释》，载《中国法学》2021 年第 1 期。

［38］苏永钦：《大民法典的理念与蓝图》，载《中外法学》2021 年第 1 期。

［39］邹海贵、饶湘洪：《论〈民法典〉以人为本的伦理精神》，载《湖南人文科技学院学报》2022 年第 2 期。

［40］赵力一：《论民法的伦理性价值》，载《法商研究》2003 年第 6 期。

［41］于飞：《基本原则与概括条款的区分：我国诚实信用与公序良俗的解释论构造》，载《中国法学》2021 年第 4 期。

［42］李建伟：《后〈民法典〉时代商法基本原则的再厘定》，载《学术论坛》2021 年第 3 期。

［43］李永军：《重申破产法的私法精神》，载《政法论坛》2002 年第 3 期。

［44］汪世虎、李刚：《自然人破产能力研究》，载《现代法学》1999 年第 6 期。

［45］方绍坤、马鹏博：《农村集体经济组织具有破产能力吗？》，载《上海政法学院学报（法治论丛）》2022 年第 5 期

［46］吴昭军：《农村集体经济组织终止问题研究》，载《暨南学报（哲学社会科学版）》2021 年第 10 期

［47］周彬彬：《论农村集体经济组织法人的破产问题》，载《中国不动产法研究》2021 年第 1 期

［48］臧昊、梁亚荣：《农村集体经济组织破产制度研究》，载《农业经济》2018 年第 10 期

［49］温世扬：《农村集体经济组织法人特殊构造轮》，载《政治与法律》2022 年第 10 期。

［50］陈夏红：《破产法的宪法根基》，载《法学评论》2022 年第 3 期。

［51］许德风：《论担保物权的经济意义及我国破产法的缺失》，载《清华法学》2007 年第 3 期。

［52］李曙光：《论我国〈企业破产法〉修法的理念、原则与修改重点》，载《中国法律评论》2021 年第 6 期。

［53］曹刚：《〈民法典〉的四大伦理精神》，载《道德与文明》2020 年第 6 期。

［54］贺剑：《绿色原则与法经济学》，载《中国法学》2019 年第 2 期。

［55］张钦昱：《中国企业破产法治环境的优化——对标世界银行〈营商环境报

告〉之"办理破产"指标体系》，载李曙光、刘延岭主编：《营商环境与破产重组》，法律出版社 2021 年版

〔56〕马哲：《"营业"的破产法意义——兼论对我国〈企业破产法〉的完善建议》，载《中国政法大学学报》2021 年第 4 期。

〔57〕邢丹：《"绿色原则"视阈下预重整制度的功能性构建》，载《现代法学》2022 年第 2 期。

〔58〕江平：《中国民法典的三个创新》，载《政法论坛》2022 年第 1 期。

〔59〕徐胜强：《合同法民商合一的规范实现——一个历史比较的视角》，载《北方法学》2021 年第 2 期。

〔60〕齐明：《论我国构建自然人破产制度的必要性》，载《当代法学》2007 年第 4 期。

〔61〕王斐民：《金融机构破产综合立法的体系研究》，载《中国政法大学学报》2021 年第 4 期。

〔62〕张力毅：《通过破产法解决地方政府债务危机——美国的经验和启示》，载《行政法学研究》2016 年第 3 期。

〔63〕谢琳：《地方政府债务的司法化解》，载《中国政法大学学报》2021 年第 1 期。

〔64〕杨立新：《我国〈民法总则〉法律行为效力规则统一论》，载《法学》2015 年第 5 期。

〔65〕张玉海：《民法典时代破产法上待履行合同"涤除"制度再造》，载《华东政法大学学报》2022 年第 5 期。

〔66〕张勇：《破产欺诈的法律规制：以类型化为视角》，载《社会科学辑刊》2022 年第 4 期。

〔67〕谢鸿飞：《民法典实质担保观的规则适用与冲突化解》，载《法学》2020 年第 9 期。

〔68〕李运杨：《担保的移转从属性及其例外——以中德比较为视角》，载《中国海商法研究》2020 年第 2 期。

〔69〕李运杨：《担保从属性：本质、功能及发展》，载《澳门法学》2020 年第 2 期。

〔70〕邹海林：《出卖人在破产程序中的取回权——以所有权保留制度为中心》，载《上海政法学院学报》2021 年第 4 期。

〔71〕胡少锋：《所有权保留出卖人之破产取回权再审视——基于〈民法典〉担

保实质化设计之视角》，载《湖北职业技术学院学报》2022 年第 2 期。

［72］吴香香：《〈民法典〉第 598 条（出卖人主给付义务）评注》，载《法学家》2020 年第 4 期。

［73］武亦文：《〈民法典〉第 420 条（最高额抵押权的一般规则）评注》，载《南京大学学报（哲学·人文科学·社会科学版）》2021 年第 6 期。

［74］王欣新：《〈民法典〉与破产法的衔接与协调》，载《山西大学学报（哲学社会科学版）》2021 年第 1 期。

［75］余文清：《民法典中居住权规范的宪法意蕴》，载《北京科技大学学报（社会科学版）》2022 年第 1 期。

［76］最高人民法院民二庭课题组：《自然人破产程序中的住房抵押贷款债权处理规则研究》，载《法律适用》2022 年第 2 期。

［77］齐明、韩博识：《破产程序中的居住权问题探析》，载《社会科学战线》2021 年第 6 期。

［78］吴华彦：《破产程序中的居住权保护问题——以破产管理人为视角》，载《中国律师》2022 年第 1 期。

［79］房绍坤：《论民法典中的居住权》，载《现代法学》2020 年第 4 期。

［80］徐阳光、韩玥：《营商环境中办理破产指标的"回收率"研究》，载《上海政法学院学报（法治论丛）》2021 年第 4 期。

［81］徐阳光、韩玥：《个人破产的三重控制机制：基于个人债务集中清理实践的分析》，载《法律适用》2022 年第 6 期。

［82］夏正芳、李荐、张俊勇：《管理人选任机制实证研究 -- 以江苏法院管理人选任机制改革实践为蓝本》，载《法律适用》2017 年第 15 期。

［83］刘冬梅、张妍、范晓玲：《破产管理人"四元"监管模式研究》，载《法治论坛》第 2 期。

［84］陈夏红：《破产法教育要从娃娃抓起》，载《法制日报》2016 年 9 月 28 日。

［85］郑鹏程：《美国规制地方保护主义法律制度研究》，载《中国法学》2010 年第 2 期。

［86］刘江会、黄国妍、鲍晓晔：《顶级"全球城市"营商环境的比较研究：基于 SMILE 指数的分析》，载《学习与探索》2019 年第 8 期。

［87］罗培新：《世界银行新旧营商环境评估规则及方法的比较——兼论优化营商环境的道与术》，载《东方法学》2023 年第 4 期。

［88］戚悦、李梓源：《营商环境评价的趋势、影响与对策》，载《国资报告》2023 年第 3 期。

［89］龚晓菊、刘明凯：《从营商环境到宜商环境：湖北省优化成效测度与路径选择》，载《经济研究参考》2023 年第 3 期。

［90］袁跃华：《近代英国个人破产观念的变迁》，载《河北大学学报（哲学社会科学版）》2021 年第 2 期。

［91］徐阳光：《个人破产立法的英国经验与启示》，载《法学杂志》2020 年第 7 期。

［92］蒋海玲：《简论英国破产法中的公司拯救制度》，载《晟典律师评论》2007 年辑刊。

［93］张海征：《英国破产重整制度及其借鉴》，载《政治与法律》2010 年第 9 期。

［94］杜军：《中、英企业破产拯救制度的比较研究》，载《法律适用》2017 年第 21 期。

［95］王晓星：《英国公司拯救制度简议》，载《当代经济》2009 年第 11 期。

［96］杨晓楠：《美国宪法破产条款下法院管辖权的诠释》，载《中国法律评论》2020 年第 6 期。

［97］李曙光：《宪法中的"破产观"与破产法的"宪法性"》，载《中国法律评论》2020 年第 6 期。

［98］李曙光：《美国破产法院综述》，载《法制资讯》2013 年第 10 期。

［99］吴在存：《美国破产法律制度考察见闻》，载《中国审判》2018 年第 20 期。

［100］张勇健、钱晓晨、杨以生：《美国破产法若干问题聚焦》，载《法律适用》2010 年第 9 期。

［101］贺轶民：《美国联邦托管人制度的启示》，载《法学杂志》2010 年第 5 期。

［102］刘平、刘亚宁、李芹、马向伟：《赴美培训破产托管人制度情况的报告》，载《山东审判》2013 年第 2 期。

［103］徐阳光、武诗敏：《我国中小企业重整的司法困境与对策》，载《法律适用》2020 年第 15 期。

［104］陈云良、梁杰：《2005 年美国破产法修改与世界金融危机——兼论破产法的经济调节功能》，载《政治与法律》2011 年第 4 期。

［105］刘冰：《论我国个人破产制度的构建》，载《中国法学》2019 年第 4 期。

［106］高丝敏：《论个人破产"看门人"制度的构建》，载《法治研究》2022 年第 4 期。

［107］殷慧芬：《消费者破产制度研究》，上海交通大学 2008 年博士论文。

［108］王栎雯：《公司特别清算制度探讨》，载《现代商贸工业》2016 年第 1 期。

［109］靳宝兰、张舒英：《浅析日本的公司更生法》，载《中国法学》1997 年第 2 期。

［110］施建辉、季俊东：《日本的公司更生制度》，载《外国经济与管理》1999 年第 2 期。

［111］李伟群、山本宽：《日本破产程序中私的整理制度评述》，载《公司法评论》2013 年卷。

［112］王康：《我国预重整制度的归位运行》，载《上海法学研究》集刊 2021 年第 9 卷。

［113］雷思凡：《日本个人再生程序对我国个人破产法的启示》，载《安徽警官职业学院学报》2021 年第 6 期。

［114］陈夏红：《印度新〈破产法〉新在哪里》，载《法制日报》2016 年 7 月 13 日。

［115］郑联盛、艾莺、胡滨：《印度〈破产法〉与企业破产清算处置研究——兼论对中国破产法律体系改革的启示》，载《金融监管研究》2020 年第 4 期。

［116］谢平尧、秦扬：《破产程序对执行的补充功能——印度个人破产法的启示》，载《执行工作指导》总第 77 辑。

［117］杜宴林：《营商环境"优化"的本质就是法治化》，载《吉林日报》2018 年 3 月 26 日。

［118］王佐发：《"市场主体友好型"破产法：理论反思与制度构建——兼论中国破产法的修改》，载《中国政法大学学报》2021 年第 4 期。

［119］李永军：《破产法的程序结构与利益均衡机制》，载《政法论坛》2007 年第 1 期。

［120］林安源、粟宝珍、黄强：《从绝对破产债务清偿到破产拯救理念的发生学分析》，载《湖南省社会主义学院学报》2019 年第 2 期。

［121］卢泰岳：《韩国破产法最新修改与破产法院的设立》，李英译，载《中国政法大学学报》2018 年第 4 期。

［122］贺小荣、费汉定、郁琳：《美国、加拿大破产法律制度与司法体制的变革与发展》，载《人民法院报》2017 年 11 月 24 日。

［123］种林：《破产管理人选任制度：中欧比较研究》，载《政法论丛》2015 年第 4 期。

［124］陈夏红：《欧盟跨境破产信息登记系统的筹设及其启示》，载《法制日报》2016 年 8 月 10 日。

［125］于兵：《法律视野中的时间范畴》，载《法治与社会发展》2004 年第 5 期。

［126］徐阳光、殷华：《论简易破产程序的现实需求与制度设计》，载《法律适用》2015 年第 7 期。

［127］孟庆瑜、刘苗：《论破产制度中的均衡矛盾设计》，载《保定学院学报》2008 年第 1 期。

［128］陈英：《破产重整利益立法倾向之比较——以美、德、法为例》，载《云南大学学报（法学版）》2009 年第 4 期。

［129］孙笑侠：《司法权的本质是判断权——司法权与行政权的十大区别》，载《法学》1998 年第 8 期。

［130］张继武：《对美国、俄罗斯破产管理情况的考察报告》，载《中国经贸导刊》2003 年第 23 期。

［131］黄贤华：《IAIR 成员破产监管机构概览及对我国的启示》，载《企业与法》2018 年第 2 期。

［132］赵锦琴：《论我国破产管理机构的构建》，云南财经大学 2022 年硕士学位论文。

［133］贺轶民：《美国联邦破产托管人制度的启示》，载《法学杂志》2010 年第 5 期。

［134］金晓平：《破产制度适用范围演进研究》，西南政法大学 2021 年博士学位论文。

［135］张阳：《个人破产何以可能：溯源、证立与展望》，载《税务与经济》2019 年第 4 期。

［136］卜璐：《诉讼外消费者债务清理制度研究》，载《法律科学》2014 年第 1 期。

［137］郑翔：《论市场经济条件下破产法的价值取向》，载《四川省政法管理干部学院学报》2002 年第 12 期。

［138］李曙光：《新破产法：一部市场经济的基本法》，载《法制日报》2006 年 8 月 31 日。

［139］付翠英：《从破产到破产预防：一个必然的逻辑演绎》，载《法学杂志》2003 年第 1 期。

［140］李清伟：《论服务型政府的法治理念与制度构建》，载《法学》2008 年第 2 期。

［141］薛克鹏：《论经济法的社会本位理念及其实现》，载《现代法学》2006 年第 6 期。

［142］王淑玲、刘海东：《论我国破产程序的目标模式及其完善》，载《法律适用》2003 年第 1 期。

［143］徐阳光、武诗敏：《企业拯救文化与破产法律制度的发展——基于英国破产制度最新变革的分析》，载《山西大学学报（哲学社会科学版）》2021 年第 1 期。

［144］张世君、郑侠：《破产和解制度价值实现的困境与出路》，载《首都师范大学学报（社会科学版）》2022 年第 5 期。

［145］宋玉霞：《实施破产重整企业信用修复制度》，载《人民法治》2016 年第 9 期。

［146］姜铄：《论我国企业破产重整之信用修复——基于比较与功能的视角》，载《上海市经济管理干部学院学报》2021 年第 3 期。

［147］王兆星：《防范化解系统性金融风险的实践与反思》，载《金融监管研究》2020 年第 6 期。

［148］李曙光：《论我国市场退出法律制度的市场化改革》，载《中国政法大学学报》2017 年第 3 期。

［149］宫宜希、彭东昱：《依法推进企业破产工作 助力高质量发展》，载《中国人大》，2021 年第 16 期。

［150］罗书臻：《最高人民法院通报破产审判工作情况》，载《人民法院报》2017 年 2 月 25 日。

［151］石佳：《中小微企业重整价值的识别》，载《人民司法》2023 年第 5 期。

［152］王佐发：《预重整制度的法律分析》，载《政法论坛》2009 年第 2 期。

［153］深圳市中级人民法院课题组：《世界银行：关于有效破产与债权人 / 债务人制度的准则》，载《中国应用法学》2019 年第 2 期。

［154］吴长波、梁宵、李姿萱：《困境企业重整价值的识别》，载《菏泽学院学

报》2020 年第 6 期。

［155］王欣新、张思明：《论房地产开发企业破产中的购房者利益保护》，载《汉江论坛》2015 年第 10 期。

［156］潘家永：《虚假破产罪探析——兼论破产犯罪的相关问题》，载《政法论坛》2008 年第 2 期。。

［157］柳长浩：《我国破产信息化制度研究》，载《山东社会科学》2021 年第 7 期。

［158］王欣新：《以破产法的改革完善应对新冠疫情、提升营商环境》，载《法律适用》2020 年第 15 期。

［159］王欣新：《论破产法在市场资源配置中的重要作用》，载《中共杭州市委党校学报》2014 年第 6 期。

［160］陆晓燕：《运用法治手段化解产能过剩——论破产重整实践之市场化完善》，载《法律适用》2016 年第 11 期。

［161］邹海林：《供给侧结构性改革与破产重整制度的适用》，载《法律适用》2017 年第 3 期。

［162］王欣新：《重整制度理论与实务新论》，载《法律适用》2012 年第 11 期。

［163］徐阳光、何文慧：《出售式重整模式的司法适用问题研究——基于中美典型案例的比较分析》，载《法律适用》2017 年第 4 期。

［164］徐阳光、叶希希：《论建筑企业破产重整的特性与模式选择——兼评"分离式处置"模式》，载《法律适用》2016 年第 3 期。

［165］张艳丽、陈俊清：《预重整：法庭外重组与法庭内重整的衔接》，载《河北法学》2021 年第 2 期。

［166］王欣新：《建立市场化法治化的预重整制度》，载《政法论丛》2021 年第 6 期。

［167］王欣新：《预重整的制度建设与实务辨析》，载《人民司法》2021 年第 7 期。

［168］陆晓燕：《"府院联动"的建构与边界——围绕后疫情时代市场化破产中的政府定位展开》，载《法律适用》2020 年第 17 期。

［169］王欣新、丁燕：《论破产法上信息披露制度的构建与完善》，载《政治与法律》2012 年第 2 期。

［170］曹文兵、朱程斌：《预重整制度的再认识及其规范重构——从余杭预重整案谈起》，载《法律适用》2019 年第 2 期。

［171］徐阳光：《困境企业预重整的法律规制研究》，载《法商研究》2021 年第 3 期。

［172］陈焕忠：《预重整制度的实践与思考》，载《人民司法》2019 年第 22 期。

［173］汪世虎：《法院批准公司重整计划的条件探析》，载《商业经济与管理》2007 年第 1 期。

［174］王建平、张达君：《破产重整计划批准制度及反思》，载《人民司法》2010 年第 23 期。

［175］辛欣：《我国破产重整中强制批准问题研究》，载《法律适用》2011 年第 5 期。

［176］陈义华：《论破产重整计划强制批准权的法律规制》，载《商业研究》2014 年第 11 期。

［177］高丝敏：《重整计划强裁规则的误读与重释》，载《中外法学》2018 年第 1 期。

［178］张海征、王欣新：《论法院强制批准重整计划制度之完善》，载《首都师范大学学报（社会科学版）》2014 年第 4 期。

［179］丁燕：《上市公司重整计划执行制度的完善——基于我国上市公司的样本分析》，载《政治与法律》2014 年第 9 期。

［180］崔明亮：《破产重整计划执行法律问题研究》，载《中国政法大学学报》2018 年第 2 期。

［181］张世君：《我国破产重整立法的理念调适与核心制度改进》，载《法学杂志》2020 年第 7 期。

［182］张世君：《破产重整计划研究》，载《公司法律评论》2011 年第 11 期。

［183］崔明亮：《债务人不能执行或不执行重整计划时的处置方式——〈破产法〉第 93 条第 1 款评析》，载《南华大学学报（社会科学版）》2017 年第 5 期。

［184］王欣新：《谈重整计划执行中的协助执行》，《人民法院报》2016 年 7 月 13 日。

［185］张钦昱：《破产和解之殇——兼论我国破产和解制度的完善》，载《华东政法大学学报》2014 年第 1 期。

［186］李曙光：《和解制度——李曙光谈破产法》，载《法制日报》2007 年 2 月 12 日第 11 版。

［187］陈鸣：《破产和解制度功能目标的探讨》，载《现代法学》1997 年第 4 期。

[188] 王欣新、周薇：《论中国关联企业合并破产重整制度之确立》，载《北京航空航天大学学报（社会科学版）》2012 年第 2 期。

[189] 孙向齐、杨继锋：《关联企业破产违法行为的规制》，载《法学杂志》2009 年第 9 期。

[190] 王欣新：《关联企业实质合并破产标准研究》，载《法律适用》2017 年第 8 期。

[191] 王欣新：《小微企业破产立法的重要意义和作用》，载《人民法院报》2022 年 9 月 8 日。

[192] 李永军、李大何：《重整程序开始的条件及司法审查——对"合并重整"的质疑》，载《北京航空航天大学学报（社会科学版）》2013 年第 6 期。

[193] 朱慈蕴：《公司法人格否认：从法条跃入实践》，载《清华法学》2007 年第 2 期。

[194] 王欣新：《关联企业的实质合并破产程序》，载《人民司法·应用》2016 年第 28 期。

[195] 王静、蒋伟：《实质合并破产制度适用实证研究——以企业破产法实施以来 76 件案例为样本》，载《法律适用》2019 年第 12 期。

[196] 肖彬：《实质合并破产规则的立法构建》，载《山东社会科学》2021 年第 4 期。

[197] 贺丹：《破产实体合并司法裁判标准反思——一个比较的视角》，载《中国政法大学学报》2017 年第 3 期。

[198] 贺丹：《个人破产程序设计：一个新思路》，载《法律适用》2021 年第 9 期。

[199] 彭插三：《论美国破产法中的实质合并规则》，载《财经理论与实践》2010 年第 2 期。

[200] 朱黎：《论实质合并破产规则的统一适用——兼对最高人民法院司法解释征求意见稿的思考》，载《政治与法律》2014 年第 3 期。

[201] 山东省枣庄市中级人民法院课题组：《关于关联企业合并破产问题的调研——以枣庄法院近 10 年审理的破产案件为分析样本》，载《山东法官培训学院学报》2021 年第 5 期。

[202] 徐阳光：《论关联企业实质合并破产》，载《中外法学》2017 年第 3 期。

[203] 王静：《非讼程序视角下实质合并的申请与审查》，载《法律适用》2021 年第 6 期。

［204］王欣新、周薇：《关联企业的合并破产重整启动研究》，载《政法论坛》2011 年第 6 期。

［205］曹文兵：《供给侧改革背景下实质合并破产制度的构建与完善——以 16 件关联企业实质合并破产案件为分析样本》，载《理论月刊》2019 年第 7 期。

［206］王佐发：《中小微企业危机救助的制度逻辑与法律建构》，载《中国政法大学学报》，2020 年第 6 期。

［207］聂辉华、江艇、张雨潇、方月明：《如何清理僵尸企业》，载《中国经济报告》2016 年第 9 期。

［208］韩长印：《中小企业重整的法理阐释与制度重构》，载《中国法律评论》2021 年第 6 期。

［209］韩长印：《建立自然人破产制度正当其时》，载《人民法院报》2021 年 10 月 15 日。

［210］徐阳光、宋宜甜：《小微企业破产的特殊性及其规则构建》，载《法律适用》2023 年第 3 期。

［211］丁燕：《破产重整企业实施"债转股"的法经济学分析》，载《经济法学评论》2018 年第 1 期。

［212］王毓莹：《论我国上市公司重整中的"府院失衡现象"及其协调》，载《法学评论》2022 年第 2 期。

［213］侯晶、王一冉：《上市公司破产重整价值判断的逻辑起点及体系框架》，载《西部财会》2016 年第 9 期。

［214］王富博：《破产重整制度的发展与完善——〈全国法院破产审判工作会议纪要〉的解读（二）》，载《人民法院报》2018 年 2 月 28 日。

［215］贺小荣等：《破产管理人与重整制度的探索与完善——〈全国法院破产审判工作会议纪要〉的理解与适用（上）》，载《人民司法·应用》2018 年第 13 期。

［216］陈景善、李魏：《上市公司破产重整中出资人权益调整机制之完善》，载《上海政法学院学报（法治论丛）》2021 年第 4 期。

［217］姜沅伯：《回归与超越——谈上市公司重整和重组的权力配置及程序衔接》，载《清华金融评论》2021 年第 3 期。

［218］雷兴虎、刘浩然：《论司法权介入重整视角下的债权人利益保护》，载《政法学刊》2017 年第 3 期。

［219］黄权伟：《上市公司重整中的股东权益调整》，载《商业时代》2014 年第 3 期。

［220］丁燕、黄涛周：《绝对优先原则的重新审视》，载《东方论坛》2017 年第 1 期。

［221］曹文兵：《上市公司重整中出资人权益调整的检视与完善——基于 51 家上市公司破产重整案件的实证分析》，载《法律适用》2018 年第 17 期。

［222］李哲：《我国上市公司股票交易停复牌制度研究——以圆城黄金重大资产重组案为例》，西南政法大学 2016 年硕士学位论文。

［223］张善斌、钱宁：《论个人破产制度构建的痛点——公众法意识的转型》，载《商业研究》2021 年第 2 期。

［224］李子蔚、覃淮宇：《民法典理念下个人破产制度的利益平衡论析》，载《广西社会主义学院学报》2019 年第 10 期。

［225］褚梦泽：《个人破产法律文化的内涵与建设路径》，载《财经观察》2021 年第 2 期。

［226］汤维建：《建立个人破产制度将推动市场经济诚信机制建设》，载《中国信用》2021 年第 10 期。

［227］袁佩如、尚黎明、王溪勇：《个人破产是共同富裕的底层制度》，载《南方日报》2021 年 9 月 2 日。

［228］徐阳光：《个人债务救济与共同富裕目标的实现》，载《光明日报》2022 年 4 月 20 日。

［229］林欣宇、郑中炜、丁亮：《我国个人破产制度的构建 -- 基于深圳市试点的样本分析》，载《现代商贸工业》2023 年第 9 期。

［230］杨巽迪：《人权保障视角下个人破产制度的价值证成与立法展望》，载《闽西职业技术学院学报》2023 年第 1 期。

［231］张东临：《个人破产制度构建的衔接问题》，载《河北企业》2022 年第 5 期。

［232］齐鸣、仇晓光：《我国破产法中自愿破产原则的反思与重构——从中美重整制度的比较出发》，载《东北师大学报》2010 年第 4 期。

［233］江国华、陈佳青：《中国个人破产立法之取向与趋向——兼议深圳经济特区个人破产条例之价值》，载《深圳社会科学》2021 年第 7 期。

［234］黄晔菲：《论市场背景下我国个人破产制度构建》，载《中国市场》2022 年第 2 期。

［235］江辉：《探索个人破产无锡模式，持续优化营商环境》，载《法治周刊》2022 年第 12 期

［236］张善斌、余江波：《论生存权保障视域下自由财产的范围》，载《河北法学》2023 年第 6 期。

［237］刘静：《信用缺失与立法偏好：中国个人破产立法难题解读》，载《社会科学家》2011 年第 2 期。

［238］何骦：《文化语境下的我国个人破产制度建构之路——以美国相关立法为研究视角》，载《贵州社会科学》2013 年第 1 期。

［239］聂晶：《社会治理视域下我国破产清偿民间习俗的价值探究》，载《河北法学》2020 年第 6 期。

［240］杜伟淦：《突出破产拯救功能 优先引导重整和解》，载《南方日报》2022 年 8 月 10 日。

［241］沈芳君：《个人债务集中清理司法探索与个人破产立法设想——以浙江省为主要视角》，载《法治研究》2021 年第 6 期。

［242］曹启选、景晓晶、叶浪花：《个人破产制度先行先试中的实践示范与体系构建》，载《人民司法》2022 年第 22 期。

［243］张紫璇：《关于构建我国个人破产制度的思考——以〈深圳经济特区个人破产条例〉为视角》，载《经济与法》2023 年第 3 期。

［244］徐阳光：《厘定不予受理规则防止滥用个人破产程序》，载《人民法院报》2021 年 7 月 16 日。

［245］王东敏、翟雨桐：《落实个人破产制度还要走多远》，载《人民司法》2021 年第 20 期。

［246］张维：《加快制定个体工商户破产保护制度》，载《法治日报》2023 年 3 月 8 日。

［247］陈继东：《破产能力探析——兼论我国个人破产主体模式的立法选择》，载《全国流通经济》2021 年第 11 期。

［248］徐阳光：《个人破产免责的理论基础与规范构建》，载《中国法学》2021 年第 4 期。

［249］宋海鸥：《个人破产免责制度的中国建构：制度证成与方案设计》，载《南方金融》2022 年第 10 期。

［250］最高人民法院民二庭课题组：《司法实践视野下自然人破产免责制度的构建》，载《法律适用》2022 年第 2 期。

［251］蔡嘉炜：《个人破产立法与民营企业发展：价值与限度》，载《中国政法大学学报》2019 年第 4 期。

[252]李景义:《论自然人经济主体与我国个人破产法律制度的构建》,载《开发研究》2013 年第 4 期。

[253]李向辉:《个人破产制度中的程序转换及其影响——以〈深圳经济特区个人破产条例〉为例》,载《法学研究》2022 年第 3 期。

[254]殷慧芬:《论个人重整》,载《中国海洋大学学报》2012 年第 6 期。

[255]孙琳:《个人破产重整程序准入规则的中国模式》,载《青岛行政学院》2023 年第 2 期。

[256]赵强:《将个人破产制度置于信息公开阳光下》,载《深圳特区报》2021 年 8 月 24 日。

[257]白云:《个人征信体系中知情权与信息隐私权平衡的理念》,载《政治与法律》2018 年第 11 期。

[258]丁海湖:《个人破产逃废债的防范》,载《人民司法》2022 年第 22 期。

[259]王欣新:《论"执转破"的发展方向》,载《中国审判》2020 年第 7 期。

[260]朱福勇、仇金:《"执转破"启动职权主义的普适》,载《重庆大学学报(社会科学版)》2023 年第 2 期。

[261]白田甜、景晓晶:《"执转破"衔接机制的优化原则与实践完善》,载《法律适用》2019 年第 3 期。

[262]张旭东:《有限公司清算义务人范围问题研究》,载《南大法学》2022 年第 2 期。

[263]王静:《跨境破产承认与协作的新探索——以全国首例新加坡高等法院认可我国主程序及管理人身份案为视角》,载《人民司法》2022 年第 16 期。

[264]曹启选、叶浪花:《我国跨境破产的实践发展和路径探索——以全国首例香港破产程序认可和协助案的审理为视角》,载《法律适用》2023 年第 3 期。

[265]夏先鹏、余怡璇:《厦门海事法院裁定承认新加坡两公司管理人的身份地位》,载《人民司法》2022 年 23 期。

[266]刘蓓:《跨境破产法律适用问题研究》,载《哈尔滨学院学报》2018 年第 5 期。

[267]石静霞、黄圆圆:《跨界破产中的承认与救济制度——基于"韩进破产案"的观察与分析》,载《中国人民大学学报》2017 年第 2 期。

[268]张可心:《外国破产程序在中国的承认与协助制度——基于韩进海运破产案的思考》,载《人民司法》2017 年第 19 期。

[269]刘瑶:《中国跨境破产国际合作的法律问题研究——以韩进破产案为

例》，载《中国海商法研究》2018 年第 3 期。

［270］范志勇、徐阳光：《我国跨境破产制度的规范评析与完善路径》，载《福建师范大学学报（哲学社会科学版）》2021 年第 2 期。

［271］陈龙：《论境外破产程序的域内效力》，载《上海法学研究》2021 年第 9 卷。

［272］石静霞：《论香港法院对内地破产程序的承认与协助：以"华信案"为视角》，载《环球法律评论》2020 年第 3 期。

［273］王欣新、王健彬：《我国承认外国破产程序域外效力制度的解析及完善》，载《法学杂志》2008 年第 6 期。

［274］黄圆圆：《"一带一路"倡议下的跨界破产合作及中国的因应》，载《武大国际法律评论》2018 年第 2 期。

［275］欧阳婷：《浅析我国破产管理人运行机制的缺陷与完善》，载《知识经济》2017 年第 22 期。

［276］北京市第一中级人民法院清算与破产审判庭课题组：《关于健全完善管理人制度的调研报告》，载《人民司法·应用》2019 年第 16 期。

［277］王江：《环境法"损害担责原则"的解读与反思——以法律原则的结构性功能为主线》，载《法学评论》2018 年第 3 期。

［278］张钦昱：《企业破产中环境之保护》，载《政治与法律》2016 年第 2 期。

［279］胡冰：《破产管理人制度研究——以中美法律比较为中心》，复旦大学 2010 年硕士学位论文。

［280］孙要良：《生态文明建设的两个公平维度》，载《中国特色社会主义研究》2013 年第 4 期。

［281］刘剑文：《论领域法学——一种立足新兴交叉领域的法学研究范式》，载《政法论丛》2016 年第 5 期。

［282］滕春红：《对破产企业几个涉税政策的分析和建议》，载《中国国际财经（中英文）》2017 年第 18 期。

［283］李慧慧：《破产案件中刑民交叉问题研究》，载《荆楚学刊》2021 年第 2 期。

［284］马更新：《界限与协同：破产程序与刑事程序适用顺位辨析》，载《北京联合大学学报（人文社会科学版）》2020 年第 1 期。

［285］汤维建：《民事检察监督应当把握好六个"度"》，载《人民检察》2015 年第 2 期。

［286］韩长印：《僵尸企业的可能出路与破产程序的制度诱因》，载《人民论坛·学术前沿》2018第20期。

［287］苗生明：《新时代检察权的定位、特征与发展趋向》，载《中国法学》2019年第6期。

［288］刘建伟：《习近平的协同治理思想》，载《武汉理工大学学报（社会科学版）》2018年第1期。

［289］梁伟：《破产案件检察监督新构造》，载《西南政法大学学报》2017年第3期。

［290］罗倩：《检察建议谦抑性的回归》，载《福建法学》2014年第1期。

［291］江国华：《司法规律层次论》，载《中国法学》2016年第1期。

［292］陈晓君：《破产程序检查监督的重点内容》，载《中国检察官》2023年第5期。

［293］刘宏、毛江东：《新生税收在破产程序中的整体主义解释——以优化营商环境为视角》，载《人民法院为服务新发展阶段、贯彻新发展理念、构建新发展格局提供司法保障与民商事法律适用问题研究——全国法院第33届学术讨论会获奖论文集（下）》，人民法院出版社2022年版。

［294］朱伟东：《试论我国承认与执行外国判决的反向互惠制度的构建》，载《河北法学》2017年第4期。

后 记

　　法律制度的产生和变化，犹如人的出生和成长，从"婴儿"到"成年"，有无数中间阶段。[①]改革开放以来，虽然我国破产制度日臻完善，理论研究与司法实践均取得长足进步，但是其未来发展仍然"道阻且长"，需要"行而不辍"的毅力。制度创新和制度变迁是社会进化的动力性资源。然而，被技术革新持续推高的社会经济发展速度，使得"制度—社会"二者之间的张力不断扩大。对破产制度而言，这种现象表现得尤为明显。作为司法实务部门，源于丰富的破产审判实践经验，对这种"张力"的感知更为敏锐与深切，时常思考如何完善我国破产制度的问题，并尝试以文表之。幸能成书，最终付梓。

　　破产制度，系以"破"孕"生"。从本质上讲，其是一个保护性质的法律制度。[②]这种认知正在逐步嵌入这个时代的民众意识和社会意识。作为经济高质量发展、优化营商环境建设的重要保障，破产制度的现代化变革蓄势待发。回溯我国破产制度发展史，富有改革精神的破产法治实践功不可没，其中，离不开理论界的争鸣，离不开实务界的探索，亦离不开破产执业者的努力。[③]本书立足民法典时代的法治标识，循迹我国破产制度的发展脉络，审视我国破产制度的实践现状，针对我国破产制度面临的现实瓶颈，明晰破产制度改革方向和框架，围绕破产重整、破产和解制度综合性改革及个人破产、关联企业实质合并破产、金融机构破产、小微企业破产、上市公司破产重整、"执转破"、跨境破产、破产检察监督、破产管理人制度等社会各界广

[①] 参见哈特：《法律的概念》，许家馨、李冠宜译，法律出版社 2011 年版，第 102 页。

[②] 杜万华：《关注中国破产保护法律制度的建立与完善》，载《法制日报》2023 年 1 月 11 日。

[③] 破产法治发展一定意义上可认为是一场围绕市场主体与社会公众面临或可能面临债权债务困境假设下法律、经济、社会、政治等相结合的思想与理论运动。参见杨忠孝：《破产法律制度的文化基因（序二）》，载丁燕：《破产法律文化与破产法的变革》，人民出版社 2022 年版。

泛关注的重点问题展开探讨，描绘我国破产制度现代化变革的进路图景，表达实务界对破产制度发展的关切、思索与期许。

我国破产制度的发展始终伴随着域外经验移植与本土化改造，如何将我国实践探索成果、理论研究成果与域外良好经验深度融合，以在我国文化土壤中厚植破产制度的变革与重塑，是一个颇具价值且颇为复杂的研究课题。本书正是这样的一次大胆、认真的尝试，意图以综合性、系统性的视角，对我国破产制度进行全面的审视与完善。我国《企业破产法》修改在即，希望本书的相关成果能够为其提供有益的参考。当然，之于"破产制度的中国式现代化变革"这样庞大的问题，本书的研究尚有很多不完善的地方，对一些问题的阐述亦不够深刻，仍需在各位同仁的支持和帮助下，继续不断深化。

参与本书撰写的人员及分工如下：

王　辉　撰写绪论、第二章、第三章、第七章、第十四章；

桓　旭　撰写第一章；

刘梦飞　撰写第四章；

颜亚伟　撰写第五章；

吴圆琴　撰写第六章；

张松鹤　撰写第八章；

高媛媛　撰写第九章；

曹秋凤　撰写第十章；

于　帆　撰写第十一章；

杜伟杰　撰写第十二章；

雷　东　撰写第十三章；

何　炜　撰写第十五章。

在本书写作和整理过程中，承蒙上海交通大学凯原法学院教授、平顶山破产法研究中心首席专家韩长印，中国人民大学法学院教授、北京市破产法学会会长徐阳光给予的精心指导，并于百忙之中拨冗为本书作序。河南省平顶山市中级人民法院刘士浩、徐合林，河南省鲁山县人民法院谢磊，河南省舞钢市人民法院尹红国参与观点论证、写作指导、事务统筹等工作，在此谨致谢意。